U0509335

中国法制史考证续编

第十一册

杨一凡 主编

秋审条款源流考

宋北平 著

社会科学文献出版社

SOCIAL SCIENCES ACADEMIC PRESS (CHINA)

图书在版编目（CIP）数据

秋审条款源流考／宋北平著. 一北京：社会科学文献出
版社，2009.8
　　（中国法制史考证续编；第十一册）
　　ISBN 978-7-5097-0821-7

　　Ⅰ. 秋… Ⅱ. 宋… Ⅲ. 法制史－研究－中国－清代
Ⅳ. D929.49

　　中国版本图书馆 CIP 数据核字（2009）第 104928 号

序　一

曾宪义

　　20年前，宋北平君还在读硕士研究生的时候，时常来谈一些学术上的问题，当时我觉得他很有做学问的潜质。后来应邀担任了他的毕业论文答辩委员会主席，我讶异于一个硕士生能做出《试论清代秋审制度》这样填补法律史研究空白的长达6万余言的论文，并且言犹未尽，因此鼓励他"应该继续"下去。

　　20年后，他捧着一叠拟交付出版的书稿叩门要我做个序言。像他这样一个多才多艺的人，此举实属意料之外又在情理之中。聊完阔别这20年他从事律师等事务又做学问的艰辛之后，我深感自己当年一言之失酿成他在故纸堆里的摩挲之苦，有志于斯者，实在不可不鉴。

　　如今的学风，读法律史考据之类的人不多了；写考据之类的人就更少了。因为它不仅要求学问，同时要求毅力，所以能上得了书架的史考之作更是少之又少！这部书稿在我的案头摆了半年有多，仅仅通读一遍，对其高低上下我是不敢妄下断语的。因此，这本书竟写得如何，它的出版对秋审研究乃至于对中国法律史研究的意义，还是留给有心的读者去评价吧。我只能说：我的书架上已经给它留出了位置。

在《秋审条款源流考》付梓之前，写了以上的几句话，聊表贺忱，是为序。

2008 年 9 月

序 二

杨一凡

我与北平相识已有近 20 年之久。1988～1991 年间，他师从高潮教授研习中国古代法律文献，就曾多次来过我家。北平对我收藏的一些稀见法律文献很感兴趣，每次来我家，不是翻阅资料，就是一起谈论治学之事，从文献的版本到法律史研究，从如何重新认识中国法律发展史到研究方法等，我们无所不谈，成了忘年之交。虽然北平一直对我苛执弟子之礼，可我从未以长者自居，总是把他当朋友对待。

中国法律史学由不成熟走向科学，需要几代学者为之不懈探索。有感于此，对于像北平这样追求真知、扎实治学的青年学者，我很乐意为他们的成长提供力所能及的帮助。1989 年 4 月，刘海年教授、韩延龙教授和我倡导、主持举办了首届中国法律史国际学术讨论会，北平是被邀请参加这次会议的最年轻的学者。1990 年，刘海年教授和我又邀请北平参加了我们主持的中国社会科学院重点项目《中国珍稀法律典籍集成》（14 卷本）的整理。他完成了《大明律疏附例》所载《续例附考》及《新例》、《皇明条法事类纂》卷三十四至四十、《秋谳须知》、《叙雪堂故事》等6种文献的整理，这些整理成果已收入《中国珍稀法律典籍集成》于1994年由科学出版社出版。

1991年初，中国政法大学学位委员会邀请我参加了北平的硕士论文《试论清代秋审制度》的答辩。这篇论文长达6万余字，涉及的秋审资料有130余种，论证也比较扎实，受到论文答辩委员会专家的一致肯定。大家鼓励他继续进行这一领域的研究，期望能够形成一部有较高学术水准的学术专著。北平毕业后去了广东，这期间他虽然从事其他工作，但却未放弃秋审研究。

2000年秋的一天，北平在与我分别多年后，又一次来至我的住处。他进门的第一句话就是："杨老师，我现在回来跟您学做学问了。"细谈下来，才知他这些年在工作十分繁忙的情况下，仍未改治学之志，并搜集了大量的有关秋审的文献资料。他向我详述了研究清代秋审制度的计划和准备撰写的5个专题。我建议他先从其中一个专题入手，搞深搞透。后来，他经过反复思考，确定近期集中精力研究和撰写《秋审条款源流考》。征得他的同意，我把《秋审条款源流考》列为我主持的《中国法制史考证续编》系列丛书的选题之一。

近年来，北平为了写好这部专著，读了大量的文献资料，并对一些代表性的秋审文献进行整理。他先后完成了《秋谳志略》、《秋审指掌》、《秋审直省附录》、《谨拟秋审比较实缓条款》、《秋审实缓》、《秋审章程》、《秋审实缓比较条款》、《秋谳辑要》、《秋谳志》、《续增秋审条款》、《秋审比较条款附案》、《秋审条款案语》、《秋审条款讲议》、《秋审条款档案》等的整理，在此基础上写成了《秋审条款源流考》一书。

北平的《秋审条款源流考》初稿完成于2003年，后经过他多次修改才定稿。我认为该书在史料的挖掘方面下了较大功夫，也有一定的研究深度，故编入《中国法制史考证续编》出版。他整理的有关秋审条款约 120 余万字的成果也将收入中国社会科学院"社科文库"项目——《历代珍稀司法文献》丛书，即将由社会科学文献出版社出版。

　　北平在研究清代秋审制度方面已走出了成功的一步，我祝愿他在以后的岁月中，继续深入他设想的其他专题的研究，写出新的力作。

2008 年 10 月

序　三

张景荪

2007 年 7 月底暑假开始前的一天，北平博士对我说，最近有本书要出版，三校后请写几句话，做个序言。当时以为是法律语言研究方面的专著，也就默许了。因为我院引进他来组建法律语言应用研究所，他有了成果，我来挑剔一下，似属责无旁贷。

待看到摆上台来的清样，居然是本秋审条款的考证，大呼上当。正欲原璧奉还，忽然念及"考证"一词，恍若隔世。对考证这门可望而不可及的学问，我虽然不敢妄称内行，多少还有些了解。在当今功利盛行的学界，能甘之如饴的，实在是寥若星辰。在我们政法职业学院里，还有教师如此"不合时宜"，我不免有些好奇，便读了起来。

原来这么薄薄的小册子，竟然耗费了作者近 20 年的青春。我仿佛看见了一个二十几岁的青年学子，蹲在尘封的故纸堆里，高度近视眼镜片后的两眼圆瞪，小心翼翼地翻看着发黄的古书，穿越了十几个严冬酷暑，趴在书桌上，紧锁双眉，艰难地写出一个字一句话，一根又一根银丝在悄然蚕食着他满头的黑发。孤寂寒灯下，有些凄然。一些学者十数年乃至数十年对学术固执而苛刻的追求，难怪会在其社会生活照中掺入偏执甚至世俗难以接受的言行，我对他们不觉又添了一些理解和宽容。

粗粗看完这部书稿，才明白了古人对考据所云字字有出处、行行见学问的要求。如果说，作者试图"语不惊人死不休"未必妥切，但称"辞未溯源不罢手"，应该是本书的写照。这才发现，北平博士对清代这些法律性条文的考证，原本都是从语言入手的，以另一个角度对清代的法律语言做了深入的研究，也让我明白了像他这样一个十分"现代派"的法学研究者兼法律实践者，为什么对法律语言会有那么独到的见解。这对我总算有点安慰——"上当"的感觉毕竟少了一些。

2008 年 8 月 11 日

我心有戚戚焉

1988～1991 年间，我师从高潮老师学习、研究古代法律文献，曾宪义老师却不吝金玉，朱勇先生则亦师亦长，在他们的指导、帮助下，撰成我的硕士毕业论文《试论清代秋审制度》。粗粗 6 万余言，尚觉言犹未尽。愚以为，文中所论秋审，仅仅概略而已，唯恐答辩难获通过。

不意答辩一结束，主持答辩会的曾老师即对我说，秋审这个课题很值得研究，你应该坐下这条冷板凳，一定会有成就的。

研究生毕业后，我从政从商从教，也执律师之业。拥有成功的辉煌时，"冷板凳"会警醒我；身处失败的绝境时，"冷板凳"又激发我。身离学境，心系"秋审"。

多年来，我南下北上，东奔西忙，几乎踏遍了中国的每一个地方，无论走到哪儿，也不管公事如何浩繁，我也要奔向当地的图书馆或其他可能有秋审材料的地方去查找一遍。翻阅了线装古籍数百种，几千册，上万卷；摘录、收集了几十万字的资料。有无意而获的欣喜若狂，有千里空返的一再失望；有对古籍线装完好保存的欣慰，有对故纸水渍虫蛀的愤怒；有眼疲手劳的抄写之累，有一页千金的拍录之贵。

曾老师的"应该"两个字时时敲着我的耳鼓。终于，7 年前，我抛却南国的温暖海风，只身返京，决心坐下秋审这条"冷板凳"。

本拟细细地探究一下秋审制度、秋审条款、秋审程序、秋审文书、秋审成案，并抢救点校出一些孤本、稿本，使其免遭亡佚。可面对成扎成捆的材料，脑海里翻腾着先贤们五花八门的稿本、抄本，凤舞龙飞，鲁鱼亥豕，我茫然了。此时，想起作为我当年论文答辩会专家的杨一凡先生会后曾鼓励我说：你的硕士论文写得比较扎实，望在此基础上继续研究，将来能形成一部专著。若在搜集文献资料时遇到什么困难，我当尽力协助。驱车登门，径叙来意。杨先生认为，全面研究清代秋审制度，非多年功力不可。不如从一个方面入手，搞深搞透，方能取得学术突破。后来，我经过反复思考，确定了《秋审条款源流考》这一研究题目，得到了杨先生的支持，并同意把《秋审条款源流考》列为他主持的"《中国法制史考证续编》系列丛书"的选题之一。

所以，如果没有杨先生的支持，本书即使脱稿，也未知将会在哪个年代面世。

这便是本书的由来。

然而，每每动笔之时，孤灯寂夜，蜗居寒寓，比之往时的灯红酒绿，一宵千金，落差千丈，几至辍笔。未免独自喟叹：曾老师呀，你一言累我好惨！若非先生的"应该"两个字，若非密友的倾心鼎力，即或脱稿成帙，亦当非今时。

当然，我永远也不会忘记，我的恩师高潮先生，当年录取了我这个专业成绩几乎满分却学历低微的学生，使我有机会来坐"冷板凳"。我也会记得，因为曾经有、现在有马建石、刘斌、刘海年、张大元、薛梅卿、杨鹤皋、李贵连、沈厚铎、蒲坚、臧杰斌、浦志强等各位老师、学长的教诲、帮助，我今天才可能坐在这条"冷板凳"上。

以我胸中点墨，本书实滥"考据"之名——唯读者诸君能体会这近 20 年的艰苦，则我心有戚戚焉！

宋北平

2008 年 10 月

目　录

一 绪 言

　　什么是秋审？可以说，从这个词产生之日起，清代所有文献都说它是对"监候之囚"的"复核"；后人在提到秋审时，也几乎都是因之而言——它是清代对死刑人犯的一种复核制度。

　　为此，首先得弄清什么是"监候之囚"。

　　清代死刑人犯大体分三类：其一是"就地正法"，此类人犯生杀予夺完全操控在地方督抚乃至州县长官手中。道光肇始，相沿为习。以土匪名之者，即时当地杀之，不移时而决，此类人犯与秋审无涉。其二是"立决"，此类人犯之斩与绞，虽然奏请皇帝批准，也是决不待时，亦与秋审无关。其三是"监候"人犯，此类案件经地方审理，中央三法司复核之后，认为留待秋后处决不会危害封建政权，则监禁到秋天等待秋审决定其死活。这类人犯在康、雍、乾三朝占死刑人犯的绝大多数，道光、咸丰时就地正法兴起后，秋后处决人犯有所减少，但还是占死刑人犯的大部分，这就是皇帝"著监候，秋后处决"的"监候之囚"。

　　秋审，就是经过地方、中央的层层审核，决定这一部分人犯的生与死。因此，这种审核的对象是"死刑人犯"而不是"死刑案件"。

可以称得上清代法律全书的清《光绪会典》①　对秋审下过一个定义：

> 凡各省秋决定之囚，得旨则监候。越岁，审其应决与否而上之，曰秋审。②

清末的法学大家沈家本在其手稿《叙雪堂故事》③　中即持此论。

这个"定义"寥寥数言，虽然说得有点模糊，但也传达了两层含意：其一，从程序上来说，它是经过层层审理后呈交给皇帝最后裁决；其二，它所审理的对象是囚犯，而不是案件。

溯查有清的第一部会典《康熙会典》，它对秋审下的定义是：

> 直隶各省重囚，比照在京事例，令督抚各官将情真应决、应缓，并有可矜可疑者，分别详审，开列具奏，候旨定夺，名曰秋审。④

这个定义比起《光绪会典》来反而详细、清楚、明确得多！它才是秋审的本来含义。

笔者所见各种法学著作，同样包括法律史著作，凡论及秋审，均沿成说，众口一词，认定其是一种死刑复核制度。

---

① 《大清会典》前凡未冠朝代者，本书均指《光绪会典》。
② 《光绪会典》卷五七。
③ 沈家本之后沈厚铎先生与本书作者已将其整理、点校，收入刘海年、杨一凡主编《中国珍稀法律典籍集成》丙编第 3 册，中国社会科学出版社，1994。
④ 《康熙会典事例》卷一三〇《有司决囚等第》。

唯有辞书类的《辞海》别树一帜："秋审，明清两代复审死刑案件的一种制度。"①

从现代法学意义上讲，复审与复核是有严格区别的。最基本的区别是：复审仍然是一种审判程序，而复核则属监督程序；复审之案件，如有错误，则改判或重审，而复核则是"核准"与"不准"；复审的对象是人犯，复核的对象是案件。

可见，《会典》将秋审的对象认定为囚犯是准确的；《辞海》将秋审定性为"复审"是正确的。不过，《辞海》说秋审也是明代的复审制度，又是不准确的了。

因此，我们用今天的法律概念论及秋审时，则应该说：秋审是清代的死刑复审制度。

为什么清代文献均称其为"复核"呢？那是因为"复审"是现代法律词汇，就不能因之责于古人了。

清人一言及秋审，向来以"巨典"称之。其所"巨"之处在于，可以说，参与其事的机构、人员之多，所有参与者对它的郑重其事，没有哪一种法律活动可以和它匹拟。

例如，乾隆对办理秋审过问得非常细致，甚至在何处勾到、谁秉笔、谁协助这样的细微末节也要亲自安排。②

乾隆皇帝为秋审曾一日连发数道谕旨，对案情的每一个细节，乃至某一字词都细加研究。

其他部门和人员对秋审，董康曾做过这样的评价：

前清诸曹职掌，皆悬于胥吏之手，堂司各官皆随同画

---

① 《辞海》卷下，上海辞职书出版社，1979，第3994页。
② （清）沈衣德辑：《叙雪堂集》，藏中国社会科学院法学研究所图书馆（以下简称法学所）。

诺。唯刑部抱读律致君之义，一应拟勘，皆躬亲其事。故秋审一项，成为专诣，未可牵尔操觚。同、光之间因治秋审而扬历中外者，如薛云阶（允升）、沈子敦（家本）、刚子良（毅）、赵展如（舒翘）诸公，皆一时之杰出。①

在清代，可堪秋审之任者，非专才、专家莫属。

主持及参加秋审的机关和人员分地方和中央两大类；地方为省、府、州、县，布、按二司及其长官，中央为六部、通政司、都察院等及其长官乃至三品以上京官，② 最后是皇帝。

被清人称为"西槽第一要政"③ 的秋审制度，当然，在清代后期，尤期是清末，在执行上大打折扣，许多地方经常因用兵而停办。如同治五年安徽、浙江、云南、河南、甘肃即因兵祸而停办秋审。④

由于秋审涉及大多数的国家机关及其长官和部属，所以对秋审的研究，既可以把握清代的法律制度，又能够进一步了解清代的政治状况；既可以进一步弄清地方各级政权之间的关系，又能够明了中央政府各部门之间的联系；既可以进一步了解封建皇帝的专制独裁，又能够明确封建社会中央政府各部门的职能作用。显然，研究秋审，会远远超出法制史的意义。

然而，令人遗憾的是：自秋审随"清社以墟"，即成"故事"，迄今未见对其研究的专著，他书偶现，一晃而过。近年有

---

① （清）董康撰：《秋审制度第二编》，《绪言》。
② （清）薛允升撰：《读例存疑》卷四九《有司决囚等第》。
③ 《秋审类辑》，《叙》，抄本，藏法学所。
④ 见《秋审汇奏》，抄本，藏北京大学图书馆。

关法制史的论著，众家蜂起，然均对秋审浅鲜述及。①

为何会有如此奇特的现象？

或许是因为研究秋审的直接材料几已不存，若要研究，亦如董康所说：

> 捃摭从事，亦犹东华录梦，难追宣政风流。野史名亭，闲缀壬辰民国初元……复虑有以旧事绳其短者，将前刑部秋审处所存档案捆赴西长安门外，尽行焚毁，遂使有清一代详刑随运祚以终。迄今于记忆之余，轶事也，吁可慨矣。②

档案几已殆尽，现所罕存者，多是抄本，错讹难免；相关的材料不仅有不少夹于丛书案牍之中，又且散轶全国各地，因此难于措手。

或许是因为即使在法制史的范畴内研究，秋审所涉的内容尚且十分广泛，非有百余万言，难于细述。

更可能是，当今之时，洋洋百余万言的"史著"，难于出版面世，只能"藏于名山"了。

本人不揣，却限于篇幅，本书仅对秋审适用的法律依据——秋审条款做些粗浅的考证。

为便于这一工作的顺利进行，此前不得不对与条款考证相关的一些问题做些考证性研究，余则一概从略。

此外，清末法律改革，整个秋审制度都发生了极大变化，吉同钧曾疾首地讲述说：

---

① 唯郑秦著《清代司法制度研究》中有《试论清代秋审制度》，中国政法大学出版社，2000。

② （清）董康撰：《秋审制度第二编》，《绪言》。

自刑部改为法部，一切法律舍旧趋新，删繁就简，举从前详细章程概从删剃，凡外省死罪，其情轻者改为随案酌缓，秋审止列清单，不入招册。去年【宣统二年】① 奏请删除钦派复核及朝房会审各节，朝审亦改为秋审。本年又奏请删除先期复奏、内阁具题、黄册，概归简易。其服册并情实声叙各案，均不列入，又止列勘语，而各省外尾并法部后尾亦概从删削，此亦时会所趋，不得不然。然历朝良法美意，从此荡然无存矣。②

既然改革之后的秋审 "良法美意荡然无存"，实行的时间又极短暂，而有关文献资料则较易查找，不难比对，因此，改革之后的秋审，即宣统年间，非叙述时涉及，本书概不研究。

秋审，作为清代的一种重要的司法制度，与顺治入关相始，与宣统退位相终，历时二百数十年，与其他任何事物一样，也有其自身的产生、发展、完备的阶段，由此而形成其自身的发展过程。在这一过程中，表现出明显的阶段性。按其发展过程中的不同特征，可分为三个阶段：

奠基阶段——顺治时期

定型阶段——康、雍、乾时期

完备阶段——嘉庆至宣统时期

清代秋审的发展，表现在许多方面，下面仅从秋审的制度、条款、程序三个方面做些论述，余从略。

---

① 本书凡实心方括孤内的文字为原文所无，著者所增，或疑为脱文、衍文；或为注释、说明，以期明晰。

② （清）吉同钧撰：《秋审条款讲义》，《序》，清宣统三年（1911 年）刊本。

（一）秋审制度的产生、发展及其法律化

对秋审的产生，时人流行的观点，一种认为清代秋审直接因承于明代的朝审；一种则认为与朝审无关，明之"差官"审录即为清之秋审。二者共同之点是，明代即有秋审。

这种看法，似与清人的一些论述有关：董康在其《秋审制度第一编》之《辑例》中说：明"弘治二年始定有各省遣官审录之例，并无秋审之名。然天顺三年之制，遄为霜降后虑囚而设，易言之秋审也"；① 在该书《绪言》中则明确说："今之所谓秋审，本明之朝审"——他即认为清之秋审即明之朝审。

《清朝续文献通考》之《刑考十二》对秋审的按语则说："秋审、朝审虽创始于前明"，并称明廷于天顺二年"著三法司会奏请会多官人等从实审录，永定为例，此秋审所创始也"，似又认为秋、朝审在明并非为一，秋审似为差官审录。

但董氏又于该书第四章中说："明以朝审赅秋审，征诸会典史志，秋审并无特定名词，清以秋审赅朝审"，既然秋审即为朝审，又何需"赅"之？既无其名，其实安在？清代秋审、朝审分立，众所共知，董氏以"赅"为说，且此句又与明代对举，可见董氏之意，明之秋、朝审并非一体。

之所以有如此矛盾之词，是因明之"差官"实由朝审而派生，仅在形式上与朝审稍异，但实质上并无区别，董氏之言，实不足怪。

至于时人对清代秋审承明代朝审之说，清代朝审又承明代什

---

① （清）董康撰：《秋审制度第一编》，《辑例》，民国三十年（1941年）刊本，藏中国社会科学院近代史研究所图书馆。以下不注刊本及藏所。

么呢？有清既承明之朝审，何以又一分为二，别立秋审之名？至于明之差官审录与清之秋审更不可同日而语，其审录时间、对象、地点、方法、结果，以及参加机构及官员、审录的法律制度等方面均有极大的不同。之所以会有这些看法，显然是因为明代朝审与"差官审录"异名而同实，清代的朝审又直接因承于明代，秋审产生又受朝审影响，"系仿照朝审之例办理"，[①] 借鉴了它的经验。朝审与秋审均为封建皇帝"钦恤"思想的表现，二者在本质上是完全一样的，仅是表现形式不同而已，可以说是同一制度的两个不同方面，乃是造成以上矛盾观点的根本原因。故此，著者认为明代无秋审，秋审实产生于清。当然，并不是说清之秋审与明之朝审、差官审录等毫无关系，在很大程度上二者仍是渊源所在；清代秋审的产生，同时也受明朝之大审、热审等录囚制度的影响。

秋审之名，最早或许产生于清代顺治元年刑部左侍郎党崇雅之奏言：

> 在京有热审、朝审之例，每至霜降后方请旨处决；在外直省亦有三法司秋审之例。[②]

《清史稿》亦认为："此有清言秋、朝审之始。"[③] 然党崇雅所言，实指明之"差官审录"，但毕竟以秋审名之。

由于顺治年幼，摄政王忙于战争，对党侍郎所言，无暇顾

---

① （清）薛允升撰：《读例存疑》卷四九《有司决囚等第》。
② 《清史稿》卷一四四《刑法三》。
③ 《清史稿》卷一四四《刑法三》。

及，直至十五年才"定各省秋审事例"，①仿照在京朝审，由巡按会同巡抚、布、按等官，面加详讯，分别应决、缓决、可矜可疑三项于霜降前请旨定夺，从此秋审略具规模。

顺治朝也仅此而已，尚无九卿集议之事。

阮葵生说：

> 自康熙十六年六月奉上谕，以各省所定未及部审之平允，始令刑部复审。各省凡秋审，并令九卿会议，分为三项：一情实应决，二缓决，三可矜可疑，以康熙十七年为始。②

阮氏为乾隆刑部侍郎，其《秋谳志略》堪称关于秋审第一说；阮氏相去康熙不远，此说想必有据。因早在康熙十二年，刑部曾议请各省秋审人犯由其复审，因"三藩之乱"而寝。③难怪薛允升说："秋审始于康熙年间，从前无此名目，是以律无明文。"④清末吉同均也认为："秋审始于康熙年间，从前无此名目。"⑤

此说自有其道理，因顺治之"秋审"似与明之"差官审录"相去未远，与康熙所定例后最大的差别即在于，后者以刑部主之复审，并以九卿会议，此乃今言秋审之根本特征。而此前之秋审，是由皇帝派去刑部司官或三法司官员，似仍附于朝审，而且

---

① 《清朝文献通考》卷二〇六《刑考十二》。
② （清）阮葵生辑：《秋谳志略》抄本，见于《刑部案牍汇录》，藏中国国家图书馆文津分馆（本书一经注明馆藏或丛书名称，第二次引用概不再注，免赘）。
③ 《清朝文献通考》卷二〇六《刑考十二》。
④ （清）薛允升：《读例存疑》卷四九《有司决囚等第》。
⑤ （清）吉同均撰：《大清现行刑律讲义》，《有司决囚等第》，第5页。

前期仅于直隶一省举行，未曾遍及全国。

至于此前无名之说，因史料阙如，仅能存疑。《清史稿》所载党崇雅之奏，因其究属官书，应有所本，余姑从之。

秋审的首要目的在于别实、缓，分矜、留。但直至乾隆中期，如此秋谳巨典，定拟实、缓、矜、留却尚无所据。此前之秋审核拟，实际处于无章可循的状态，仅根据皇帝所下的数道入实拟缓的谕旨及成案，只凭臬司、督、抚及刑部司官、堂官的感觉从事，连当时刑部侍郎阮葵生也深有感触地说："各司定拟实、缓每不画一，秋审处改正较繁"。为了改变这种状况，"本堂订比对条款，刊刻分交各司。每岁派员之后，各领一册，奉为准则"。此《比对条款》四十则，虽系"混举大端"，① 但毕竟有章可循了。

从现代意义上说，无法可依，即不能称其为法制；有法可循乃法制的前提。因此，清代秋审作为一种基本的法律制度，其定型该以此"比对条款"的出现为标志。

秋审在康、乾时期，基本的规范都已形成，一切均已有章可循。自嘉庆以后都谨守祖宗成法，"一切率由旧章"，无甚创新，只对康、乾时形成的规章、条例进行些微改易；《大清律例》修改成《现行刑律》，有关秋审条款和律例做了大幅度修改，使之反而简易。《秋审条款》随《大清律例》之修改而修改，且为有清一代首次正式官修。清末《现行刑律》及官修《秋审条款》的颁行，标志着清代秋审制度随着时代的演进也在向前发展。

1. 奠基阶段

"世祖入主中夏，仍明旧制"。顺治三年纂成之《大清律集

---

① 　均见阮葵生辑：《秋谳志略》抄本。

解附例》，虽为有清一代首成之律，但因其"详译明律"，仅对其"增损剂量"，① 结果成了《明律》的翻本。

不仅在司法程序上清承明制，对死刑人犯，除决不待时者外，均监候至秋后处决，连具体的条文也几乎照搬，如：明"私铸铜钱，绞候"，清则"私铸铜钱者，绞候"。明万历年间的"监候"计219条，② 但至清末则多至446条，多出一倍有奇。③

秋审因明代并无其名，律中自无规定，顺治之《大清律》当然就不可能提及。实际上，它是顺治元年摄政王入关时，令法司会同廷臣开始纂修，三年即成，此时清代秋审，即使党崇雅言及，却尚未行其事，也就不存在规定秋审的前提条件。但该律之"有司决囚等第门"第二条例文规定：

> 人命至重，死者不可复生，每至霜降后，但有该决重囚，着三法司奏请会多官人等从实审录，庶无冤枉。④

该例在《明律》中原指朝审而言，移入《清律》后，则成了清代朝审、秋审的最早法律渊源。

明代的朝审是这样的：

> 国初……其后有会官审录之例。霜降以后，题请钦定日期，三法司将现监重囚引赴承天门外，三法司会同五府、九卿衙门并锦衣卫各堂上官逐一审录，名曰朝审。若有词不服

---

① 《清史稿》卷一四二《刑法一》。

② 参见明万历《大明会典》卷一七四《刑部》。

③ 参见《大清律例总类》，光绪十五年（1889年）年江苏书局刊本。

④ （清）沈之奇辑注：《大清律辑注》卷二八《有司决囚等第》，康熙五十四年（1715年）刊本，藏中国社会科学院历史研究所图书馆（下称历史所）。

并情罪有可矜疑，另行奏请定夺。其情真罪当者，即会题请
旨处决。永乐七年，令大理寺官……会同五府六部、通政
司，六科等官审录。①

清之秋审亦在霜降之后，地点也在天安门——其天安门即明
之承天门，顺治八年十月三十一日改京师承天门为天安门；②由
刑部主持，即明之大理寺，与议者亦为三法司、九卿、通政司等
官；清初亦分情真应决、缓决、可矜可疑。二者诸多共通之处，
当非偶然。

明代对地方的"差官审录"则是朝审的翻版：

弘治二年，令法司每年立秋时，将在外监候听决重
囚……差去审刑主事，会同巡按御史、都同、都司、府卫，
从公研审。除情真罪当者，照例处决，果有冤抑者，即与办
理。情可矜疑者，径自奏请定夺。③

清初之秋审，时以"差官审录"名之，其制亦近于明，其
关联于斯可见。

清初为何非常自然地接受了明代的"朝审"、"差官审录"
等司法制度，这与其自身"集体断狱"的司法传统是分不开的。
《盛京刑部原档》载：

镶红旗纳尔赛鞫讯首告镶黄旗马图兰牛录下王三一案，

---

① 《大明会典》卷一七七《朝审》，又详《明史》，《职官志》。
② 参见《清史编年》，《顺治朝》。
③ 明正德《大明会典》，《差官审录》。

经部王、承政、诸参政众议，准举首者离主。纳尔赛竞擅自对举首者言，尔等不准离主，故纳尔赛罚以规定之罪。

理事官张大猷，罗奇鞫审。①

此例中原离主一案，明确说已由"部王、承政、诸参政众议"已准"举首者离主"，仅仅因参与审断的纳尔赛"擅自对举首者言"——从原文理解，所言者很可能只是将审断结果告诉举首者，未以集体的名义正式通知，即称之为"擅"，因此原判即无效——不准离主，纳尔赛还要被"罚以规定之罪"。虽然"规定之罪"究属何罪已难确知，但连集体审断的结果也要以集体的名义通知却是事实。

《盛京刑部原档》共载案例434件，大部分由两人以上审断，只有少部分轻微的纠纷才是一个人独审，似有现代"合议庭"的味道，至少可以说比之汉民族传统中州县长官独任审判来得平允、合理。

这种司法制度是被清太祖反复强调的："兹更加申谕，传于国中。"②

因此，清顺治二年，清廷下令"从公研审"就顺理成章了：

以后重辟，如奉监候再审之旨，地方官每得轻决，著各巡按御史，会同监司从公研审，报部复奏，候旨处决。③

这可视为下令实行秋审之始，毕竟主审者已有御史，被审者

---

① 《盛京刑部原档》第219号，群众出版社，1985。
② 《大清太祖高皇帝圣训》卷四。
③ 《清朝文献通考》卷二〇六《刑考十二》。

为"重辟",即死罪重囚,且为监候者。此种人犯,地方官不能任意裁断。会审后,尚须报部复奏,"候旨处决"。但此并非常制,因所审者须是"奉旨监候"者,否则不在此例。

顺治十年,"定直隶秋审遣刑部司官会同督抚审决之例",①此后之十三、十四年,均类此。可见当时之秋审仅限于直隶一省,且有明代"遣官审录"之遗迹。

全国各地实行秋审当始于顺治十五年,吴坛说:

> 各省秋审定于顺治十五年,各该巡按会同该抚及布、按二司等官,照在京事例,分别情实应决、缓决,并有可矜可疑者,于霜降前具奏。②

自此,秋审略具规模。

"顺治十八年复准,审录重囚,巡按已经停止;在外秋审,该抚照例举行。"③ 这一规定,对于秋审之地方审录来说,具有划时代的意义。因为此前之秋审,一直以巡按为主,而巡按是代表中央政府的,故此总似与明之"差官审录"未脱干系。自此以后,地方秋审即以臬司操办,督、抚挂帅。督、抚之制亦沿自前明,其本身亦是"差官"。但康、雍以后,逐渐成为封疆大吏,因而成了地方政府的最高代表。从此,地方秋审逐渐由朝廷独家把持变为部分交给地方参与,督、抚会审便成了定制。

观顺治一朝,对秋审的法律规定尚非常简单,也不十分明析,但秋审的基本构架已经形成,表现出秋审奠基阶段初创时期

---

① 《清朝文献通考》卷二〇六《刑考十二》。
② 马建石、杨育裳点校:《大清律例通考校注》,中国政法大学出版社,1992,第 1079 页。
③ (清)吴坛等撰:《大清律例通考》卷三七《有司决囚等第》。

的特征。

2. 定型阶段

如果说，在成文法国家，某种法律制度在未进入成文法典以前，尚称不上法律化，因而这项法律制度还不能说已经正式形成的话，那么顺治朝的秋审正属于这种情况。

自康熙初年开始，有关秋审的条例就已正式附入《大清律》，而不是《清史稿》所称条例是雍正三年附律的。笔者在国家图书馆见到的白玉堂藏版之《大清律集解附例》，全书八册，康熙时刻本，以顺治三年所定之律附以康熙三年新增之例，只不过这些条例附在整个律文之后，不是附在每门之后罢了。康熙年间"新例"附律者共十五件，有关秋审者在第十三件。其卷二十八之"断狱，有司决囚等第"门中有朱笔批注曰："新例，热审三，在外秋审一，秋审续到一。"现将"在外秋审一"之例摘录如下：

康熙三年三月十二日奉旨增添入律。一件，为钦奉上谕事，该刑部会同都察院、大理寺会议得：除畿辅照旧外，其各省有秋审，务依地方远近，先将奉旨秋决重囚，各该巡按御史会同该抚及布、按二司等官，比照在京事例，面加详审，列开情真应决、应缓，并矜疑有词，分别三项，于霜降以前先行具疏奏闻，候旨定夺，永著为例，通行遵奉。至于内外官审拟重犯，凡应监候者，以后俱遵照上处决及监候缓决两等具奏，仍俟内外秋决时再审奏请可也，等因，具题。奉旨：是，着永著为例。钦此。查此款，律内"在京该决重囚，盖三法司奏请会同各官从实审录，庶无冤枉"；其在外秋决人犯，该抚按、布按二司并无会同复审，今酌议得：

凡内外应决囚犯，俱系干犯法纪，犯事重大之人，皇上恻隐之心不忍刑戮，又将各犯分别应决、缓决并矜疑，永定为例遵行，不必分别内外，应照此入律。①

该条例"入律"，表明清代秋审制度法律化的开始，自此秋审便向康、乾定型阶段过渡。吴坛说："康熙四年申定秋审事例"，这一条是霜降后续到案件及冬至前后行刑的规定；吴坛又说："康熙五年题准，直隶各省监候秋后处决人犯，该抚会同总督审录具题，刑部会同院、寺复核具奏，其直隶地方差遣司官永行停止。"② 康熙十二年刑部又题准秋审册籍到部期限，并秋审时间：八月内；地点：天安门；方式：会议。二十七年又颁行历年各例汇纂会议，始称情实、缓决、矜疑，并刊刷招册进呈，分送九卿、詹事、科道。规定处决人犯之咨文到达地方期限，且："限内退延不到者，该督抚将迟延地方官察明，指名题参"，始创"秋审处分"，以及具题后新结之案俱入次年秋审，③ 所有这些，均成为以后历朝秋审的基本制度。

康熙的许多举措均成为后世的楷模，如其素服勾到：

上御懋勤殿，召大学士等入，酌定在京秋审情实重犯。上取各犯罪案，逐一亲阅，再三详审，情罪断无可恕者始定情实。……上御内殿，大学士、学士等捧京师秋审罪犯之复奏本回奏请旨，上取招册逐一披阅。④

---

① 《大清律集解附例》卷二八《有司决囚等第》，藏中国国家图书馆。
② 均见吴坛《大清律例通考》卷三七《有司决囚等第按语》。
③ 均见吴坛《大清律例通考》卷三七《有司决囚等第按语》。
④ 《大清圣祖仁皇帝实录》卷一一二。

雍正二年定：【秋审】照朝之例，三复奏闻；① 秋审与朝审一例请勾。②

为何要照朝审之例三复奏，雍正是这样说的：

> 朕唯明刑所以弼教，君德期于好生。从来帝王于用刑之际，法虽一定而心本宽仁。是以虞廷以"钦恤"垂训，周书以"慎罚"为辞。诚以民命至重，宁过乎仁，毋过乎义也。朕自临御以来，一切章奏无不留心细览，于刑谳一事，尤加详慎。恐法司未能平允，情罪未能悉当，朕心深用恻然。故凡京城及各直省题奏谳狱，但少有可矜者无不法外施仁，量加末减。独念朝审重囚，其情实者，刑科必三覆奏闻勾除者方行处决。而外省情实重囚，唯于秋审后法司具题，即咨行该省，无覆奏之例。朕思中外一体，岂在京诸囚宜加详慎，在外省者独可不用详慎乎？人命攸关，自当同仁一视。自今年为始，凡外省重囚经秋审具题情实应决者，尔法司亦照朝审之例三覆奏闻，以副朕钦恤慎罚之至意尔。③

雍正从"中外一体"的角度，创立了秋审"三复奏"的制度。乾隆又从务实的角度，对它进一步改进：

> 乾隆十四年九月奉上谕：朝审情实人犯例由刑科三覆奏，其后各省亦皆三覆奏，自为慎重民命，即古"三刺三

---

① 《大清会典事例》（以下未标朝年者均指《光绪会典事例》）卷八五〇《有司决囚等第七》。

② 《清朝文献通考》卷二〇六《刑考十二》。

③ 《大清律例根源》刑律卷六二《有司决囚等第》。

宥"遗制。谓临刑之际必致详审，不可稍有忽略耳，非必以三为节。朕每当勾到之年，置招册于旁，反复省览，常至五、六遍，必令毫无疑义。至临勾时，犹必与大学士等斟酌再四，然后予勾，岂啻三覆已哉？若夫三覆，奏本章科，以匆遽具题，不无豕亥。且限与时日，岂能逐案全览？朕思为政唯当务实，而师古不在徇名。三覆之例行之虽久，实不过具文。若不详阅招册，即照例十覆亦不过照例禀旨，此廷臣所共知者，徒事繁文何益于政？嗣后刑科覆奏，各省皆令一次，朝审仍令三覆，亦足寓存革之意，实敦行简之风。钦此。[①]

雍正十一年定：

　　法司亲赴会审及秋、朝审之例。[②]

令人难以置信的是，秋审进行几十年了，九卿会议却是在"光天化日"之下进行的，雍正十一年才得以有避风雨之所：

　　十一年四月，巡视南城御史阿布纳奏，每年秋审在天安门外风雨无避，难以翻阅招册，奏请令工部每年八月在金水桥之西搭盖芦席彩棚一座，俾九卿围坐商酌。[③]

这座"芦席彩棚"标志着秋审此后永远在"天安门外金水

---

① （清）沈家本撰：《叙雪堂故事》，《秋朝审复奏本》。
② （清）阮葵生辑：《秋谳志略》，抄本。
③ （清）阮葵生辑：《秋谳志略》，抄本。

桥之西"的开始。

自秋审会议开始,时有九卿等与议之官不行到班者;或到班则"不发一言";或"随声附和"。长此以往,会审必然徒具形式。因此,雍正十一年已有御史奏请要将这些人"指参",十二年刑科给事中黄佑进一步上奏,开创了"查班制"和"签商制":

> 窃唯刑部衙【门】每年办理秋审、朝审,关系最为重大……查上年三月内侍郎臣韩光基奏准,会审时派出查班御史二名,稽察不行到班之人,并将默无一言、附和观望者立即指参等语。窃思不行到班者,其缘由易于查询,而缄默附和之人其情形碍难指劾。臣窃以为历来刑部所劾重犯招册,皆系先期送与各衙门预加细阅,然后定期会审,则其中情节或应如该督抚所拟之处,必已各自具有成见,原不待到班之际始行仓猝推求。请嗣后每日会审之时,会审各官将本日应审案内有不应如该抚所拟者,各据己见,摘出另写一单,开列罪犯姓名,注明作何改拟字样,先交查班御史收查。除签同议改、签同照覆之案一体书题外,其参差不同者,务期各化成心,虚衷商论,改归画一。若或坚持己见,另议具闻,则彼此之是非得圣鉴而有折衷矣。若无故不行到班及不将有无改拟之处先行开单交出,该御史查明,据实纠参。如此则会审各官于招册内情节并皆留心,而稽察之处亦有实据。臣言是否可采,伏祈皇上睿鉴施行。谨奏。雍正十二年九月初八日奏。奉旨:所奏是,著交该部。钦此。①

---

① 《秋审档案》二之雍正十二,藏法学所。该所图书馆有两种不同版本的《秋审档案》,其内容有所差别,为便于区别,著者在图书馆藏两种文献后用一、二标明。

　　查班制与签商制保证了会审的顺利进行和与议者作用的发挥。

　　康、雍时代，有关秋审的规定尚不为多，附律者仅止一条而已，却是关于秋审的基本规定。乾隆时期条例猛增，关于秋审的条例亦同样骤增。由于自乾隆元年，刑部奏准三年修例一次；十一年，内阁等衙门议改五年一修，有关秋审的规范便得以及时附律，迅速地法律化。《清史稿》称：

> 高宗临御六十年，性矜明察，每阅谳牍，必求其情罪曲当，以万变不齐之情，欲御以万变不齐之例。唯乾隆一朝，纂修八、九次，删"原例"、"增例"诸名目，而改变旧例及因案增设者独多。①

　　《清律》之《有司决囚等第》中有关秋审条例的变迁正是《清史稿》"独多"结论的佐证，笔者对《大清律例知源》和《大清律例通考》二书中有关秋审条例的变迁频率做了统计、比较，可以说明顺、康、雍秋审条例的发展情况。

　　《大清律例知源》之著者潘氏认为顺、康两朝均未定有后来附律的秋审条例，《大清律例通考》的作者吴坛则认为两朝各定有 1 条；潘氏认为雍正朝 2 条附律，吴则认为只 1 条；潘氏认为乾隆朝有 49 条附律，历次修例时又改动 11 条，删去 12 条。据笔者参证其他史料，吴氏比潘氏为确，或许因其离康、雍更近一些的原因吧。

　　尽管两人对顺、康、雍三朝条例的考证结论有所不同，其实

---

① 《清史稿》卷一四二《刑法一》。

主要是因为他们对哪些条例属于秋审方面的看法有所区别。笔者查阅雍正三年之《大清律集解附例》知，"有司决囚等第"门中例文仅 8 条，关于秋审的钦定例 1 条。

黄恩彤所撰、刊于道光二十七年的《大清律例按语》对自雍正至道光以来的律例变化，作了逐词逐句的说明。关于秋审之条例，亦说乾隆朝增损改易最多。

这些足以说明，秋审附律的条例，乾隆朝已大盛，堪称"前无古人，后无来者"。这些法律化了的秋审规范，几乎将秋审制度的各个方面做了全面的规定，秋审因此便能有章可循、有例可依了。

定型阶段——康、乾时期的秋审，从顺治奠基阶段转变为成熟的另一个标志，是秋审不仅在直省实行，而且深入到少数民族区域。

新疆为少数民族聚居之处，其秋审人犯虽然"不入九卿会议"，但仍归陕西司主办，专折具奏，另单请勾。①

乾隆二十九年，伊犁办事大臣奏准，新疆地方死罪人犯入于陕、甘秋审办理。又，是年刑部奏称，新疆地方辽阔，人命案件应入于秋审者，若与内地秋审人犯一时办理，道里远近既有不同，行文日期难免迟滞。请嗣后新疆各地方所有应行立决人犯均听各该处办事大臣自行办理外，如有应入秋审人犯，即令各该处办事大臣于每年五月中，将各犯案情并原拟罪名咨明臣部，臣等分别案情轻重，拟定情实等项，专折具奏，请旨遵行等因。九月十四日奉旨依议。

---

① （清）阮葵生辑：《秋谳志略》，抄本，又详沈家本《叙雪堂故事》。

又，三十六年九月初七奉上谕：据刑部汇奏新疆缓决人犯一折，该部止照各省之例一体核办，未为允协。即如斗殴杀人之例，多拟缓决。夫所谓斗杀者，必当实有互相格斗情形。而向来问刑衙门，凡遇因伤致死之案，不论其是否彼此交斗，并有凶犯独自动手者，审无谋、故情节，概照斗杀科罪，本未适情法之平。第内地此等案情较多，难于尽改，尚不妨仍旧。若新疆各处，设立耕屯，兵民杂处，理宜倍加整肃。若于此等逞凶毙命之犯，仅令系狱，迟数年仍可减等，不足以昭炯戒，秋谳时自不当与内地一例核拟。昨因巴彦弼等奏王成得戳伤张振一案，业经降旨交与刑部将该犯拟入情实。此折著一并交刑部堂官，将斗殴各案详加查核，画一办理等因。①

对蒙古、盛京等处之秋审亦有明确规定。乾隆朝之内府抄本《理藩院则例》之《审断》载：

> 康熙元年题准：蒙古……其应监候秋后处决者，照例刑部秋审，会满九卿议奏。乾隆七年议准……其定拟斩、绞监候之犯，并令严行监禁。秋审时，该总管选具年貌清册报部。若蒙古与内地人交涉命盗案件……监候人犯仍令该同知通判监禁，秋审时由该督抚详察具奏。十一年议准：八旗游牧、察哈尔、蒙古应入直省秋审之犯，令该同知等于每年四月初，察明各犯年貌旗分、佐领及犯罪缘由，出具切实看语，申送该督抚核题，免其提审，以省拖累。②

---

① （清）沈家本撰：《叙雪堂故事》，《新疆秋审人犯》。
② 《清代理藩院资料辑录》，全国图书文献缩微复制中心出版。

《乾隆会典》卷八十亦载有与此类似的规定。从中亦可看出，对少数民族地区秋审的规定已经十分详细了。

盛京，是为满清龙兴之地，入关后便以之为陪都，其建制大体类于京师，关于盛京秋审，《乾隆会典》载：

> 凡秋审，每岁秋，侍郎总本部及奉天府谳定重囚，会盛京户、礼、兵、工侍郎、奉天府尹、巡察御史，虚公详慎，分别情实、缓决、可矜疑，册送到部。①

《乾隆会典则例》的规定则更为详细：

> 秋审，盛京刑部与各直省不同。凡届秋审，将各重犯年貌、籍贯咨明刑部，照案刷卷，令九卿会核具题。②

甚至还管辖到附庸朝鲜：

> 朝鲜国民人在内地犯事，由该国王录供定拟，咨报礼部，由礼部转咨刑部，归河南司办理。有乾隆五年朝鲜民人金时宗等越境潜居内地一案。又，二十五年朴厚赞等偷打貂皮、冒禁越界一案，见秋审档案。金顺丁一案刑部合入河南招册，奉旨令该部另册进呈。③

为了加强参与秋审的官员的责任，保证秋审定拟的准确性，

① 《乾隆会典》卷七八《盛京刑部》，藏中国社会科学院历史研究所图书馆。
② 《乾隆会典则例》卷一三九《盛京刑部》，藏中国社会科学院历史研究所图书馆。
③ （清）沈家本撰：《叙雪堂故事》，《朝鲜人犯》。

乾隆朝明定秋审处分。

　　如果从现代意义上来考察，仅有执法者用以治人之法，而没有治执法人违法行为之法，仍然称不上健全的法制，至少表明这种法制尚且不够成熟。

　　自顺治朝至乾隆朝，随着秋审制度的发展，各省督抚进行秋审，分别实、缓，拟定矜、留，已经有法可依了。其对秋审漫不经心，乃至玩法，却未曾有制之之法。乾隆二十二年，巡抚蒋炳将因贪官犯杨灏入于缓决，对失出、失入因无明确的处罚条款，乾隆只好把蒋炳革职，拿解京师治罪。①

　　乾隆后期又复与初期一样，各省督抚所拟之案，刑部改正渐多，因此，不得不对失出失入定拟实、缓者规定制裁办法。

乾隆四十六年规定：

　　　　秋审失出至五案以上者，督抚、司道降一级调用；十案者降二级调用。如过此数，以次递加，加级纪录准其抵消。如无级纪可抵者，即照所降之级留任，三年之外再加三年，方准开复。五案之内有一案失入者，即实降一级调用，二案者实降二级调用，亦以次递加，加级纪录不准抵消。②

乾隆五十年再进一步规定：

　　　　一、秋审问拟失入之案及失出在十案以内者，仍照原例议处，其失出在十案以上者，定为降级调用。如过此数，仍计五案以次递加。其无加级纪录者，即行实降。

----

① 见《乾隆实录》卷五四六。
② 凡紧邻的两句或两段以上引文出自原文同一处，仅在末尾注明出处，免赘。

　　一、会衔之总督及藩司道员未便与兼管巡抚之总督及巡
抚臬司一例议处，嗣后秋审失出、失入之案，照主稿会衔之
例，管巡抚事之总督及巡抚臬司应行实降者，将会衔之总督
及藩司道员按照所降之级留任，扣限六年，方准开复。其失
出在十案以内，督抚臬司例止虚降者，会衔之总督及藩司道
员统议以降一级留任。①

　　这个"处分"的实行，对促使地方认真审拟的确起了一定
的作用，但由于"失入"远严于"失出"，必然导致各省宁"失
出"而不"失入"。

3. 完备阶段

　　自嘉庆直至清末，有关秋审的规范、条例并无多大增损。因
为早在康、乾时期，基本的规范均已确定，此后以改易为多，逐
步向完备方向发展。通过观察一些具体规范的变迁，我们可以看
到这一发展轨迹。

　　关于秋审复奏由三改一，已经实际多了。但是，由于复奏的
目的是为了提醒皇帝在勾到时更慎重一些，而复奏本章早在勾到
本之前已经进呈，因为时间太过提前，实际起不到应有的作用，
所以，嘉庆二十年下谕进一步改进：

　　嘉庆二十年九月奉上谕：秋审、朝审情实人犯，旧例著
三覆奏，本昭古者"三刺三宥"遗意。我朝钦恤民命，凡
案犯供情原委备载招册，每年黄册进呈，早经反覆推求，慎
之又慎，实不止于三覆。其科臣循例题本仅属具文，是以乾

---

① （清）王有孚辑：《秋审指掌》，第27页。

隆十四年将直省秋审改为一覆奏，已足以存旧制。向来覆奏之本，皆于黄册进呈后随即奏上，距勾到之时甚远，嗣后黄册仍于八月中旬呈进。其秋审、朝审覆奏之本，皆著于本省勾到前五日覆奏一次，朕批阅时再同黄册详加酌核，以昭慎重，著为令。①

关于少数民族地区秋审，如新疆，乾隆朝一直专折具奏，区别对待。经过近百年的努力，一视同仁的条件已经具备，所以，嘉庆一即位，马上进行完善：

嘉庆元年军机处奏，刑部办理秋审情实人犯，各省俱系题本恭缮黄册进呈。唯新疆各犯，向俱专折具奏，办理未免参差，况新疆久隶版图。应请嗣后亦照各省之例，改用题本，恭缮黄册进呈。②

新疆秋审向无截止日期，唯据该将军、都统、办事大臣具奏到日，凡在秋审未经具奏以前者，悉归本年办理。嘉庆三年始经刑部议定，以六月三十日为限，如三十日以前该将军等奏到者，归于本年办理；其七月初一日以后奏到之案，俱入下年核办。③

乾隆时，既为了严惩官吏贪黩，又为了保护官僚，以示与民人相互区别，官犯别为一册；为了重伦常，严服制，以示与

① （清）沈家本撰：《叙雪堂故事》，《秋朝审复奏本》。
② （清）沈家本撰：《叙雪堂故事》，《新疆秋审人犯》。
③ （清）沈家本撰：《叙雪堂故事》，《新疆秋审截止日期》。

"无服"不同，"服制"另为一本。二者勾到之本及黄册，均在常犯之先进呈。嘉庆五年的上谕即可知道其"不平"所在，以及为什么要加以改进：

> 每年刑部办理秋审进呈黄册，俱系将各省情实官犯及服制人犯首先进呈，一经分别予勾后，该部即行文各该省，不论远近，部文到日，即遵照处决。其余常犯则按照省分远近进呈黄册，以次勾到，此向来办理成例也。……今因系官犯、服制，即将黄册先行进呈，其予勾人犯，部文一经到省，即日行刑，是同一秋审，而此等"官犯"、"服制"较之各该省情实常犯处决日期，近省或早至一、二月，远省亦早至月余及数旬不等，先行受法。且各省官犯中，多有令其解交刑部监禁者，例应归入朝审办理，其勾到之期又在各省常犯之后，是同一官犯转因解部监禁而处决日期较之本省监禁，候勾决文到施行又复迟早悬殊，未为平允。①

嘉庆从剥夺人犯生命时间上着眼，剖析这一制度的"未为平允"之处，这已有点现代法上"法律面前，人人平等"的味道了。他在经过这番分析后对此下谕改革：

> 著自本年【五年】为始，刑部办理秋审内情实官犯、服制黄册，毋庸先期进呈，俱于每次进呈各该省情实常犯招册，将此二项人犯另缮黄册，列于常犯黄册之前，一并呈览，听候勾到，以示格外矜全，务得其平。②

---

① 《光绪会典事例》卷八四九《有司决囚等第六》。
② 《光绪会典事例》卷八四九《有司决囚等第六》。

所谓"黄册",其实就是这些情实人犯的名册。"纸用粉敷,墨书粉上,谓之黄册,以备御览。"①

显然,嘉庆的这一修改,比以前"公平"多了。

道光五年,由于刑部历来办理秋审时,"并不将由缓改实,由实改缓;或由缓改矜,由矜改缓之案拟定看语方签,预行知照【九卿】,仅于会议上班时,令书吏宣唱一次,会议诸臣于匆遽之时,仅听书吏宣唱看语……是徒有会议之名而无会议之实"。为了尽可能使会议"有其实",道光皇帝根据御史万方雍的奏请,在经过此番分析后下谕:

> 嗣后著刑部将议定改拟各案看语,汇齐缮刻,于会议上班前五日,分送九卿、詹事、科道,俾预行查对招册案情,是否改拟允协,会议时得各据所见,以重刑狱而昭核实。②

从此创立"改事方签"制度,即"每年秋审堂议后,总办处将改拟各起另拟看语,汇订成册,名曰'改事方签',同各案招册汇齐,分送各衙门,盖自此始"。③

咸丰时,秋审文书更进一步严密,连内阁拟写票签不符定制也受到处分,且进一步规定了做法:

> 三年谕:裕诚等奏,票签前后不符,查明检举,并请更正,以昭画一,等语。此次内阁拟写勾到签式,与上年不符,著查取票本职名,交部照例议处。嗣后凡遇疯病杀人,

---

① (清)吉同钧撰:《秋审条款讲义》,《序》。
② 《光绪会典事例》卷八五〇《有司决囚等第七》。
③ (清)沈家本撰:《叙雪堂故事》,《改事方签》。

并卑幼因疯致死尊长，及妻因疯致死夫者，均照票拟"永远监禁"。①

光绪时期，对于少数民族地区的秋审规定比之康、乾时期更为详备，这在《会典事例》、《会典》卷六八《理藩院》、《会典》卷五七《盛京刑部》中都有明显的体现。

有关秋审处分方面，在嘉庆四年曾废除失出处分，对失入则做了更严格的规定，结果各省每年定拟缓决由刑部改正渐多，至十年，刑部由实改缓仅3起，由缓改实则83起，便又恢复了乾隆以来的失出处分。②

咸丰年间，在乾、嘉的基础上，对"秋审处分"做了细密的规定：

> 各省秋审人犯，原拟缓决，经刑部改入情实，或奉旨派员核议更改及由复勘朝审之员奏驳更正者，其应议处分，就各该省案数合并计算，以五十起至二百五十起为限。③

这一处分规定长达数百言，与以前相较，处分的范围扩大，计算失出、失入案数的方法更为合理，处分加重，不仅实降，乃至革任。

关于"赶入秋审"，沈家本说："情重人犯，督抚审题在秋审截止日期以后，由法司会议赶入本年秋审情实，亦有奉旨赶

---

① 《光绪会典事例》卷八五〇《有司决囚等第七》。
② 《光绪会典事例》卷八四九《有司决囚等第六》。
③ 《皇朝政典类纂》卷四一〇。

入者。"①

"赶入秋审"的始作俑者是陈宏谋：

> 乾隆十九年闰四月二十一日内阁奉上谕：福建巡抚陈宏谋奏称，诸罗县奸民吴典等纠众夺犯，及同安县贼犯林对等纠众拒捕，二案内为从各犯，俱已拟绞候具题，尚未准部覆，例应入于次年秋审，但此二案情罪重大，已令臬司归入秋审会勘等语。凶顽之徒，纠党抗官，肆行不法，自应明正典刑，以示惩创，著照该抚所请，入于本年秋审情实具题，并传谕各该督抚，凡遇此等案件，俱照此办理。
>
> 再，停止勾决之年，情实案内有纠众聚匪，劫犯辱官，及侵蚀亏空各犯，与寻常谋故斗杀等犯不同，若辈予以监候，已属法外之仁，使更久稽显戮，地方百姓日久渐忘，非所以肃刑章而示炯戒。嗣后停决年分，着刑部将情罪重大案犯，开具事由，另行奏闻，请旨正法。钦此。②

此后，赶入秋审在乾隆朝成为定制：

> 二十五年四月内，西安按察使阿永阿奏请，将因奸杀死亲夫之犯，赶入本年秋审。经刑部议准，嗣后凡有此等案犯律应监候，已经审实具题，如四月以内部文到省，该督抚即赶入本年秋审情实。或五月以后，七月以内奉旨者，臣部即归入各该省册内，由九卿会勘，拟以情实，请旨勾决，不必复行取具该督抚看语。其案内如有从犯，仍照例入于次年

---

① （清）沈家本撰：《叙雪堂故事》之《赶入本年情实》。
② 《秋审档案》二之乾隆十九年。

秋审。

又，是年十月初六日上谕：刑部秋审情实招册内，有案
犯定谳时已逾该省热审之期，而九卿秋审即提入本年秋审册
内请勾者，此虽该犯情罪重大，法无可缓，用速宪典，以示
惩创。但朕详阅招册，见其中情罪等差，尚有应行区别者，
如一人连毙二命，暨妖言惑众，传习符咒，并官员侵渔帑
项、勒敛民财之类，非残忍已极，即有关于民俗官方，自不
得不早正典刑，以昭炯戒。然亦应于秋审时，该部将此等案
件另开罪犯清单奏明。至寻常谋、故等案，虽情节本无可
缓，而定案期限适在秋审后者，此亦时会偶值，自可令其幸
延一年之生，何必亟亟为也，等因。又，二十六年九月内，
刑部奏明投递匿名揭贴告言人罪一项；又，四十年四月内，
刑部奏明奸夫恋奸杀死悔过拒绝之奸妇一项；又，五十三年
二月内，刑部奏明轮奸为从一项。均关系风俗人心，一体查
办。又，四十二年六月内，山东巡抚国泰审奏窦十调奸张
氏，拒捕逞凶，一死四伤，将窦十定拟斩决一案。奉上谕：
淫恶凶犯，情节固为可恶。但按律拟以斩候，于法已无可
加。若因其情罪较重，只须赶入本年秋审情实。传谕各督
抚，嗣后如遇此等案犯，按律定拟后，即夹片声明赶入本年
秋审情实，等因。嘉庆四年经刑部奏称，各秋审之案，在截
止日期后题结者，归入下年办理，向无赶入之例。[1]

可见"赶入秋审"在乾隆朝盛行，至嘉庆四年即已停止。
以上这些发展，仅举其大要而已。

---

[1]　（清）沈家本撰：《叙雪堂故事》，《死罪情重人犯赶入本年秋审》。

笔者根据《会典》、《会典事例》、《读例存疑》、《大清律例根源》、《钦定台规》、《通行章程》、《刑案汇览》、《律例便览》、及《大清律例增修统纂集成》等十几种文献，对有关秋审条例的变迁情况做了比较分析，将统计结果列表（表1－1）如下：

表1－1　秋审条例变迁情况

朝代	顺治	康熙	雍正	乾隆	嘉庆	道光	咸丰	同治	光绪
制定	3	4	7	56	8	4	2	3	3
修改		2	3	13	14	3	2	1	1
删除				15	6	2	1		

注：1. 同一条凡改动一次即作一次计算。
　　2. 一条内删去一层亦作删除一次计算。

表1－1至少可以说明，规范较少的顺治朝与秋审奠基阶段相适应；规范大盛的康、雍、乾三朝则体现了定型阶段的特征；嘉庆以后各朝，制定远少于前代，而改易却不亚于新定，表现出秋审规范日益完备的特征。

光、宣时期，法律改革，宣统年间颁布的《大清现行刑律》将原《大清律例》做了大幅度的删改，奕劻奏称：

> 原奏【指沈家本奏】及案语大致汇辑新章、删约旧例，统计律文四百十四条，例文一千六百十六条，并于每条博考源流、诠绍要义。该大臣等以年蒇事，具见苦心。①

此次对有关秋审条例的修改亦极大，据沈家本《现行刑律案语》统计：

---

① （清）奕劻撰：《核订现行刑律奏折》。

原例 53

仍旧 8 条，约占 17%

修改 21 条，约占 40%

修并 4 条，约占 8%

移动 4 条，约占 8%

删除 11 条，约占 20%

续纂 1 条，约占 2%

此次修改按照新章，删去已成具文的条例，合并同一种规范的例文，如将原例第 21、22、23 条并为一条，较之以前大为简括。续纂一条关于对毫无疑义缓决之案，督抚送法部汇齐复奏一次后，毋庸会画具题的规定，使得秋审程序省去了一些繁复。宪政馆在核议沈氏的《现行刑律》时，又将其中有关秋审的两条予以修改，使之更为明确。因此，可以认为，《现行刑律》的颁布，使得秋审法律规范由繁入简。

（二）秋审条款的产生和发展

秋审条款是秋审的核心，没有条款，实、缓、矜的定拟就无所依据。然而，清代的秋审确实这样"无所依据"了两三个朝代：顺治、康熙两朝肯定是没有明确的实缓条款，雍正朝至今也未发现，现在所能证实的最早的条款是乾隆朝前期。

乾隆三十二年，刑部将此前历年关于秋审实缓的上谕及臣工的条奏加以归纳整理，并将近百年来惯例入实的案件加以概括一起编入，成为《比对条款》，首次以部门规章的形式颁发各省，秋审始有专门的条款。

乾隆朝以后，虽未官颁过秋审条款，但私撰坊刻的条款对秋审定拟实缓却仍有很大的指导意义，这正是今天要研究条款的原因所在。

1. 奠基阶段

顺治朝为秋审制度的奠基时期。顺治前期之秋审，其指导思想仍同于历代之疏理囚徒、清理图圄，重在减等发落，自无实、缓条款可言。十五年才定秋审照在京事例，分别情真应决、缓决、可矜可疑三项。其分类亦与后代之实、缓、矜有别，且此三项尚系初定，何者情真应决，何者缓决，哪项可矜可疑，自然不可能形成一定的标准，就不可能形成"秋审条款"。因而，可以说，这时期的秋审之分别实、缓、矜疑，尚处于一种无章可循、无法可依的状态之中。

2. 定型阶段

康熙以后，秋审之类始定为三：情实、缓决、可矜。康、雍两朝，拟定实、缓尚未形成明确的标准。雍正三年，朱轼等奉敕撰的《大清律集解附例》，其《刑律》卷三十八"钦定例"第二条例文，"凡侵盗钱粮入已……拟斩监候。……著落妻子名下照追入官。"该条中尚无实缓的规定。在乾隆时《大清律》例文虽已见有分别实缓的规定，但有关秋审的上谕仍然多是关于制度方面的，极少涉及实、缓的区别。地方督、抚、刑部各司官，乃至秋审处及刑部堂官，几凭感觉，所拟之实、缓自然差别很大。

每届秋审，一遇实、缓、矜、留疑似之间的案件便觉无所适从。

迨乾隆十年以后，就某一具体案件发布的有关实缓的上谕才稍稍增多，始为秋审所据，至乾隆中期才形成拟实30条，但尚且十分笼统。[①]

———

① （清）阮葵生辑：《秋谳志略》，抄本。

《大清律例根源》载乾隆十二年九月上谕议定事例:

> 凡侵贪案犯，二限已满，察其获罪之由，如系动用杂
> 项，及挪移核减，一应着赔，作为侵欺，并收受借贷等款，
> 问拟贪婪，迨监追后多方设措，急图完公者，应酌量拟为缓
> 决；若以身试法，赃私累累，至监追二限已满，侵蚀未完尚
> 有一千两以上，贪婪未完尚在八十两以上者，秋审时即列入
> 情实，请旨勾到。①

此条或许是秋审最早的实缓比较条款了，然却未以"秋审
比较条款"的形式出现，而是载在《大清律例》作为条例的形
式来表现，显示出"秋审条款"处于萌芽时期未曾独立的特点。

贪与非贪如何分别实缓，乾隆分得十分清楚:

> 乾隆十五年十月十二日奉上谕:刑部将德明侵用色得礼
> 所匿阿炳安银两一案，照侵贪之例以情实另案奏请正法。朕
> 去年降旨将庚午、辛未两年侵贪官犯另案具题者，原虑贪官
> 知将免勾，必且益逞，故特严其令，所以惩贪风而申国宪也。
> 至德明此案系侵用阿炳安之弟色得礼寄顿银两，此不过无耻
> 之徒乘机乾没，拟以绞候已足蔽辜，与身为侵贪犯法者大相
> 径庭，今使阿炳安而在诚应照此例处决。至其亲弟罪名已难
> 与同科，今乃将受伊弟所寄匿之德明援具另题之例，是何意
> 见? 总之该部并不详审案情，唯谬为从严，自立无过之地，
> 纵有未当，朕必为改正，如此则法司明刑之谓何? 即如周树

---

① 《大清律例根源》刑律卷六二《有司决囚等第》。

身为职官，行同贼盗，捏报沉溺铜斤，盗卖至于累万，此而不置之重典，何以示惩？实应情实，请旨正法可也，乃该部转入于缓决之内，此不过谓非侵贪耳。天下之律，岂能概天下之情哉！使一犯而有一例以待之，则刑部亦易为耳。朕于政务权衡，一秉公正，乃诸臣总不知善体朕意，而唯工于揣摹。究之揣摹终归纰缪，是可笑亦可悯也。著将该堂官交部严察议奏，其本掷还，另议。钦此。①

该上谕将当时无所依据，刑部官员不得不工于揣摹的情形描绘得入木三分。

《会典事例》载乾隆十八年定例：

> 一、聚众械斗，互毙多命，实系各下手致死之人，一命一抵，俱列入秋审情实册内，请旨勾决。②

该条系专为秋审而设的情实条款，仍以条例的形式附律。

《大清律例通考》载乾隆二十七年八月二十七日上谕：

> 本年秋谳届期……但其中有同在可矜之例而情节各殊者，如子妇不孝，詈殴翁姑而其夫忿激致毙；或因该犯之母素有奸夫，已经拒绝后复登门寻衅，以致拒殴致毙者……照免死减等例再减一等发落。③

---

① 《秋审档案》二之乾隆十五年。
② 《光绪会典事例》卷八四四《有司决囚等第》。
③ （清）吴坛撰：《大清律例通考》卷三七《有司决囚等第》。

该上谕在秋审时，自然成为确定可矜的两条依据，但却仍未独立为秋审条款，而是几乎原封不动地于乾隆三十二年附入《清律》作为乾隆期《大清律例》之《有司决囚等第》的第20条例文。①

乾隆三十二年部定"比对条款"时，前两条自然从《律例》中移入，而后一条因未专为拟矜而设，似为减等而出，但"子妇不孝，其夫致毙及拒毙奸夫"既从已定可矜中例减二等，有以上两种情形，定为可矜自无疑问，故由此别立可矜二条，以上四条秋审条款，均为历代所遵。

乾隆年间，入于秋审的案件渐增，每年秋审之案少则四五千起，人犯五六千名。乾隆三十年，"旧事八千二百四十三起，新事二千四百三十一起，共一万六百七十四起，人犯一万八百八十一名"。② 如此多的案件，只凭数条律例来判定实、缓，自然使地方臬司、督、抚，乃至刑部司员、堂官们无处措手，所拟实、缓当然相去亦远。促成秋审条款产生的原因是："乾隆三十一年因各司定拟实缓每不画一"，因此，刑部堂官"订比对条款，刊刻分交各司，每岁派员之后，各领一册奉为准则"。可知，"比对条款"开始并未公开，只是刑部内部的秋审规章，连地方督抚、臬司都不能引用，"右比对条款四十则……乾隆三十二年江苏臬司奏请颁发通行，部议未准"，理由是"秋谳世轻世重，非律例一成不变者可比也"，③ 难怪道光年间的谢信斋不无遗憾地

---

① （清）吴坛撰：《大清律例通考》卷三七《有司决囚等第》。
② （清）沈家本撰：《叙雪堂故事删剩》，《秋审人数》，原著手稿已经沈厚铎先生及本人整理、点校，收入刘海年、杨一凡主编《中国珍稀法律典籍集成》丙编第3册，科学出版社，1994。
③ （清）阮葵生辑：《秋谳志略》，抄本。

说："部中酌定条款亦未刊行，转觉缺然。"① 由于每条"皆经各堂悉心互酌，最为平允"，所以便"历年遵行"。②

阮葵生《秋谳志略》仍其名，并"此外尚有管见所及数条附于后，用备参考"。在刚子良的《秋谳辑要》之《秋谳志略》中另辑乾隆四十九年条款20条，③ 其并非全为"比对"之款，大部分属拟实拟缓，甚或有与拟实、缓，别矜、留无关者，纯属制度上的规范，如最后两条即如此。④

《比对条款》尚不成熟，带有明显的从《律例》中分离出来的"条例"痕迹。阮葵生在《条款》订成十余年后，在其《秋谳志略》中实事求是地评价说："但系浑举大端，未能屡悉分晰。"⑤ 如窃盗满贯之案，止论赃数，所窃之赃上千逾万，定拟却无区别；论情节之重轻，以定实酌缓，自属平允，然情节内何者为轻，何者为重，则未定界限，明例条款，各司所拟又何能画一？这些均表现出"混举大端"的纲领式特征，抑或为粗糙的表现。尽管如此，究与以前那种"心迹介在纤微，轻重判然迥别"之无所依据的情形不可同日而语。

至乾隆四十九年，川督奏请颁发秋审改案奉为楷模，刑部以"案情万变"，"转致援引失当"、"与政体未协议驳"，但其"臣部公同酌议，请自三十二年以后，所奉谕旨及臣工条奏，并臣部从前《比较条款》再行汇总刷订，通行各省。"四月二十六日奉旨："部驳甚是，依议。钦此。"⑥ 该《通行》得到乾隆批准，完

---

① （清）谢信斋撰：《秋审比较实缓条款》（下称《谢》本），《自序》。
② （清）阮葵生辑：《秋谳志略》，抄本。
③ （清）刚毅辑：《秋审辑要》卷一《秋谳志略》。
④ （清）阮葵生辑：《秋谳志略》，抄本。
⑤ （清）阮葵生辑：《秋谳志略》，抄本。
⑥ 以上均见（清）黄奭辑：《秋审直省附录》（下称《附录》，不冠著者），见于《知足斋丛书》第七册，清道光年间刊本，藏中国国家图书馆。

全是官方性的了。

嗣后，王有孚刊《秋审指掌》，沈家本说："元和王白香（有孚）所辑《秋审指掌》将两次条款悉行载入，而无吾山少司冠按语，盖所据乃颁发之本也。"① 可见《秋审指掌》中所载乃乾隆三十二年及四十九年之条款，即四十九年刑部奏准之《通行》的条款。

秋审条款不比对为限，应始自《通行》。

《清朝文献通考》之《刑考十二》称："乾隆三十二年，尔时因各司定拟实缓每不画一，酌定《比对条款》四十则颁行以为勘拟之用。四十九年复加增辑，分职官服制、人命、奸盗抢窃、杂犯、矜缓比较五门，都凡一百八十五条。"短短的几句话，却有四处似属错谬。

其一，《比对条款》当时并未颁行，因原来"各司定拟实缓每不画一，秋审处改正较繁"，本堂才"订比对条款"，只"刊刻分交各司"使用，"每岁派员之后各领一册，奉为准则"，② 且《秋谳志略》明确记载乾隆三十二年江苏臬司奏请颁行，被刑部议驳，颁行是稍后年的事，《文献通考》把时间搞混淆了。

其二，乾隆四十九年增辑却并未分其所举之五门，阮氏《秋谳志略》尚未如此，王氏《秋审指掌》亦同，五门之分，似自谢氏《秋审比较实缓条款》始。

其三，自《秋谳志略》抄本所附之《谨拟秋审实缓比较》分"职官服图门"、"人命门"、"奸盗抢窃门"、"杂项门"四门为始，均未有"杂犯"一门，而乃"杂项"之误。

其四，无有185条之数。《秋审指掌》载144条，即使加上

①　（清）沈家本撰：《秋审条款附案》（下称《沈》本），《序》。
②　（清）阮葵生辑：《秋谳志略》，抄本。

刚子良《秋谳辑要》之《秋谳志略》中所录乾隆四十九年增之20条，尚止164条，何况此20条与144条中增加之条大多相同，何185条之有？

如此"通考""文献"，惜乎！

3. 完备阶段

乾隆以后，为什么再也没有官颁过条款呢？

其实早在嘉庆七年就有御史奏请颁发，认为各省问刑衙门俱有律例颁发可以遵办，独秋审时何者入实，何者入缓，何者拟矜，全在于臬司掌握之中，因而要求将刑部办理秋审的《章程》通行各省，没想到嘉庆皇帝对此下旨说：

> 试思每年所办之案，纷纭万变，有同一罪名而其中情节微有区别，即实缓判然不同，岂能概将成式颁行？况刑部核办秋审，堂议、司议详加商酌，原止就案折衷，焉有拘定章程，毫无变通之理？殊属不通事理，原折著发还。①

嘉庆与乾隆三十二年、四十九年刑部的说法如出一辙，只是出自大清皇帝之口，要严厉得多而已，此后谁还敢自作聪明，戴一顶"不通事理"的帽子！

嘉庆承前朝余绪，法制有所建树，《条款》亦有所增加，新定十余款。在数量上，新定大于改造。原因之一，乾隆朝之条款，尚是"混举大端"，规范失于笼统，需要订立、修改之处尚多。

如，聚众共殴致死一家二命为从下手伤重之犯，十八年奏

---

① 《大清会典事例》卷八四九《有司决囚等第六》。

定如下：

> 除实在被殴危急、一伤适毙者，或死系罪人、死由跌溺者，酌量入缓外，余俱仍拟情实，以示区别。①

可以说这是立法缘情原则的典型运用。

道光时期，由于鸦片输入后日益误国害民，随着这一新的社会问题的出现，二十一年刑部奏定鸦片烟案犯拟入情实 11 条，体现了制定条款对社会问题的针对性。

道光年间在条款方面的最大成就是谢信斋撰成《秋审比较实缓条款》，在内容上集历代条款之大成，形式上进一步完备，为后世著述条款诸书所效法。它将《谨拟秋审实缓》中"职官服图"、"人命"、"奸抢窃"、"杂项"四门分类继续沿用，增入《比对条款》中的"矜缓比较"一门。每条后附以成案，使其与条款互相参照比较。

这种分类的标准虽然并不统一：前四门以案件的种类为标准，后一门则以对案件的定性为标准，却很适用。所以，此后虽言条款之作渐多，然均承此法，唯于名称稍更，或言《秋审比较条款附案》，或言《秋审实缓条款》，或言《秋审实缓比较》，均以"比较"为名。虽然此类"比较"并非每条均列两种情形——实与缓、缓与矜相比，以"比较"名之似属欠妥，但究有相比之条。后人有以之改乾隆三十二年《比对条款》为《比较条款》者，则是大谬非然。因"比对"者，每一条何处入实，何处拟缓；或何处入缓，何处拟矜，相比相对，非此即彼，非彼

---

① （清）黄奭辑：《秋审章程》，《总办秋审处》，收入《知足斋丛书》第 6 册，清道光刻本，藏中国国家图书馆。

即此。岂可以今人之论，改为古人之说。

光绪一朝，条款方面的最大成就是沈家本撰成《秋审条款附案》，因为同治时所刻之《条款》至光绪时，"其中尚多有应修而未修者，应并而未并者，应补而未补者，应删而未删者。历年因仍未改，或与新章有别，或与定例不符，自应考订详明，以免纷歧而去疑惑。"沈氏之《条款》亦"采比案于各条之后"，"意在由条款而参考比案，由比案而折衷条款"，因此"未始非谳者之一助也，而世轻世重之故亦可得而详焉"。① 吉同钧亦认为其是西槽之准的。

清末修律改法，宣统元年《大清现行刑律》编纂告竣，此次修律对《大清律例》大动手术，分别用"修改、修并、移并、续纂、删除"②的方式对律例修改两千余条。由于《秋审条款》"本与律例相辅而行，律例既改，如条款仍旧，恐纷歧滋甚，亭比无从"，③ 因此，沈家本等在奏进《现行刑律草案》时，亦奏请修改《秋审条款》。《条款》四十则于乾隆朝两度颁行，此后一直由私家著述，再未正式官颁，这样以来：

> 其原门子目四十条，大半不能概括，况此次修订《现行刑律》，一切罪名等次，较前多有轻重之分，则将来核办秋谳事宜，自非明示遵循，不足免纷歧而去疑误……请将《秋审条款》按照《现行刑律》，逐加厘正，籍为亭比之资。④

---

① （清）沈家本撰：《秋审条款附案》，《序》。
② 《大清现行刑律》，《奏疏》。
③ 《法部会奏编辑秋审条款告成缮单呈览折》，见于《大清法规大全》，《法律部》。
④ 《核订现行刑律奏折》。

这一建议得清廷批准，沈家本便"督饬馆员分类编辑"。①

"此次修正大旨，约分为三，一曰删除约旧文"，即将"列为专条而案不经见者"，"迭奉新章原例罪名改定者"，"现行律业经节并或删除者"，以及"前后歧出者"，均依据新制更正；其二"曰纂集新事"，即将"近年因变更刑制改为监候者"，"因定章减科改为监候者"，以及"例有明文而条款漏未辑订，历年凭成案核拟实缓者"，"逐一酌定实缓"；其三"曰折衷平允"，即将"职官犯罪不问情节概拟情实"，"回民、僧人等亦较常人加严"之类"强为轩轾"者，"咸加校正"。另特定服制"从严声叙一条以杜轻纵"。修改的过程中，"家本等逐条详核，复咨交臣部【法部】细加推勘，往复签商，剖析毫芒。"②

这样做的结果是使其严密、简洁、平允，体现了修法改律的精神。如窃赃未至五百两之案，以前对此有六款规定，颇为繁复、差参，此次将其并为一款，并按照减轻刑章的精神将五百两之数改为一千两。

又如，原例"因盗而强奸未成者应入情实"这一款的修改：

　　查强奸本律，未成者罪止满流。即轮奸已成未经同奸者亦无死罪，则因窃强奸未成例定绞候，实已因窃而加严；旧律窃盗一百二十两以上绞监候，现行律改为五百两以上方拟绞候……因窃强奸未成，同一无关人命，而于妇女名节亦无所损，原例本重，现值减刑罚，而秋审时仍入于情实，似未持平，拟改为缓决。①

通过这一例，即可看出此次修改确然下了一番功夫。一年以后，《条款》修改告成，它标示着《秋审条款》已达到了由繁而简、由重而轻的高度。

如果我们仔细考察一下不同时代成书的《秋审条款》各门数量的情况，即可看出条款发展变化的大致过程。

乾隆三十二年的《比对条款》是为初创时期之款，原款无见，好在阮葵生《秋谳志略》所载当可为之代；四十九年的《通行》可代表定型阶段，原本不存，好在王有孚之《秋审指掌》尚能替代；沈家本之《秋审条款附案》及宣统官修之《条款》则体现了完备阶段的特征；谢成钧的《条款》应为嘉道时

表1－2　秋审条款发展阶段比对表

	年　代	资料来源	职服	人命	奸抢	杂项	矜缓比较	总计	附　注
初创	乾隆中朝	《秋谳志略》						40	只分实缓、矜缓二门
定型	乾隆末朝	《秋审指掌》						144	144条7类
发展	嘉道时期	《秋审实缓比较条款》	22	64	65	33	13	197	附留养1
	咸同时期	《秋审实缓比较条款》	22	66	65	34	16	203	
成熟	光绪时期	《秋审条款附案》	25	64	72	38	18	217	职官服制分立
	宣统时期	《秋审条款》	22	66	67	33	16	204	职官服制分立

---

① 《奏进本》（即法部修改《秋审条款》告竣后上奏之本），见于《大清法规大全》，《法律部》，第45页。

期之款，英详所纂《秋审实缓比较条款》刊于同治十二年，当为咸、同时之款。为了对条款的发展过程有一个总体的认识，谨将各阶段的发展情况列对比表（见表1-2）。

为了把握各门的变迁过程，现根据沈氏、谢氏、官修的《条款》以及《秋谳志》、《秋审实缓比较条款》、《秋谳实缓比较成案》之《秋审条款》，还有《皇朝政典事类纂》、《刑案汇

表1-3　各门条款变更情况表

朝代	门类	职服	人命	奸抢	杂项	矜缓	注
顺治	定						
	改						
康熙	定					1	
	改						
雍正	定		24				
	改						
乾隆	定	12	43	34	25	10	
	改						
嘉庆	定	6	18	23	8	5	
	改	3					
道光	定	2					
	改	6	7	10	4	2	
咸丰	定	2					
	改						
同治	定			5	2		
	改						
光绪	定		1	3			
	改						
宣统	定	4	5		7		合二为一者：职服、杂项、人命合六为一；仍旧者：职服5、人命31，杂项5；删除者：职服2，人命32，杂项14；分一为二者亦有之
	改	10	61	27			

览》、《通行章程》、《秋谳志略》、《秋审指掌》诸书，进行统计，将各个阶段的更定情况列表（见表1–3），并声明：其一，有些被用以拟定实缓的"通行"之类，虽未被著家们及时载入《条款》之中，以其遵行，亦概列入；其二，未详何年的服制8款，人命门3款，奸抢门6款，杂项门4款，可矜门2款，因无助于说明问题，故未列入。

分析一下表1–2、表1–3，我们至少可以得出这样一个简短的结论：

《秋审条款》也和其他法律规范一样，它的发展经历了一个由惯例到法律以及由简到繁再由繁到简的变化过程，也就是其产生、发展、完备的过程。

（三）秋审的程序

如果我们用现代法的观念来看待，秋审条款是实体法，有关秋审程序的规定则是程序法。

秋审程序和"制度"、"条款"的产生、发展一样，经过了秋审初创时期的简单到定型时期的成熟，再由成熟而完备的历史过程。我们的考察主要从完备的阶段进行。

秋审整个程序由复审和执行两大程序组成。

复审是主要程序、核心程序，它由三个阶段，九个步骤构成。

第一个阶段：地方督抚第一次复审，即直接复审阶段。它由州县造册审录并府、道审转为第一步；臬司会同御史、布政使等会核为第二步；督抚会同布、按二司及御史、布政使等会审为第三步。

第二个阶段：中央九卿第二次复审，即书面复审阶段，它由刑部司议为第一步，堂议为第二步，九卿会审为第三步。

第三个阶段：皇帝第三次复审，即是发生法津效力的"终审"阶段，它由"览黄册"为第一步，"览复奏本"为第二步，"勾到"为第三步。

以上三次复审也就是三个阶段，九个步骤是一个完整的连续整体，缺一不可、互相衔接。

执行程序相对复审程序来说，则简单多了，它可以说是次要的、从属的程序，由执行处决及执行监禁或释放等两个方面构成，但并不是说执行程序并不重要，可以说，它是复审程序的贯彻和保证，没有执行，复审就失去了存在的意义。同样，没有复审，也不存在秋审执行的前提，也就不可能有秋审执行程序可言。

下面分别予以论述。

1. 复审程序

（1）督抚第一次复审。

第一步，州、县造册审录。

在清代，凡地方不能自决的命盗重案，州县审理后报督抚。督抚复核后再向皇帝具题，并将题本中所述案情并拟勘等以揭贴送刑部、大理寺、都察院等中央司法机关。皇帝照例将案件下"三法司"核议具奏，"三法司"凭督抚送到的揭贴了解案情。核议后若拟为绞监候或斩监候，秋后处决，皇帝则又对此下旨"依议"的话——一般都是"依议"的，同、光朝几乎没有不"依议"的案件，刑部即将此咨行原题之督、抚。督、抚则照例令将人犯押回原审州、县监禁，官犯则留监于臬司狱中。若系少数民族人犯，则一般押在同知通判监内，或寄监附近州、县监狱，但大多数人犯是在州、县监内。

秋审时，首先便得从最基层——州、县做起。州、县造册，分别何人该入秋审，何人不该入，是否解审等成为秋审第一步，也是最基本的一步。当然，臬司狱中之官犯，自由臬司造册。州、县造册的内容，应是基本的：姓名、性别、年岁、籍贯、新事或旧事等项。据黄奭《秋审章程》称，"其秋审人犯年岁、籍贯册，亦遵照本部《通行》，于三月中旬先行咨送到部。"可见，州、县造册的工作恐怕在开印后就要开始准备了，因为它还需臬司、督抚审查才可送部，没有一个多月时间是难以做到的。

凡第一次入于秋审者，称为"新事"；以后再入秋审，无论第几次，则统称为"旧事"。无论新事、旧事，都要造册。唯新事，不仅要详叙案情，还要解送人犯至省，旧事则既不叙原案，也不解送人犯，简单多了。州、县常常在每年二月初即接到由府转发的臬司要求秋审造册的文件，便立即开始工作，按照规定的格式填写案情清单，每一新案要一式 30 份左右，每份还要在后面留出空白 50 页左右。核对不误，装订成册。有的还另附纸张，以备掉换，径送臬司。

其"所有各属应入秋审人犯，定期于四月二十五日以后，五月初一日以前，批解到省"，① 离府较近的州、县案件，还要经府审转。离府较远者，新事人犯一律解省，旧事人犯非案涉疑难则不再解省。至此，州、县之审录即告完结。

第二步，臬司审录。

各省臬司为一省"刑名总汇"，一省秋审案件都在这里集中。乾隆年间的王有孚曾"与闻其政"，他说：

_____

① （清）黄奭辑：《秋审直省附录》，《办理秋审章程》。

臬司为刑名总汇，秋审大典是其专责。遇有缓实未协
者，即有出入之咎，是不可不详审精密，求其毫发无憾也。
余既与闻其政，举凡如何而可拟实，如何而可缓、矜，亦尝
于此三折肱焉。①

臬司往往于二月初即饬所属州、县核办秋审略节——造册，
二月中本司即着手工作。"通省秋审新案人犯，每年约二百起上
下，其旧案复勘者或二、三百起至四、五百起不等"，②均由其
核办。

臬司收到所属之厅、州、县的秋审人犯略节后，"每岁二月
中办起，先造应入本年秋审花名册一本，呈送院宪备查。至各犯
情罪应拟实、缓略节，先办新案，依照所定花名册，挨顺府、
州，每日办稿十起，核定后发房。先缮十起草册，一样四本，分
送院、藩、道各一本，仍留一本存署查考。似此逐日办理，核定
分送。俟新案办竣，次办旧案，每日办稿二十起，核定发房，照
前缮写草册，分送院、藩、道会核。其续奉部复新案，分别各
州、县道里远近，截止日期，应入本年秋审者，亦系陆续核办，
缮册分送。所有部院核验新旧案件各草册，统俟院中复核发司，
另缮清册一帙，分别挨顺府、州，订成各本，临会审之期，呈院
核勘。藩、道两处各册，亦照此办送"。③

臬司核办招册，拟定了实缓，臬司审录的审录还未完结，还

---

① （清）王有孚辑：《秋审指掌》，《序》，见于《不碍轩读律六种》，清嘉庆十年（1805
　　年）藏版，藏中山大学图书馆。
② （清）王有孚辑：《秋审指掌》，《办理秋审章程》。
③ （清）王有孚辑：《秋审指掌》，《办理秋审章程》。

必须"先期定稿，陆续移咨在省司、道，会同虚衷商榷联衔具详,^① 就是说，按察使主稿，提出具体的实、缓意见，再将这些意见送给布政使及本道的御史，然后三方联名呈送督、抚，即"联衔具详"。至此，其审录告寝。

第三步，督抚会审。

督、抚会审并非指总督与巡抚会审，而是指总督或巡抚，或总督兼巡抚时，与按察使、布政使、在道御史的会审。

各省应入秋审的人犯，大部分，即一般的命盗案，且州、县距省会又较近的话，是监禁在州、县监狱的，而另一小部分较特别的人犯则是在臬司监狱的。《大清律例根源》载之较详：

　　　　一、凡广东之琼州府属、甘肃之哈密斩绞人犯应监候者，于定案后俱解交该按察使监禁，俟三届秋审后发回原犯地方收禁。若福建之台湾府属斩绞监候人犯，专令按察使收禁，毋庸发回。其应支囚粮衣药及遇有疏脱、监毙事件，俱查照定例一体办理。

　　　　臣等谨按：此条系乾隆十五年七月内臣部议覆升任甘肃按察使，按察使杨应琚条奏哈密监候人犯照琼州、台湾府属监候人犯，在按察使衙门监禁之处例无明文，今检查各司办理成案，唯广东之琼州府属斩绞人犯，在按察使衙门收禁，三届秋审后发回本籍，若福建之台湾府属斩绞人犯，在省城监禁并无发回之例，谨分晰纂辑并为一条。

　　　　一、福建之台湾府属斩绞监候人犯，专令按察使照旧收禁，其应支囚粮、衣药及遇有疏脱、监毙事件，俱查照定例一体办理。

臣等谨按：此条原例凡广东之琼州府属、甘肃之哈密斩绞人犯应监候者，于定案后解交该按察使监禁，俟二次秋审后发回原犯地方收禁，定例盖因琼州、哈密离省窎远，故将各犯寄禁司监，以省每年提解拖累。今秋审人犯，即令道员遍历覆审，则广东之琼州有雷琼道管辖，甘肃之哈密有安西道管辖，应即令该道等照例覆勘，毋庸解至省城，应将琼州哈密人犯寄禁省城等句删除。唯福建台湾府所属斩绞监候人犯，因其远隔重洋，向例永远寄禁司监，并不发回原犯地方，应照例遵行合并声明。

一、各省官犯于定案时即在按察使衙门收禁，秋审勾本到省照刑部决囚之例，将情实官犯全行绑赴市曹，即令按察使监视行刑，奉到谕旨当场开读，按照予勾之犯验明处决。

臣等谨按：此条系乾隆三十三年九月内钦奉上谕，应恭纂为例，以便遵行。①

这是法律条文，必须遵办的。

会审时这一类人犯不需提解到省，但在各州、县的人犯则需提解到省。

秋审时，人犯是这样押解的：

一、秋审人犯解省之时，俱令各州县径行解司，仍报明该管上司审后亦即由司给发护牌，分发各州县收禁，仍汇文行知各该府。

---

① 《大清律例根源》刑律卷六二《有司决囚等第》。

一、各省起解秋审人犯，各州县如有相距在七十里以外不及收禁者，该地方预期选拨干役前赴寄宿之处，传齐地保知会营汛同原解兵役支更巡逻防范，审后发回一体办理。倘有疏脱及纵放等情，将各该役俱照原解兵役一体治罪。

一、直省委员押解秋审人犯，止令逐层交替，不必长解守候。其交替之时将人犯并解役当面点交前站委员收明，始回本地。其审毕发回时，亦照此逐程发递。

臣等谨按：以上三条系押解秋审人犯至省旧例，乾隆三十三年三月内，因河南巡府阿思哈条奏秋审人犯毋庸提解省城会审，俱令各该道遍历所属审勘，经臣部议覆奏准，是年纂修律例，将以上三条俱行删除。今现定新例秋审人犯仍行提解省城会勘，所有押解秋审人犯旧例三条应行纂复，以便遵行。再，此三条原例，从前系稽留囚徒门内，今查有司决囚等第门内类此甚多，谨将原例三条一并移入有司决囚等第门内，以归画一，合并声明。

一、凡每年各省应入秋审人犯，毋庸提解省城会勘，俱令该道员以冬季为期巡历所属，就便率同该府知府亲诣各该州县逐一讯勘。如与定案时并无异同，即行造册加结，申送督抚查核定拟。若有情罪未协临时呼冤之犯，讯非捏饰翻异，亦即另缮招册，出具印结，派委妥役，将犯证一并解送院司覆审。倘有事本冤抑，该道等徇庇属员不为辩明，及案无可疑有心翻异者，该督抚查出严参议处。督抚等不加觉察，亦一并议处。其直隶州知州及并无统辖之厅员，俱照知府之例办理。直隶州本州案件并贵州、贵阳等府自理之案，俱专听道员覆勘。至监禁在省官犯并常犯内，如有监禁在省官者，仍由督抚率同司道会勘。至盛京刑部侍郎及吉林、黑龙江将军衙门案件，仍照旧例行。其并无道员统辖之锦州、奉天二府，锦州府即着知府、奉天府即着治中前往覆看。该道府巡历之时，务须轻骑减从，毋得稍有滋扰，经过之地方官亦不得供应迎送。如该道巡历以后应行续入者，仍令该道于秋审前率同知府就案按临，补行审勘。①

督、抚收到臬司等的"具详"后，凡应解省者也已解到，"所有各属应入秋审人犯，定期四月二十五日以后、五月初一日以前批解到省"。② 臬司即请示督抚，由其批定会审日期。会审时，"司、道等齐赴督抚衙门，督抚率同会勘定拟。倘遇案件繁多，不妨多宽时日，不必于一日定议"。③

"至勘录之日，将解到各犯具批解院，会同司、道在院大堂会勘，分十起一排，会勘毕，仍行收禁。将各犯定拟情实者，照例分别留禁司府县三监；其定拟缓决者，分为三次饬发附省首县，分路委员，添差拨兵护解发回各承审州、县，牢固监禁。臬署查照办定各犯情罪略节，另缮送部、科揭贴稿四、五本，分作四、五日呈院核验，俟发司后，攒缮送部、科揭贴八份，陆续呈院题咨。其秋审题本，院中总于五月底拜发。"④ 也就是"其题本，各省俱限于五月内到齐"⑤ 的要求。至此，地方复审阶段即告完结。

地方督抚的会审，在清代中期执行得较好，其早期和晚期则

① 《大清律例根源》刑律卷六二《有司决囚等第》。
② （清）王有孚辑：《秋审指掌》，《办理秋审章程》。
③ 光绪《大清会典》卷五七《秋审处》。本文以下所引《大清会典》，均指光绪《大清会典》，不再一一标明。
④ （清）黄奭辑：《秋审直省附录》，《办理秋审章程》。
⑤ 《大清会典》卷五七《秋审处》。

存在着这样或那样的问题。雍正皇帝曾评价说："朕闻外省会审之时，不论案件多寡，悉于一天定议，均听督、抚主张，司、道、守、令，不敢置喙。究其实，督抚亦未必了然，不过凭幕宾略节贴于册上，徒饰观瞻而已。"① 到了清末，沈家本、廷杰等也认为："外省督抚布政司各道之与秋审者，更不过随例公坐，其临时改定罪名者，亦罕所闻。"② 如果说前一种状况是秋审制度尚未成熟所致，后一种情形则是秋审形式主义的表现，是秋审走向灭亡的征兆。

（2）九卿第二次复审。

第一步，刑部司议。

康熙时期，刑部并没有固定的机构负责秋审的具体工作。雍正时曾负责秋审的四川清吏司，康熙时才"汉郎中一员、汉员外郎一员"。③

雍正时，仍然"朝审归广西司汇总题本，各省秋审归四川司汇总题本"。之所以这样规定，"盖广西、四川二省当国初时也，地僻民稀，文牍稀少，故分汇焉"。④ 可见四川司仅仅起到收发文件的作用。随着案件越来越多，秋审办理越来越细密，不得不设立一个专门机构来承办具体事宜了。

> 雍正十三年，因各省秋审到部多不慎密，而刑部书吏承刊刻等费，有每年赔累五十金之言。兼以刻板赁寄民房，事易曳露。奏闻始设立总办秋审处，动公项刊刻。于大库

① 《光绪会典事例》卷八四六《有司决囚等第三》。
② （清）奕匡辑：《变通秋审复核旧制例册奏折》。
③ 《康熙会典》卷三八《刑部》。
④ （清）阮葵生辑：《秋谳志略》，抄本。

之西建房四十八间为匹刊刻贮板之所，另造厅事五楹为治事之所。设满汉官两员总领其事，其时满汉两员总司出入经费，按年核销及刻板校对装潢之事。其复核案情，分别实、缓、矜、留，仍以各本司分别定拟，以呈堂之后，始经发本处缮写红格付梓，满汉两员办毕，一年之后，仍回本处，次年另派。①

阮氏这一段十分珍贵的记载，表明了秋审处于初创时期的特征。当时的秋审处管理的是刊刷招册的杂务，而非复核各司定拟的案件。

对秋审处性质的转变，使它成为真正掌理秋审事务的机构，是乾隆时完成的：

乾隆二年，设满汉司员各二人，笔贴式四人，书吏二人。七年又增协办司员满汉各二人。始行核定情节，分别实、缓，以防各司有畸轻畸重不画一者。其时责成，仍令本司专司其事，总办之员止核情实之案，驳其苛拟过当者呈堂，改易数起而已。总办之员，一年事毕回司，即以协办二员为次年总办，而另简协办焉。②

至此，秋审处始成办理秋审的专业机关。至乾隆三十四年，"因各省案件增繁，议增司员；又因满汉司员三十人，每月支领饭食银过多，因酌定将饭食银停给，准增满、汉司员共三十

---

① （清）阮葵生辑：《秋谳志略》，抄本。
② （清）阮葵生辑：《秋谳志略》，抄本。

人",^① 可见此时满汉司员已达 60 人之多。这时的秋审处，才真正成为"主核秋录大典"的机关。

同、光时期，秋审处人数已十分庞大，各司人员也大大增加：

秋审处：

提调 9 人

坐办 11 人

看斩绞减等 4 人

看军流减等 4 人

兼行 43 人

清档房：

管理 5 人

堂主事 122 人

堂主事上行走 10 人

各司笔帖式 25

汉档房：

管理 2 人

坐办 3 人

帮坐办 3 人

专办 2 人

专办上行走 6 人

堂主事 4 人

帮办堂主事 2 人

_____

① （清）阮荣生辑：《秋谳志略》，抄本。

委署堂主事 3 人

帮办委署堂主事 4 人

兼行 6 人

实缺笔帖式 6 人

各司:

直隶 25 人	奉天 23 人	江苏 25 人
安徽 20 人	江西 16 人	福建 20 人
浙江 19 人	湖广 27 人	河南 27 人
山东 11 人	山西 25 人	陕西 20 人
四川 15 人	广东 21 人	广西 20 人
云南 13 人	贵州 30 人[①]	

秋审处总人数达 164 人,为乾隆时十倍有奇;各司总人数达 376 人,为乾隆时五倍有余。

这一庞大的官吏员数及秋审处所置诸名目,如果乾隆尚在,足令其惊叹不已。乾隆时的秋审处与此际相较,不能不说是十分简陋了。当然,各司人数的增加与职掌发展亦有很大关系。若仅就秋审这方面而言,直隶司兼掌察哈尔左翼,奉天司兼掌吉林、黑龙江,山西司兼掌察哈尔右翼,陕西司兼掌甘肃、新疆,均属附办他省秋审;浙江司则负责秋审汇奏拟稿,而秋审条例有更定及九卿等商定之案应声明或应签复的,皆由四川司行文。

值得注意的是,这一阶段中,乾隆时出现的"秋审略节"比秋审招册、黄册要晚半个多世纪,比题本则晚了近百年。阮氏《秋谳志略》说:

---

① 翁同龢撰:《秋曹杂记》,稿本,见于《瓶庐丛稿》第四册,藏中国国家图书馆。

乾隆十九年，因议驳御史九成条奏，始令十七司摘叙案情，名曰秋审略节。①

略节比原案叙述简单，却比题本的贴黄为详。十七司的略节兴起以后，秋审处总看以此为本，刑部堂批以之为据。而略节经堂议定各案实、缓、矜、留以后，即将其转录成黄册和招册。从形式上看，它仅仅是刑部内部的文件，与外部并无直接联系，因而称不上是一种独立的司法文书，但由于其成了招册、黄册的基础，甚至是其根本，对"略节"的规范要求即是对黄册、招册的要求，因而很有必要对此做一些考察。

至于后来各省臬司核办秋审册籍，或以招册名之，或以略节名之，乃至州县秋审造册亦称之为略节，一方面说明了这种略节与招册的同一关系，另一方面由于地方不如刑部各司对此要求之严格，及其在秋审中的作用尚不及刑部略节，故略而不述。

乾隆十九年以前，各司办理秋审册籍，只就原案点批。由于各省原案往往繁简不一，或文理不顺，或叙法各殊，以此点批后之案核办的招册，既参差不齐，又靡费工价。自十九年定摘叙略节，虽然仍依原案，但较以往大为简明。可是，究竟如何摘叙略节，尚处探索之中。各司司员均按自己的方式进行，没有形成、也不可能制定一个统一标准。各司所办略节，虽然在总体上不可能有很大的差别，但在某些具体问题的处理上则相去甚远。如：

①同姓不宗，有无服制，有的于看语叙出，有的不叙；

②两家共殴，多人各有多伤之案，有止叙凶手、死者二人之

---

① 凡引文的出处在行文时已说明，且该引文的原著已在此前行文中多次提到，该引文不再注出处，免赘。

伤者，有叙他人之伤者；

③死者自行跌磕之伤有叙者有不叙者，凶手之伤则多不叙；

④其他如起衅原因、顶凶未成、比照加减、后尾看语内情实、缓决、可矜之出语等等，处理的方法多不一样。

经过二十余年的经验积累，直乾隆三十七年，诸城刘文正公酌定摘叙略节条款十八则，每年各司派办之员各录一通为式，才对摘叙略节的方式做出了统一规定，将以上的问题分别进行了处理。尤其是乾隆末年，阮葵生又对刘氏之《条款》加具按语，进行补充修改，摘叙略节的作法才基本定型。

嘉庆以后摘叙略节的方式和要求与以前相比有了很大发展，最后达到完备的程度。

根据《秋审勾法》的记载，这时摘叙略节对字式、标首、案身、出牌、查笔、除笔、保辜、留养、可矜、部尾、加批等等如何写法，都已形成了定例。如字式要求：年岁应大写，写成壹拾年、叁拾伍岁，而一时、一推、一拉等及律文内数目则俱用小写。何处用何字亦有规定，如欺陵与凌迟不可混用两字。杂项标首已至48种之多，因奸标首9种，因盗标首达12种；各项查笔有33种；除笔有4种；律牌有7种。部尾出语种类更繁：拟实43种，拟缓46种。① 可见经过几朝积累，摘叙略节时"有案可稽"的例子猛烈增长。

对"标首"、"查笔"等，著家们还述有专著，如咸、同间《秋审查笔摘录》、② 《秋审查笔》、③ 《秋曹稿式》。④ 至薛允升

---

① 《秋审钩法》，抄本，藏中国国家图书馆文津分馆（以下简称文津分馆）。

② 《秋审查笔摘录》，抄本，藏法学所。

③ （清）冯钟岱辑：《秋审查笔》，抄本，见于《秋审所见集》，藏法学所。

④ 《秋曹稿式》，抄本，藏法学所。

《秋审略例》出，成为摘叙略节方法之集大成者。①

咸、同时期，略节的作法更为细密。如因奸标首达二十几种，因盗标首达三十几种，部尾拟实出语则达 73 种，拟缓出语达 41 种。②

自乾隆后开始，各司已分初看、复看。故初看用蓝笔，复看则用紫笔，秋审处总看便用墨笔了。但至光绪时，区别不那么严格了，有初看用紫笔，复看只好用红笔了。

嘉庆初年刑部堂官又规定：

> 嘉庆九年十二月奉堂谕：秋审案内实、缓、矜、留各项，该司员等俱应详核案情，各抒己见，议定批明，方准呈堂。近年概用"恭候堂定"，及"候核"、"候比核"字样，游移两可，殊属非是。著传知各司看及复看、总看各员，嗣后秋审实、缓、矜、留等项，及案情明显者无庸加批外，其余应批各案，务将所以实、缓、矜、留之处核明定议，不得仍用"候核"等字，致涉游移。③

可见，司员们害怕承担责任，能含糊则尽量含糊些。虽遭此训斥，此习却依旧难改，嘉庆之后的招册中，"候核"等语随处可见。

以下举道光年间一例，说明略节是如何删改的。原稿分别用蓝、红、墨笔删改，限于本书版式，凡被红、墨笔删去的只好一律用小括号（）表示，凡用红、墨笔添加的则一律用空心大括

---

① 参见（清）薛允升《秋审略例》，清光绪年间铅印本，藏韩国奎章阁文库。
② （清）沈丙莹辑：《秋审旧式》，抄本，藏法学所。
③ （清）黄奭辑：《秋审章程》。

号〖〗表示，直名号竖线只好省略。

安徽司

一起，斩犯一名。汪书容，年三十二岁，系安徽（安庆）（池州）府建德县人。据安徽巡抚色卜星额审得（汪在顺起意商同缌麻服侄）汪书容（等活埋胞弟）

〖听从谋杀缌麻服叔〗汪梅望（致）身死一案，将汪书容依律拟斩立决等因。道光十六年七月十五日题，九月二十七日奉旨，三法司核拟具奏。钦此。

该臣等会同都察院、大理寺会看得，（汪在顺）、汪书容与（昔存今故之汪正一均籍隶该县）〖缌麻服叔侄探望素好无嫌〗，汪在顺系汪梅望期服胞兄，汪正一系汪梅望小功堂兄，汪书容即汪正一之子，（系汪梅望缌麻服侄素好无嫌），汪梅望平日游荡，不务正业，屡经其兄汪在顺训诫不悛。

道光十三年九月十四日夜，汪梅望潜赴汪书容家地内窃去粟米，被汪书容（与同在地内看守之族人汪宝即汪保）捕获，夺下原赃。汪梅望（当时）挣脱逃走，汪书容（告知）〖向伊父〗汪正一（于）〖告知〗。十五日（早饭后）〖汪正一等〗往向汪在顺告述，汪在顺因汪梅望（犯法）为匪，央（令汪正一）允汪书容父子及〖族人〗汪宝（并族人）汪棕喜、汪厚德往寻，捆缚送官（究治汪正一等应允）。汪在顺携带扁担、麻绳，汪宝带木锄柄一同前往（下午时候找至流沙塌地方），与汪梅望撞遇，汪在顺上前捉拿，汪梅望拔（出身带小）刀戳伤汪在顺右臂膊，汪宝（上前）用木锄柄殴伤汪梅望左胯（侧跌）倒地（磕伤偏右）。汪在顺赶拢撖住喊令汪棕喜、汪厚德用绳将其两手捆缚（汪梅望在地挣扎，擦伤脊背），汪棕喜、汪厚德当各走回。汪在顺即令汪书容、汪宝将汪梅望拉走，汪梅望赖地混骂，并称送官并无大罪，回来定将汪在顺、（汪正一）等一并杀害。汪在顺以汪梅望既敢为匪逞凶，难保日后不遭杀伤，一时忿激，适见路旁山下有一土坑，即起意（将汪梅望）活埋致死。当向汪正一等告商，汪正一、汪宝允从；汪书容畏惧，当向劝阻。汪在顺不依，喝令帮同动手，汪书容复跪地哀求，汪正一即以如不听从，即将汪书容一并处死之言吓逼，汪书容无奈勉从。汪正一即逼令与汪在顺将汪梅望抬入坑内，汪正一当与汪在顺分用扁担、锄柄掘土，复逼令汪书容帮同掩埋走回，汪梅望当即毙命。（旋经该县访闻差查，并经汪梅望族侄孙汪国选）报验（汪在顺未经供出汪正一、汪宝同谋在场。汪书容因祖汪文进本属过继，误照伊祖本宗支派供指，与汪梅望并无服制。该县据供将汪在顺、汪书容分别拟杖通详，批饬确查，即据汪国选控司批府）提讯（行据该县查明汪正一业已病故，将汪书容等解府），审供不讳。（查例载：殴死本宗期功尊长罪干斩决之案，若系情轻，该督抚按律例定拟，止于案内将并非有心干犯情节分晰叙明。核其情节实可矜悯者，夹签声明，恭候钦定。其殴死本宗缌麻尊长者，照例拟斩监候，毋庸夹签声明等语。细绎例称殴死本宗缌麻尊长毋庸夹签声明，原以本罪止于斩候，可以归于秋审时分别核办。若听从谋杀缌麻尊长罪应斩决，如系情轻，自应援例一体声请。此案）查汪书容（因）〖听从（父命）活埋〗缌麻服叔汪梅望〖身死〗，（行窃该犯家地内粟米，告知其兄汪在顺，央令该犯帮同找获送官，因【有脱文】）

〖死者罪犯应死，杀由被逼勉从，尚非无故干犯〗，唯系缌麻尊属，汪书容应情实。

【以下两段为刻印楷字】

被父吓逼，帮同活埋罪犯应死缌尊，与有心干犯者有别，似可原缓，谨记候核。

活埋罪犯应死缌麻服叔，究有被父吓逼勉允，并非有心干犯，核其情节，实堪矜悯，秋谳衡情，似可稍宽一线，谨记出，候核。

特【司看者名】：

似应入实。将情节详细声叙，冀或邀恩免勾。听从谋杀缌尊，罪应斩决，亦照殴死期功尊长罪干斩决之犯援例声请，从前亦未必有成案可查。

姚【司看者姓】：

迫于父命。跪地求饶，特上为之开脱一语耳。已免斩决，似难拟缓。其父为死者堂兄，即不应活埋堂第。

死者罪犯应死，杀由迫于父命，衡情不无可原。究系听从谋杀缌尊由立决改监候之案，未便率缓，记候核。

总看①【上段即其看语】

关于秋审略节，尚可参看国家第一历史档案馆所藏"秋审处档案"。

根据《秋审章程》的记载，各司开始工作之前，先由总办

_____

① 《秋审略节》，抄本，一册，不分卷，藏法学所。

秋审处呈堂批准新一年的规章。

　　向例办理秋审，每年开印后将一年内应行事宜，凡一定不移之例及逐年不同之处，预先酌定章程，逐案开列具稿存案，俾司事者于一年应行之事，预有成竹在胸，不致临时周章，致有参差迟误。今届年秋审，应遵循往例，逐一妥酌，分案开明，呈堂酌定，以便各司遵行可也。

　　各本司承办秋审司看及复看各员，业经呈堂派定，传知在案。各该员即将历年钦奉谕旨及本部上届办理章程详查抄录，详慎定拟。仍各自存底册，将所以实、缓、矜、留之故，详记默识，以备商问。

　　各司办理秋审，务将应入本年秋审案犯姓名，逐一查明，造具号薄，不得错漏一名，并于薄内注明斩、绞律文，分别旧事、新事，先官犯、次服制、次常犯。每司各订一本，于面页上填明起数、名数，统于封印期内传令移付总办处备案，自为正案秋审。嗣后此内如有病故等项，俱于本省文到之日，即刻付知秋审处开除。至题本在开印以后，而奉旨尚在本年截止期内者，是为续增秋审。届期亦速开单，移付总办处添入号薄。有病故者，亦随时知照开除。

　　行催各省督抚，将秋审后尾遵照本部通行，于三月中旬先行咨送到部，于四月内题咨到部。倘有迟误，即行题参议处。并取具留养、承祀各犯印结，随尾声送。其秋审人犯年岁、籍贯册，亦遵照本部《通行》，于三月中旬先行咨送到部。嗣于嘉庆十七年本部议复广东省咨请部示一折，将云南、贵州、广东、广西、四川、福建等六省秋审后尾俱改为限于五月中旬送部，其余各省仍依限赶办，奏准通行各在案。承办秋审司员务宜详加查对，如有错漏，立即知会总办处核办。[1]

秋审处"分条开明呈堂酌定"后，便发交各司遵照执行。秋审册籍，则按如下要求：

各司承办秋审书吏，遵照定式，缮造正付清册二本。其案身照稿誊写，不得私自增删一字。遇有钦奉纶音，尤应恭录无遗。每十起订为一本，用双抄纸面，于封印期内送本司满、汉承办之员，逐案详阅。先对原稿科抄尸格，俟胸有定见之后，然后用蓝笔勾抹。只可删去繁冗字句，不可节去伤痕情节。各出己见，妥撰看语，注明实、缓、矜、留。总看各员再加细核，如司中所删，或不合定式，或文理不顺，用墨笔尖出，呈堂酌定。如本司删节本明，不必另出己见，重加勾抹，以免满纸模糊不清。务期和衷协力，不得两意参差。凡直名处，凶手用双直，死者用单直，余人概不直名。

各司办理秋审清册，应悉照纶音先后挨次订定，不得颠倒错乱。其正案悉于三月底办完，续增等案亦于四日底完竣。

略节清册，首页目录，司看于每起律牌下各用蓝笔填写"实、缓、矜、留"字样，不得遗漏。其填写处宜略近上，令下面多留空白，以便堂看加批。

正付清册内，将死者年岁并凶手、死者相殴伤痕深浅分寸，书明纸眉。各司司员因详对稿揭尸格，除跌磕碰擦各伤

---

[1] （清）黄奭辑：《秋审章程》，《总办秋审处》。

毋庸开载外（如遇推跌、因跌磕碰擦致死之案仍开载），将凶手殴戳砍剁之伤逐细开明，毋得遗漏。其谋故等案及擅杀、戏杀、误杀，例实例缓之案，俱毋庸开列伤痕。

共殴毙命之案，于"审供不讳"之下，"查某某被殴各伤，唯某某所殴戳某处，系属（致命重伤），应以拟抵。"原稿所叙，切不可删。

【本条书眉上注】如擅杀奸盗罪人，原题引用罪人不拒捕而擅杀律牌，则查笔应添叙"某某行窃某某财物，系属罪人，某某将其殴伤致毙，系属擅杀"，或"某某经事主邀往"，或"某某经本夫邀往，即有应捕之责"。

各毙一命之案，于"审供不讳"之下，应将"某某系某某殴戳致毙，应以某某拟抵"，逐名声叙，然后再出律例各牌，不可颠倒错乱。

乾隆四十四年进呈黄册内有奉天省"三木羊"一犯，其名字照蒙古本音应作"撒木衍"，奉旨指出改正。当经堂谕，秋审各员存记：凡有满州、蒙古名字样，呈堂更正。嗣后秋审内遇有此等，早为呈堂商定。

……

乾隆四十七年秋审内有四川省杨世臣、陈元贵、刘美成帮同已正法之朱茂元等拒捕伤差，强抢妇女，照光棍为从例拟绞入于情实。原题看语称杨世臣拒捕刃伤差役，陈元贵帮抢王氏，均系济恶匪党，应与刘美成均照例定拟等语。于勾到时奉旨询问，杨世臣、陈元贵均有出罪之语，刘美成一犯何以未加看语等因。应传知各司司员，倘遇一起两犯或一起数犯同一拟死之案，如一犯系共殴，必声明"以下手伤重之人拟抵"。其一命一抵之犯，原题未经加看者，亦应添入

"某人系某殴毙，应以某某拟抵"看语，以昭画一而免参差。其非斗殴之案亦照此办理。

乾隆四十八年秋审内有奉天省张成功、姜连二犯，系拒奸无据故杀，入于情实。钦奉上谕：此种案情尚须论其年岁，如死者长于凶犯，则拒奸起衅尚属可信。至死者反小于凶犯，安知非凶犯欲图奸死者不遂而籍言拒奸，希图卸罪等因。应传知各司司员，遇有此等案件，于清册内将凶手与死者年若干于案身起首处叙明，后尾内亦须点出。（死者年长凶犯十岁以上，照擅杀定拟已有专条，秋审应入矜。凡拒奸致毙人命之案，非谋故杀者俱入矜。）①

羞忿自尽之案，本部后尾出语向用"语言调戏，致本妇羞忿自尽"。如有捏手拍眉等情，即照依写入。唯各省抚审后尾出语不一，有用"虽非手足勾引，但调奸酿命"等抑扬之词，务将"虽非手足勾引"等字删去，只用其"调奸酿命"等语。

承办秋审各员，务期案情明显，前后相符，其紧要情节不得少有遗漏错误。此外如犯人之年岁，斩绞之律牌，督抚之升任调任、前任后任，在逃之余犯有无就获，有罪之余人应否出名、出牌，展限之有无处分，身死之登时、逾时、越几日、越几十日之处，皆宜画一，不可一省一样，不可参差错乱。至各案内有参革官员及议处等情，俱应叙入案内，勿致遗漏。（失察赌博、鸟枪竹铳议处，均须点明，其余不叙。）

【本条书眉上注】行窃逾贯及刃伤事主、拒伤事主，须

---

①　如无特别说明，小括弧内文字为原文中的双行小字。

看犯供。如另有行窃，须于"报勘获犯"之下添出"并究出该犯另犯行窃几次"，或"另犯讹诈、抢夺几次等情，审供不讳"。

殴死本宗外姻功缌尊长之案，如实在情伤本轻，死者恃尊欺凌者，一体准其留养。至夫殴故杀妻尊长，殴故杀卑幼应行留养承祀各案，亦分别情罪轻重办理。

奉天、直隶、两湖、闽广、山西、贵州之案，往往太繁，应将繁冗琐碎之文酌删。

各司阅看清册时，将情实者每阅一案，随时酌叙勾到小手折一份，并恭拟榜文数语于后，同交总办处一份复看，实属事半功倍，可省秋审复检全案之繁。

校阅谳册，宜在公所公商，平心定拟，且检对旧案旧样，一切便易。不得携归私寓及潜令书吏捉刀，苟且塞责。

总看后发写红格，各司校对红格宜加意细对，毋令遗漏舛错。至其中文义明顺与否，仍许详细核酌。如稍有滞碍，应速改正。即笔误、字不正之处，一一批明卷端，令其重写。销签之后，该承办秋审书吏送复看红格之员详细校勘后，交总办处发刻。刻成一起即校一起，应挖补者挖补，应另刊者另刊，不得俟刻完始行复校。其察哈尔、蒙古清册以及各省题本后尾，所有缮写校对之处，俱照此一律校对。

理藩院办理察哈尔、蒙古案件应入秋审者，于略节呈堂阅定之后，即交本司照缮清文略节一本，同汉字刻板，九卿上班以前将清字招册移交理藩院临期会审。至本部主稿会同理藩院等案，不缮清册，悉归未定，由九卿班上临期定拟实缓。

抚审与部议不符各案，俱照省份各订一册，于司议一定之后粘签呈送各堂。俟堂议之日公同定议，各于各册内书明"实"、"缓"、"矜"、"留"字样，以备考核。

秋审全册即定，分别旧事、新事，各按照纶音日期先后，挨次订本，汇成全册，于上班之前粘贴红签。其改拟各案俱摘叙简明商签，逐起贴入册内，以便上班与九卿科道会商。

秋审题稿，各司对本之员逐细磨勘。其情实稿尾另行誊清棉纸折，系总办处临期回堂派员复勘，改定画一，以便缮写，庶黄册之看语与本内之看语不致参差。再，秋审题本与题稿摘叙贴黄不同，司、复、总看业于秋审略节内删其繁冗，且经呈堂阅定，其派出复看题本司员只宜正其错误，或义文未妥之处，详查后揭，粘签呈堂酌定。不得任意自行勾抹，致缮本之员临时周章，甚至情实题本与进呈黄册不符，殊有关系。①

实际上，各司并不等待外省秋审送部之揭贴到司，于正月初，各承办之员即开始点看略节，先"逐字详阅"，"然后用蓝笔勾抹，只可删去繁冗字句，不可节去伤痕情节，各出己见，妥撰看语，注明实、缓、矜、留"。

"总看各员，再加细核，如司中所删，或不合定式，或文理不顺，用墨笔尖出，呈堂酌定。"总看是为秋审处提调、坐办之专责，他人不得絮乱，以上所用，是为正本。"其正案悉于三月底办完，续增等案亦于四月底完竣。"②

各省秋审人犯年岁、籍贯册，通行于三月中旬先行咨送到

---

① （清）黄奭辑：《秋审章程》。
② 以上均见（清）黄奭辑：《秋审章程》。

部，两广等较远六省则于四月内到部；各省秋审后尾——即督抚对人犯所拟实、缓勘语，亦通行四月内到部，较远之六省则于五月中旬到部。① 外省部尾一到，该司即用副本与其逐起核对。如果司批或堂批与其不符，则按省另订一册，是为"不符册"，由秋审处之提调、坐办商拟批改，② 并斟酌实、缓，谓之司议。改拟者较多，一般至数十起。③ 由于各司所办之略节四月才完竣，还要"呈堂看回"，各省之后尾五月底始能到部，各司亦须逐起核对。如此周折，司议只能在七月中旬才能举行，一般持续两三天。

定拟的时候，少据条款而多依成案，成案"询秋谳之准则"。④

可见司议并非是刑部各司官员共同面议，只是秋审处的"提调、坐办"进行"面商批改"。

第二步，刑部堂议。

"不符册"中司议之案，很可能会有不尽准确之处，因此，在七月底至八月初，持续四五天，⑤ 再由刑部进行"堂议"。即刑部尚书、侍郎等官再对司议之案议拟，并批定实、缓、矜、留。一般仍依司议，没有多大更改，改拟数起至十数起不等。薛允升所辑同治年间之《秋审分类批辞》，其中人犯 247 名，由缓改实者仅 40 名，没有由实改缓者，即为明证。

堂议时，若因例应入实，但情节尚轻，则从宽声叙；若因服

---

① （清）黄奭辑：《秋审章程》。

② （清）刚毅辑：《秋谳辑要》卷一《秋审事宜》，清光绪十五年（1889年）江苏书局刊本，藏湖南师范大学。

③ （清）来乐三撰：《秋审琐言》，《秋审事宜》，抄本，见于冯钟岱辑《秋审所见集》，藏法学所。

④ 《秋审比较汇案续编》，《跋》，荣录堂排印，清光绪三十三年（1907年）刊本。

⑤ 《秋审便记》，抄本，藏法学所。

制攸关，情节较重则从严声叙。若各省原拟实、缓尚且疑似，堂议即据情节，酌改缓决，归入汇奏。经过堂议之案，即代表刑部对该秋审案件所涉人犯的正式复审意见。

九卿会议尚有膳食招待：

堂议日及九卿会审之日，所有各堂桌饭照例交饭银处预备。

秋审司议、堂议一日或二日，九卿上班各日，总办处满汉司员需用桌饭银两，俱在平余项下先支银六十两应用（现经核减）。倘日期增多，临时回堂酌增。①

第三步，九卿会审。

九卿会审的时间，在乾隆时有长达月余的，后来居然逐渐减至一日。

近年秋审集议，均在八月下旬，由刑部定期知会九卿、詹事、科道上班。朝审上班在秋审上班之次日，亦不在霜降前十日矣。从前秋审，九卿集议，每年或十一、二日，或十三、四日，并无定限。近年以来但止一日，未详始于何，候考。②

在乾隆末年已缩为两日了。

乾隆十九年，八月十九日审起，九月二十日审竣。

① （清）黄奭辑：《秋审章程》。
② （清）沈家本撰：《叙雪堂故事》，《秋审事宜》。

二十二年，八月十八日审起，九月二十九日审竣。

二十三年，八月十八日审起，九月初三日审竣。

二十五年，八月十九日审起，九月初五日审竣，九月十三日朝审念稿（二十三年同）。

二十八年，八月十八日审起，九月初四日审竣。朝审：九月初八日会审念稿。

……

五十八年，八月十八日审起，二十日审竣。

五十九年，八月十八日审起，二十日审竣。

六十年，八月十八日审起，二十日审竣。①

乾隆十四年以前，御史并非与九卿一起会议，后因严源涛奏请而改。

山东道御史严源涛谨：奏伏见我皇上慎重民命，钦恤刑章，于本年秋朝审备荷天心，斟酌至当。凡臣下有刑名之责者，均宜仰体宸衷，身任其事，加意研勘，稍答宵肝勤劳万一。乃向来秋朝审时各道御史掌道上班与审，其余概不在与审之列。窃思御史身与法司，皆有刑名之责，平时应办事宜，凡为御史俱与掌道一体办理，独至秋朝审人命攸关，反然置身事外，于职则有忝，于心则何安，相沿之旧例所当更为酌定者也。近奉谕旨，凡遇勾到某省本章，即着某道御史承办，其朝审令河南道专办，特命着为例，以专责成，钦遵在案。臣等于勾到本章，俱经悉心详对。夫会审与对本其

---

① （清）沈家本撰：《叙雪堂故事删剩》，《九卿上班日期》。

事，原属同条共实。查对本章凡伪【为】御史即皆有责成，则会审时尤当公同上班，岂得置身事外！仰请皇上敕下各道御史，嗣后秋朝审时除掌道仍照常与审外，其余御史遵照本年现奉钦定分道承办勾到本章之例，遇审某省即令某道御史与本道一体上班与审。其朝审亦遵照钦定河南道专办勾到本章之例，令河南道御史与掌道一体上班与审。如此则身为御史，有刑名之责，遇朝审时均得在与审之例，且与审各归各道，皆属该御史应办之省，其与审时必加意研勘，仰副圣天子慎重至意，不敢不各守其专责矣，谨奏。乾隆十四年十月二十七日奉朱批：着照所请行，该部知道。钦此。[①]

上班会审，凡值朝知会九卿传片画稿各事宜，仍照定例归四川司办理。

九卿审定后，其题稿系各司送画。至留养承祀，分别应准、不应准、行查三项，总办处先期汇总钉册呈堂，阅后汇稿，于朝审之日交司念稿画题。[②]

堂议之后，由秋审处将各司略节转录成招册，以适于九卿、詹事、科道而待集议。

招册，原是刊载人犯供招情节的册子，为康熙年间仿朝审而来。

康熙十二年题准，直省秋审，令该督抚会拟情真、缓决、矜疑分别具题。刑部将该督会审情真、缓决、矜疑看语

① 《秋审档案》二之乾隆十四年。
② （清）黄奭辑：《秋审章程》。

刊刻招册，送呈御览，复分送九卿、科道官员各一册，会议
分拟具题，请旨定夺。其盛京等处监禁重犯，亦造黄册，入
在直省秋审内具题完结各等语（《会典》）。①

查光绪《会典》并无此条，沈家本所说，当指康熙《会
典》。因雍正年间不同于此：

雍正三年奉旨将情实、缓决、可矜分为三项，各依省
分，以云南省起，照该督抚看语，刊刻招册，并九卿看语一
并进呈。②

招册原本不分各衙门，是刑部在九卿会议前向皇帝具题而准
备的。在会议前向九卿等分送招册，当始自雍正十一年。侍郎韩
光基奏请将直省招册分送与审各衙门，大学士等议准由刑部刊刷
分送，然未定分送的具体时间。

招册封面为蓝色，以别于黄册。上书某省常犯或官犯第几
本，案犯姓名，标注新事、旧事。如《刑部直隶各省重囚招册》
第一函第一本：直隶省常犯情实第一本，（旧事）李二；（新事）
王五、李迎春、李得笙【计三十六名】。③

下为光绪朝山东司一新事：

一起，斩犯壹名。赵揭，年二十五岁，系山东莱州府昌
邑县人。据山东巡抚福润审得赵揭行窃拒伤事主孙钰兰身死

---

① （清）沈家本撰：《叙雪堂故事》，《秋朝审进呈黄册及呈进日期》。
② 《会典事例》卷八四六《有司决囚等第三》。
③ 《刑部直隶各省重囚招册》第一函第一本，藏文津分馆。

一案，将赵揭依例拟斩等因，光绪拾柒年拾壹月贰拾贰日题，拾捌年贰月贰拾捌日奉旨：三法司核拟具奏。钦此。

该臣等会同都察院、大理寺会看得，赵揭与孙钰兰素不认识。光绪拾陆年贰月贰拾玖日，赵揭与陈立扬、段九、姜排、赵六、荆十五、徐山村、张振秋遇道贫难。段九起意行窃，赵揭等允从。同伙捌人，分持洋枪、刀械，夜抵孙钰兰门首，姜排越墙进院……赵揭等复窃，孙钰兰惊起出捕，赵揭等逃出门外，孙钰兰追及，陈立扬用铁鞭拒伤其右腰肋，赵揭用铁鞭拒伤其偏□倒地，赶上赵九等……孙钰兰至闰贰月初壹日殒命。报验获犯，审供不讳。查孙钰兰身受各伤，唯后被赵揭拒伤偏右为重，应以为首论；除陈立扬依凶器伤人例加拒捕罪二等，段九依行窃执持洋枪章程分别拟军，均不准援减；姜排等辑获另结；不能禁子为匪之犯父免传；失察职名交部议处外，赵揭合依窃盗伙贼携赃先遁，后逃之贼拒捕杀人者首犯斩例拟斩监候，秋后处决。查赵揭于光绪拾陆年叁月拾壹日患病，至肆月拾壹日病痊，计犯病壹个月，并未逾限，合并声明，等因。光绪拾捌年捌月拾壹日题，拾叁日奉旨：赵揭依拟应斩，着监候，秋后处决，余依议。钦此。咨行山东巡抚，将赵揭监候在案。

光绪拾玖年秋审，据山东巡抚福润会审得，赵揭听从段九伙同陈立扬即佬陈，并在逃之姜排、赵六等同伙捌人，分持……该犯等复窃……孙钰兰惊起出捕……陈立扬先……该犯用铁鞭拒伤孙钰兰偏右倒地，越壹日殒命。获犯审系窃贼拒毙事主，赵揭应情实，等因，具题。奉旨：三法司知道。①

---

① 《刑部直隶各省重囚招册》，《山东省常犯情实本》，藏文津分馆。

　　上文选录时省略了案情叙述部分。可见，从初次犯事到进入秋审程序约需三年左右的时间。招册中的时间必须大写，唯恐有误。

　　下为光绪朝直隶司一旧事：

　　一起，斩犯壹名。李二，年伍拾岁，系顺天府蓟州人。据直隶总督李鸿章审得，李二盗砍东陵围墙内回乾树株一案，将李二依例拟斩等因。光绪……题……奉旨：三法司核议具奏。钦此。

　　该臣等会同……看得，李二先未为匪……当被拿获，报勘审供不讳。查李二……自应按例问拟，除赵……外，李二合依红桩以内盗砍树株者，比照盗大祀神御物律斩例拟斩立决。究系回乾树株，可否援照向办成案量为末减为斩监候之处，恭候钦定。查此案犯病……声明，等因。光绪……题……奉旨：李二减为应斩，著监候……在案。

　　光绪拾陆年秋审，据……得，李二……李二应情实，等因，具题。奉旨：三法司知道，钦此。复于正月贰拾陆日奉上谕：本年朝审、秋审人犯著停止勾决。嗣经刑部于捌月初贰日将情重各犯奏请应否停办抑或查办，奉旨：著停办。钦此。该臣等会同九卿、詹事、科道等官会审，李二应情实，具题。奉旨：这情实人犯今年著停止勾决，已有旨了，钦此。钦遵各在案。

　　光绪拾柒年秋审，据……得，李二仍情实，等因，具题。奉旨：三法司知道，钦此。该臣等会同九卿、詹事、科道等官会审，李二仍情实，具题。奉旨：这情实李二著复奏，册留览。钦此。

据刑科掌印给事中觉罗阿克敦等题为遵旨复奏事，奉旨：著候勾到。钦此。

据掌京畿道监察御史舒普等题为处决重囚事，等因。光绪拾柒年拾壹月初九日题，本日奉旨：李二著牢固监候，钦此。钦遵在案。

光绪拾捌年秋审，据……得，李二仍情实，等因，具题。奉旨：三法司知道，钦此。该臣等会同九卿、詹事、科道等官会审，李二仍情实，具题。奉旨：这情实李二著复奏，册留览。钦此。

据刑科掌印给事中觉罗阿克敦等题为遵旨复奏事，奉旨：著候勾到。钦此。

据掌京畿道监察御史荣升等题为处决重囚事，等因。光绪拾捌年玖月贰拾叁日题，本日奉旨：李二著牢固监候，钦此。钦遵在案。

光绪拾玖年秋审……①

由此例可以看出，秋审旧事招册，年年均属套文。

惯例：招册于九卿会审前十日由刑部分送，但所送机构却远不止《会典》所载。《秋审便记》上说，咸丰七年是八月二十七日开始会议，十七日即分送招册，所分送的机关有：六部、都察院、通政使司、大理寺、宗人府、詹事府、太仆寺、太常寺、光禄寺、理藩院、六科、京畿道（各道在内）、内阁及典籍厅；咸丰八年会议是八月二十七日，故本月十八日分送招册，外衙门共送121部。本部堂官1部，又刑科办上班2部，都察院办勾到2

---

① 《刑部直隶各省重囚招册》，《直隶省常犯情实本》，藏文津分馆。

部，各协道御史省册各 1 部，计 26 部，总共达 127 部之巨。①

分送招册前，刑部已对实、缓人犯进行汇奏，并请钦定秋审日期。一般于八月下旬开始，多于本月底结束，也有延至九月初结束的。在九卿上班会议时，"总办司员全行到班，派出明敏者数人，专答科道商签"。② 所有已收到招册的机关，"凡三品官职衔则与审"，③ 内阁大学士、学士也一体与议。

早在康、雍时期，与议者即有不行到班，或到班后随例公坐，不发一言者。为此，雍正便令都察院于会审时派出两御史查班，无故不到者奏参。④ 届时与议者均在天安门外金水桥西列坐。复审全是书面审理，新事凭招册，旧事则由书吏逐起唱名，至清末则名亦不唱。与议者若有不同意见，则另单写成"签商"交查班御史转达刑部，⑤ 刑部即为签复。若仍各执己见，签商者可直接向皇帝具奏，请旨定夺，皇帝则多以刑部之说为准。如咸丰八年，直隶张鸣风等谋杀张常汰身死，张氏下手加功一案，刑部将张氏拟缓，入于情实。刑科掌印给事中张某则认为可拟缓决，为此签商。刑部立即签复反驳，逐条说明理由，坚持按原督所拟，定为情实。刑科不以为然，便由掌印给事中、宗室英绶领衔向咸丰具奏。以咸丰裁定刑部所拟"自为按律问拟……给事中等所奏著议"⑥ 为结束。

若临时奉旨入于本年情实之案，在上班时，则由刑部另本分送九卿，以便会议。

---

① 《秋审便记》"咸丰七年、八年"。
② （清）黄奭辑：《秋审章程》。
③ （清）薛允升撰：《读例存疑》卷四九《有司决囚等第》。
④ （清）阮葵生辑：《秋谳志略》，抄本。
⑤ 光绪《钦定台规》卷一二《会谳》。
⑥ 《秋审便记》"咸丰七年"。

　　九卿开始会议后，刑部即向皇帝进呈秋审本及情实黄册——由招册转录而成，即以黄绫封面之情实人犯的招册，定好各省进呈勾到本日期，并知照内阁。① 会议结束后，与议各官就所审之案画题，表示对所审的人犯拟以实、缓、矜、留，由刑部领衔向皇帝具题。题本与黄册相比，则非常简单。分省按预定时间进呈，每省分别实、缓、矜、留四类，绝大多数为情实。"官犯"、"服制"则分别另一本，亦分别实、缓，进呈时置于该省常犯之首。每次进本起数要大体相当，间隔时间之久暂亦视上次进本起数而定。刑部具题后，九卿会议即告完成。

　　从这种形式看，九卿会审实不愧称为"秋谳大典"。但实际会审时，也并不与形式上的要求完全一致。嘉庆十二年有人即上奏说，各衙门对会议事件，皆由主稿衙门办就，事先已写稿送画，而不待会议之后。会议是在该衙门已画稿表示了意见后才进行，这样的会审还能有什么意义可言，纯属形式主义了。② 对此，嘉庆皇帝也承认大学士、九卿会议事件，本系慎重周容至意，近日有相习成风，视为具文者。可见，形式与实际尚存在很大一段距离。

　　（3）皇帝第三次复审。

　　第一步，留览黄册。

　　黄册办理：

　　　黄册各按省分，按次缮写看语，专责成司看司员详加描修磨勘。如有错误，唯司看司员是问。磨勘后仍交总办复

---

① 《秋审便记》"咸丰八年"。
② 光绪《钦定台规》卷一二《会谳》。

看，敬谨装潢。其各黄签俱照旧式办理。①

黄册呈进：

　　各省官犯、服制黄册，尚系先期进呈。嘉庆五年三月初二日奉上谕：秋审官犯、服制于每次进呈各省常犯招册时，另缮黄册列于常犯之前，一并呈览。钦此。嗣后分送九卿招册及进呈本章，俱恭照谕旨，将此二项各归本省，列于常犯之办理。

　　凡驻防旗人问拟情实之犯，进呈黄册俱附在本省常犯之后另为一本。其本章及送各道情实目录亦开列常犯之后。

　　嘉庆十七年八月内阁片传奉旨：进秋审黄册内勾到日期、省分、人犯数目，缮写夹片于黄册上进呈。钦此。是年即钦遵谕旨，将前数次、数省奏定勾到日期及何处勾到，缮片夹入黄册内进呈。其后数次未经奏准各省，只写省分、人犯名数，不必填写日期、地方，谨将片式开后：

　　某日在
　　某日勾
　　某省　人犯若干名。
　　某省　人犯若干名。②

奉旨记名情实于二次黄册内夹黄签（应用清汉）一条。
黄签款式：

---

① （清）黄奭辑：《秋审章程》。
② （清）黄奭辑：《秋审章程》。

福建省

陈茶、张杭、陈质系聚众械斗案内之犯，奉旨秋审著入
情实。

施教孔、施钱系聚众械斗案内之犯，奉旨秋审著入
情实。

周魁盛系挟嫌诬告之犯，奉旨秋审著入情实。

王栋系匿名揭贴之犯，奉旨秋审著入情实。

刘是系抢犯殴差之犯，奉旨秋审著入情实。

蔡义系挟仇诬陷之犯，奉旨秋审著入情实。

陕西省

者日光系连毙二命案内之犯，奉旨秋审著入情实。

王正举系学正私雕假印之犯，奉旨赶入本年秋审

……

山西省

田回回系持刀行凶之犯，奉旨秋审著入情实。

福建省

魏二二系永远枷号脱逃之犯，奉旨著补入今年情实。①

秋审的黄册与招册实质上是一回事，其行文格式亦无多大差
别。两者之所以独立存在，毕竟尚不能完全等同。黄册因其以黄
绫封面，是为黄面册，故名，是以封面装潢来分类的。招册是案
犯的招情略节，故名，是以性质来分类的，其封面为蓝色纸面。
若与黄册对称，该称蓝册才对。但黄册实际内容仍是招情略节，
故往往仍称之为招册。黄册面上印制的仍然是"×××招册"，

---

① 《秋审档案》二之乾隆十八年。

见《刑部各省缓决囚犯招册》。①

对黄册和招册的关系，董康曾有一段论述：

> 黄册用泾县牍纸，画朱丝栏，每行中间涂白粉，令隆
> 起，缮以恭楷。相传高宗晚年目昏，故留此制。令明了易
> 观，后遂遵行。册皮用黄绫线装，略同进呈之《会典则
> 例》。如有例实之案，声叙免勾及服制册情节较重从严声叙
> 者，俱粘方签于册之左角，恭候钦定。送内外各衙门招册，
> 即据黄册刊印，唯声叙之方签，已详于《不符册》之堂司
> 各官之批语中，不另刊刻耳。②

董氏所说的"黄册"，其实内容就是招册。其内容上的差别
仅是无声叙之方签罢了。"黄册"与招册另一个重要差别则是：
黄册是专门进呈给皇帝的，而招册则是送给除皇帝以外的任何机
构的。正因为如此，"黄册"之名才得以存而不废。这种黄册是
和招册同时产生的，有招册即有黄册。

自从刑部复核各省秋审案件以后，督、抚所造的黄册，由刑
部承办。刑部摘取案情后即造成黄册，这就是董康所说的"分
送各衙门招册，照黄册刊印"之黄册了，既非督抚所造成之黄
册，又非勾到黄册，它是在九卿会审前进呈的，为了与会审后勾
到黄册相别，通常仍以招册名之。

"勾到黄册"有所不同，它是在九卿会审以后，皇帝勾决
前，将情实应勾人犯单独开例进呈，以便皇帝了解案情，决定是
否勾决，故可称为"勾到黄册"。与会议前"黄册"相比，不再

---

① 《刑部各省缓决囚犯招册》，乾隆三年档案 4045 号，藏国家第一历史档案馆。
② （清）董康撰：《秋审制度第二编》，《职官篇》。

有缓决、可矜、留养三项人犯了，仅有情实人犯，故常以"黄册"名之。

按常例，刑部第三次进本具题时，由内阁札行钦天监，选择勾到日期。再由内阁具奏，知照刑部按期勾到。黄册则于缮妥后送军机处阅看，三天后由刑部领回以便送回内阁。在此前三日，刑部之汉档房——秋审本由其办理，已将秋审本送内阁了。内阁则将秋审本连黄册一并进呈，皇帝便于秋审题本上发旨："著复奏，册留览"，将题本发下，黄册则由皇帝阅看。[①]

第二步，览复奏本。

秋审题本首先发至内阁，再由内阁发至刑科，由刑科转发刑部，等待勾到。勾到前五日，由刑科按照题本先后办复奏本，仍由内阁进呈，照例奉旨："著候勾到"。得旨后，各道御史，以掌印御史领衔，按照题本先后及刑科复奏之人犯先后办理勾到本。宣统二年则改由法部办理，朝审也是如此，仍由内阁进呈。皇帝根据黄册、复奏本、勾到本进行审看。

第三步，勾到。

勾到前小手折的准备：

> 情实勾到小手折，俱应先期看定。至七、八月间，各司用连回纸刷印红格小折，缮写校对。直名点句，凶手双直，死者单直，余人不直。本司承办之员于折面画押，按照勾到各省，前期换次呈送大学士并各堂，以便细阅，并于前一日呈送军机大臣各一份。
>
> 前奉堂谕：手折内起衅曲直、两造伤痕、殴打先后、为

---

① （清）来乐三撰：《秋审琐言》，《秋审事宜》。

刃为械、用手用足，宜逐层叙明，不得以"致伤某某等处"
笼统含糊，一笔浑叙。不可以旁人、余犯之伤掺入混目，等
语。按：此项即乾隆三十八年堂定条款内之一也。以前郑重
言之，最为明确，宜细加体会，必须确实明了，方可动笔。
若粗心看过，不曾深解，举笔辄误。慎勿草率。

【本条上小注】殒命下磕擦各伤亦不可删。凶手被殴之
伤、凶手伤余人之伤，其部位亦不可删。唯余人殴余人之伤
则以"某某与某某致殴成伤"一语了之。

手折内有骨损骨折、透膜肠出、一死数伤、攫取尸身钱
物、烧尸无存、弃尸被毁、弃尸不失及事后潜逃年月（事
后潜逃年月唯谋故杀情重各犯不可删除，余可删），顶凶受
贿与不受贿、私和得赃不得赃，并狡供蒸核、翻供、部驳次
数，一一叙明勿遗。

手折内凶手、死者系文武员弁、生监，或系兵丁，及年
岁老幼，一一并首叙明。

手折内纸端空白处，将律牌写明，并将所以拟实之看语
写于案末纸端。①

勾到本章的办理：

乾隆十四年九月二十八日内阁奉上谕：向来勾到本章俱
系新资御史承办，此相沿陋例，初无意义，不过备员塞责，
非所以肃政典也。今既分定十五道，各有专责，自应分省办
理。嗣后凡遇勾到某省本章，即著某道御史办理。近经去其

---

① （清）黄奭辑：《秋审章程》。

冗覆，本章已简。其令该御史必悉心详对，设有鱼鲁，唯该
御史是问。其朝审令河南道专办，监视行刑著刑科给事中、
刑部侍郎中亦著一人去，著为令。钦此。①

皇帝"留览"过黄册，根据复奏本、勾到本斟酌以后，便
按预定勾到日期进行勾决。有时因为某种原因——如皇帝身体不
适，勾到之期亦会临时改变，咸丰时多如此。

勾到前，先由内阁奏请皇帝将已选择好的日期从中选择圈
出，并知照刑部准备勾到。② 刑部在勾到前一日派员将先办好的
（七、八月已校好）"小手折"送给军机处大学士等，以便他们
携带，预备勾到时使用。③ 照例由督察院将勾到本捧交奏事官
转奏。

是日清晨，于懋勤殿设御览黄册案，在案前再摆学士念本
桌。④ 皇帝素服御殿后，大学士等到召入时，捧本学士将准备勾
到的情实人犯名单放在桌上，向上跪讫。大学士、军机大臣、内
阁学士、刑部尚书、侍郎俱跪于右边；日讲官（起居注官）侍
立于左边。奏本学士奏：某省勾到，大学士便将汉字本展开放在
桌上。奏本学士再念各犯姓名，张三、李四等。念单内倘有十名
一起者，只读前一名某人等字；若一起内九名（以下）者，读
念单之学士仍按名次读念。皇帝同时看黄册上该犯案情，大学士
等人就阅自己所带的小手折——勾到略节，等皇帝裁定勾决还是
免勾。皇帝说"勾"或点点头，满大学士即告诉汉大学士勾某

---

① 《秋审档案》二之乾隆十四年。
② （清）刚毅辑：《秋谳辑要》（下称《辑要》）卷一《秋审事宜》。
③ （清）阮葵生辑：《秋谳志略》，抄本。
④ （清）沈家本撰：《叙雪堂故事》，《秋审事宜》。

人。汉大学士照此勾汉字本。未点头者，汉大学士即将该犯名字跳过去。

皇帝下令所有勾决的勾完后，将汉字本送到内阁，内阁学士按照汉字本照勾清字本。[①] 票签处将已勾、未勾人犯均再拟票签进呈。将清、汉两本均批出："某某著斩（或绞），某某著牢固监禁"，即是红本，红本密封。勾到结束，皇帝的裁决审录亦告完成。

如果不在宫内，皇帝在圆明园，则于洞明堂勾到。大学士、军机大臣仍跪右边，内阁学士、刑部尚书、侍郎则跪左边，记注官则分左右侍立。

行在勾到：

> 赴行在预备勾到，堂派总办处满汉司员各二人，及应带书吏卷册，俱照往例行。并请先期早派，俾该员等预先留心一切事宜，不致临时仓猝遗漏。[②]

勾到后之榜文：

> 九卿议定，总办处拟定榜示，交司照黄册内先后次序缮写清单，仍由总办处按次呈堂阅定，交清档房预缮折片，校对明晰。于勾到之日，总办处司员带领缮折人等在隆庆门外候勾到后，应添改者添改，应换扣者换扣。俟进呈本发下时，本司司员领回行文。
>
> 总办司员在朝内侍候勾到，每次递接榜示后，即会同各

---

① （清）沈家本撰：《叙雪堂故事》，《秋审事宜》。
② （清）黄奭辑：《秋审章程》。

本司司员在署恭接红本，校对清楚，交本司行文。派笔帖式二人，一送文至兵部。查行文系各司重大之事，向例俱各司满汉官员公同妥为，不得委卸专办之员。①

【本条上小注】即日送兵部，不得片刻迟延。
勾到后改缓：

各司于勾到后，检查由立决改监候及原拟斩绞监候之期功并缌麻服制三项由有两次未勾者，用印付交总办处查核开清单，摘叙看语办稿，会同大学士改入下年缓决。

如遇行在勾到，大学士等亦左右跪，记注官则侍立于案下之右，批发清字后密封交行在兵部发京送阁，兼批汉字，即毕。②

乾隆皇帝对勾决是十分慎重的：

乾隆十四年十月三日内阁、刑部奉上谕……今思勾决之时，朕详阅招册，反复斟酌辩论，大学士在朕前一面秉笔代勾，一面听受谕旨。虽殿臣咫尺，自不有舛误。但多经一遍视览，于勾决更为慎重。嗣此著于勾到后将原本进呈覆阅，再行批发，所谓去无益而就有益，著为例，钦此。

乾隆十四年十月十九日内阁奉上谕：秋审为要囚重典，轻重出入，生死攸关。直省督抚俱应详慎推勘，酌情准法，务协乎天理之至公，方能无枉无纵，各得其平。朕于情实招

① （清）黄奭辑：《秋审章程》。
② （清）刚毅辑：《秋谳辑要》卷一《秋审事宜》。

册皆反覆省览，再三究极情状，毫不存从宽从严之成见。所勾者必其情之不可恕，所原者必其情之有可原，唯以一理为权衡，而于其人初无爱憎好恶之见者存也。①

同、光两朝，两度垂帘，勾到审录已不由皇帝身体力行。勾到之日先已由御史按照刑部移送之人犯目录办好勾到本，按期交内阁进呈。内阁等官即等勾到命下，而黄册当日由军机大臣面交大学士及刑部堂官领下送到内阁，内阁等官一接到勾到本即回内阁，到阁大学士就按照黄册斟语，勾汉字本；内阁学士按照汉字本勾清字本。② 可见黄册已非御览，而为"学士览"了，亦无降旨、承旨之事可言，而由大学士"恭代"了。程序较前简单多了，是为勾到审录之变异耳。

乾隆皇帝曾为秋审下谕说："从来生杀予夺之权，操之自上"，"生杀之柄，断不下移"，③ 若其知同、光二朝之勾到，恐亦难安于地下矣。

停勾之年正法：

　　乾隆十九年闰四月二十一日奉上谕：停止勾决之年，情实案内有纠众聚匪、劫犯辱官及侵蚀亏空各犯，与寻常谋故、斗杀等犯不同。若辈予以监候已属法外之仁，使更久稽显戮，地方百姓日远渐忘，非所以尚刑章而示炯戒。嗣后停勾年分，著刑部将情罪重大案犯开具事由，另行奏闻，请旨正法。

　　又，二十五年刑部议准，西安按察使阿永阿奏请因奸谋

① 《秋审档案》二之乾隆十四年。
② （清）刚毅辑：《秋谳辑要》卷一《秋审事宜》。
③ 《光绪会典事例》卷八四七《有司决囚等第四》。

死亲夫之案，如遇停勾之年，与情重各案一并另请正法。又，是年十月内奉上谕："刑部秋审情实招册内有案犯定谳时已逾该省热审之期，九卿秋审提入本年册内请勾者，其中如一人连毙二命，暨妖言惑众，传习符咒，并官员侵渔帑项、勒敛民财之类，非残忍已极，即有关民俗官方，应于秋审时将此等案件另开罪犯清单奏明。钦此。"

二十六年九月钦奉恩旨停止勾决，刑部将情实案犯内如前项情罪重大者，奏请正法并声明，此外有投递匿名揭贴告言人罪一项，情节险恶，亦请一体查办。

又，乾隆四十五年三月二十三日奉上谕：刑部议覆直隶省民妇王氏因与刘祥通奸，被媳杜氏撞遇，诬陷杜氏奸情殴死灭口一案，照该督所题，依故杀者斩律拟斩监候，秋后处决，并声明王氏诬奸捆殴杜氏，有意致死灭口，且伤至一百余处，姑媳恩义已绝，应照凡人问拟等因，所办自属平允。此等伦理灭绝、残忍已极之人，法无可贷，秋审问拟情实即予勾决，以昭儆戒。本年秋审原当停勾，此案著交刑部存记，于秋审时即行具奏声明，依律办理。此外如有似此者，亦著一体于本内声明，秋后即予正法，使残忍害命之犯不致延喘，受害者早得申冤，亦情理之正，而明岁情实之案亦可少减。又，是年三月二十六日奉上谕：刑部审拟王吴氏砍伤七岁幼侄王傻子身死，图绝人后一案，其情节极为残忍，著交刑部改议，即照前次直隶省民妇王氏致死伊媳之案声明，本年虽遇停勾，仍当届期请旨。①

---

① （清）沈家本撰：《叙雪堂故事》，《停勾年分情重人犯奏请正法》。

　　皇帝审录较之前两个阶段都较为简单，却是秋审案件的最后裁决，封建皇帝之独裁于此可见一斑。清人有说："秋审之免勾者，君恩如雨露之自天；秋审之勾决者，国法如山岳之不动。"[①]

　　为了对整个复审程序有个系统认识，现将其制图（图1-1）如下：

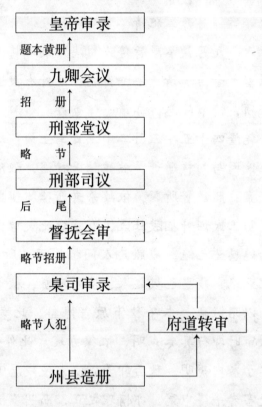

图1-1　秋审程序流程图

2. 执行程序

　　红本票签批出后，勾决程序已完，由内阁将红本交与红本中人犯家属之该道御史，再由御史捧送刑部大堂。之所以此处尚经

———————————————

① （清）崇纲辑：《成案续编》，《孙文耀序》，四川臬署存板，清光绪七年（1881年年）刊本。

御史转送，其间监察之意可见。刑部大堂中早已设好黄案，该道所有御史齐到，侍郎一人跪接，再发交该司之司员立即填写文书，订封后送兵部马上飞递，红本则交刑科发抄。

已勾人犯照例由刑部及内阁按照黄册填写榜示，捧至乾清门，由刑部堂官当面交奏事官进呈，皇帝当即批下，由该司司员领出到刑部抄写榜示，随原已填好之文书一并订封送兵部飞递。勾到文书到达各地均有限期，最长时间是云南、贵州、四川、广东、广西、福建，为四十天，最短的是直隶仅四天，[①] 各地即遵照执行。

斩绞各犯，地方"迟误处决，已过冬至者，该督、抚查明不停刑日期，即行处决。"[②] "如果遇冬至，以前十日为限，夏至，以前五日为限，俱停止行刑。若文到正值冬至、夏至、斋戒日期，乃已过冬至、夏至者，冬至七日，夏至三日以后照例处决"。[③] 处决时如印官并未公出，则由印官监决；若印官公出，便由同城官员代为监决。处决官犯时有所不同，"秋审勾本到省，照刑部决囚之例，将情实官犯全行绑赴市曹，即令按察使监视行刑，奉到谕旨，当堂开读，按照予勾之犯，验明正身处决。"[④]

情实免勾者，照例由原监禁之省或州、县牢固监禁，等待来年秋审。官犯于年终汇奏一次，部分可减等为缓决。原则上亦需十次改缓，事实上则没有等到十次；常犯则免勾十次后改入缓决；服制则一般两次免勾即改缓决。缓决者照例监禁，数年之后

---

① （清）沈家本撰：《叙雪堂故事》，《秋审事宜》。
② 《光绪会典事例》卷八四四《有司决囚等第一》。
③ 《光绪会典事例》卷八四四《有司决囚等第一》。
④ 《光绪会典事例》卷八四四《有司决囚等第一》。

改为遣、流、充军。矜者减等发落，留、承则当即释放，一般责打四十板，枷号两个月。①

如此，执行程序即告结束。

————————

①　《光绪会典事例》卷七三二《刑部》。

二 秋审条款杂考

本章所说的"杂考"，是著者自名，指与条款考相关又难以统一命名的部分。

首先，弄清秋审案件的分类，有利于弄清秋审条款的分类。其次，弄清秋审条款的名称，则有利于对条款的理解。再次，乾隆条款的编辑体例不同于嘉庆以后的，难以一一对应，而乾隆条款又是以后条款的基础，但又有部分条款是以后消失了的，因此，对这些务必研究清楚，却又难以纳入以后的逐条考证之中，故将其归入了本章之内。为下文逐条考证的方便，故将其放前面。

（一）秋审案件分类考

通常所说的秋审条款，是指秋审分类定型为情实、缓决、可矜之后而言，并不包括此前分类相关条款在内。刑部颁行秋审条款始自乾隆三十二年，此时秋审分类早已定型。

《康熙会典事例》载：

直隶各省重囚，比照在京事例，令督抚各官将情真应决、应缓，并有可矜可疑者，分别详审。①

《光绪会典》载：

> 凡秋审之别有四，曰情实，曰缓决，曰可矜，曰留养承祀。②

沈家本似乎也如此分类，他在其《叙雪堂故事》中，先引用了《会典》——当为《光绪会典》上文之后接着说：

> 总办司员……将各该司应入秋审人犯，依原案题结先后，以次摘叙案由，分别实、缓、矜、留……总看、坐办各司员齐集核议，将情实、缓决、可矜、留养承祀各犯详细参酌，平情定拟。③

《刑法志》载：

> 【秋审】初分情实、缓决、矜、疑，然疑律不经见。雍正以后，加入留养承祀，区为五类。④

《清朝通典》载：

① 《康熙会典事例》卷一三〇《有司决囚等第》。
② 《光绪会典》卷五七。
③ （清）沈家本撰：《叙雪堂故事》，《秋审事宜》。
④ 《清史稿》卷一五一《刑法志》。

顺治十年复秋决朝审例。八月定直隶秋审遣刑部司官会同督抚审决之例。十五年十月定各省秋审分别应决、缓决，并可矜可疑三项奏请定夺之例。①

吴坛说：

各省秋审定于顺治十五年，各该巡按会同该抚及布、按二司等官照在京事例分别情实应决、应缓，并有可矜可疑者，于霜降前具奏……康熙二十七年……将历年各例汇纂会议颁行，其原例内开：一、凡每年秋审，直省督抚将监禁重犯审拟情实、缓决、矜疑具题……八月内在金水桥西会同详核情实、缓决、矜疑，分别具题，请旨定夺。②

《清朝通志》载：

顺治二年谕……其事有冤抑，情可矜疑者，径自奏闻。③

《清朝通典》又载：

康熙十二年八月谕刑部：嗣后朝审会议缓决、可矜、可疑诸案，仍如常启奏外，其情实重犯……二十五年六月命内外法司详审重囚，果可矜疑，照例减等……三十六年十一月

① 《清朝通典》卷八三《刑四》。
② （清）吴坛撰：《大清律例通考》卷三七《有司决囚等第》。
③ 《清朝通志》卷七八《刑法略四》。

高阳县民张三等坐盗论罪，上以情有可疑遣官复审。张三等实非真盗，释之……乾隆四年十月谕：河南秋审各案，九卿从该抚所拟情实内改入缓决者十六起，可矜内改入缓决者十五起。①

《批本处现行事宜》一书是"清咸丰元年内阁学士载龄、中书文启合撰。……隶属内阁……本章进呈发下后，批本处照钦定清字签，用红笔批于本面"。② 其亦分三类：

> 刑科复奏某省服制情实、缓决、可矜各犯几本。
> 每年刑部进各直省孤子承祀、留养黄册，收存本房，不进呈。勾到年，俟朝审勾到毕，交内阁；不勾到年，俟冬至日，与情实册一并交内阁。③

从以上列举可以看出，秋审案件分类从一开始到终结，一直未曾统一；有三类说，有四类说，有五类说。

《清史稿》"五类说"是值得商榷的。

第一，留养与承祀是两种完全不同的情形。存留养系《明律》中即单列一门，而承祀则似乎产生于雍正四年，在大清律中亦归入存留养亲门内。二者的区别，看看当时雍正的上谕和刑部的意见就十分清楚了：

> 雍正四年五月内，刑部议复吕高戮死胞兄吕美一案，奉

---

① 《清朝通典》卷八三《刑四》。
② （清）载龄、文启撰：《批本处现行事宜》，《跋》。
③ （清）载龄、文启撰：《批本处现行事宜》，《勾到事宜》。

旨：一家兄弟二人，弟殴兄至死而父母尚存，则有家无次丁存留养亲之请。倘父母已故而弟杀其兄，已无请留养亲之人，一死一抵，必致其祖宗湮祀，此处甚为留意。若因争夺财产或另有情由，又当别论。吕高殴死其兄，其家中有无祭祀之人，交与该部察明具奏。嗣后应如何定例之处，著九卿确议具奏。钦此。

九卿议复题准：

> 除有父母之人，弟杀胞兄，家无次丁，照律存留养亲外；其无父母，或因争夺财产，或另有情由致死，并家有承祀之人者，仍照律例定拟。如非争夺财产，并无别情，或系一时争角互殴将胞兄致死，而父母已故，别无兄弟，又家无承祀之人，应令地方官据实查明，取其邻佑、阖族、保长并地方官印、甘各结，将该犯情罪疏内声明奏请。如蒙圣恩准其承祀……日后凶手生子，不得与立嗣之人争产。①

可见，留养的前提是父母尚存、家无次丁，或虽有次丁但尚未成年；承祀的前提是父母已故，却又无次丁可以承祀之人。留养的目的是侍奉父母，承祀的目的是不使其宗绝祀。

第二，留养、承祀并不是处罚，而是皇帝给予犯人的一种恩惠，与实、缓、矜性质完全不同，对此，乾隆的上谕及刑部的上奏都说得极为明白：

---

① （清）吴坛撰：《大清律例通考》卷四《名例律上》。

乾隆十五年正月初二日内阁奉上谕：国家钦恤民命，德
洽好生，至于鳏寡茕独，尤所矜悯，是以定有独子留养之
例。凡属情轻，俱已沾恩减等。唯是愚民无知，往往轻身斗
狠，不知留养为格外施仁，或转恃此为幸免之路，以致罹于
法网……现在果无次丁侍养，俱可以矜减等，请旨发落。嗣
后独子犯罪，未邀宽减者，该督抚于秋朝审册内声明，九卿
复核时照此办理……著为例。钦此。

刑部谨奏……臣等伏思，独子留养原系国家法外之仁，
嗣因直省援例声请之案日多，恐有无知愚民恃恩犯法，
是以……①

可见，刑部认为，正是因为留养为法外施仁，无知愚民才会
恃恩犯法。若留养为处罚，岂有恃罚犯法？

第三，留养与实、缓、矜可同时适用，亦可单独适用。

同时适用者：

一、殴胞兄及大功、小功尊长致死，应拟斩决人犯，
有奏请留养承祀者，改为拟斩监候。遇秋朝审时，该督抚
并承审衙门，先期查明该犯父母是否尚存，其子已未成
丁，取具印结，逐一声明，拟以缓决。九卿会审，另册进
呈，恭候钦定。

谨按：此条系乾隆四年五月钦奉谕旨，及乾隆五年五月
九卿议准御史刘芳霭条奏……定例，乾隆八年馆修附律。

---

① 《秋审档案》二之乾隆十五年。

单独适用者：

一、凡斗杀案内有理直伤轻及戏杀、误杀等案，照例准
其留养。如该犯实系理曲，或金刃重伤，及虽非金刃而连殴
多伤致死者，此等情重各犯，于定案日俱议以不准留养……
至秋审时……于本内声请……将该犯照留养例发落。朝审案
一体遵行。

　　谨按：此条秋朝审留养之处，系乾隆十五年正月内钦奉
上谕。……乾隆十六年馆修并纂附律。嗣于乾隆二十七年六
月内，经刑部条奏议准，嗣后定案时不必分别"应准"、
"不应准"字样。乾隆三十一年馆修，除将理直、理曲，伤
轻、伤重及秋朝审留养之处另纂专条，故将此条原文删除。

可见，对殴胞兄致死，及殴大、小功尊长致死，按大清律是
问拟斩决的，但因需声请留、承，所以改拟斩监候。秋、朝审时
不拟情实，而是拟以缓决，再声请留养或承祀。

第四，留、承最早进入秋审的应是上引乾隆四年"弟殴胞
兄"一条，雍正年间所定留、承条例均系初审时办理，与秋审
无关。吴坛之《大清律例通考》在《犯罪存留养亲》门中说得
很清楚，此时初审、秋审均办理留、承。经上第二段引文中吴坛
之《按语》可以看出，直至乾隆二十七年，才经刑部议准，将
斗殴案中有留养者统归刑部秋审时办理。

而将承祀统归秋审办理，已迟至乾隆三十三年了：

　　夫殴妻致死……该督抚定案时止将应行承祀之处于疏内
声明，统俟秋审时取结报部，刑部会同九卿核拟……至原题

时亲老丁单声请留养之犯，遇有父母先存后故，与承祀之例相符者，亦俟秋审时，该督抚确查，另行报部，九卿一体核拟具题。……

谨按……嗣于乾隆三十三年七月内，刑部议复河南按察使杨景素条奏，请照留养之例统于秋审时办理。①

综上可见，五类说难以成立。

不难得出结论，无论可矜可疑是一类还是两类，至少它在顺、康、雍时期是存在的。至于何时去掉了可疑这一类，定为实、缓、矜三类当是乾隆十四年以前，有吴坛《大清律例通考》为证：

> 凡职官实犯死罪应入秋、朝审者，另为一册。仍分别情实、缓决、可矜三项进呈。

吴坛对此条的按语说：

> 此条系乾隆十四年十月内钦奉上谕，乾隆十六年律例馆奏准，恭纂为例。②

薛允升说：

> 实缓、可矜之外，尚有可疑一层，即罪疑唯轻之疑。凡有罪名已定，而情节可疑者，均归列于内，亦慎重刑狱之

① （清）吴坛撰：《大清律例通考》卷四《名例律上》。
② （清）吴坛撰：《大清律例通考》卷三七《有司决囚等第》。

意。后将此层删去，一遇疑狱，便难措手，《强盗》门"监候处决"一条，是其一也。乾隆十七年以后，即永无此等案件矣。[①]

薛氏对何为"可疑"一类说得很清楚，似认为"可疑"是不同于"可矜"的另一类。其所说"乾隆十七年以后，即永无此等案件"，应有所据，或许是乾隆十六年律例馆将官犯分为实、缓、矜三类，纂为定例开始吧。

检查乾隆元年至十七年的秋审档案，均未提及"可疑"一类，可见此类在乾隆初，甚或雍正后期已经不存。

因此，以实、缓、矜为内容的较为系统的秋审条款形成在此以后的乾隆三十二年，那就很自然了。

（二）秋审条款门类考

乾隆三十二年之前，由于尚未形成系统的条款，自无门类可言。对刑部三十二年所颁各款，阮葵生认为"其条款分为二门"，即"情实与缓决相比"、"缓决与可矜相比"。其《志略》亦仿此分为二门。[②]

王有孚之《秋审指掌》并载有三十二年及四十九年各款，黄奭之《秋审直省附录》亦同。两者对三十二年之款除有《秋谳志略》之两门外，均还有"拟实"、"拟缓"、"可矜"三门，计分为五门。

至于四十九年所颁之款，由于仅将三十二年以后至此时之上

---

① （清）薛允升撰：《读例存疑》卷四九《有司决囚等第》。
② （清）阮葵生辑：《秋谳志略》，抄本。（清）刚毅辑：《秋谳辑要》。

谕及条奏汇总通行，也就无需另行分类。

自《志略》之《附载》（下称《附本》）开始，一改以前条款按"实"、"缓"、"矜"比对分类方法，而改为按照案件性质分类。

《附本》开始分四门：职官服图、人命、奸盗抢窃、杂项。

《谢本》、《黄本》、《道光本》、《蜀本》、《秋谳志》、《汇案》本、《书斋》本均分为五门：职官服图【制】、人命、奸【盗】抢窃、杂项、矜缓比较。

《辑要》、《沈本》、宣统时的《秋审条款按语》，[①] 则将以上分类中的"职官服图【制】"一门别为"职官"、"服图【制】"二门，其余仍旧，应为六门。

以上概括了自嘉庆至宣统各朝条款的分类情形，它们基本上是一致的，又微有区别。

《志略》之《附本》已新开了这一分类方法，此时应已分为五门，因在《志略》时已有"矜缓比较"一门，《附本》未辑入，故缺。实为五门分类之始。

《谢本》之后的五门分类法，内容是完全一致的，只是有的称"服图"、有的称"服制"；有的称"奸抢窃"，有的称"奸盗抢窃"。

六门之分，约始自同治末。"职官"与"服制"是两种不同性质的案件，一分为二，不无道理。

（三）秋审条款名称考

乾隆三十二年以前应无秋审条款之名，三十二年刑部奏请删

---

① 清法部：《秋审条款按语》，宣统二年铅印，藏国子监。

改大清律中有关秋审的条例时称，"俱归入历年上谕，照向例于每年秋审前刷印成册"，① 显然是将"上谕""成册"而已，并非将上谕加工成为条款。刑部在议复吴坛的上奏中称此为"臣部有秋审条例一册，恭载历年钦奉上谕及臣工条奏"，② 此称"秋审条例"，亦未名"秋审条款"。

刑部三十二年所颁，阮葵生始称之为"比对条款"，③ 此后著者多仍其名。《沈本》称"酌定比对条款四十则"，④ 宣统时修订的《秋审条款》所称亦同之。⑤ 谢信斋《秋审实缓比较条款》称，"节经刑部酌定条款，旧止四十则"，⑥《秋审条款讲义》称，"乾隆三十二……始定条款四十则"，⑦ 二者均提到"条款"，未言及"比对"。

刑部当年所颁，究竟是否以"比对条款"名之，至今已无原书可考。以其他文献记载所见，应无"比对条款"之名。

《秋审档案》一载当年刑部为颁发秋审条款的上奏中说：

> 臣部有秋审条例一册……等类分款附列于后，刷印通行，俾各省问刑衙门俱知有一定章程。⑧

可见刑部当时称之为"条例"，或许与有关秋审情实以例的形式附律有关。而"通行"则是当时部门规章发布的形式。

---

① 《秋审档案》一之乾隆三十二年。
② 《秋审档案》一之乾隆三十二年。
③ （清）阮葵生辑：《秋谳志略》，抄本。
④ 《沈》本，《序》。
⑤ 《秋审条款》，《奏疏》。
⑥ （清）谢信斋撰：《秋审实缓比较条款》（下称《谢》本，不冠著者），《自序》，第1页。光绪十三年（1887年）京都撷华书局刊本，藏中国人民大学图书馆。
⑦ （清）吉同钧撰：《秋审条款讲义》，《序》。
⑧ （清）阮葵生辑：《秋谳志略》，抄本。

林筱屏认为：

外省历办秋审，仅有部定实缓章程一册，奉为圭臬。①

可见林氏以为部定的是《实缓章程》而非《比对条款》。

虽然王有孚所辑《秋审指掌》（以下简称《指掌》）仍称"核拟比对条款"、"比对实缓条款"、"比对矜缓条款"，② 沈家本亦对其推测说："盖所据乃颁发之本也。"③ 王氏何以会有"颁发之本"为据，尚无确证，沈氏也只是一种猜测。约在嘉庆时任刑部浙江司郎中的黄爽所校订的《秋审直省附录》，其内容与王氏的《指掌》几乎一样，却没有王氏的"核拟比对条款"之说。对应王氏的"比对实缓条款"为"实缓"，对应于"矜缓比对条款"的为"矜缓"。④ 黄氏官居郎中，且指该书为其所校，其所据乃刑部之本，似应无疑。

乾隆四十九年，刑部在议复四川总督李世杰的上奏中提到："唯查乾隆三十二年，原有刊刻《秋审比较条款》。"⑤ 其时与三十二年相去未远，刑部之说不应不确。若三十二年之颁发确有"比对条款"之名，刑部在其上奏绝不会将"比对"擅改为"比较"的。唯一的解释可能是，三十二年条款是以《通行》的形式颁发，并无一定之名，此后刑部亦受《志略》之类的影响，因而在四十九年的上奏中随机拈来"比较条款"一词。

---

① （清）林筱屏撰：《秋审实缓比较成案》，《秋审实缓比条款》（下称《蜀本》）之《自序》，同治十二年（1873年）四川臬署暑刊本，藏北京大学图书馆。
② （清）王有孚：《秋审指掌》（不冠著者），第2～10页。
③ 《沈》本，《序》，第3页。
④ 《秋审直省附录》，第2～9页。
⑤ 《秋审直省附录》，第23页。

乾隆以降，各著家对秋审条款的命名大致如下：

《志略》抄本附载：《秋审实缓比较条款》；

谢信斋著：《秋审比较实缓条款》；

道光二十五年抄本：《秋审实缓比较条款》；

《秋审实缓比较成案》附载：《秋审实缓比条款》；

《秋谳志》载：《秋审实缓矜缓比较条款》；

《辑要》附载：《秋审条款》；

《秋审实缓比较汇案》附载：《秋审实缓比较条款》；

悔不读书斋刊：《秋审比较条款》；

沈家本著：《秋审条款附案》；

宣统修订后官颁：《秋审条款》。

此外，《大清律例刑案新纂集成》之目录上有《秋审条款》之名，检查书内则无，未知何故。①

以上为嘉、道、咸、同、光、宣各朝秋审条款的代表之作，多将《志略》中的"比对"一改之为"比较"，或者去之，统言"条款"。

仔细分析起来，乾隆以后各家将"比对"改之为"比较"是因其内容而改变的。

《志略》所载四十条，前三十条是"实"与"缓"相对，或者拟实，或者入缓，非此即彼；后十条则是"矜"与"缓"相对，非矜则缓，非缓则矜。此后的秋审条款则多"酌量"入实拟缓，实缓、矜缓均非对立，只是比较而言。有些条款甚至与实缓、矜缓并无关系，纯属制度上的规定。若仍限以"比对"，则已名不符实。

① 《大清律例刑案新纂集成》，《目录》，第2页。同治十二年（1873年）刊本，藏中国政法大学图书馆。

若就清代后期秋审条款的发展来看，因其内容已非完全为实、缓、矜之规定，直名为"秋审条款"似更符实。

（四）乾隆三十二年以前的条款考

就目前所见文献记载，乾隆之前并无秋审条款。由于各地督抚秋审时定拟实缓无所依据，缺乏统一的标准，定案自然也就比较混乱，雍正十一年的上谕对此有真实写照：

> 十月丁卯谕刑部，者【这】秋审大典，详览直省各册，往往有法无可贷、情无可原者，而各该督抚概拟缓决，并无勘语。且有上次定拟情实，而今年又自改缓决者；有监禁年久之犯而每年秋审忽拟情实忽拟缓决者。有本定缓决，因部改情实即照拟情实；本定情实，因部改缓决即照拟缓决者，业经九卿法司详核改定。试问该督抚等，谳狱录因【囚】，何等重大之事，岂竟漫不经心，抑无定见耶？①

这些督抚们"漫不经心"倒未必，"无定见"倒恐属实。无一定之章程，"定见"又从何而来？

这种情形延续到乾隆初：

> 乾隆九年十月二十九日内阁抄出奉上谕……或先后案情不符，混行矜减，或以毁堤殴官之罪而宽其情实，或以屡行谋杀之犯而置之缓决，或犯奸阻控殴死人命，或连掘数冢开

---

① 《叙雪堂集》，《上谕》，抄本，藏文津分馆。

棺取物，或与族婶通奸拒捕致死本夫，或殴毙尊长二命，或诬告伊主死罪以及屡次行窃，持刀强奸，与故杀病妻情极残忍之人皆予缓决矜减，殊属姑息。至于情有可原之案，该督抚又或失于推勘，草率拟断，因而置缓决者不一而足。①

没有条款，凭什么拟定实缓呢？黄奭记载说：

一、各本司办秋审司看及复看各员，业经呈堂派定，传知在案。各位该员即将历年钦奉谕旨及本部上届办理章程详查抄录，详慎定拟，仍各自存底册，将所以实、缓、矜、留之故，详记默识，以备商问。②

由于没有明确的条款，一些新出现的案件如何定拟，督抚和九卿均在探索之中：

乾隆十四年九月初九日内阁奉上谕：河池州参革和州朱红亏空一案，该抚审拟缓决，经九卿以情实改拟具奏。此等侵课亏帑人犯，不加惩警，将来不肖人员效尤成习，流弊无所底止，是岂辟以止辟之道？舒辂之以缓决，秋审是何意见？著明白回奏。钦此。③

恐怕还是乾隆皇帝说了算的多：

① 《秋审档案》二之乾隆九年。
② （清）黄奭辑：《秋审章程》（以下免冠著者）：《总办秋审处》。
③ 《秋审档案》二之乾隆十四年。

　　乾隆十四年九月三十日内阁刑部奉上谕：是以前旨有一满限期，即入情实之谕。①

　　即使到了嘉庆初年，九卿改拟之案尚多。虽然嘉庆皇帝认为是由于"失入"的处分严于"失出"造成的，但事上与秋审条款不完善也不无关系：

　　　　嘉庆十年九月初一日奉上谕：朕阅各直省本年秋审人犯册内，由刑部改实为缓者三起，而改缓为实者共有八十三起之多，数省如出一律，其故殊不可解。外省办案狃于救生不救死之说……向例秋审失入一案及失出五案者，督抚、臬司均有处分。嗣经降旨宽贷，各省大吏自因吏议既宽，更无瞻顾考成之虑，遂尔遇事从轻，欲博宽厚之名……嗣后著该部将办理秋审失入一案及失出五案者仍前定立处分，俾职司刑谳者各知儆惕。②

　　虽然刑部在乾隆三十二年才颁发秋审条款，但并不能因此以为此前没有条款，只是很少罢了。而且此时的条款比以后任何时候更具权威，因为是在皇帝发布谕旨以后被纂为条例而附在大清律的律文之后，按清代的惯例，它比律文反而优先适用。

　　据吴坛之《通考》载：

　　　　一、人盗仓库钱粮罪应拟绞者，入于秋审情实。

　　　　谨按：此条系乾隆二十九年七月内江西按察使廖瑛条奏

①　《秋审档案》二之乾隆十四年。
②　《钦定六部处分则例》卷四八《审断下》。

定例。乾隆三十二年馆修，以此条专为秋审情实而设。但查秋审届期，刑部会同九卿俱遵照历年章程办理其应入"情实"字样，自应毋庸载入例册。是以刑部于乾隆三十二年十月内奏明将常人盗仓库钱粮、继母故杀夫前妻之子、蒙古偷盗四项牲畜十匹以上、偷窃衙署服物、私铸钱文十千以上、强奸未成及但经调戏本妇羞忿自尽、满洲杀死满洲、械斗各毙一命、侵蚀钱粮及枉法赃，凡有"秋审情实"字样者，例内悉行删除，刑部仍详记档册，至秋审时遵照办理。①

通过吴坛的这一线索，详查秋审档案，可以印证吴坛的说法，且档案对此事原委经过的记载更为详尽。乾隆三十二年，律例馆逢修例年修例，刑部认为，秋审实缓定拟之款应属其部门规章，不宜载在大清律中，故大清律中有关秋审情实的例文应予删修。刑部在上奏中说：

> 窃查律例所载斩绞罪名，拟于定案之初，而应否情实则于秋审时始行定拟。其在定案之初只应拟以应得罪名，原不必于例内加以"情实"字样。

这就是刑部要删改例文的理由。

对于为什么会在大清律中载有秋审情实的条款，刑部解释说：

---

① （清）吴坛撰：《大清律例通考》卷二三《贼盗上》。

　　臣等伏查节年秋审、朝审时钦奉谕旨，于应入情实案件训示精详，原为办理秋审章程，俾司宪诸臣共知遵守。嗣经臣部议复内外臣工条陈，有声明"入于秋审情实"者，纂例时遂将"秋审情实"字样载入例册。

　　可见，当时为何附律有两种情形，其一是皇帝的上谕，其二是刑部议复内外臣工的条陈。对这一做法，刑部的结论是"诚为未协"。

　　刑部为将"未协"改为"协"，采取两种方式处理：

　　　　臣等悉心斟酌，应请将谕旨内有关系秋审、朝审恭纂为例者，俱归入历年秋审上谕内，照向例于每年秋审前刷印成册，分颁九卿、科道，一体钦遵。至例册内凡有议准条奏应入秋审情实者，于秋审时例入情实。①

　　对大清律例的修改就是：将"秋审情实字样"俱行酌删。

　　对大清律例中有关秋审条款的内容，刑部在上奏中分三类处理：

　　（1）捕亡·主守不觉失囚中【斩绞重犯在监脱逃条】及名例·称与同罪中【奸徒得受正凶贿赂条】：以上二条虽有"秋审情实"字样，但系定罪条例，似应存。

　　或许正是因为"似应存"，吴坛的《大清律例通考》对此二条就未有提及。

　　（2）继母殴故杀前妻之子，蒙古人等偷窃四项牲畜，偷窃

————————

① 以上均见《秋审档案》一之乾隆三十二年。

衙署服物，私铸铜钱，强奸立杀本妇等五条：以上五条系定罪专例，内有"秋审情实"字样，应行节删。

（3）满洲杀死满洲，聚众械斗互毙多命，侵贪案犯二限已满，常人盗仓库钱粮等四条：以上四条系专为秋审定拟而设，定罪各有本条，似应删除。

以上（2）、（3）即系吴坛所列九条。

为了在秋审时不因此次删修而无所依据，刑部则"以上修改、删除各条，仍将应入情实之处详记档案，秋审时列入情实"。①

可以看出，当时刑部、九卿每年秋审时，除了大清律例中这九条"例实"的依据外，尚有"成册分颁"的"历年秋审上谕"。至于地方督抚臬司，则恐只有大清律例中之寥寥九条了。

（五）乾隆三十二年条款考

1. 条款的名称

乾隆三十二年条款究竟是什么名称，各家说法有所不一。

其一，《缉要》本中的《志略》在"除笔"前有个总名，即"比对条款"。实缓部分的名称是"计开比对缓决可矜各款"。

其二，《志略》抄本，"除笔"前的名词同《缉要》本，与实缓部分共为"计开比对情实缓决各款"，矜缓部分的名称是"计开比较缓决可矜条款"。

其三，《指掌》本中，"除笔"前的总名称是"核拟比对条款"，实缓部分的名称是"比对矜缓条款"，矜缓部分的名称是

---

① 以上均见《秋审档案》一之乾隆三十二年。

"比对矜缓条款"。

其四，《附录》中，"除笔"前同《志略》抄本，无名称。实缓部分唯"实缓"二字，无"比对"字样。矜缓部分唯"矜缓"二字，亦无"比对"字样。

其五，沈家本说："秋审比较条款初定于乾隆三十二年……酌定《比对条款》四十则。"

看起来，刑部当初刊行时，其名称应是《指掌》中的"核拟比对条款"，其后有人引用的时候，因不处在刑部发文的地位，故简称"比对条款"，因此，乾隆三十二年条款应以"比对条款"为是。

本书仍沿习惯，行文中亦多称"三十二年条款"。

2. 条款颁发的原因

对乾隆三十二年何以要颁发秋审条款，各种文献几乎众口一词：

> 本部因各司定拟实缓每不划一，秋审处改正较繁，本堂订《比对条款》，刊刻分交各司。每岁派员之后，各领一册，奉为准则。①

> 其时因各司定拟实缓每不划一，改正较繁，酌定《比对条款四十则》，刊刻分交各司并颁发各省。②

> 因各司定拟实缓每不划一，始定《条款四十则》，颁行

---

① （清）阮葵生辑：《秋谳志略》之《计开比对情实缓决各款》。
② 《沈》本，《序》。

各省。①

　　尔时因各司定拟实缓每不划一，酌定《比对条款四十则》，刊刻分交各司并颁发各省，以为勘拟之用。②

　　各家说法大同小异。同者都是"各司定拟实缓每不划一"，异者是有否颁发各省。

　　虽然各家都说"乾隆三十二年，各司定拟实缓每不划一……"其实并不仅指三十二年而言，应指此前的时期而言。否则，为何单单三十二年不划一而其他各年又能划一呢？每不划一之"每"，意指年年秋审每每不能划一，刑部也就要考虑如何解决这一问题了。

　　正在此时，时任江苏按察使的吴坛向乾隆上了一道奏折认为：

　　外省办理秋谳则多墨守律例，不知变通。虽每年勾到后，所有九卿改拟已未勾决案件，俱经刑部分行各省。但各省秋审案犯多者数百名，少者数十名，其九卿中改拟及已入情实蒙恩免勾人犯则每省不过数名。在各省问刑诸臣……而见只一隅，无所参考，于秋审全局终不能共悉端委，是以各省秋录经九卿改拟者动至数十余案之多。揆厥由来，未必不因九卿改拟分别勾决案件未经通行之故。

　　吴坛因此要求：

---

① （清）吉同钧撰：《秋审条款讲义》，《序》。
② 《奏进本》，《奏疏》。

秋审招册每年刑部印送九卿，刊板具在。若于秋审事竣后将皇上予勾、停勾及九卿由重改轻、由轻改重案件原板检出，刷印汇订成册，分别标题，并于各案之后将部原定改拟说帖叙入，通行各省。

这样做的好处是：

不烦奇【剞】劂之劳、抄看之力，使国家明刑弼教大政共见共闻。不唯问刑诸臣咸知遵守，不致多有错误，动须核改，上烦圣心。而辟以止辟，刑期无刑，于各省整肃维风之道亦未必不稍有裨益。

刑部在对此事的议奏中，虽然也表示吴坛"是亦慎重秋谳之意"，却随即表示反对：

但查勾到时，奉旨予勾、免勾，皆就案剖析精微审慎，非通阅案情，面聆圣训，未能体会。至九卿改轻改重之案，在各本省承办衙门供有全案可稽，无难查核。其非本省案件，即将改拟及说帖通行该省，并无全案，徒得后尾数语，亦难灼见本案轻重情形。若欲将改拟招册一概通行，则卷秩甚多，徒繁案牍。

刑部经"悉心筹画"后认为：

与其通行于秋审既竣之后，不若预行于秋审未办之先。

刑部于是采取如下措施：

> 　　查臣部有"秋审条例"一册，恭载历年钦奉上谕及臣工条奏，于九卿上班时分送阅看，遵照办理。请即将此册及历年应改条款，如谋杀加功、因奸因贿共殴致毙数命、负债叠殴及斗殴伤多死者并未还手、窃盗临时获赃格斗砍扎事主多伤、抢夺伤重及连伤多人、窃匪窝主肆出行窃赃至满贯等类，分款附列于后，刷印通行，俾各省问刑衙门俱知有一定章程，自可奉为准绳，不致歧二。①

可见，三十二年条款颁发的直接原因，是吴坛要求刑部颁发改案，刑部则认原则性的条款更为有效。

3.《比对条款》的条数

沈家本说《比对条款》是四十则，《志略》抄本亦称："其条款分为二门，情实与缓决相比者共三十条，缓决与可矜相比者共十条。"② 而《志略》在《辑要》本中则称"其条款分为二门，情实与缓决相比者共三十二条，缓决与可矜相比者共十条"。③《指掌》则未提及条数。情实与缓决相比者究竟是三十条还是三十二条，也就是抄本与《辑要》本各自所说的《比对条款》四十则还是四十二则。

细检三书的各条款，它们则是完全对应的。除个别文字不同外，并无原则差异，实缓相比部分均有三十二条。然而，其最后两条，即第三十一、第三十二条却均与实缓议拟无关，《指掌》

---

① 以上均见《秋审档案》一之乾隆三十二年。
② （清）阮葵生辑：《秋谳志略》，抄本。
③ （清）刚毅辑：《秋谳辑要》卷一《秋谳志略》。

本最后两条如下：

> 一、原题及夹签声明情实之案，各督抚已经赶入秋审者，俱入该省招册。其未赶入者，查明有无"赶入本年"字样，如有"本年"字样者，另订招册，分送九卿会议、会审。若无"本年"字样，虽经声明情实，亦只照例入于下年秋审。
>
> 一、官犯案件，各督抚已经秋审核拟具题者，入于官犯另册。如题结在该省秋审之后，该督抚未及赶入者，查明实系例应赶入案件，另订招册，分送九卿会审。其非例应赶入及已过勾决之期者，仍归下年办理。①

很清楚，以上两条是关于如何"赶入"秋审的规定，分别常犯与官犯两种情形而言之。用现代法学语言叙述，是"程序"而非"实体"法的规定。

可见，以上两条与实缓的认定毫无关系，更不要说两者之间的比对了。因此，从条款的实体法意义上说，《比对条款》应是四十则而非四十二则。

最后两条与比对条款无关，却又附在其后，或许是因为清代刑部下发有关规定的形式是"通行"，这种通行往往将相关的、甚至互不关联的规定放在一次"通行"内发出。后两条虽与"比对"无涉，却与秋审有关，也可能正是当时刑部需统一的规定，因而就一起发出了。后人纂辑条款时一并录入，再后来就习焉不察了。

---

① 《秋审指掌》，《比对实缓条款》，第9～10页。

4. 《比对条款》的内容

《比对条款》由三部分构成。其一，"除笔"部分例入情实二十八条，可矜两条，无缓决。其二，比对实缓三十条。其三，比对矜缓十条。共计七十条。其中大部分为乾隆以后的比较条款所因承，这部分归入本书以下有关章节相应的条款里研究，此处不赘。而另一小部分条款，或许是由于有关的案件逐渐消失了，未为后来的比较条款所继承，也就不能在以下的章节里研究，只好在这里做些考察了。

（1）"除笔"部分的"侵盗钱粮"。此条入实应在乾隆初年：

> 奉天司议复宁海县病故崇伦永亏空库银一案，乾隆十二年六月十一日题，十五日奉旨：州县官侵蚀仓库，非因公那用可比。此等贪劣之员，多有身故，事发以后不过于家属名下勒限著追。迁延一二年，率以家产全无保题豁免。且并有父没而子乘机盗币，移罪于父，已仍得坐拥原资者，故无以儆贪风。夫父子一身也，子代父罪，亦理之宜。崇伦永既经身故，著将伊子崇元诵监禁追比。嗣后侵贪之案，如该员身故，审明实系侵盗库币者，即将伊子监追，著为例。钦此。

> 九月二十三日内阁奉上谕……现特命大学士等查明原委，雍正年间秋审朝审案内侵盗及贪婪各犯奉旨勾到者八案，拟情实未经勾到者八案。雍正六年各省勾到，唯朝审未勾内有拟情实者五案，又历年贪婪立决未待秋审者二案，是侵盗贪婪之犯秋审时原有拟入情实奉旨勾到者。及询以今何以率入缓决，以至人不畏犯，侵贪之风日炽，则不能对。盖因例内载有分年减等，逾限不完，仍照原拟监追之语。至秋

审时概入缓决，外而督抚，内而九卿，法司习为当然。初不计二限已满，既入秋审，自当处以本罪，岂有虚拟罪名必应缓决之理？即在本犯亦恃其断不拟入情实，永无正法之日，以致心无顾忌。不知立限减等，原属法外之仁。至限满不完，则是明知不死，更欲保其身家。此等蔑法无耻之徒即应照原拟明正其罪，嗣后此等之限满照原拟监追之犯，九卿于秋审核其情罪，应入情实者入于情实案内，以彰国法，朕于勾到日再为酌夺。其如何分别酌核之处，著大学士九卿悉心妥议具奏。钦此。①

以上均纂成了大清律之条例：

一、凡侵贪案犯二限已满，察其获罪之由，如系动用杂项及那移核减一应着赔作为侵欺，并收受借贷等款问拟贪婪监追后，多方设措意图完公者，应酌量拟为缓决。若以身试法，赃私累累至监追二限已满侵蚀未完，尚有一千两以上，贪婪未完尚在八十两以上者，秋审时即列入情实，请旨勾到。
……
一、案犯二限已满，察其获罪之由，如系动用杂项及那移核减一应着赔作为侵欺，并收受借贷等款问拟贪婪监追后，多方设措意图完公者，应酌量拟为缓决。若以身试法，侵蚀钱粮入已及枉法贪婪者，无论赃项已完未完，秋审时即列入情实，请旨勾到。②

---

① 《秋审档案》二之乾隆十二年上谕。
② 《大清律例根源》刑律六十二《有司决囚等第》。

乾隆希望侵贪者能自禁：

> 乾隆十四年十一月初一日内阁抄出，十月二十九日奉上谕：唯一犯侵贪，即入情实，且即予勾决，人人共知法在必行，无可幸免，身家既破，子孙莫保，则饕餮之私必能自禁。①

（2）比对实缓部分。这部分的第一、第二两条不同于以下各条，并不是规定某一种案件的实缓，更类似于现代程序法的规定，《志略》抄本所载条款及阮葵生之按语各如下：

> 一、秋审案内一律两拟案件，应摘出订本比较。其缓决内有与情实内情节相似者，将缓决之案摘叙略节，临时斟酌。
>
> 谨按：一律比对两拟之案，虽同一律牌而案情轻重悬殊，不能一律入缓一律改实，此一定之势也。即如同一夺犯，而票拿与私捉有分；同一殴差，而畏罪与被诬有别。理曲情重者商实，理直情轻者商缓。其界于可实可缓之间者，则比对三年以内之近案，一并呈堂，于堂议之日公定。
>
> 一、秋审内一案两拟之案，俱应汇齐比较。如缓决内情节较重者，亦应酌量改实。
>
> 谨按：一案两拟，各省皆有。必须细核案情，合理之曲直、情之强弱、伤之轻重，不得胶柱鼓瑟，因噎废食，以致偏于一边。如同一夫之杀妻也，而理直与理曲迥殊（或詈

---

① 《秋审档案》二之乾隆十四年上谕。

骂翁姑，或逼奸图赖）。同一奴窃也，而情弱与情强各异
（或负恩引贼，或债逼掠取）。揆情酌理，自无枉纵。

（3）比对矜缓部分。这一部分的第一条亦类似于现代程序
法的规定，《志略》抄本所载条款及阮葵生之按语各如下：

　　一、秋审旧事缓决内斗殴情轻之案，如有仅止被殴回推
失跌伤毙并无还殴情形实堪悯恻者，酌量改矜。
　　谨按：旧事缓决提出改为可矜，向来常有之事，近年以
来多仍旧入缓，唯开单备商。①

其余九条则为矜缓之比对。

（六）乾隆四十九年条款考

1. 条款的名称

《志略》抄本未载四十九年条款，当然也就没有名称。《辑
要》之《志略》载有此款，名为《续增条款》。② 王有孚称为
"续颁秋审条款"，③ 黄奭则仅称为"续颁"。④

查《秋审档案》二知，乾隆四十九年，川督李世杰上奏要
求刑部颁发秋审改案，刑部在对其议驳的上奏提出解决方案
时说：

---

① （清）阮葵生辑：《秋谳志略》，《比对情实缓决各款》。
② 《秋谳辑要》卷一《秋谳志略》，《续增条款》，第38页。
③ 《秋审指掌》，第19页。
④ 《附录》，《续颁》。

臣部公同酌议，请自三十二年以后所奉谕旨及工条奏并臣部从前比较条款，再行汇总刷订，通行各省。①

可见四十九年只是三十二年做法的继续，并未以何种条款名之。其实这一做法在三十二年的上奏中已做了规定：

如后有续奉谕旨及条奏有关秋审者，亦即陆续通行。②

沈家本对此做过一些考证，也并未以为四十九年所颁是以"秋审条款"名之：

查是年《通行》内……《秋谳志稿》别有四十九年续增各条，亦与《通行》歧异。③

看来，四十九年之各款也是以《通行》的形式颁发的。

中国社会科学院法学所藏有一册《秋审则例》，仅 37 页，所载是刑部议奏、定例拟实 28 条、酌量入实 13 条及自乾隆三十二年十月初九日至四十八年十月二十八日的上谕及条奏，与《指掌》、《附录》所载四十九年各款几乎相同，应为刑部内部所刻所用之本，亦未以条款名之。④

本书依习惯，行文上多称四十九年条款。

---

① 《秋审档案》一之乾隆四十九年。
② 《秋审档案》一之朝隆三十二年。
③ 《沈》本，《序》。
④ 《秋审则例》，清乾隆刻本，藏法学所。

2. 条款颁发的原因

乾隆四十九年四川总督李世杰上奏，要求刑部将每年秋审改案刊刻颁发各省，作为下一年秋审的案例参考。他说：

> 每年秋谳，为国家明刑之大典，一切情实、缓决、可矜三项，理宜悉心详核，期于无枉无纵。乾隆四十六年四川、湖广等省经部改正者较多，钦奉谕旨敕部定议，分别失出、失入案件，降级调用。乃上年直隶省复有改至十数案件并三十余案者，荷蒙皇上天恩，谆谆训饬，凡直省问刑诸臣，何敢不仰体明慎用刑之心，恪恭将事，冀归允当。臣伏查各省秋审将届，由按察使衙门造册分送在省司道，互相稽考，其中有此欲入缓而彼谓应实者，有此欲入实而彼谓应缓者，往返商酌，众论佥同，然后呈送督抚察阅，而督抚诸臣亦无不逐案推求，确加查核，设有稍介疑似，即再三驳改，迨至上下翕然，始行题达。是当日审核之时，无不竭尽心力，自谓斟酌尽善，而轻重出入之间，一经部议改正，乃始爽然若失。推求其故，总缘秋审事件，本无一定律例可以依据，唯就本案情罪参酌推敲，稍从其严，即不免失入之弊，稍从其宽，则不免失出之弊，且会审司道不过数人，见闻本属有限，即或交相辨论，亦因无所引证，疑信相参，以致定拟动多失当。臣愚以为情罪固不能执一以求合，而是非则可举一反三。况部中改正各案，俱蒙皇上亲加酌定，权衡轻重之间，实仁至义尽，可为天下万世问刑之法，虽本省驳改之案，俱经部中详开咨明，但究系一隅，未得统观全局，可否敕下部臣，于每年秋谳事毕后，将各省驳改之案刊刻成帙，颁发各直省督抚转行在省各司道，备知由缓改实、由实改

缓，均有确不可移至理，庶几相观而善，于下年秋审时得以奉为楷模，互相考较，触类引伸，或不致如前次错误之多，似于秋审大典不无裨益。

乾隆让刑部议奏，刑部认为：

直省秋审案件，由各该督抚分别情实、缓决等项具题。臣部选派各司员分办，复由覆看、总看各员分别实缓，陆续呈堂，公同核拟。其有内外不符等案，臣等于上班时会同九卿科道详商确核，将应改者公同更正，汇呈黄册，恭候钦定。近年来因改案稍多，叠蒙特降谕旨，详明指示，并定有失出、失入处分，原令该督抚等倍加详慎，期无枉纵，胥归情法之平。今该督奏请于每年秋谳事毕后，将各省改案刊刻成帙，颁发直省，奉为楷模等语，伏查近年来各省拟议失当、九卿改拟之案，或系各毙一命，情同械斗，或图财夺产、故杀胞弟、胞侄致令绝嗣，或一死数伤、肆行惨杀，或金刃伤多、情同故杀，或恃强有意欺凌、伤毙老幼，或窃盗情节凶狠、怙恶不俊各项，均系历年来应拟情实，共见共知者，而误入缓决，是以改正进呈，并未于旧有章程之外另立从严办法。盖缘案情万变，或同事而异情，心迹介在纤微，轻重即判然迥别。此省之案不能适符乎他省，今年之案不能预合乎来年，要在司谳者逐案推勘，精详核定，未可刻舟求剑，致滋似是而非之病。若如该督所奏，无论每年审案二千余起，只讲求于此驳改之数十案，仍不能该【概】括通晓。即就此数十案而论，亦必须详阅全案供招，细核尸格伤痕，始能辨别轻重，删存略节。今若止将略节刊刷，而全案供

招、尸格无由查览，究不能得其所以改实、改缓之故。稍涉
拘牵者，势必转致援引失当，纷滋辨论，不独挂漏无裨，亦
与政体未协。唯查乾隆三十二年原有刊刻秋审比较条款，恭
载历年上谕及臣工条奏，颁发各省在案。近年屡奉谕旨，详
悉指示，至再至三，兼有内外臣工条陈核议奏准及臣部随案
奏明秋审事宜，虽经陆续行知，诚恐各督抚等平时未能汇总
讲求，临时致无定见。臣部公同酌议，请自三十二年以后所
奉谕旨及臣工条奏，并臣部从前比较条款，再行汇总刷订，
通行各省。庶要领可得而于秋审应实、应缓之处，益得所遵
循矣。①

　　刑部反对颁发改案，而提出了颁发三十二年的秋审条款及三
十二年以来的上谕和臣工条奏，得到了乾隆的批准。

　　3. 条款《通行》的条数

　　乾隆四十九年《通行》所包括的是"三十二年以后所奉谕
旨及臣工条奏并臣部从前比较条款"。② 除去三十二年的比对条
款，《通行》中以条文形式出现的只有定例拟实二十八条和酌量
入实十三条。此外有乾隆改实、改缓的上谕，虽对实缓拟定大有
关系，毕竟未以条款出现，故不视为《通行》的条款。

　　4. 四十九年《通行》的内容

　　《通行》由三部分组成：

　　（1）定例拟入情实二十八条。这实际是《比对条款》中
"除笔"部分各款的增损、修改。与《指掌》所载《比对条款》
比较可知，未修改者有：

---

① 以上均见王有孚《秋审指掌》，第 19 ~ 21 页。
② 《秋审指掌》，第 22 页。

谋杀；

故杀；

强奸已成；

因奸因盗威人致死；

满洲杀死满洲；

各项由立决改为监候人犯。

修改者有：

侵盗钱粮改为侵盗钱粮一千以上；

枉法赃改为枉法赃实犯死罪；

开棺见尸改为开棺剥衣见尸；

羞忿自尽改为图奸致本妇羞忿自尽；

贿买顶凶改为贿买顶凶希图脱罪；

匿名揭贴改为匿名揭贴告言人罪；

光棍为从改为光棍为从情重者；

强盗自首改为强盗伤人自首；

夺犯伤差改为犯罪拒捕夺犯伤差；

聚众械斗改为聚众械斗各毙一命；

伪造印信改为伪造印信诓骗多财；

买受伪官札诈假官改为买受伪札诈假官；

诬良为盗逼毙人命改为诬告良人为盗逼毙人命；

拒捕【《志略》抄本作捕役，应从之】私拷吓诈妄刑致毙人命改为捕役私拷吓诈非刑毙命；

监候不应矜减人犯越狱改为监候不应矜减之犯越狱逃走；

偷窃蒙古马十匹以上改为偷窃蒙古牲畜十匹以上不分首从；

私铸钱十千以上改为私铸钱十千文以上；

左道惑众改为左道妖言惑众得财。

删除者：

窃盗衙署得赃满贯；

私盐窃盗罪人拒捕杀人；

《志略》抄本及《辑要》本均在"窃盗衙署"条下有"仆窃主财满贯（有分别）"一条，亦删。

"除笔"中拟矜两条亦悉行删去。

增加两条：

姑淫，逼媳同陷邪淫，致毙媳命；

继母惨忍杀前妻之子，致夫绝嗣。

可以看出，大部分的修改是使"除笔"中的条款更明确、具体，以便适用准确。但少数修改仅对文字改动，未有多大实际意义，如"监候不应矜减人犯越狱"之修改，将"人犯"【《志略》抄本作"之人犯"】改"之犯"，"越狱"后增"逃走"二字，似属赘文。

（2）比较情节酌量入实十三条。此部分大致同于《比对条款》中的"比对实缓"相应条款的拟实一段。唯"抢窃满贯"条的内容，是《比对条款》所没有的，几乎原封未动地搬自阮葵生在《志略》中自拟的条款。

（3）秋审改实改缓的谕旨九道。此部分乾隆上谕虽止九道，但涉及的案件种类却相当多，均成为此后相类似之案实缓的依据。

此外尚有秋审处分和督抚陛见的规定。尤其是秋审处分，乾隆四十六年规定以后，执行是很认真的，四十八年就处分了所有办理秋审失出失入者。其中刘墉是乾隆的能臣，却也不得不代人受过：

　　乾隆四十八年十月二十八日内阁奉上谕……直隶省改入情实十九起……直隶秋审虽系刘墉接署后具题，而罪名出入系袁守侗核定办理，著于袁守侗名下追罚总督养廉一年，刘墉虽署事未久，仍著交部议处。①

————————

①　《秋审指掌》，第31页。

三 职官门条款考

（一）秋审条款的源和流

秋审条款肇始于雍、乾之际，以乾隆三十二年所颁之款标示其形成，《志略》是其代表。

乾、嘉之际已灿然大备，以《谢本》为标志。同、光时已十分严谨，以《沈本》为标志。至于宣统时随修律而修改的官颁条款，那已是西风东渐半殖民之后的变化，与完全封建制度上的条款已有所区别。

对秋审条款的纵向研究，也就是源流考证，可以有多种方法。本文拟用吴坛《大清律例通考》、沈家本《秋审条款附案》所采用的以流溯源的方式，以弄清每一条的因革变迁。

秋审条款自乾隆三十二至宣统官修以前，一直未曾官修过，因之才会有著家纷起。虽然未官修，但并不能因此认为刑部内部就没有统一的条款，至少是基本统一的。因此，刑部所掌握、适用的条款才是最权威的。

虽然至今未发现刑部刻刊的条款，亦未有文献记载刑部内部刻有条款，但是，清末宣统时沈家本主持修改后奏进的《奏进本》条款中载有《原条款》。应无疑问，该《原条款》应系刑部所适用之款，以此为蓝本，是经过修律者们斟酌过的。

下文即拟以《原条款》为基点，为主干，对秋审条款逐条加以考证。以下若未作特别说明，"本条"即指引自《原条款》中的秋审条款原文，"本款"则指其他文献中与其相应的条款。

（二）条款

职官（凡文武食禄皆是）犯一应死罪，无论罪名情节轻重，俱入情实（嘉庆四年奏定章程：官犯一项，必须身例仕版，现食俸禄。若仅系顶戴荣身，如四等职衔台吉、额外外委等项，不入文武官阶，有职无任，并未食俸之员有犯，俱分别情节轻重，定拟实缓，入于常犯册内办理）。

本条的形成，宣统修订时的按语说得较清楚：

从前官犯本散入常犯册内，乾隆十四年始另为一册，十六年纂为定例，仍分别情实、缓决、可矜三项进呈。嗣二十二、三、七等年，刑部因此等案犯应实者多，将例内"缓决可矜"等字节去，而官犯无不入实者。[①]

本条下的小注更进一步明确，原例"官犯"分别实、缓、矜，本极平允，不能一概牵强入实。

官犯为何另为一册，乾隆的理由是：

---

① 《大清法规大全》卷二《法律部》，第29页。

乾隆十四年十月初四日内阁奉旨上谕……至其他官犯，则因同居仕籍，存心袒护，彼此相蒙，竟成固习。此风虽不自今日始，而纲纪所关，不可不肃。朕思凡属官犯问拟罪名，应候朕裁夺，不当于朝审时朦胧概入缓决。明系因缓决案犯繁多，且情罪稍轻，易于忽略，可以混过。不思人臣服官居职，皆有一命之荣，即应秉公奉法。及其干犯刑章，业于寻常人犯较重，可以其为官犯而反曲为宽宥乎。……其各省秋审官犯入于缓决者，通行查具清单奏闻请旨。嗣后寻常命盗案件，督抚、刑部、九卿照例审拟。其职官治罪，除杂犯外，凡实犯罪名，秋朝审时或应缓决，或应情实，著令另为一册进呈，则朕得以详阅，不致因繁混过，部臣亦不能施高下手之技。而官犯与常犯有别，亦所以示廉耻等级之意。①

此后修例时，将"官犯另册"之谕纂为条例：

凡职官实犯死罪应入秋、朝审者，另为一册，仍分别情实、缓决、可矜三项进呈。②

但反过来，却有非犯死罪入实者。《秋审档案》一载乾隆二十七年就有："奉天官犯昂萨里，系勒索兵、民，重利放贷之犯，奉旨秋审时入于情实。"

不过，这种情形是乾隆皇帝的一时特例，并非多见。

初为另册时，尚实、缓、矜有别：

① 《秋审档案》二之乾隆十四年上谕。
② 《大清律续纂条例》卷六《有司决囚等第》，藏法学所。

　　乾隆十四年十月初八日内阁、刑部奉上谕：前因朝审招册内斩犯董朝佐等朦胧入于缓决……其中情节重大者，不一而足，可见向来办理多属朦混。夫缓决本章一省即可盈尺，若通行详阅，竟日不能遍览，何暇复办他事？万几待理，何以应之？朕前命将官犯另为一册进呈，既可详览，且示分别，实为允协。……总缘向来办理秋朝审案，每遇官犯，辄事宽纵，但于一次混入缓决，即为成案，断不复改，为之老缓决。然至办理矜减，如赦诏及一线可原五次缓决之类，又断不能邀恩，年复一年，不可令老死囹圄而已。……著大学士会同该部将所查各案再行详悉斟酌，应可矜者即入可矜，应缓决者仍入缓决。近年以来所定之案，有应改为情实者即改情实。其在乾隆八年以前者，既经漏网，亦不复加以显戮，著改为黑龙江交该将军严加管束，著当苦差。①

乾隆十二年尚有官犯入缓之文：

　　军机大臣大学士忠勇公傅等谨奏，为遵旨查奏事。查乾隆十二年九月二十七日大学士、九卿奏准定议内称：嗣后侵贪案犯二限已满，察其获罪之由，如系动用杂项及挪移核减一应著赔作为侵欺，并收受借贷等问拟贪婪，迨监追后自知罪无可逭，多方设措，急图完公者，似应酌量拟为缓决。至于以身试法，视库项如已物，剥民膏以自肥，种种赃私盈千累万，及监追限满侵蚀未完，尚在一千两以上，贪婪未完尚在八十两以上，是其未完之数适与原拟应得之罪相符，即列

入情实，请旨勾到，以昭国法，并以垂戒……等因，通行直省，遵照在案。①

时隔两年之后，侵贪之官犯不仅一概入实，且概行勾决：

> 乾隆十四年十一月初一日内阁抄出，十月二十九日奉上谕……唯一犯侵贪，即入情实，且即予勾决，人人共知法在必行，无可幸免，身家既破，子孙莫保，则饕餮之私必能自禁。②

此开官犯一律入实之先河。

官犯概行入实，且以行刑日为断，应始自乾隆二十二年之上谕：

> 乾隆二十二年九月十一日奉上谕：秋审官犯册内该抚以及九卿科道共存党庇，婪赃之原任布政使杨灏竟拟缓决，其情实属可恶，已降旨分别治罪议处。……嗣后应以该省行刑之日为断，官犯审题结案在行刑之日以前者，著皆补疏题请，或情实，或缓决。其情实予勾者，即行刑之日已过，亦著行刑，其在行刑以后审结者，乃入下年册内新事，该部仍结粘签声明。③

私罪官犯则仍留待下年秋审：

---

① 《秋审档案》二之乾隆十六年上谕。
② 《秋审档案》二之乾隆十四年上谕。
③ 《秋审档案》二之乾隆二十二年上谕。

　　乾隆二十二年十二月十三日奉旨：李春明刨义冢枯体，三法司核拟绞候，补入本年秋审，即行正法。夫情实官犯令补入本年秋审，此专指贪酷败检，侵亏狼籍及有心狡诈不尽职者而言。若此等寻常私罪案犯，情罪虽亦属可恶，然非法难姑待者可比。李春明著牢固监候，以俟明年秋审，以后有似此者，该部照此办理，著为例。钦此。①

　　乾隆前期，官犯不仅可以入缓，还可以声请留养：

　　江苏省缓决官犯姚士英声请留养一案。……据该抚疏称，姚士英母老丁单，照例声请留养等语。查姚士英虽系微末武弁，情节较轻，臣等会同九卿另行核议，入于另册，恭请谕旨，合并声明。九月初三日题，初六日奉旨依议。②

　　官犯案件是否赶入本年秋审，乾隆三十二年又改为非行刑日为断：

　　官犯案件，各督抚已经秋审核拟具题者，入于官犯另册。如题结在该省秋审之后，该督抚未及赶入者，查明实系例应赶入案件，另订招册，分送九卿会审。其非例应赶入及已过勾决之期者，仍归下年办理。③

　　三十二年仍有特旨入缓者。乾隆三十二年十月初九日内阁奉

---

① 《秋审档案》二之乾隆二十二年。
② 《秋审档案》一之乾隆二十七年。
③ 《秋审指掌》，第 10 页。

上谕：

> 至太仆寺及商都达布逊诺尔两案内九犯，则并无扣派侵肥情事，其罪止于亏少马匹，安得以其均系牧厂犯案，遂为一例概视，所有两案内之……俱著改为缓决，以昭平允。①

> 奏为请旨事。据……该抚比受财故纵与囚同罪，并声明，所纵虽例应拟遣盗犯，从重依故纵凌迟斩绞律止拟绞例拟绞，固监缓决，候逃囚获日另行请旨办理，等因。臣部核复具奏。奉旨：依议。钦此。②

可见，在乾隆中期，"官犯无不入实"尚只是刑部内部掌握，未成明文。条款仅规定官犯办理的程序，并未涉及"实"、"缓"之处理。"赶入"与"不赶入"之分，是在乾隆中期已逐渐取消"不赶入"，悉归当年办理。阮葵生是这样说的：

> 近年遇有官犯之案，概入本年，无所谓例应入、例不应入也。唯黄册已进后之新案，则可酌入下年耳，亦视官之尊卑与案之轻重。③

官犯五次情实未勾即可改为缓决，而常犯则需十次方可改：

> 乾隆三十九年十一月初四日奉旨：朝审情实官犯，旧案

---

① 《秋审档案》一之乾隆三十二年。
② 《叙雪堂故事》，收入《中国珍稀法律典籍集成》丙编第 3 册，第 157 页。
③ 《秋谳志略》，《比对情实缓决各款》。

余存者太多，著交该部查明，有经五次未勾者，即改入缓决，但不得擅改可矜。

乾隆三十九年十月十六日奉旨：嗣后秋审、朝审情实人犯，有经十次未勾者，著刑部查明，于下次改入缓决，但不得擅改可矜，著为令。①

本条的形成，是经历了比较漫长的发展过程的。

《附本》载：

> 职官（凡文武食俸禄皆是）犯死罪，虽情节甚有可原，不得轻议缓决。②

《附本》形成于嘉庆前期，可见乾、嘉之际尚可议缓决，只是"不得轻议"而已。

谢信斋的《秋审比较实缓条款》（以下简称《谢本》）载：

> 职官（凡文武食俸禄皆是）犯一应死罪，无论罪名情节轻重，俱入情实。
>
> 按：乾隆十四年钦奉上谕，凡职官实犯罪名，秋朝审时由部另缮一册进呈。原所以重官方而昭详慎。唯是官犯一项，必须身例仕版，现食俸禄。若仅系顶戴荣身，如四等职衔台吉、额外外委等项，既无俸禄又无职官，且不入文武官阶，此等有职无任并未食俸之员，有犯斩绞监候等罪，均分别情节重轻入于常犯册内进呈，亦经刑部于嘉庆

---

① 《叙雪堂故事》，收于《中国珍稀法律典籍集成》丙编第3册，第167页。
② 《附本》，《职官服图门》。

四年奏定，均应遵循办理。①

《谢本》形成于道光年间，但所载内容则多为嘉庆时之条款，可见，实际上"俱入情实"的操作应始于嘉庆前期。

黄奭的《秋审实缓》（以下简称《黄本》）载：

> 职官（凡文武食禄皆是）犯一应死罪，无论罪名情节轻重，俱入情实（嘉庆四年本部奏定，官犯必须身例仕版，现食俸禄。若仅系顶戴荣身，如四等职衔台吉、额外外委，有职无任，并未食俸之员有犯，俱分别情节轻重，定拟缓决、情实，入于常犯册内进呈，等因，奏准在案。②

《黄本》为道光之本，故《谢本》之《按语》的内容改入了正文。

林筱屏的《秋审实缓比较成案》所载《秋审实缓比较条款》（因刊于蜀，下称《蜀本》），该《成案》虽刊于同治年间，但条款的内容则止于咸丰，可视为咸丰之本。本款因而几同于《黄本》，在"奏定"下增"内开"二字，改"员"为"犯"，去"一项、等项"、"定拟实缓"改为"定拟缓决、情实"。

悔不读书斋所刊《秋审比较条款》（以下简称《书斋本》）载：

> 职官（凡文武食俸禄皆是）犯一应死罪，无论罪名情

---

① 《谢》本，《职官服图门》，第1页。
② （清）黄奭辑：《秋审实缓》，《职官服图门》，见于《知足斋丛书》第六册，简称《黄》本。道光年间刊，藏中国国家图书馆。

节轻重，俱入情实。①

《书斋》本刊于光绪六年，所载乃同治之款。

法学所藏《秋审实缓比较条款》手抄本，封面注明"道光二十五年"，应为道光中期之本（以下简称《道光本》）；载于《秋审实缓比较汇案》的《秋审实缓比较条款》（因刊于京都，以下简称《京都本》），亦刊于光绪六年，亦应为同治之条款，二者均同于《蜀本》。

可见，将《谢本》的《按语》改为"小注"置于其后，《黄本》、《辑要》、《沈本》在此基础上稍为修改，已同于本条了。

官犯汇奏则始于嘉庆十五年所下谕旨：

> 因思在京及各省官犯向无汇奏缓决之条……著刑部自本年为始，将各官犯汇开名单，于年终具奏一次。②

---

① 《秋审比较条款》，《职官服制门》，光绪六年（1880 年）悔不读书斋刊本，藏法学所。
② 《光绪会典事例》卷八四九《有司决囚等第六》。

四　服制门条款考

（一）有关服制等项，如殴死期功尊长，及刃伤期亲尊长并子孙妻妾奴婢过失杀祖父母、父母、夫家长等条，系由立决改监候者，俱归服制册，拟入情实。其尊长仅令殴打，卑幼辄迭殴多伤致死斩候之案，嘉庆四年奏明，亦归服制办理。又，刃伤期亲尊长案内讯非有心干犯及误伤者，嘉庆八年始定绞候之例，亦入服制册。又，子孙妻妾违犯教令，致祖父母、父母、夫抱忿自尽，及逼迫期亲尊长致令自尽之案，嘉庆十四年奏准，亦入服制册办理（违犯恩养已久义父母致令自尽，照亲子取问如律拟绞之犯不入服制，仍照常犯办理，嘉庆十八年直隶有改缓之案）。

在乾隆初年尚无服制另册，殴毙尊长尚非一概入实，看乾隆九年十月二十九日上谕即知：

> 今岁各省秋审招册内情实、缓决、可矜各案，经九卿改正者甚多，其中……或殴毙尊长二命……皆予缓决矜减，殊

属姑息。①

可见地方尚有二命入缓者，此前应有殴毙尊长入缓之成案可循。若一命入实，应无二命入缓之理。

本条源于乾隆十六年上谕，但此时服制仍与常犯在一起办理：

> 乾隆十六年十月初四日内阁奉上谕：刑部进呈湖广省秋审本内斩犯滕有伯，该抚原拟情实具题，九卿会核以其救母情切改入缓决，殊失轻重。滕有伯棍格致毙大功服兄，从前三法司按律核复拟斩立决，经朕降旨改为应斩监候，免其即行正法，是该犯救母情切之处已邀格外宽典矣。若于秋审之时复拟缓决，仅虚予以重辟罪名，久且入于矜减之例，是乃轻视伦纪，岂明刑弼教之意，此端一开，将使挟仇干犯者转以父母为起衅之由，得肆其毒手，愚民并无畏惧，且各省督抚以九卿既经改拟，凡属此等案件必有以缓决为请者，九卿因其情节稍重又必有改为情实者，而言官复援前案相较，益致聚讼纷纭，非所以明法纪而崇简要也。嗣后由立决改拟监候人犯，俱应入于情实，勾到时即或原情免勾，下次亦应仍入情实，或情节果轻，免勾数次之后遇特旨宽减则可耳。②

十七年九月十八日内阁奉上谕中又提及此事，并解释"入实"的理由：

---

① 《秋审档案》二之乾隆九年上谕。
② 《秋审档案》二之乾隆十六年上谕。

　　各省由立决改为监候人犯，均系服制攸关，其改拟监候已属原情酌减，若秋审时入于缓决，则减之又减，殊非慎重伦常，明刑弼教之道，是以上年降旨，令改入情实。①

将"服制犯"从"常犯"中分出，与官犯一起办理，似属办理程序，乾隆在同一谕旨中解释说：

　　此中情节多端，如父母被殴致伤，或势在危急救护，乃其至情。使父殴叔，而子助父以毙叔，亦得谓之救父？则是长不友不睦之风，非止辟之意。但散在各省招册中，有勾决者，有未勾决者，或未悉朕轻重权衡，反滋疑议。著该部将此等案犯查明，汇为一册，与官犯招册俱先期进呈候勾。其有应宥者，亦可即与减等发落。②

本条的初步形成应在乾隆中期，乾隆三十二年条款在"除笔"中规定：

　　各项由立决改为监候人犯，俱应拟为情实。③

"服制"人犯就包含在"各项"之中了。
"其尊长仅令殴打……嘉庆四年……办理"一层，应始自乾隆三十四年：

---

① 《秋审档案》二之乾隆十七年。
② 《秋审档案》二之乾隆十七年。
③ 《秋审指掌》，《核拟比对条款》，第3页。

　　刑部谨奏，为奏闻事。臣等查本年奉天省秋审缓决内斩犯霍三相，听从伊父将脱【胞】兄霍三兄【元】捆缚，伊父自将霍三元勒死一案，原拟斩决，奉旨改为监候。今据侍郎朝铨等，以霍三相被父喝逼帮缚胞兄，系在伊父未欲致死以前，迨伊父取绳套勒之时，该犯屡经跪地拉劝，并未下手加功，将该犯拟入缓决。查乾隆十六年钦奉上谕：凡服制攸关，由立决改为监候人犯，秋审时俱应入于情实。钦此。通行各直省遵行在案。今霍三相系由立决蒙恩改为监候之犯，自应问拟情实，今该侍郎将该犯拟入缓决具题。①

　　乾隆后期仍照此办理，四十九年的规定仍同三十二年，放在《定例拟入情实各条》之最后。②

　　"违犯教令"一层，源于嘉庆四年上谕：

　　二月十四日奉旨：三法司衙门具题湖南省杜梅兆偷窃伊母董氏花钱致母自尽一案，依违犯教令例拟以绞候，固属按例办理。……杜梅兆著即行处绞。嗣后遇有此等案件，法司衙门仍按例定拟具题，内阁仍照拟票签，即将此案加具说帖，随本声明，候朕核夺。钦此。③

　　这一规定至少执行到嘉庆初尚未改变，有四年刑部上奏为证：

---

① 《秋审档案》一之乾隆三十四年。
② 《秋审指掌》，《定例拟入情各条》，第25页。
③ 《秋审档案》一之嘉庆四年上谕。

　　窃查乾隆十七年九月十八日奉上渝，各省由立决……历年遵办在案。①

　　至嘉庆四年，刑部认为卑幼听从尊长主使殴伤尊属亦与"服制"有关，为重伦常，划一办理，提出亦归服制册，因而上奏说：

　　　　唯查例载有卑幼听从尊长主使，下手殴伤本宗大功、小功兄姊，及尊属至死拟斩监候一条，因其殴由尊长主使，有不得不从之势，与自行逞凶者有间，故定例止拟斩候。向来秋审时，因非由立决改为监候之案，俱散在各省常犯情实册内办理，相沿日久，尚无歧异。唯是此等案件，虽例应问拟斩候，究与由立决改为监候者同一有关服制，若归入常犯情实册内，似非所以重伦常而昭划一。臣等公同酌议，应请嗣后凡卑幼听从尊长主使，殴死本宗小功、大功兄姊，及尊属之犯，照例问拟斩候者，另缮一本，附于九卿改拟服制册后进呈。②

　　此后即归入"服制册"，因而在乾隆三十二年条款后添入了这一层。

　　"刃伤……讯非有心……"一层则是根据嘉庆九年的上奏改定的：

　　　　嘉庆九年奏定：卑幼殴伤期功尊长、尊属正余限外身

---

① 《秋审档案》一之嘉庆四年。
② 《秋审档案》一之嘉庆四年。

死，如刃伤期亲尊长、尊属，并以手足他物殴至折肢、瞎目，及殴大功、小功尊长、尊属至笃疾，讯非有心干犯，或系误伤及情有可悯者，若系折伤并手足他物殴伤本罪止应徒流，余限外因伤毙命者，统归服制册。又，刃伤期亲尊长、尊属，并折肢、瞎目，伤而未死，讯非有心干犯，或系误伤及情有可悯者，亦于是年奏明，归服制册。①

子孙违反教令入服制册定于嘉庆十四年：

子孙违犯教令，致祖父母、父母自尽，并逼迫期亲尊长致死，及妻因细故与夫口角，并无逼迫情状，致夫轻生自尽问拟绞候各犯，嘉庆十四年奏明，嗣后此项人犯均一体归入服制册办理。②

这样，嘉庆十四年前就已形成了本条的雏形：

有关服制等项，如殴死期功尊长，及刃伤期功尊长者，俱应入服制册。又，刃伤期功尊长，讯非有心干犯及误伤者，嘉庆八年始定绞候之例，亦入服制册。又，违犯教令致父母、夫抱忿自尽，及逼迫期亲尊长致令自尽并残毁尊长死尸等类，虽不入服制，俱应入情实。③

在嘉庆十四年奏定将"违犯……"这一层入服制册后，嘉

---

① 《沈本》卷一《服制》，第6页。
② 《秋审章程》，《总办秋审处》。
③ 《附本》，《职官服图门》。

庆后期应已形成了本条的主干内容。《谢本》将此层改入条款，再加入按语并附例：

> 服制等犯，无论情节轻重，均应拟实，仍俟两次免勾之后，由部请旨改入缓决。唯恩养年久之义子，违犯义父母教令，致义父母气忿自尽，例照子孙取问如律。定罪虽同拟绞候，而秋审则义父母律并无服制，究与亲父母不同，不入服制册，应归常犯入缓。嘉庆十八年直隶省绞犯曹上得因不知义母徐氏取用麦子，该犯向妻斥詈，义母忿怒，该犯即磕头服礼，讵徐氏气忿莫释，投缳殒命，因该犯自幼经徐氏抱养为义子，恩养已久，娶有妻室，照例拟绞，秋审误入服制册入实，经部以义母并无服制，究与亲子有犯致令抱忿自尽者有间，改拟缓决。①

道光三年规定，无论是否因疯，凡子孙殴杀祖父母、父母，即行正法，② 不仅不入秋审，连法定的拟立决程序也不需要了。

至道光前期，则将谢氏的《按语》改为"小注"，置于条款之后，对其案例则予提示，如《黄本》的"小注"是：

> 如违犯恩养已久……嘉庆十八年直隶有改缓者。③

明显取自谢注。至道光末年，就已将"有改缓者"修改成

① 《谢本》，《职官服图门》，第2页。
② 《会典事例》卷八五〇《有司决囚等第七》。
③ 《黄本》卷一《职官服图门》。

"有改缓决之案"。①《蜀本》、《京都》、《道光本》均同。

此后的《辑要》、《沈本》均因之，即历咸、同、光三朝不改，遂成本条。

服制案件在秋审中是非常受重视的。嘉庆十七年，刑部议定哪些重要案件需要向皇上具奏，规定共十五种，而服制案占七种，如谋杀祖父母、父母者，卑幼图财强奸谋杀尊长者，等等，几居之半。②

（二）因奸盗致纵容之祖父母、父母、翁姑被人杀死者，俱入情实（致翁姑被杀者，近亦有酌缓成案）。

此条应源于乾隆后期，经采辑成案而成。

《附本》载：

> 因奸致本夫被害，奸妇讯不知情，亦无恋奸忘仇情事，如此外又致其父兄被杀，及另酿多命者，亦入情实。如仅酿旁人一命无关服制者，尚可缓决。③

此时未及"纵容"，尚有"多命"、"旁人无服"两层。《书斋》本已略同于现条，尚无"翁姑"一层，"小注"加一"增"字，表明此条成于其他条之后。

《谢本》同于《书斋本》，无"增"字。其按语说：

---

① 《蜀本》卷一《职官服图》，第1页。
② 《刑案摘要》，《有司决囚等第》，第83页。
③ 《附本》，《职服门》，第11条。

此条似属例实，然近年亦有缓案。①

且举成案证明：

> 道光七年……致纵容之翁父被杨有殴死。又，直隶十二年……致纵容之伊父被李孚用枪扎死，均拟实照实。②

对翁姑被杀，最早成案见于嘉庆初：

> 嘉庆八年直隶赵氏因氏翁禁止往来，奸夫自行谋杀，原题比照奸夫自杀其夫、奸妇不知情律拟绞，秋审以该氏实不知情，亦无恋奸情事，照缓。其时尚未定子孙之妇有犯与子孙同科例也。迨十四年甘肃潘氏因奸致伊翁捉奸，被奸夫拒杀，改拟绞决。嗣后致翁姑被杀之案，遂与祖父母、父母同科，然历来仍多缓案。③

若因奸致未被纵容之翁姑等被杀，则拟绞立决，入不了秋审。但若是未过门之媳，则可能拟为绞候，则入于秋审了。《秋谳须知》载有光绪二年一案：

> 翁青英因奸致翁千得基被黄仔信等共殴身死一案，将翁青英比例拟流……翁青英系千得基聘定婚子媳……黄仔幅乘间与翁青英通奸……起意商允翁青英同逃至黄仔幅家内……

---

① 《谢本》，《职服门》，第6页。
② 《谢本》，《职服门》，第6页。
③ 《沈本》卷一《服制》，第18页。

黄仔幅时常外出佣工，并无闻见……翁青英比依奸夫自杀其夫，未婚妻果不知情例拟流等因具题。后经刑部查……翁青英因奸致未婚之翁千得基被杀，翁媳名分已定，较本夫为重，应照子妇犯奸致翁被杀本例科断……翁青英改依子犯奸父母被人殴死者绞决，子妇有犯与子同科例拟绞立决。声明翁青英究系尚未过门之媳，可否援情量减之处恭候钦定。倘蒙圣恩准予改为绞候……依议。钦此。[①]

若仅调奸，并未奸污，道光年间同已成奸论：

道光二十八年李小五，因奸致纵容之父被杀，向俱入情实。此起向人调奸，致袒护之父被人殴毙，虽调戏尚未成奸，与已经奸污者有间，亦难议缓。记核。照实。[②]

《黄本》同《书斋本》、《谢本》，但无"小注"。

《蜀本》、《道光本》同《书斋本》，均无"翁姑"一层，至《京都本》时始添加"翁姑"二字，《辑要》、《沈本》因之，始成本条。

（三）因奸致本夫羞忿自尽者，俱入情实。

沈家本说：

此条未详定于何年，向俱入常犯册情实。乾隆四十八年

---

① （清）沈家本撰：《秋谳须知》（以下不冠著者），第143～145页。
② 《秋审实缓比较成案》卷三《因奸》，第2页。

山西张氏因与人通奸，被夫窥破，并未报官究治，即轻生投缳。又，任氏因与伊夫缌服弟通奸，致夫羞忿自尽，均入实，未勾，十次改缓。是虽入实，非一律勾决也。①

此条应产生于乾隆后期，虽三十二年条款已在"除笔"中开例"羞忿自尽"，属于"应实"，②应指"图奸致本妇羞忿自尽"。③

据中国国家图书馆文津分馆所藏之《叙雪堂》记载：

一、奸妇与人通奸，本夫因杀奸不遂羞忿自尽案内之奸妇。乾隆五十七年上谕。此条嘉庆九年及十四年俱未查办。④

但在《附本》已有此款。⑤

此条应源于成案，谢信斋说：

妇女与人通奸，本夫并未纵容，一经见闻，杀奸不遂，因而羞忿自尽，较之仅与其夫口角致夫轻生自尽情节为重，彼尚应入服制册拟实，此则自无不实之理。历年成案，均属入实，可以遵办。⑥

---

① 《沈本》卷一《服制》，第20页。
② 《秋谳志略》，抄本，《除笔》。
③ 《秋审指掌》，《续颁秋审条款》，24页。
④ 《叙雪堂贞集》，《情重条款》。
⑤ 《附本》，《比对情实缓决各款》。
⑥ 《谢本》，《职服门》，第5页。

谢氏之说，同治年间尚有例证：

同治五年山西周氏，因奸致本夫羞忿自尽之案，较之因奸致本夫被杀者情节尤重，如遇停勾年分，此等犯妇仍在奏请正法之例，不得与别项情实人犯一体停勾，则恭逢恩诏，自未便与因奸致夫被杀之案相提并论。此起因奸致本夫杀奸不遂羞忿自尽，恭逢恩诏题明不准援免，是以改实。照实。[①]

《附本》后之《书斋》、《谢本》等本直至《沈本》均有本款，遂成本条。唯《秋谳志》未载，不知何故。

（四）残毁有服尊长死尸者，应入情实（不入服制册）。

此条应产生于乾隆末期，形成于嘉庆前期，源于成案。

《附本》已有"残毁尊长死尸等类，虽不入服制册，俱应入情实"。该段虽在"有关服制"条内，并未独立成款。至嘉庆末尚未独立，因《书斋》本尚无此款。道光初将其从"有关服制"条中分出，删去"虽不入服制"，成为《黄本》中的条款：残毁有服尊长死尸者，应入情实。[②]

《黄本》、《蜀本》、《道光本》、《京都》本均无"小注"。之后，又将"不入服制"改为小注，在《谢本》中就已形成了本条。《辑要》、《沈本》均从之。

沈家本举成案：

---

① 《秋审实缓比较成案》卷三《因奸致本夫》，第4页。
② 《黄本》卷一《职官服图门》。

　　乾隆二十八年广东司徒喜瑞因胞兄被族兄砍伤，限外因风身死，该犯以死由冒风恐被凶犯脱罪，辄刀砍兄尸，希冀抵偿，入常犯，情实免勾，三十九年改缓。嘉庆十二年四川李占美奸所获奸，杀死小功兄，犯时不知，认明后割头自首，改实免勾。①

此前之谢信斋尚有一例论证：

　　嘉庆十七年直隶省斩犯阎昶因胞兄阎宽黉夜强奸伊妻，该犯外回，闻妻声喊，揣棍赶入，瞥见一人向外欲出，该犯因黑夜看视不清，用棍殴伤阎宽倒地，燃灯照视，始知伊兄被殴昏晕，旋即殒命。该犯畏惧，且恐家丑外扬，央人将尸抬至山上，烧化灭迹。因该犯殴兄致死，系属犯时不知，律同凡论，从重依毁弃缌麻以上尊长死尸律拟以斩候，秋审以死虽蔑伦胞兄，殴亦犯时不知，唯烧毁兄尸，法难宽宥，拟实照实。②

若丢弃亦入实：

　　道光二十五年江西钱三仔窃匪丢弃母尸希图挟制，虽未残失，法难从宽。照实。③

---

①《沈本》卷一《服制》，第8页。
②《谢本》，《职服门》，第2页。
③《秋审实缓比较成案》卷二《残毁有服尊长死尸》，第14页。

残尸，但并未杀人，何以入实呢？谢氏说：

> 卑幼而残毁有服尊长死尸，则是蔑伦残忍，莫此
> 为甚。①

（五）误杀期功尊长犯时不知照凡斗者，应拟缓决（盗官物等项
　　犯时不知者亦可照办）。

本条应产生于乾隆后期，形成于嘉庆初，源于成案。

在《附本》中已载有本款，②而三十二年、四十九年条款却毫无规定。《黄本》无"小注"，说明此条在乾、嘉时尚不十分稳定。其余各本均同本条，唯《书斋本》、《沈本》将"凡斗"改为"斗杀"，③且《书斋本》之"小注"有一"增"字，④却似非道光年间所增，嘉庆间或可。

此种案件极少，《秋审实缓比较成案》仅载有一例：

> 道光二十七年奉天赵碌，死者虽系该犯大功兄，唯该犯
> 止知为伊伯乞养异姓之子，定案时因犯时不知，照凡人问
> 拟。应按凡斗情伤分别实缓……尚可原缓。照缓。⑤

（六）殴死本宗缌麻尊属之案（不入服制册，唯道光十七年安徽
　　汪书荣听从父命活埋罪犯应死缌尊，由立决改监候，外缓

---

① 《谢本》，《职服门》，第2页。
② 《附本》，《职服门》。
③ 《沈本》卷一《服制》，第8页。
④ 《书斋本》首卷《职官服制》，第2页。
⑤ 《秋审实缓比较成案》卷二《误杀尊长犯时不知》，第15页。

改实，查案酌入服制册），刃伤者向俱入实。如救亲情切，或致毙蔑伦尊长并情急搪抵伤轻，及戳止一伤死非徒手者，虽属刃伤亦可酌量入缓。其理直，手足、他物伤轻者，应入缓决。若铁器伤重及他物伤多者，虽衅起理直，亦不应轻议缓决。再，亲属重奸不重盗，若殴死行窃尊长，并因钱债细故而行殴情凶伤重者，俱不应率行入缓。（按：此系向办旧章，近来金刃三伤以上者亦不可轻议缓决。）

唯《谢本》、《沈本》将"尊长"改为"尊属"。属、长二者有别。

此条产生于乾隆前期，是上谕和成案的综合采择。

《秋审档案》一载有乾隆二十九年九卿将殴死缌麻尊长改缓一事：

> 本部具奏各省殴死缌麻尊长之杜廷顺等三案改为缓决一折。……本年秋审，臣等会同九卿……第查卑幼殴死缌麻尊长之案，各省共十一起，俱经该督抚拟入情实。臣等详细查核，其中事起互殴并无别项情节，及虽有护父等情而事非危急者九起，均已照各该督抚原审列入情实。唯四川省杜廷顺殴死缌麻尊长服叔杜现许一案，缘杜现许偶至伊家闲走留饭，自夸力大，不惧人殴。饭毕，拍腹令杜廷顺试打相戏。该犯听从，先打其肚腹一下，杜现许仍连声令其再打，杜廷顺见其果不畏惧，复用拳打四下，旋即赴街剃头，遇杜现许胞弟杜现管，告知其事，杜现许亦即自行回家，是晚殒命。又，广东省黄煊权，殴死缌麻服兄黄煊国一起，缘偷窃伊家木椅，被伊父撞遇扭住，黄煊国辄用刀扎伤伊父手腕，伊父

受伤奔逃，复被持刀追赶，并言杀死抵命。该犯见父受伤被追，情急救护，用竹扁挑殴伤黄煊国倒地，磕伤殒命。……再查广东省旧事内有赵亚九伤毙缌麻兄赵亚女一起，缘赵亚女欲占公供木碓，赵亚九之母陈氏相论，被赵亚女推跌倒地，该犯工作回家，上前救护，复被赵亚女赶殴，遂用拳回抵伤死。……所有臣等会同九卿将殴死缌麻尊长之杜廷顺、黄煊权，及赵亚九三犯改拟缘由理合专折奏明，并将杜廷顺等犯案招册抄录清单，恭呈御览。……乾隆二十九年九月初八日接奉廷寄谕旨，以臣等具奏秋谳情实人犯内伤毙缌麻尊长之杜廷顺、黄煊权、赵亚九三犯请改缓决一折，办理乖谬，传旨严行申饬，本日又奉廷寄谕旨，令将十年以来此种案犯有经督抚列入情实而九卿驳改缓决者，前后凡若干案，即速查明据实复奏。

臣等跪读圣训，战栗陨越，心魂失措，惶悚惊惧，实无地可以自容。伏查伤死缌麻尊长之案，服制攸关，既经督抚拟入情实，自不容轻议改缓。……不思此等人犯情罪轻重自在圣明洞鉴之中，乃办理颠倒，至于此极，乖谬之罪，百心莫赎。臣舒屡获重罪，仰蒙皇上格外鸿慈，曲赐矜全，畀以刑名重任，日夜悚惕，虽捐糜顶踵不足报效于万一，何敢甘自暴弃，上负圣主生成豢养深恩，今乃昏愦糊涂，纰谬至此，扪心自问，战栗靡宁。唯有仰恳圣恩，将臣加倍从重治罪，以为负恩不职者戒。……再查十年以来卑幼伤死之案，由情实改为缓决者止有二起，系二十二年、二十一年旧案，自二十二年之后并无此等案件。

本次议拟，九卿本无不当，乾隆以"不令朕宽免一人"之说，未免强词夺理。其对舒赫德之心迹亦属揣度：

乾隆二十九年九月十四日内阁抄出奉上谕：前舒赫德折奏秋谳情实人犯内将伤死缌麻尊长之杜廷顺、黄煊权、赵亚九三犯均请改为缓决，办理甚属乖谬，已传谕严行申饬。此等有关服制之犯，不得轻议更张，原以重伦常而昭法纪。是以从来督抚原拟九卿核定，并无任意改驳。朕于勾到时量其案情轻重分别勾到外，仍令监候，即如三案内已有缓至七八次之犯，即照例仍入情实，总属不予勾者，其予缓决亦无甚大区别，或遇矜恤之典，未尝不可议缓议矜。若当秋审时竟奏明先改缓决，几若定有规例，则册内所存皆实系谋故难贷之人，并无一二情节稍轻可以待朕别择者，岂能转于各犯中曲法予以不勾，是伊等所进情实犯中竟不令朕宽免一人矣。昔人称皋陶曰杀之三，尧曰宥之三，自必先有皋陶之执法，而后可施帝尧之矜宥。若舒赫德等喋喋议缓，唯恐不及，是早以三宥自居，朕将何所用其权度乎？然舒赫德之所以汲汲为此者，其亦有故，昨御史李宜青条奏台湾事宜不与满御史会商，取巧独奏，大失台垣谏言之体，然此尚系小臣，若舒赫德为满洲尚书，如以此等案情必以改缓，或以服制内期功之犯停勾二年尚令大学士会同省核，今以缌麻较轻，转致历次不改奏请酌量核定，未始不近情理，然此何不与汉尚书秦蕙田在部时共为商确奏定，而适于此时乘间更易章程，冀以示从宽而博众誉。在拘迂无识如窦光鼐辈，未必不谬相推许，以今年秋审为办理独嘉。然使舒赫德援李宜青之事，比类反观，如出一辙，其能不有汗颜面为有识者所鄙薄也。①

————————————

① 《秋审档案》二之乾隆二十九年。

沈家本说：

　　致毙本宗缌尊之案，乾隆年间办理最严，如二十一年广东赵亚九、二十九年广东黄煊权、三十年广东黄日生、三十二年广东梁尚栋、三十三年河南张长、三十五年湖广向世瑚、四十一年广西黄甲华、四十七年浙江张连法、五十年云南林阿四、山西王仲、五十一年安徽张大狗、五十五年广西梁永玖、五十七年山东李良友、广东石圆坤，皆系救亲情切。三十一年直隶杨马子、四十二年山东姚椐、四十六年直隶尚驴，皆系蔑伦尊长。三十一年四川李作楹，被扭向推，死由跌垫。四十七年直隶滕大海，被殴回蹬；山东刘好义被按回推。四十九年广东黎广河，伤由回殴。……又，二十九年四川杜延顺系戏杀，外实，九卿改缓，奉旨照实，有上谕申饬。三十七年湖广刘克万，死系向大功弟妻拉手调奸。五十一年李金旺，死系图奸侄媳罪人。四十七年四川王庭重，死系窃竹罪人，均入实免勾，二次改缓。核与四十九年条款亦不相符，盖当时以"服制攸关"，虽理直情轻，亦不轻议缓决。四十四年江西曹守祥衅起索欠，殴毙缌叔，情实勾决。奉上谕以叔用侄钱，理本非曲。刑部看语称死者理曲，甚属非是，传旨申饬。此乾隆年间办法之原委也。①

可见，乾隆二十一年即有此类成案。

对上文中沈家本所提到的曹守祥一案的上谕，《嘉庆历年有关秋审》中载之甚详：

---

① 《沈本》卷一《服制》，第9页。

乾隆四十四年十月初七日奉旨：本日勾到江西情实人犯有曹守祥一名，因向缌麻服叔曹振荣索欠起衅，致殴伤曹振荣身死，刑部审办秋审将曹守祥拟入情实，而册内看语称死者理曲，甚属非是。曹振荣系曹守祥缌麻服叔，赊欠钱文，曹守祥本不应向其取讨。常人与乡党间敦睦姻体恤之道，尚宜缓急相通，矧有服叔侄何得以赊用钱文屡向逼索，致启衅端，犯尊殴毙曹守祥之罪，情理均无可宽，更不必复论死者之曲直。况叔用侄钱理本非曲，刑部无端加入此语，尚欲为干犯尊属之凶徒开释乎？①

"再，亲属……俱不应率行入缓"一层，显然是因为四十四年曹守祥案刑部受到乾隆申饬而添入的。据此又知，本条最迟于此时全部成型。

此类案件为何有实有缓，谢信斋解释说：

殴死缌尊，秋审不入服制册，故应视其情伤，分别实缓。②

三十二年条款：

殴死缌麻尊长之案，向来办理俱斟酌情罪，将情实之犯，入于重囚总册进呈，其缓决之犯并不另册。乾隆二十九年钦奉谕旨，将殴死缌麻尊长拟实人犯两次未勾者，照期功

---

① 《乾嘉历年有关秋审》之乾隆四十四年。
② 《谢本》，《职服门》，第 3 页。

服制之例奏改缓决，并非将此项人犯概拟情实，似可仍照向例分别办理，无容另册进呈。其外姻缌麻之案，向俱照寻常斗殴案件核其情节，分别实缓，是以摘出。①

可见此时尚未有拟实入缓的明确界定，仅涉及拟实未勾者改缓，主要仍是办案程序的规定。

阮葵生对当时实缓说得较为清楚：

> 殴死本宗期功尊长由立决奉旨改监候者入情实另册进呈。其原题本系监候及殴死本宗缌麻尊长者，皆有实有缓，是以散入招册，后因期功之犯不勾者有奏明改缓之例，而缌麻不勾者转无改缓之期，仰荷圣明鉴察，定缌麻两次未勾，与期功服制转一体改缓，仍遵照办理。②

本条在乾隆后期应已基本形成，四十九年续颁条款已开列得比较详尽：

> 至殴死缌麻尊长之案，今酌拟：卑幼因细故与尊长斗殴，应拟情实。若戏误、奸盗、义忿，情堪矜悯者，可以缓决。③

此文在《指掌》本、《附录》本中均无，但《沈本》亦有

---

① 《秋审指掌》，第 6、7 页。
② 《秋谳志略》，《比对情实缓决各款》。
③ 《秋谳辑要》卷一《续颁条款》。

论及，^① 想必有据。

本条中救亲如何界定，嘉庆帝是这样说的：

【嘉庆四年四月初三日奉旨】刑部核议河南省郝和尚殴
伤缌麻服叔郝太花身死一案，因该犯情急救母，并非无故逞
凶干犯，于本内声明请旨，内阁亦票拟双签，并夹片声叙此
案。郝和尚因伊母郝徐氏与郝太花争詈起衅，徐氏被郝太花
推跌，并用木镢向殴，郝和尚自应上前救护，但郝太花所持
木镢业被郝和尚夺回，郝太花已属徒手，并非事在危急，郝
和尚又用木镢回殴以致伤重殒命，自应照律定拟。又何得以
救母情切，即照拟该抚声请减等，转失平允。郝和尚著照例
应斩监候，秋后处决，届时入于缓决。余依议。嗣后如有此
等似此案情，皆应照例定拟，毋庸本内声请，内阁亦毋庸再
用夹片。钦此。^②

嘉庆前期，本条已基本定型，《附本》可资证明：

殴死本宗缌麻尊属之案，刃伤者历年俱入情实。若系救
亲情急及致毙蔑伦尊长，并情急扭伤轻者，虽属刃伤，亦可
酌量入缓。其理直，手足、他物轻者，亦可缓决。若铁器伤
重及他物伤重者，虽系理直，亦不应轻议缓决。再，亲属重
奸不重盗，若殴死行窃尊长，并因钱债细故而行殴，情凶伤
重者，俱不应率行入缓。^③

① 《沈本》卷一《服制》，第9页。
② 《乾嘉历年有关秋审》之嘉庆四年。
③ 《附本》，《职官服图门》。

与本条对比，除无"及戳止一伤死非徒手者"一层外，其余仅是措词差异而已。直至道光前期因之未改，《黄本》同《附本》，仅在末尾增"小注"：

> 道光七年新例：火器致死□盗系属入缓。[1]

嘉庆十一年，江西会昌县民撞见缌麻服叔行窃，取铁尺殴死，刑部拟入缓决，嘉庆以其目无尊长令入情实。[2]

自道光十七年汪书容案以后，应在中后期加入了小注，《书斋》本、《谢本》即如此。唯前者尚加一"增"一字，其增于何时，未确。

其"小注"末段"三伤以上"，《沈本》作"三伤以下"，亦未知详于何处。

（七）殴本宗缌麻尊长至笃疾之案，究无人命，亦与刃伤期亲尊长不同，其情节略有可原者，俱入缓决。

本条应产生于乾隆中期，导源于成案：

> 乾隆三十八年江西刘复俚，殴伤缌尊二人成笃，入实。其时办法严也。[3]

乾末、嘉初已基本成型，《附本》条款如下：

---

① 《附本》卷一《职服门》。
② 《光绪会典事例》卷八四九《有司决囚等第六》。
③ 《沈本》卷一《服制》，第14页。

　　殴本宗尊长至笃疾之案，究无人命，亦与刃伤期功尊长不同，其情节略有可原者，仍应缓决。①

　　至道光时，《黄本》、《谢本》俱将"仍应"改为"似应"，反不如以前肯定。《书斋》则直说"入缓决"，已几近本条。道光末年，凡情有可原者应概行入缓，《蜀本》、《道光本》之后各本均将"似应"改为"俱入"。
　　此种案件入缓的依据是：

　　殴本宗缌尊伤至笃疾，律应绞候，系由平人满流罪上加至于死，业已从重治罪，自当入缓。②

　　另，以上各本中，唯《沈本》在"尊长"下尚有"尊属"二字，未详何故。

（八）殴死外姻缌麻尊长，视常人只差一间，不得与本宗并论。如刃伤及他物伤多，俱应核其情伤轻重，分别实缓，较常斗略为加严。

　　本条形成于乾隆末，此时成案已无可考。《附本》中所载已几同于本条：

　　殴死外姻缌麻【兄】，视同常人只差一间，不得与本

---

① 《附本》，《职官服图门》。
② 《谢本》，《职服门》，第3页。

【宗】并论，如刃伤及他物多伤，俱应【核】其情伤轻重，分别实缓（较常斗略为加严）。①

显然，上文有数处脱字。若据此后的《黄本》、《谢本》将脱漏之文补足，可见其与本条了无差异。据此又知，乾、嘉、道时，此类案受害人仅为缌兄，范围很窄。

最早成案可考于嘉庆，以资证明：

> 嘉庆二十四年四川省刘允万铁器致命四伤，立毙外姻缌兄，叔侄攒殴，情伤不轻，唯死者理曲，持刀向母舅逞凶，本属犯尊，该犯情因解劝，殴非预纠，拟缓照缓。又，道光十一年直隶省张三刃毙外姻缌兄六伤，三致两透，伤多且重。第死者先将小功母舅殴伤，该犯因父受伤往论，被其持铁手鞭向殴，是起衅本直，伤由抵御，亦经照缓。②

殴死缌麻兄何以要分别实缓？谢信斋认为：

> 外姻缌兄原与本宗不同，其殴外姻缌兄致死，亦与殴毙本宗缌尊有别。③

至道光末期，应已扩大范围，将"兄"改之为"尊长"，④此后《蜀本》、《道光本》至《沈本》均随之而改。

---

① 《附本》，《职官服图门》。
② 《谢本》，《职服门》，第4页。
③ 《谢本》，《职服门》，第3页。
④ 《书斋》首卷，第3页。

戏、误杀则入缓：

> 道光二十六年奉天王金明，虽系致毙妻母，唯伤由误中，死出不虞，可缓，不准一次减等。照缓。①

将"小注"改为正文，应始于同光之际，《辑要》即已开始改入。②

（九）殴死同居继父母及殴死小功母舅之案，应入情实。如系救父救母并伤近于误，及情因抵格适伤致毙者，亦可缓决。（按：殴死同居继父例止斩候，较本宗期功罪应斩决者不同。如两无大功亲服属期年而抚养年久、恩同顾复者，虽情伤较轻，多入实。如两有大功亲服属齐衰三月者，即应酌量分别办理。若小功母舅母姨究与本宗小功有间，如核其情节在服制中可以夹签者，即应入缓。）

此条产生于乾隆后期，源于成案：

> 至小功母舅，乾隆五十一年广东范鼎章、山西张念毛子二起由实改缓，亦非一概入实……至案系救父救母，如乾隆四十四年福建苏秧，见母受伤趋护，用刀砍戳致死，入实未勾。③

---

① 《秋审实缓比较成案》卷二《戏误杀》，第43页。
② 《秋谳辑要》卷一《服制》，第3页。
③ 《沈本》卷一《服制》，第16页。

宣统时修改条款之《按语》亦可资说明：

> 殴死同居继父、小功母舅以及殴死本宗缌尊之案，乾隆年间办理均极严厉。自嘉庆以后，本宗缌尊渐次改宽，而此条仍前未改。①

乾、嘉之际，本条已经定型，《附本》所载之款如下：

> 殴死同居继父及殴死小功母舅之案，应入情实。如系救父救母及伤近于误及情同抵格适伤致毙者，亦可缓决。②

《黄本》③ 所载概同《附本》，嘉、道之期应按此条执行：

> 嘉庆二十五年……死系外姻小功母舅……外实照实……又，二十四年……致毙小功母舅……亦经照实……又，二十五年四川……死系小功母舅……确有护父急情，拟缓照缓。又，道光十三年山西……又，道光六年……小功母舅……又，八年直省……殴继父致死律拟斩监候，秋审均经入缓照缓……嘉庆二十五年四川省詹正先殴死同居继父……又，嘉庆十六年广东省陈阿润死系同居继父…外缓照缓。④

应不迟于道光中期，本条受害者尚未及"继母"，因自《蜀

---

① 《奏进本》，《服制》。
② 《附本》，《职服门》。
③ 《黄本》卷一《职服门》。
④ 《谢本》，《职服门》，第5页。

本》之后始在"继父"下添一"母"字，[①]　此前之《书斋》、《谢本》均尚未有此层。

本条"小注"应源于谢信斋之《按语》：

> 殴死同居继父及小功母舅，律均斩候，向亦视其情伤轻重，分别实缓……又，殴死同居继父，如本犯两无大功亲而又分产授室、恩养年久者，虽理直伤轻，亦难率缓。[②]

至注中"若小功……即应入缓"一层，应产生于咸、同之际，《辑要》本中已有之。

义子误毙义父母，同治年间入缓：

> 同治九年安徽刘安帼，义子杀伤义父母，照亲子取问如律。由立决改为监候之案，秋审因其究与亲子不同，向归常犯册内办理。如情节实可矜悯，向有入缓成案。此起该犯因义父被人持刀追赶，听从点枪吓放，误伤义父毙命……秋审衡情，其与亲子取问如律者，所以重恩义；其不入服制办理者，又所以重宗法。在亲子因救护误伤父命之案，尚得因事在危急之际蒙恩免勾，则义子因救护误毙义父之案，似亦可原其过误之情，酌量入缓，仍记候核。汇奏照缓。[③]

另，唯《沈本》为"并伤迫于误"，它本皆作"近"，《沈本》错，应改。

---

① 《蜀本》卷一《职官服图》第3页。
② 《谢本》，《职官服图门》，第5页。
③ 《秋审实缓比较成案》卷二《殴死同居继父母》，第46页。

（一〇）殴死妻父母之案，如系负恩昧良，逞忿行凶者，应入情
　　　　实。其余理直情急，金刃一二伤及他物伤无损折者，亦
　　　　可入缓。

本条产生于乾隆末，源于成案：

> 乾隆四十五年陕西李连高、四十八年河南崔之铿、四十
> 九年王名富，皆殴死妻父由实改缓，本非一概入实也。[①]

《附本》所载就已同于本条，仅在"凶"字下少一"者"
字而已。至道光初，《黄本》已将"者"字添入，始同本条一字
不差。

对实缓之分的理由，谢信斋说：

> 殴死妻父母，定罪虽拟斩候，究非例实之案，如情伤较
> 轻，本可缓决。然有金刃二三伤而尚可缓者，亦有他物一二
> 伤而竟入实者。[②]

道光年间，理直情急也以实案居多：

> 道光二十二年山西姚汰则，殴毙妻父，金刃二伤；木器
> 十一伤，二致命，二重迭，情伤俱不为轻。虽死者理曲逞
> 凶，该犯刀系夺获，先扎二伤即弃刀用棒，各伤均由抵御，

① 《沈本》卷一《服制》，第17页。
② 《谢本》，《职官服图门》，第5页。

且无损折重情，未便率缓，准留，记核。改实。①

若妻父母义绝则入缓：

> 道光二十三年朝审明安汰，刃毙义绝妻父，致命一伤骨
> 损，伤不为轻。唯死者因该犯贫不能娶，辄即退婚，实属理
> 曲。定案时因伊妻尚未另聘，不得照擅杀科断，已属从严，
> 秋谳自可原缓。照缓。②

（一）**奸夫谋故杀及拒捕致毙本夫，奸妇不知情之案，如事后
仍与奸夫续奸，或跟随同逃，俱以恋奸忘仇论。并此外
又致其父兄被杀，及另酿多命者，俱入情实。其余畏罪
支饰不首，或被奸夫恐吓隐忍，无前项恋奸忘仇情事，
及仅酿旁人一命无关服制者，均可缓决（被逼同逃并非
恋奸忘仇，近年亦有缓决）。**

　　本条应产生于乾隆前期，三十二年所颁条款已形成了本条的
主干：

> 奸夫谋杀本夫，奸妇虽不知情案件，如有事后知情隐
> 匿，忘仇恋奸，并跟同奸夫逃匿者，应入情实。其余虽事后
> 知情不首，因被恐吓畏惧隐忍，并无复与通奸等项情事者，
> 可入缓决。③

----

① 《秋审实缓比较成案》卷二《殴死妻父母》，第48页。
② 《秋审实缓比较成案》卷二《殴死义绝妻父母》，第51页。
③ 《秋审指掌》，第6页。

此条《附本》未载，不知何故。何谓"恋奸忘仇"，阮葵生认为：

> 奸妇始终不说奸情，欲隐从奸夫者，是真恋奸忘仇。若当时含愧未经声张，而到官报仇自行供出者，则奸夫业已入实，妇自可拟缓。里巷男女之案，一命一抵，已足蔽辜。[①]

乾隆后期，此类案件仍"比较情节，酌量入实"：

> 奸夫谋杀本夫，奸妇虽不知情案件，如有事后知情隐匿，忘仇恋奸，并跟同奸夫逃匿者。[②]

乾隆五十二年九月初二日奉上谕：

> 绞妇杜氏因奸好之僧元净掐死伊夫梁大潮一案，元净因奸败露，将梁大潮掐伤毙命，杜氏见梁大潮掐毙，即行哭喊，被元净用言吓禁，回家隐忍，并不告知尸父。此案杜氏因奸起衅，致伊夫被元净掐死，又惧恐吓隐忍不言，核其情节本无可宽，但杜氏见伊夫被元净掐毙即行哭喊，究有不忍致死伊夫之心，尚有一线可原，虽罪应情实，尚可免勾。[③]

至嘉庆初，本条已基本改定：

> 奸夫谋故杀本夫，奸妇不知情之案，如事后仍与奸夫续

① 《秋谳志略》，《比对情实缓决各款》。
② 《秋审指掌》，《比较情节酌量入实各条》，第6页。
③ 《乾嘉历年有关秋审》之乾隆五十二年。

奸，或跟随同逃者，俱以恋奸忘仇论，入于情实。其余畏罪支饰不首，并奸夫挟制恐吓隐忍，无前项恋奸忘仇情事者，可以缓决。①

此外又增一条与此相关：

因奸致本夫被害，奸妇讯不知情，亦无恋奸忘仇情事，如此外又致其父兄被杀，及另酿多命者，亦入情实。如仅酿旁人一命无关服制者，尚可缓决。②

至道光初，已将以上第二条部分内容摘出后合并为一条，就已完全形成本条正文，但此时尚未加入"小注"，《黄本》即如此。约在道光后期，始添入"小注"，《书斋本》、《谢本》即是，此后就全同于本条了。③

对此条中相关情形，应如何区别，谢信斋说：

嘉庆二十五年陕西省孙氏，当奸夫谋杀本夫时，该氏并未在场，事后被吓隐忍潜逃，实由畏罪起见，尚无恋奸忘仇情事，拟缓照缓。……又，奸通有服亲属致夫被杀，向以其有关内乱，多有入实，外实照缓。

又，因奸致夫被拒杀，究与夫被谋杀不同，若事后首告，例

---

① 《附本》，《职官服图门》。
② 《附本》，《职官服图门》。
③ 分别见《书斋本》、《谢本》卷一《职官服图门》。

得只科奸罪。①

（一二）因奸杀死子女灭口之案，亲母无论有无子嗣入于缓决，永远监禁。嫡母、继母、嗣母，如致夫绝嗣者，俱入情实；未绝嗣者，入于缓决，永远监禁。其嫡母、继母非理殴杀庶生及前妻之子，致夫绝嗣应绞候者，俱入缓决。如系故杀及为己之子图占财产、官职而杀，嫡母缓决，继母情实，例内已有明文，应查例照办。

本条应产生于乾隆初年，定型于嘉庆前期，源于上谕：

> 乾隆十四年九月二十九日内阁抄出奉上谕：广东南海县民刘德满继妻关氏掐死前妻之子刘应周，致令伊夫绝嗣一案。……律文之以加等科罪，正以其与亲生者有间。当其戕害躯命，则母子之恩已绝。况致令绝嗣，则得罪于其夫，得罪于其夫之先代。原其初，虽曰母子也，夫妇也，至于故杀，而母子、夫妇天伦尽废，执国法以绳之，因杀人之凶犯耳，揆之天理人情，毫无可恕。朕意子果不孝，经官验明有据，则虽继母亦不必治以加等及拟绞之罪。如其无罪致死，则但当治以国法而不当复追论其名分。其绝嗣拟绞，亦但当论其现在之有无子息，而不必计其后此之续娶另生。凡情罪可恶者，以情实定拟，与谋故人犯一并正法。②

对本条的发展情况，沈家本说得比较清楚：

---

① 《谢本》，《职官服图门》，第6~7页。
② 《秋审档案》二之乾隆十四年上谕。

　　此条定例两条，始于乾隆十四、二十六等年，嗣后节次增改修并殴故杀一条，嘉庆六年改定因奸一条，十六年改定。此文"应绞候者"四字及例内"以下"十一字可删，段末"嫡母缓决"下添"永远监禁"，"继母情实"下添"如蒙恩免勾，仍永远监禁"。①

　　乾隆中期，有"故杀幼孩灭口"拟实。②末期又定有"继母惨忍杀前妻之子，致夫绝嗣"者，定例拟入情实。③
　　乾隆末年，对亲母因奸家杀子是这样处理的：

　　　　乾隆五十六年七月二十四日钦奉上谕：刑部题复浙江民人张方璇与邱方玉之母汤氏、妻曹氏通奸……朕意各省如有母杀子女之案，除寻常情节仍照向例办理外，其有因奸起意致令绝嗣，即将其母问拟斩候，入于秋审情实。即或伊子尚有子弟未致绝嗣，仍当定以斩候，永远监禁。其继母、亲母于情实中量以予勾、不勾之分，亦足示轻重区别。著大学士、九卿……阿桂等谨题……奉旨：嗣后内外问刑衙门遇有母故杀子女之案，如系寻常情节照例办理外，其有因奸起意致令绝嗣者，即将其母问拟斩候，入于秋审情实予勾。或伊子尚有子弟不致绝嗣，仍定以斩候，永远监禁，遇赦不赦。如此重加惩创，庶使淫恶之人知所炯戒。所以邱汤氏一案，即著刑部照此办理，并将此载入则例遵行。余依

---

① 《沈本》卷一《服制》，第24页。
② 《秋审指掌》，《拟实类》，第3页。又见《附本》，《拟实》。
③ 《秋审指掌》，《定例拟入情实各款》，第23页。

议。钦此。①

刑部为慎刑奉有恩纶等事。据山西巡抚蒋咨称，准刑部
咨，本年会同九卿具题山西省情实人犯内有绞妇一名魏氏，
系因奸听从奸夫勒毙亲子郑蛮儿之犯。查亲母因奸杀子之
案，其夫绝嗣者方拟情实，不至绝嗣者永远监禁，不准援
赦。前经本部遵旨议奏定议例通行各省，遵照在案。今魏氏
之夫郑大举除郑蛮儿外有无他子及是否年壮尚可另娶生育不
至绝嗣之处未据该抚声明。②

嘉庆初年则将"监禁"之处删去：

内阁奉上谕：本日阅四川省情实人犯招册内廖氏与滕义
怀通奸，因庶长子周应鹤防范严密，该氏商同奸夫将周应鹤
杀毙一起……妇道以节义为重，若身犯奸淫，因顾廉耻，甚
至因伊子碍眼杀其灭口，是其于夫妇之伦已乖，即于母子之
恩已绝，准于母出，与庙绝之义即不得复拘泥其夫有无子嗣
成例，分别办理，况失嫡母之义，其子本非所生，与亲母又
觉有异。若于此不大为之防，则淫凶之妇恃有名分，恋奸逞
杀，实不足以维风化而饬刚常。嗣后妇女因他故起衅故杀其
子者，自当仍旧办理外，其有因奸杀子者，无论嫡母、亲
母、继母、嗣母，俱照例分别斩绞，不论其夫有无子嗣，皆
入于秋审情实办理。其永远监禁之条即著删去。③

① 《乾隆上谕条例》第12函之乾隆五十六年。
② 《秋审档案》一之乾隆六十年。
③ 《秋审档案》一之嘉庆二年上谕。

实际案件有时远比条款规定的情形复杂得多，《叙雪堂故事》中即有一例：

　　奴才托庸、素尔讷谨奏，为奏闻事。……福抚崔应阶以陈招弟与宋氏通奸，本夫汤乃明贪资纵容，后因丑声外扬，令妻拒绝。陈招弟复往奸宿，汤乃明撞遇斥责，陈招弟以费用多钱忽被拒绝，顿起杀机，将汤乃明连殴立毙，应依例以因奸致死定拟。宋氏虽本夫纵容通奸，但伊夫既令拒绝之后，被陈招弟殴伤身死，当时并未喊叫，后又不行首告，应依奸妇虽不知情律拟绞监候，等因，题准在案。经升任福建巡抚温福……改为情实。今九卿、科道会审，仍以缓决定拟，具各画题……奴才等未敢画题，理合据实奏闻。

　　臣温福谨奏……即嘱妻拒绝奸夫，而汤宋氏不但不肯拒绝，且转以本夫之言告之陈招弟……是其忍于见视夫之被惨身死毫不动念，实与知情同谋无异，未便仍行拟缓，致淫凶之妇屡稽显戮，当与刑部再三讲论，刑部仍以此案究系卖奸，且上次已经缓决，今次难以改入情实为词……

　　【乾隆三十五年八月①】二十三日奉上谕……此案汤宋氏本系犯奸之妇，且目睹其夫为奸夫毁尸灭迹，尚以捡柴溺毙诳告夫兄，即拟以情实亦不为过。但向来办理因奸谋死本夫之案，其审系本夫故纵卖奸者，虽由奸妇起意同谋，尚以斩决论罪，不拟凌迟，则奸妇之不知情者，其罪更当有间……②

---

① 年月查自《乾嘉历年秋审上谕》之乾隆三十五年。
② 《叙雪堂故事》，第189～192页。

嘉庆初，本条尚只有"亲母、嫡母、继母因奸"一层：

> 亲母、嫡母、继母因奸杀子女灭口，例内已有实缓明文，应查例照办。[①]

至道光初，全文均已改定，见于《黄本》。[②] 此后各本因之，至于本条。

约自道光后期，始将小注"无论有无子嗣"改为正文，已见诸《谢本》。[③]

唯《谢本》"其嫡母、继母非因奸事殴杀庶生……"中"因奸事"三字，各本均作"理"字。且谢氏之《按语》亦遵其文：

> 因奸而将子女杀死灭口，淫凶为甚，故定例分别亲母、嫡母、继母、嗣母拟以实缓。其嫡母、继母非因奸事殴杀庶生及前妻之子，并有心故杀及为己子图占财产官职而杀，应实应缓，例内均经赅载，可以照例查办。

按谢氏之意，似乎其嫡母、继母因奸事殴杀……就可不查例照办，意不可解，似谬。

（一三）姑抑媳同陷邪淫致毙媳命者，应入情实。其因奸致死伊
　　　　媳灭口之案，亲姑、嫡姑、继姑均入缓决，永远监禁。
　　　　（按：令媳卖奸不从殴逼自尽者，亦应入情实。）

---

① 《附本》，《职服门》。
② 《黄本》卷一《职服门》。
③ 《谢本》，《职服门》，第7页。

本条应产生于乾隆中期，源于上谕。对本条之变迁，沈家本说得较清楚：

> 此条定例二条，前一条定于乾隆三十七年，后一条定于道光二年，修并于"因奸致死子女灭口"一条之内。道光本无后一条，二年之例系四年纂入例册。[①]

实际上，乾隆二十七年已有案：

> 江西省情实斩犯邱玉旺案内奸妇鲍杨氏改发巴里坤奏片，刑部谨奏，为请旨事。案查臣部议复河南巡抚胡题报徐可凤图奸赵海之妻任氏未成，致氏投井自尽一案，奉旨刑部定拟。徐可凤因奸威逼人命致死，案内将奸妇赵氏仅照寻常军民相奸律拟杖的决，此但知墨守成例，而不为原情定罪，于伦常风化殊有关系。赵氏先与徐可凤通奸，廉耻已丧，乃以伊媳任氏碍眼，复嘱徐可凤并奸任氏，致氏投井身死。是平日不能正身以率其媳，其大亏妇道已不待言。甚至计图抑媳同陷邪淫，以恣其欲，则其丧人心而坏风俗，实为从来奸案所希有，非重加惩创，何以维持名教。著该部将徐可凤按律治罪外，所有犯妇赵氏另行准律揆情，从重定拟具奏。钦此。钦遵，随经臣部酌议，请将赵氏问拟实遣，发往巴里坤给与绿旗兵丁为奴，并声明嗣后遇有关系伦常风化事件，随时按情酌议，奏请定夺，等因。奉旨：依议。遵行在案。今查江西省邱玉旺杀死鲍耀子一案。……第查鲍阳

氏与雇工邱玉旺通奸，已属淫贱，复以伊子防闲不遂，其
辄令奸夫杀死，是其淫凶残忍实与赵氏之计图抑媳同陷邪
淫致酿人命者同类，仅照定例拟徒收赎，亦不足以昭惩创，
应将鲍阳氏照赵氏问拟实遣之例，一体发往巴里坤给与绿旗
兵丁为奴。……乾隆二十七年九月十五日奏本日奉旨：依
议。钦此。①

乾隆三十六年林朱氏一案始改拟情实，上谕说：

　　刑部等衙门议复河南巡抚何熠审拟林朱氏与林朝富通
奸，商谋买药毒死伊媳黄氏一本……其林朱氏拟发伊犁等处
给厄鲁特兵丁为奴之处，虽比该抚原拟发驻防兵丁为奴稍为
加重，而核其情节，实不足以蔽辜。凡故杀子孙，定例原以
子孙先有违犯，或因其不肖，一时忿激所致，是以照例科
断。若其中别有因事起意致死，情节较重，已不得复援寻常
尊卑长幼之律定罪，从前是以改拟发遣为奴，成案具在。若
林朱氏因与林朝富通奸，为媳妇黄氏撞见，始则欲污以塞
其口，黄氏不从，复虑其碍眼，商谋药死，其廉耻尽丧，
处心惨毒，姑媳之恩至于已绝，不但无长幼名分可言，
又……嗣后凡遇尊长故杀卑幼案件，内有似此等败伦伤
化、恩义已绝之罪犯，纵不至立行正法，亦应照平人谋杀
之律定拟监候，秋审时入于情实，以儆无良而昭法纪。著
将此通谕中外知之。②

①《秋审档案》一之乾隆二十七年。
②《清朝通典》卷八三《刑四》。

　　第二年，即乾隆三十七年，又是在河南，发生奸妇李氏听从奸夫主使，勒死其子一案，巡抚何熠即照林朱氏案以平人论，照平人谋杀加功律拟以绞候，乾隆批评说：

> 　　母子为天性之亲，与姑媳之义以人合者本属有间。若以子死之故令其母缳首抵偿，于情理究属不顺。何谓援照林朱氏因奸杀媳成案问拟，未免拘泥失当。部议照鲍杨氏谋杀伊子之案发伊犁给与兵丁为奴，自属允协。①

　　四十九年条款则规定，"姑淫逼媳同陷邪淫致毙媳命"属定例拟入情实。②

　　嘉庆时本条尚只有第一层：

> 　　姑抑媳同陷邪淫致毙媳命者，应入情实。③

　　奸夫听从奸妇图奸其媳不从，奸妇将其媳责打，致其自尽，此种情形如何拟断奸夫，《秋谳必览》中之《秋审条款》在此条末尚有一段：

> 　　听从奸妇图奸其媳不从，被姑打责自尽者，图奸之犯拟绞，应入情实。④

---

① 《清朝通典》卷八三《刑四》。
② 《秋审指掌》，《定例拟入情实各款》，第23页。
③ 《附本》，《职服门》。
④ 《秋谳必览》卷二《秋审条款》。

此段规定的依据可能是郎复兴案之上谕：

> 嘉庆二十一年四月十四日奉旨：明刑所以弼教。此案郎
> 复兴与王李氏通奸，经李氏之媳香儿窥破，李氏欲抑令香儿
> 同陷邪淫，与郎复兴相商，郎复兴以香儿性傲，只好先向试
> 探之言回复。嗣李氏令香儿与郎复兴斟酒，香儿不从，李氏
> 将香儿毒殴，致香儿服卤自尽。详览案情，郎复兴既有先向
> 试探之言，是已有图奸香儿之心，以致酿成命案。即同羞忿
> 自尽，李氏例不拟抵，实发新疆为奴。若照部议，郎复兴减
> 为杖流，出于何典？实属疏纵！香儿贞烈捐躯，竟无抵命之
> 人，不足以惩奸邪而维风化。郎复兴著改为绞监候，入于朝
> 审情实办理。嗣后有案情似此者，均照此例问拟。余依议。
> 钦此。①

此规定为何未能通行，进入其他文本？或许是因其是诛心之
作，太不公平，太不符合人之常情了。

第二层之产生，谢信斋说得较清楚：

> 其有与人通奸，仅因嗔媳碍眼致死灭口，非因抑令同陷
> 邪淫不从商谋杀害者，道光二年另有奏定新例，如系亲姑、
> 嫡姑，拟绞监候，若系继姑拟斩监候，均入于缓决，永远监
> 禁，载入例册，应查例照办。②

此层约自道光末年经改造后作为“小注”添入，始自《书

斋》本，此后《蜀本》、《道光本》、《京都》本均因之。

唯《书斋》本在此"小注"后又有"先与其姑通奸致媳窥破，听从奸妇图奸其媳不从，被姑打责自尽者，图奸之犯拟绞，应入情实"。此文他本皆无，是为特例，未详何故。

第一层何以规定入实，谢信斋认为：

> 　　姑之于媳，本以恩义相维。今因抑媳同陷邪淫不从致毙媳命，即无恩义之可言，故定例应照平人谋杀之律，分别首从拟以斩绞。在平人谋杀，无论情节轻重，均应入实。姑因抑媳同陷邪淫杀死媳命，淫凶无耻，自应循例拟实。①

约自同治年间，此层小注被改为条文，置于"应入情实"之后。本条末后之《按语》"令媳卖奸不从……应入情实"之文亦应此时纂入，《辑要》中条款末已有此《按》。《沈本》因之，遂成本条。

(一四) 谋故杀期亲以下卑幼及卑幼之妇各案，如图诈、图赖、争继、争产，畏累、憎嫌，并因钱债、田土、口角细故逞凶残杀或非理欺凌者，俱入情实。若情因管教，一时触忿，并死者理曲逞凶，及致死为匪玷辱祖宗卑幼者，俱可缓决。其殴死功缌卑幼应绞候者，非情节实在惨忍，不必遽行议实。

此条应产生于乾隆前期，源于成案。

---

①　《谢本》，《职官服图门》，第7页。

乾隆三十二年条款中已有两条规定。

其一：

> 故杀期功弟侄之案，如因夺产争继，及因图赖、图诈，情节惨忍者，应入情实。其余如系一时触忿及致死为匪之人者，可以缓决。①

阮葵生认为：

> 故杀胞弟胞侄总以案情为断，原律止应拟流，后来定例改绞，各有深意。若图谋财产袭职，以致其人绝嗣者，设心残忍，近来尚有改为立决之案，不待秋审。盖骨属为天属之恩，故国法于卑幼为匪，尊长尚准其相隐；故杀乃人伦之变故，秋审于卑幼故杀尊长不轻予免勾，宜逐案细核情节，不可一概而论。②

其二：

> 殴死卑幼案件，如系卑幼干犯尊长，训诫反被顶撞，气忿殴毙，并殴死为匪之人者，应入可矜。其余事本理曲，伤多情重者，应入缓决。③

阮葵生认为：

---

① 《秋审指掌》，《比对实缓条款》，第6页。
② 《秋谳志略》，《比对情实缓决各款》。
③ 《秋审指掌》，《比对矜缓条款》，第12页。

卑幼宜看服制之亲疏，为匪亦看何等之情罪。如不孝、不弟，邪教匪盗等情重之卑幼，则有关合族祸福、颜面，尚可酌量拟矜。如尊属理曲逞凶，则应入缓决。设系图谋财产，情近于故者，仍宜酌改情实。①

这一规定在乾隆中期是一再得到乾隆皇帝肯定的：

乾隆四十五年九月初五日奉上谕：本日刑部将川省秋审缓决人犯本进呈内曾子开致死胞弟曾保开一案，乃该犯因有代伊弟赔偿行窃钱文一事，恐此后复犯，再行赔累，心怀忿恨，登时毙命，实为残忍，该部自应照例问拟情实，将伊弟行窃缘由加片声明，自可免勾。②

乾隆四十九年条款载有入实的规定：

图财夺产，故杀胞弟、胞侄，致令绝嗣，或卑幼为匪并非为玷辱祖宗起见，只恐日后赔累因而惨杀残忍及藉尸图赖、图诈者。③

嘉庆初，本条已基本形成，但尚无"卑幼之妇"、"口角细故"、"殴死功缌卑幼"三层：

---

① 《秋谳志略》，《比较缓决可矜条款》。
② 《乾嘉历年有关秋审》之乾隆四十五年。
③ 《秋审指掌》，《比较情节酌量入实各条》，第25页。

　　谋故杀期亲以下卑幼之案，如图诈、图赖，争继、争产，畏累、憎嫌，并因钱债细故逞忿残杀者，俱入情实。若情因管教，一时触忿，并致死理曲犯尊卑幼并致死为匪玷辱祖宗卑幼者，俱可缓决。①

"口角细故"一层的增入，应因嘉庆四年李三案件之上谕：

　　又如李三之女李氏，许与高扣儿童养为妻，李氏归家未回，高扣儿往接，以霸留在家之言向李三触犯，李三喝斥。因高扣儿詈骂，遂取镰刀向砍，致伤高扣儿鼻梁。高扣儿混骂，该犯复用刀连砍其颔颊、上下唇吻，并砍落牙齿，情节已属凶横。甚至顿起杀机，狠砍高扣儿右太阳，用力拔刀，致镰刀断入骨内，立时毙命。死者即属缌麻卑幼，不以凡论，但秋审原定谳此案逞凶故杀，刀断骨内，实属凶残，该督既称杀出有心，何以将故杀专条遽入缓决？②

道光初，本条已完全改定，唯《黄本》将"欺凌"误为"期凌"而已。③

《谢本》仅两字之差，一是理曲"情"凶，二是致"毙"为匪……。

对故杀卑幼，谢信斋认为：

　　尊长之于卑幼，本有亲亲之谊。今因尊长而谋故杀害卑

---

① 《附本》,《职服门》。
② 《秋审档案》一之嘉庆四年。
③ 《谢本》卷一《职服门》。

幼之命，未免残忍。盖骨肉为天性之恩，故国法于卑幼为匪，尊长尚准其相隐，故杀乃人伦之变，故秋审于卑幼被杀，尊长不轻予免勾。然其间情节大有轻重，未可一概而论。如尊长谋故杀期亲以下卑幼，果系图诈、图赖，争继、争产，畏累、憎嫌起衅，则是情同陌路，杀由私忿，自应循例拟实。若因钱债、田土、口角细故，逞忿残杀，亦有不便入实者。

对致毙卑幼之妇，谢氏举例起于嘉庆：

致死卑幼之妇，历年秋审实缓不一，亦以情伤轻重为断。嘉庆二十四年山西省张元儿致毙十二岁童养弟妇，先踢不致命四伤，由于听从母命，迨后伊母已向拉劝，复逞忿踢其小腹，难言情非欺凌，唯究因管教起衅，尚可宽其一线。又，是年四川省王旬致毙小功侄之妇，该犯他物八伤，六致命，又主使二子肆殴至五十余伤，复令打断脚踝，重至骨损、骨碎，情殊凶暴，唯死者酗酒撒泼，不守妇道，复挟嫌欲控，该犯殴由训诫，尚非恃长欺凌，均外缓照实。

对殴死功缌卑幼，谢氏认为：

唯殴死功缌卑幼拟绞之案，究与常斗有别，未可遽行入实。道光八年直隶省郝灵致死十三岁小功卑幼，金刃迭砍十伤，五致命，一骨折、一骨损、一透腹，五不致命，四骨损，情殊残忍。该犯因在死者花地行走，死者即以想窃棉花之言起衅，究属犯尊卑幼，且刀由夺获，案非谋故，外缓照缓。①

本条在光绪初年又有所改变：

　　谨奏为尊长图财谋害卑幼例无为从治罪明文，遵旨酌议专条恭折仰祈圣鉴事。光绪五年九月二十三日内阁奉上谕：钱宝廉奏，服制命案例无明文，请饬部议专条一折，著刑部议奏。钦此。又，二十四日奉上谕：本年秋审河南省李金木听从图财谋杀年甫五岁小服侄，系照平人谋杀律问拟，既经刑部改拟情实，属法无可贷。唯念该犯系属为从加功，例无明文，衡情定罪，若照平人谋杀加功律亦应问拟绞候，入于情实。李金木一犯著即改为绞监候，现届勾到之期，即行处决，毋庸派大员覆核。钱宝廉所奏饬议专条之处，仍著刑部议奏，等因。钦此。遵抄出到部。查例载：功服以下尊长杀死卑幼，如系图谋卑幼财产杀害卑幼之命，悉照平人谋故杀律问拟斩候，不得复依服制宽减等语，臣等窃维律重服制，故以尊杀卑每从末减，而例杜残杀，故以尊谋卑亦难概宽况。少小无知之卑幼，并无干犯可言，而为尊长者乃因财产肆意残杀，其忍心蔑理已属恩断义绝，故定例照平人谋故杀律问拟斩候，不复以服制宽减。细译例内"斩候"二字，为首罪名既定，则为从即可类推。唯例内究未议及，与其就案斟酌，临事殊鲜把握，何如议定专条，随时便于引用。即如本年秋审河南李金木一起，因图财谋杀年甫五岁小功服侄下手加功，臣部以例无治罪明文从严问拟斩候，奉旨照平人

①　以上均见《谢本》，《职服门》，第7、8页。

谋杀加功律改拟绞候入于情实。臣等悚惶之余，弥深钦佩。该犯以图谋财物，听旁观之指使，视骨肉如仇。如果该犯具有天良，死者谊属至亲，且年甫五龄，外人何故以惨杀重情遽向启齿？衡情酌理，照平人拟绞实属罪所应得。臣等公同酌议，应请嗣后功服以下尊长如系听从外人图财谋杀十岁以下卑幼下手加功，即照此次钦奉谕旨，按平人谋杀加功律问拟绞候入实，如系亲系尊长图财听从外人谋杀十岁以下卑幼，亦照此问拟绞候。唯服制较近，应俟秋审时斟酌办理。其不加功者，无论期功俱杖一百、流三千里。如蒙俞允，先由臣部通行内外问刑衙门，一体遵照办理，俟下届修例时再行纂入例册。再，臣部左侍郎钱宝廉例应回避，未经列衔合并声明。所有臣等酌议缘由，仅恭折具陈，是否有当，伏乞皇太后皇上训示遵行，谨奏。光绪五年十月二十六日奏。奉旨：依议。钦此。[①]

对本条，沈家本有诸多看法：

> 乾隆条款前一条但举期亲而未及功缌，亦无"畏累、增嫌及钱债、田土、口角细故，非理欺凌"等语。后一条但言殴死而未及谋故，未详何时将前条增修而删去后条，大约在嘉庆年间。各项情节以图诈、图赖，争继、争产，畏累、憎嫌六者为重，历年绝少缓案。唯诈赖在事后者，可以酌入缓决。……至殴死功缌卑幼，较之凡斗为轻，非谋故杀可比。乾隆、嘉庆年间实案尚多，近来大都入缓，非实有凶

---

① 《通行章程》卷下，第15页。

惨重情，秋审可以从宽也。再，谋故杀卑幼之妇，历年秋审实缓不一，亦以情节轻重为断。如有憎嫌、诈赖等项重情，或细故挟嫌逞忿残杀者，应入情实，余可缓决，不得以寻常妇女论也。……此条期功缌不复分别，唯服制既有远近之分，秋审亦应有宽严之别。况期服卑幼系由生入死，似未可与功缌并论，向年成案期亲与功缌分列两门，非无意也。即以功缌而论，缌麻去凡人一间，功服则较亲矣，致死尊长之案，功缌相去悬绝，则致死卑幼之案，功缌不无区别也。①

（一五）谋故杀义子并雇工及白契所置恩养未久奴婢，如有图诈、图赖、憎嫌、畏累等情而残杀，及死太幼稚、恩养未久者，应入情实，其余俱可缓决。

此条产生于乾隆后期，源于成案，嘉庆初已定型。
《附本》所载尚无"死太幼稚、恩养未久"一层：

　　　谋故杀义子、雇工及白契所买恩养未久奴婢，如有图诈、图赖、畏累、憎嫌等情而残杀者，应入情实，其余俱可缓决。②

至道光初，则添入了"死太幼稚、恩养未久"一层。唯"白契所买"而非"置"，仍承《附本》。③
对"义子"、"雇工"、"奴婢"如何界定，谢信斋说得清

① 《沈本》卷一《服制》，第26、27、28页。
② 《附本》，《职服门》。
③ 《黄本》，《职服门》。

楚，并有嘉庆初年案例，亦可证本条嘉庆初形成：

> 定例义子过房，虽在十五岁以下恩养未久，或在十六岁
> 以上不曾分有财产配有室家，有杀伤者，以雇工人论。又，
> 家长殴雇工人致死，故杀者绞监候。又，家长谋故杀奴婢，
> 系白契所买、恩养未久者，应照故杀雇工人律拟绞。盖一则
> 究有父母之恩，一则实有主仆之分，虽杀出有心，罪止绞
> 候，不与凡人同科斩罪。如有图诈、图赖、憎嫌、畏累等
> 情，因而残杀，自当入实。倘杀死由于他故，而图赖系在事
> 后，向不以之加重，未便概行拟实，当平心细核也。嘉庆九
> 年山西省刘楷故杀八岁病婢，无诈赖。又，十三年广东省何
> 氏故杀七岁幼婢，衅起管教，殴烙多伤，此俱死太幼稚、恩
> 养未久之案，均外实照实，录以备参。①

同治年间由义子延伸到义子之妇：

> 同治七年四川林斌故杀义子以雇工人论之案，如无憎
> 嫌、诈赖别情，秋审向俱入缓。至故杀义子之妇，近来并未
> 办过似此成案。查此起……秋审尚可照并无诈赖别情入缓。
> 照缓。②

另，改"买"为"置"始见于《沈本》。③

---

① 《谢本》，《职官服图门》，第8、9页。
② 《秋审实缓比较成案》卷三《谋故杀义子》，第54页。
③ 《沈本》卷一《服制》。

（一六）妻谋故杀妾之案，如无图诈图赖及妒惨重情者，俱可缓决。

本条至迟形成于嘉庆初，源于成案。

《附本》所载，无"妒惨重情"一层：

> 正妻谋故杀妾之案，如无图诈、图赖者，俱可缓决。①

"妒惨重情"一层，至迟在道光初已添入，已见于《黄本》。② 沈家本举嘉庆成案可证：

> 嘉庆十九年广东梁氏憎嫌妾生幼子，挟恨谋毒致毙。又，谋毙夫幼侄改实，此正所谓妒惨重情也。图诈、图赖之案，向来亦多入实，余则可缓矣。③

妻与妾之关系，谢信斋认为同于夫与妻之关系，并举嘉庆初成案：

> 妻之于妾，有嫡庶之分，故妻殴妾与夫殴妻罪同，盖谓其情亲当矜也。历年秋审，此等案件如无妒惨重情，自当从缓，不可轻拟情实。嘉庆十年湖广省张氏挟嫌谋毒夫妾，外实监故。又，是年四川省朱氏因妾起意窃树，致夫被枷示，

---

① 《附本》，《职官服图门》。
② 《黄本》卷一《职官服图门》。
③ 《沈本》卷一《服制》，第29页。

将妾谋死，图赖事主，外缓改实。①

在道光朝，谋杀与故杀似有所区别：谋者入实，故杀入缓。
道光二十五年席氏案：

> 正妻殴死妾命，铁器五伤。因死者不顾名分，用茶碗掷
> 伤该氏所致。其先将药酒给饮，意止欲令受苦，并无谋害之
> 心。原题声明受毒不重，死由于伤，非由于毒，尚可不以之
> 加重。记缓，候核。照缓。②

此条未及入实，但在中国国家图书馆文津分馆藏之《秋审
实缓比较条款》抄本中，此条后尚有一段论及何种情形可以入
实，可资参考：

> 如图诈、图赖及因奸、妒宠，杀情惨忍者，俱入实。盖
> 妻之于妾，名分攸关，因妒奸起衅，名分自乱（十二年多
> 入缓案）。③

（一七）妇女殴死夫缌麻以上尊长之案，理直情急或伤轻者俱可缓决（不入服制册）。

本条应产生于乾隆年间，形成于嘉庆初，源于成案。
沈家本举成案说：

---

① 《谢本》，《职服门》，第 9 页。
② 《秋审实缓比较成案》卷四《妻杀妾》，第 4 页。
③ 《秋审实缓比较条款》卷一《职官服图门》。

历年成案之入实者，如嘉庆十八年湖广刘氏……二十二
年……二十四年……①

《附本》所载已几同于本条，仅无"不入服制册"之"小
注"。② 至谢信斋始在其《按》中提出"不入服制"。③ 当然，此
前此类案不入服制册已成惯例，才有此说。

应在道光末年，"不入服制册"始作为"小注"添入，已见
于《书斋》、《蜀本》。以后各本从之，遂成本条。

对各种远近不同的亲疏关系，应予区别：

夫之期亲尊属尊长情谊较亲，似应稍严；功缌渐疏，可
见稍宽矣。妇女之于夫属，本以义合，故殴罪与夫同，而至
死则不同也。④

（一八）妇女谋故杀夫卑幼之案，如图诈、图赖，憎嫌、畏累，
并细故非理残杀者，应入情实。若衅起管教及死者理曲
犯尊，亦可缓决。

此条应产生于乾隆年间，形成于嘉庆初，源于成案。

《附本》所载，已几同于本条，唯无"并细故非理残杀"
一层：

① 《沈本》卷一《服制》，第29页。
② 《附本》，《职官服图门》。
③ 《谢本》，《职服门》，第9页。
④ 《沈本》卷一《服制》，第30页。

　　妇女谋故杀夫卑幼之案，如图诈、图赖，憎嫌、畏累者，应入情实。如衅起管教及死者理曲犯尊，俱可缓决。①

有嘉庆成案：

　　嘉庆十五年广东省符氏挟嫌谋杀伊夫孤侄，致夫兄绝嗣，且衅起分产，逼索布疋，未便以死者系忘恩卑幼为解，外缓改实。②

沈家本亦有此说：

　　致死夫卑属，论罪较夫为重，则秋审实缓似未便从同，历年成案不甚分别，大约谋故之情重者入实情，轻者入缓。殴死则虽伤重伤多，亦多入缓。③

至道光初，已添入"并细故非理残杀"一层，始见于《黄本》、《谢本》。
谢信斋认为：

　　妇女谋故杀夫卑幼之案，与尊长谋故杀期亲以下卑幼同。④

---

① 《附本》，《职官服图门》。
② 《谢本》，《职服门》，第9页。
③ 《沈本》卷一《服制》，第30页。
④ 《谢本》，《职服门》，第9页。

另,《奏进本》按语有:此条之末,道光末年本尚有殴死夫弟照寻常凡斗,分别情伤轻重定拟实缓。①《沈本》有此说,他本无见,未详何故。

(一九) 夫谋故杀妻之案,如图诈图赖及图奸他人因妻碍眼而杀,逼妻卖奸不从而杀,憎嫌病妻而杀,并妻无大过逞忿残杀者,俱应情实。其余无前项残忍情事,或系事后图赖者应入缓决。

此条应产生于乾隆九年上谕:

> 十月二十九日内阁抄出奉上谕:今岁各省秋审册内情实、缓决、可矜各案,经九卿改正者甚多,其中……故杀病妻,情极残忍之人,皆予缓决矜减,殊属姑息……著该部【指刑部】传谕申斥。②

可见,此前故杀病妻应有成案可援,督抚们才会"皆予缓决矜减"。但遭此申斥,入实无疑了。

三十二年条款已较成熟,唯无"憎嫌病妻及妻无大过"二层:

> 故杀妻之案,如图诈、图赖及图奸他人,因妻碍眼而杀,并逼妻卖奸不从而杀者,应入情实。其余并无前项残忍

---

① 《大清法规大全》卷二《法律部》,第3页。
② 《秋审档案》二之乾隆九年。

情形者，可以缓决。①

此文《附本》未载。

阮葵生认为，故杀妻与殴死妻同：

> 殴死妻与故杀妻俱入缓决，不以律例分轻重，止以情节
> 定实缓。凡不因奸讹诈者，虽杀情凶残，究死系卑幼，名义
> 所关，皆入缓决，仍照旧例定拟，宜与后可矜条款互看。②

尚有"殴妻"一条：

> 殴妻至死案件，如本夫理直，伤出不意，及先被殴詈气
> 忿回殴，适伤致毙者，应入可矜。其有逞凶毒殴，伤多情重
> 者，应入缓决。③

阮葵生解释说：

> 此指干名犯义不孝之妇，及悍恶异常淫凶败家之妻方可
> 入矜。其男子逞凶伤重者，仍入缓决。④

乾隆四十二年八月，因张二携妻卖奸，后因其妻不允避开奸
夫，张二将其扎死，下旨刑部议定：

---

① 《秋审指掌》，《比对实缓条款》，第5页。
② 《秋谳志略》，《比对情实缓决条款》。
③ 《秋审指掌》，《比对矜缓条款》，第11页。
④ 《秋谳志略》，《比较缓决可矜条款》。

嗣后以妻卖奸，其夫故杀妻者以凡论。其非本夫起意卖
奸者，仍依律例办理。①

乾隆四十九年，将"杀妻……残忍者"规定为"酌量入
实"。②

在乾隆四十九年前就有"憎嫌病妻"之成案，何以四十九
年续颁时仍未将此层纂入呢？入实未决，十次改缓。四十三年贵
州蒲应甲故杀疯癫之妻，怨骂翁姑，入实未勾。似其时此一层尚
非必勾之案，故条款不载。③

同一杀妻，原因不同，尚区别对待：

乾隆四十九年五月十二日奉旨：刑部具题直隶省王天富
殴伤伊妻于氏身死一案，又宛平县陈明贵勒死伊妻林氏一
案，俱照故杀妻律定拟绞候，自属照例办理。朕细阅本内两
案罪名虽同，而情节各异。陈明贵因林氏嫌伊家贫，辄与伊
母卢氏吵闹，屡欲找房另住，经陈明贵责斥，林氏复将卢氏
大声辱骂，如此悖伦逆理之妇，实为法所不容，陈明贵一时
气忿，将林氏用带勒死，是陈明贵之杀妻实由伊妻悖逆，与
逞凶故杀有间。娶妻本为养亲，而明刑即以弼教，陈明贵一
犯将来秋审时即该部按例入情实，亦不予勾决。至王添富因
伊妻于氏不肯同寝辄行殴踢用火筷烫烙下身，以至遍体伤痕
逾时殒命。该犯年已三十余，于氏年甫十七，乃以不肯与伊
同寝顿起杀机，殴烙并施，残忍已极，刑部定拟绞候，固属

① 《清朝通典》卷八四《刑五》。
② 《秋审指掌》，《比较情节酌量入实各条》，第24页。
③ 《沈本》卷一《服制》，第31页。

故杀专条，将来秋审时自当情实予勾，以儆凶残，朕办理庶狱期于至平至允。如此二案，罪名虽同而一由义忿，一逞淫凶，其间权衡轻重分别办理，无非刑期于中之意。将此谕刑部存记，并令九卿阅看。钦此。①

在嘉庆初，已据成案在条文中加入"杀病妻及无故杀"两层，此时已几同于本条了：

> 夫谋故杀妻之案，如图诈、图赖及图奸他人因妻碍眼而杀，逼妻卖奸不从而杀，憎厌病妻而杀，及无故逞忿残杀者，应入情实。其余如系事后图赖及并无前项残忍情形者，可缓决。②

道光初，则已完全改定成今款，已见于《黄本》及后《谢本》、《蜀本》等。

谢信斋认为：

> 夫为妻纲，名分綦严，故谋故杀妻律止绞候，盖谓其分尊可原也。……再，殴毙妻命，亦拟绞抵，即因图奸他人，嗔妻碍眼，向殴致毙，究非谋故，从无实案，只可议缓。③

咸丰年间则不从谢说：

---

① 《嘉庆历年有关秋审》之乾隆四十九年。
② 《附本》，《职服门》。
③ 《谢本》，《职服门》，第10页。

咸丰九年奉上谕：前因成琦奏……吕凤仪谋杀伊妻张氏各一案，核其情节，应由缓改实……兹据惠亲王等奏称……其吕凤仪谋杀伊妻张氏一案，挟恨谋杀，情节惨忍，亦属法无可宽……改入情实……著归入本年情实，即行处决。[①]

沈家本与谢氏相左：

若并无大过之妻，情节种种不同，本无一定，故向来实缓亦最参差。但能就案论案，不可稍有成见矣。又，图奸他人而杀，虽系例实，然亦间有缓案。[②]

（二〇）僧尼及诸色匠艺人等（优伶不在内）殴死弟子之案，如有因奸、挟嫌、畏累等情逞忿残杀者，俱入情实。其衅起管教，无残暴重情者，可以缓决。

本条应产生于乾隆年间，嘉庆初已定型。
《附本》已同于本条，仅多出"无心殴毙"一层：

僧尼及诸色匠艺人等（优伶不在内），殴死弟子之案，如有图奸、挟嫌、畏累等情逞忿残杀者，俱入情实。如衅起管教及无心殴毙，无残暴重情者，可以缓决。[③]

实缓如何规定，谢信斋说：

---

① 《钦定台规》卷一三《会谳》。
② 《沈本》卷一《服制》，第31页。
③ 《附本》，《职服门》。

僧尼及诸色匠艺人等殴死弟子，例照尊长殴死大功卑幼律拟绞，本较常斗为轻。如果衅起管教，并无残暴及因奸、挟嫌、畏累重情，自可概拟缓决也。[1]

在咸丰时有所改变，为"向俱入实"：

咸丰六年山东常敬，尼僧逞凶故杀弟子，例同凡论，秋审向俱入实。此起僧人逞凶故杀弟子，情殊惨忍。虽死者向伊顶撞，并称伤痊报仇，实属违犯教令。该犯杀故有心，尚无图诈、图赖别情，究难不实。仍记候核。照实。[2]

对违例收徒如何处理，沈家本说：

僧尼违例收徒应以凡论者，应略加严。道光十四年陕西安吉法喇嘛违例收徒，应同凡论，捆缚后迭殴多伤，致毙幼孩，情殊欺凌，死十四，改实。又，十六年陕西王均，死十一，价典为徒，教令学唱，因其贪玩，起意责打，先掌批一，抓一，捆缚后木二十九，七致，皮鞭十六致，均不损，照威力制缚，照实。此以学唱而不以弟子论也。[3]

（二一）服制以凡斗定罪之案，如殴死功缌以上尊长尊属，因
　　　　本犯与死者并父祖出继降为无服，又，卖休、买休等
　　　　项妻妾殴死夫与翁姑；又，殴死继母系父卖休、买休

---

① 《谢本》，《职服门》，第10页。
② 《秋审实缓比较成案》卷四《殴死弟子》，第27页。
③ 《沈本》卷一《服制》，第32页。

之妻，此等案犯定罪虽同凡斗，秋审则不可概以凡论，非实在理直情轻不得轻议缓决。至殴死卖休、买休之妻，一则曾有夫妻名分，一则现有夫妻之情，似应较寻常妇女稍宽。

对本条，《奏进本》之《按语》是这样理解的：

此条上一层系有服降为无服，本有服制者也，另一层买休等项，本无服之可言者也。义既各殊，自应析作两条以示区别。查本犯与死者并祖父出继降为无服，有由期服降者，有由功服降者，有由缌服降者，其初之亲谊本不一律，若概予从严惩办，似亲已杀，即法有难施，然竟视同凡人，又似名难忘而实仍未去。平情而论，服制既有期功缌之别，即应准此为衡，期功本系至亲缌麻，则去常人一间。①

此条在乾隆三十二年、四十九年条款内均无，《附本》中亦无，始见于《黄本》，故该条应形成于嘉庆年间。

《黄本》中"至殴死卖休、买休之妻……稍宽"一段是"小注"，置于"不得轻议缓决"后。②此时已有此类成案，可见此段改作条文，应在道光后期，始见于《书斋》、《谢本》。

在道光初，已有较凡斗略为加严的看法：

道光四年陕西刘世海，服制以凡论之案，秋审时应照凡斗加严。此起负欠逞凶，金刃二伤一穿透，在凡斗已属情

---

① 《大清法规大全》卷二《法律部》，第33页。
② 《奏进本》，《职服门》。

实，该犯又系死者大功服弟，因出继降为无服。虽伤非致命，刀由夺获，亦难率缓。记候比核。照缓。①

对此条沈家本有诸多看法：

> 道光十一年秋审马五十一起，部议云："致死尊长之案，以其有关服制，故较凡人加重。若已降为无服，则其亲已杀，即与服尽亲属同，定案既照凡人科罪，秋审自应与凡斗并论。"此说持论与此条稍有不同。窃谓由有服降为无服，有由期服降者，有由功缌降者，其初之亲宜本不一律，即未便一律加严，似仍应核其案情之轻重，酌量办理。缌麻本去常人一间，既已无服，竟同凡论，自不为宽。期功或略为加严，以示区别可矣。至卖休买休之妻，律应离异，本无服制。嘉庆二十年湖广姚氏，当时部议以死虽伊翁买休之妻，唯死者嫁与伊翁，生有二子，已越十有九年，其于该氏显有姑媳名分，因律应离异，定案故同凡论，秋审则情伤并议，案关风化，未便以斗情尚轻置历年之名义于不论，外缓改实。其持论似极严正，而鄙意窃有未安。夫名分从服制而生，岂得离服制而强定其名分？其必先有夫妻名分，乃可言姑媳名分。此案死者既律应离异，即不得为氏翁之妻，又乌得为该氏之姑，乃云："显有姑媳名分"，其义安在？夫妇为人伦之始，卖休买休婚姻之不正，实有乖风化，故有干律议。嘉庆十五年续纂嫁娶违律应行离异者，与其夫及夫之亲属有犯，仍按服制定拟之例，而知情买休一项，虽有媒妁婚

---

① 《秋审实缓比较成案》卷四《服制以凡论》，第28页。

书，仍依凡人科断，是始之不正，即令相依日久，生有子嗣，亦终为律应离异之人，殴死者即为律应离异之人，又何风化之可言？而曰"案关风化"何也？此案斗情既轻，本可照缓，乃竟改实，过矣。窃谓此等案件，总当以律义为准的，既有干乎律议，即不必节外生枝，转多窒碍。①

---

① 《沈本》卷一《服制》，第33、34页。

五 人命门条款考

（一）各项杀人自首得免所因，及强盗自首改斩监候者，俱入情实。

"得免所因"，嘉庆二十三年刑部《说帖》中是这样理解的：

查律载：犯罪未发而自首者免罪，其损伤于人，不在自首之律。注云：因犯杀伤于人而自首得免所因之罪，仍从本杀伤法。又，例载：闻拿投首之犯，除律不准首外，其余一切罪犯俱于本罪上减一等各等语。律称损伤于人，凡死若伤皆是也。其有死不由于伤，而致死实由于该犯，其人已死，不可赔偿，罪坐所由，自当以损伤于人论。此案梁亚如将泥水沾污梁才先衣物被斥，该犯用秽言辱骂，致梁才先羞忿自缢身死，是梁亚如向梁才先秽言辱骂致令自尽，即属损伤于人。唯梁才先因事而死，事属无因可免，犹之窃盗拒捕杀人闻拿投首，得免窃盗拒捕之因，准以斗杀科罪。而斗殴杀人之案，虽闻拿投首系无因可免，仍应以斗杀科断。秽语酿命与斗殴杀人罪名虽殊，其为损伤于人则一也。随检查历年并无办过似此自首、投首曾否减免之案。唯五年河南省张成一犯，因奸拐林氏同逃，中途悔惧，央人送回。林氏被夫辱骂，羞愧自尽，免其所因诱拐之罪，将张成依因奸酿命例拟徒咨结。是因奸酿命与秽语酿命事同一例，唯张成之酿命系在自首之后，又与此案不符，职等复以斩绞案内，如因盗戚逼人致死、诬窃致死、刁徒讹诈酿命、蠹役诈赃酿命、假差吓诈酿命、语言调戏致令自尽。又，军徒案内，如殴有致命重伤，或重伤而非致命、致令自尽此数项，均无所因可免。①

本条应产生于乾隆前期。

三十二年条款中"强盗自首"是在"除笔"中属应拟情实。②

四十九年《定例拟实》中有"强盗伤人自首"。③

《附本》中条款：

> 强盗自首，图财害命自首，俱入情实。④

可见，乾隆朝尚只有"强盗自首"或有"图财害命自首"，但尚无"各项杀人自首得免所因"一层。

上一层应在嘉庆初年添入，《黄本》所载已几同于本条。⑤谢信斋亦举有嘉庆成案：

---

① 《刑案汇览》卷四《名例》，第20页。
② 《秋审指掌》，《核拟比对条款》。
③ 《秋审指掌》，《定例拟人情实条款》。
④ 《附本》，《人命门》。
⑤ 《黄本》卷二《人命》。

　　此条系属例实，从无缓案。嘉庆十八年直隶省董黑子行窃拒捕，杀死捕人，按律应拟斩候，因自行投首，得免所因，照斗杀问拟绞候，拟实照实。又，二十四年云南省张广才，妹夫行劫妻兄财物，无卑幼尊长之可言，故照例以凡盗论，因伊妻首告破案，照凡盗自首例问拟斩候，外缓改实。①

对本条两种自首，沈家本认为：

　　强盗自首，现行条例闻拿投首应拟斩候者，系伤人首伙各盗伤轻平复，及行劫数家止首一家两项，杀人自首免因有抢窃、拒捕、图财各项，皆情节较重者，自难宽宥。其杀人自首而无因可免，如谋故等项，仍应入实。若系寻常斗殴之案，如果自首，似可酌量稍宽。②

（二）各项立决人犯，或奉旨改斩候，或原情奏改为监候者，俱应情实。间有情节实可矜宥，临时酌量入缓，但不宜过宽。

　　此条应产生于乾隆前期。
　　三十二年条款中已有"各项由立决改为监候人犯，俱应拟为情实"，③此时尚只有"各项立决"一层，且主要为服制案件。四十九年条款仍同样规定于"例实"条款中。④

———————————

①　《谢本》，《人命门》，第12页。
②　《沈本》卷二《人命》，第1页。
③　《秋审指掌》，《核拟比对条款》，第2页。
④　《秋审指掌》，《定例拟入情实条款》，第23页。

《附本》所载该条为：

> 各项立决人犯，改监候人犯，俱应入情实。如有救亲情
> 切，实可原悯者，亦可酌量入缓，俱不宜过宽。[①]

可见，乾隆年间，此类案犯尚只有"各项立决人犯"，尚未有后两类，且均入实。但至迟在嘉庆初，已非一概入实，已间有入缓者，当时条件是"救亲情切"。

至迟在道光初，条文已添入"奉旨改"、"奏改"监候两层，《黄本》所载已同本条，[②] 且有嘉庆成案可证：

> 嘉庆二十五年广西省张松学习剃发手艺已成，因师向殴，搪抵碰伤致毙，照殴死大功尊长律斩决，夹签改监候，秋审以匠艺之于受业师，服图内所不载，自不能归服制册，该犯伤由误中，死非意料，外缓照缓。[③]

另，《蜀本》、《京都》、《道光本》"酌量入缓下有之案"，似衍。

（三）凡人谋故杀之案，俱应情实。

本条包括"谋杀"和"故杀"两种情形，所以下文有"俱"字。

---

① 《附本》，《人命门》。
② 《黄本》卷二《人命门》。
③ 《谢本》，《人命门》，第12页。

此条应是最早秋审条款之一。

谋故杀人在康、雍年间尚非概行入实。谋杀俱入于情实可能始自乾隆，源于其上谕。

乾隆九年秋审，由于督抚将谋杀人于缓决，乾隆下令刑部传旨申饬：

> 九月二十九日内阁抄出奉上谕……或以屡行谋杀之犯而置之缓决……著该部传谕申饬。①

督抚们谁也不会愿意因此再受到训斥，此后地方秋审时亦应入实无疑。而且，本年秋审，刑部、九卿在奉旨前已将这些缓决案改为情实，说明朝廷上下已有一致意见，一概入实。

故杀案，在雍正以前有入实者，有不入实者，尚未形成惯例，沈家本有过考证：

> 故杀之案，雍正以前不皆入实，虽旧档已不可考而见于成案汇编者，如康熙五十九年陈麒与陈宗庞素有鸡奸，陈宗庞向借钱物，用绳自勒恐吓，该犯气忿，将陈宗庞自套之绳拉紧殒命。蔡友因林招在张成仔家，该犯往向张成仔索取借用钱文，林招袒护，出与角口，持棍赶殴，该犯用刀将其扎毙。六十一年王纯因与一主家人任阿年角口，任阿年先打，复持刀又刺，该犯畏刺情急，夺刀还戳致毙。雍正三年蔡升因王绒与伊族人蔡响角口角劝散，王绒复向寻斗，误将蔡冻园麦戕坏，蔡冻拾石掷伤王绒，王绒持挑赶殴，蔡冻喊救，

该犯赶援，被王绒肆骂，夺挑还殴致毙。宋朝环因周梦黎主唆陈敬将伊侄已定陈敬之女尾哥改嫁，又恶言讥辱，该犯忿激将其殴踢致毙。黄雀山因张细批运杉木由黄姓田禾经过，有在逃之黄永仲索取买路钱不给，黄永仲、黄雀山见柴夫人众势凶往阻放枪，适中张细毙命，衅起一时，尚非有意，该抚原照斗殴，部驳照故杀。以上六案皆原情入缓减等，时准减。又，康熙六十年王信朗因无服族侄王洪生、王洪德、王海将伊兄王观朗祭田占耕争闹，王洪德被王劝朗戳伤脊背，又被该犯刀砍顶心毙命，王洪生、王海亦被王信求戳伤，俱殒命。王洪生兄弟三人皆受伤身死，虽王信求已正法，王信朗系刀砍王洪德，情罪凶恶，不准减等，情节较前六案为重（一家三命）。故减等时奏明，不准减等秋审时不入情实者，殆以衅起不曲，一犯已正法，当时办法从宽也。乾隆年间缓案未见，间有入实来勾者，四十五年一起，四十八年三起，五十五年一起，余亦不多见。①

谋杀、故杀两者均拟情实，应始于乾隆十四年：

乾隆十四年十月十九日内阁奉上谕……或谋杀，或故杀……皆情罪较重，万无可贷，虽各省情实人犯临勾之时稍有可原必加宽宥，而此等凶徒断不应拟以缓决。②

乾隆所说的"断不应"就是"绝不应"，可见，此后两种案件定无"缓决"可言。

---

① 《沈本》卷二《人命》，第4、5页。
② 《秋审档案》二之乾隆十四年上谕。

乾隆三十二年条款，已将"谋杀、故杀……俱应拟为情实"，并载在其除笔中，① 说明此前此类已属"例实"。四十九年条款，则将"谋杀人命"、"故杀人命"作为第一、二条，亦定为"例实"。②

可见，乾隆朝对"谋故杀人"应是全行入实，无缓决之规定。沈家本亦证明说：

> 谋杀之案向多入实，乾隆年间有入实而免勾者。三十九年傅天成因义子李如榜殴伤妻杨氏垂危，央伊代出主意，伊见杨氏伤重，料不能活，主使用绳套其颈上假装自缢，在枋上系挂殒命，照实未勾，十次改缓（省分未详）。四十四年江苏潘裕忝因死者与小功兄妻通奸，屡逐不去，忿激谋杀，照实未勾。五十三年奉天范小胖，犯年十五，小于死者十七岁。死者设计留宿，威吓成奸，该犯气忿谋杀，部以指奸无据改实，未勾。四十六年湖广周扶连因奸致奸妇起意谋杀纵奸本夫，令该犯买砒拌入腐皮给食，死者腹痛，托伊买药，该犯买给解毒散，奸妇欲将剩砒给食，该犯劝阻不理而归，奸妇将砒末倾入沙糖水内给死者饮下毒毙，照实未勾。五十六年四川文思镜因死者与伊父通奸致母自缢，激于义忿，将其谋杀，改实未勾。皆以其情有可原……③

《辑要》中之四十九年条款有关"谋故杀"另载有一款，似与以上结论相左：

---

① 《秋审指掌》，《核拟比对条款》，第 2 页。
② 《秋审指掌》，《定例拟入情实条款》，第 23 页。
③ 《沈本》卷二《人命》，第 3 页。

　　谋故杀人之案，本应列入情实。唯其中如男子拒奸有据，或有服亲属与人通奸杀非登时而出义忿，以及义男弟侄有负恩养，不服训诫者，此等案件，或情同擅杀，或有关名分，原题虽以凡论，至秋审时不妨原情入于缓决。①

沈家本亦有此说。②

　　但从沈氏以上所举成案看，均在乾隆末年，本条中所例"男子拒奸"、"服亲杀奸"、"不服管教而杀"之类，乾隆案均未按条款"入缓"，却是"入实"。沈氏自己也说"乾隆朝从无缓案"，若此条在四十九年就已颁行，在此后就不应全行入实。且此条在《指掌》及《附本》中均未载，沈家本也说《指掌》"所据乃颁发之本"，③可见此条未必为四十九年之款，应为嘉庆年间窜入。谢信斋可提供佐证。

　　《谢本》所据主要是嘉庆条款，其所载已同于现款，谢氏已说谋杀之案，当时已有实有缓，且举有"杀奸杀师入缓"之案：

　　　　凡人谋故杀人，情凶罪重，秋审自难不实。其间实有情节可原，往往由部汇案奏请改缓，亦有外省酌入缓决者，成案不一，用录数案于后。道光三年广东省何谓政谋死儒师，因该犯先被诱奸，经人窥破耻笑，悔过拒绝，复被藉端凌辱，忿懑将其谋死，外循例入实，部以此等案件风化所关，死者无复人理，不值实抵，汇奏改缓。又，嘉庆二十五年湖广省王代良因冯凭媒聘娶买休之妻与人淫乱，该犯于奸所登

---

① 《秋谳辑要》卷一《续颁条款》，第39页。
② 《沈本》卷二《人命》，第2页。
③ 《沈本》，《序》。

时杀死奸夫、奸妇，定案时以系买休照凡人故杀二命定拟，秋审原情入缓，照缓。①

《附本》所载该款：

> 谋故杀之案，除尊长谋故杀卑幼、夫谋故杀妻、正妻谋故杀妾、家主谋故杀奴婢、翁谋故杀媳，无诈赖等项情重者，仍分别入于缓决外，其余寻常谋故杀之案，俱应情实。②

此条中"除笔"所指，其实均与服制尊卑有关，可予缓决，与四十九年条款中所说无涉。该条其实仅将四十九年条款中"定例拟实"的第一、二条合二为一，其"除笔"只是为了更清楚说明"入实"，表明"寻常斗杀案俱实"而已。

由于无此"除笔"不影响对本条的理解，道光初的条款就未载入，见于《黄本》。③

另外，《成案续编》载此条续增：

> 凡人谋故之案均应情实。如死者之父系奸淫伊女、伊母，或妇女被死者之父强逼嫁卖，气忿谋杀未遂，因而杀死其子仍科本律者，可以缓决。④

---

① 《谢本》，《人命门》，第12页。
② 《附本》，《人命门》。
③ 《黄本》卷二《人命门》。
④ 《秋审实缓比较续增》卷一《人命》。

此条又见于《书斋》本及《沈本》之《按语》。

《成案续编》刊于光绪七年，《书斋》本刊于光绪六年，可见此条之成应在光绪之前。

《蜀本》乃承咸丰之本，《蜀本》将此条不置于正编而入其续编之中，说明道光时尚无此条。

《蜀本》刻于同治十一年，在本条下有"小注"，此条另有续增，表明此条在同治十一年前已有，可见此条应产生于咸、同之际。又，《奏进本》未提及此条，或许是因为此条由著家们根据成案总结而成，尚未为刑部所采纳。虽然在处理案件时，刑部亦按此原则办理，但尚未接受为条款。

（四）谋故杀人而误杀旁人者，应入情实（如所欲杀之人本非应抵，亦可原情入缓）。

本条同上条一样，仍包括"谋杀"和"故杀"两种情形。

此条亦是较早的条款，康熙年间尚非全行入实，仍有缓案：

> 康熙六十年许四因先与鸡奸之陈海海，复与林世奋奸好，后林世奋在陈海海家，该犯持刀向刺，时值昏黑，适詹挺朗跑出闭门，误将詹挺朗刺毙。以黑夜误伤旁人致死，情稍可原，入缓（照故杀误杀旁人定拟）。尔时故杀之案尚可入缓，更无论误杀旁人矣。乾隆以后多入情实。①

《附本》所载条款：

---

① 《沈本》卷二《人命》，第5页。

谋故杀人而误杀旁人仍入情实。①

参照"乾隆以后实案多"之说，此条在乾隆应已定型。至
道光初，已将"仍"改为"应入"，并在上添一"者"字，但
此时尚无"小注"。②

"小注"应是依据成案在道光末年添入，见于《谢本》、《蜀
本》等。

按谢信斋的观点，此类人犯在乾、嘉应俱入实无缓：

谋故杀人而误杀旁人，虽死非本犯所欲杀之人，而旁人
无辜被杀，其情可惨。定罪既以故杀拟斩，秋审岂能曲法从
缓。嘉庆二十四年四川省周文举谋杀胞侄，误杀旁人拟实，
照实。律内伯叔故杀侄，罪止杖一百，流二千里，以谋杀胞
侄罪不至死之犯，因其误杀旁人，尚应拟实。则凡平人谋故
杀人而误杀旁人，更应入实，录此以备类推。③

此处"凡平人"指"所有的平人"，非"凡人与平人"。

至迟在道光七年后，此类人犯中已又有入缓者：

唯道光二十二年安徽萧氏，部议谋杀误杀旁人律以故杀
论，如因谋杀平人起衅，入实无疑。如起衅并非谋杀平人，
亦不得拘于故杀之律，概从重典。查亲属因抢窃杀伤仍照谋
故本律拟斩之案，秋审因所杀究系抢窃罪人，向俱酌入缓

---

① 《附本》，《人命门》。
② 《黄本》卷二《人命门》。
③ 《谢本》，《人命门》，第13页。

决，经本部于道光七年题准通行各省在案。此起萧氏谋毒屡次讹借逞凶抢夺放火小功服侄李开盛，致误毒无服夫侄李开勋身死，设李开盛非该氏有服亲属，该氏即应照擅杀以斗杀论，斗杀而误杀旁人律拟绞，定案时因其所欲谋杀之人例不得照擅杀科断，故不得将所误杀之人照斗杀问拟。衡情而论，虽本案所杀系属平人，与通行内所指谋故杀抢窃本人者微有不同，而其为格于亲属之故不得照擅杀拟绞，实属情无二致。况擅杀而误旁人之案，死者多系平人，秋审向俱入缓，比类参观，似应原其忿激之情，而宽其过误之罪，方于情法两得其平，照缓。又，咸丰十一年山西续毛仔，因谋杀游荡不务正业屡窃家财当卖、训斥不悛之胞侄，误杀旁人拟缓，病故。同治五年山西张根镕，因谋杀妻误杀小功甥女，照缓，不准留。皆较李文举之案办法从宽，而与注语可相印证，盖亦世轻世重之一端也。[①]

沈家本所举三案，均引自《秋审实缓比较成案》卷四《谋故杀人而误杀旁人》条内成案。该条下共四案，唯一案人实：

道光二十六年山西姚步瀛，挟恨谋命，误毙幼孩，复谋杀一人伤而不死。[②]

对条款中"小注"，沈家本说：

谢氏所引周文举一案与注语不符，此注当在此案

之后。①

此说不无道理，但可进一步认为此注应在道光七年有缓案之后，即道光中期添入，故《谢本》有载。

（五）谋杀人伤而未死，其谋已行者，应入情实。

本条应产生于乾隆前期，当时并非俱入实，尚有实有缓。三十二年条款：

> 谋杀人伤而未死之案，如系因奸用毒延及多人，或殴砍多伤已成残废者，应入情实。其余谋杀已行，伤轻平复者，可以缓决。②

阮葵生认为：

> 此条总看起衅、行殴，以理曲、情凶、伤重三者兼备为断。盖本未成命案，不轻拟实抵也。此等案情以诛心为主，如捆缚投诸水火，意其必死而自行复生，意外遇救者，虽未致残笃，即拟实亦不为枉。然历来皆入缓决者，当推凶犯之心与诬告人死罪者之心约略相同。诬告死罪未决者止于拟流，则谋杀人伤而未死者拟绞入缓亦适得其平。其心相等而受伤则异故，彼止流罪而此定死罪，业已加二等矣。宜平心

---

① 《沈本》卷二《人命》，第5页。
② 《附录》，《实缓》。

细酌，方得允当。①

乾隆前期非尽入实，尚另有一证：

> 历年此等案件，乾隆年间较多，缓案未见。唯四十七年查办缓决三次以上人犯减等条款内，减发黑龙江者有谋杀未死一项，此为确有缓案之明证，此后渐少而无不入实者。②

乾隆中期，尚且根据情节轻重不同，有实有缓：

> 臣等窃查谋杀人伤而未死之案，其间情节轻重不同，历年办理秋审臣部会同九卿核议，俱酌量起衅根由，伤痕轻重，分别情实缓决具题。……臣等以宋镛虽经救未死，但张才寅夜逾墙，持刀连砍多伤，实属负恩逞凶，情节较重，是以会同九卿将张才改拟情实。至山东省王大振奉差访查割辫，附会捏禀割辫一案，臣等查割辫匪犯流毒数省，地方人等不能严行协缉，乃借此栽赃讹诈，诬陷无辜，自应予以情实，以为拖累良民者戒。然其间情节不同……唯王大振一犯……核其情节，并无挟嫌邀赏，有心栽害诬陷等情……将王大振改拟缓决……初七日奉旨：张才、王大振两案，刑部所拟俱是。③

乾隆中期后，逐渐加严，至末年应已极少缓案。嘉庆初应已

---

① 《秋谳志略》，《比对情实缓决各款》。
② 《沈本》卷二《人命》，第7页。
③ 《秋审档案》一之乾隆三十四年。

均入情实，可见于《附本》之条款，已同于现款：

> 谋杀人伤而未死，其谋已行应入情实。①

此条在嘉庆至道光前期是严格入实的，谢信斋之说可证：

> 谋杀至重，若已经伤人，则杀人之谋已行，而其人得以
> 不死，实出万幸。故此项人犯，历年秋审均系入实。嘉庆二
> 十五年直隶姚氏、申二小，因姚氏误信奸夫申二小捏造纵奸
> 本夫欲将伊嫁卖之言，听从哄诱谋毒，下毒面中，后询知诓
> 诱实情，旋即哭怨愤懑，申二小亦后悔，令氏赶回毁弃，因
> 伊夫方食面即行夺弃，喊救得生，原题俱量减拟流，经部驳
> 拟斩绞，秋审处以悔救得生，其情不无可原酌拟缓决。部以
> 名分风化所关，改拟情实，免勾。又，二十四年四川省周氏
> 嫌前夫女婿家贫，起意毒毙，以便将女另嫁，虽伤而未死，
> 恩义已绝，且该氏夫死改嫁，已经义绝于前夫，应同凡人谋
> 杀论，外缓改实。②

确切地说，嘉庆年间不分首从，一律入实，应始于嘉庆二年
僧兴德一案：

> 吉林秋审内僧兴德主使家奴色勒纳谋杀堂弟扎隆阿伤
> 而未死一案，本部均拟情实，奉谕旨：色勒纳听从谋杀，
> 两次不敢下手，后伊主吓逼畏从，且年仅十五，尚可免

---

① 《附本》，《人命门》。
② 《谢本》，《人命门》，第16页。

勾。但希图得产，其谋已行，心术可恶，著锁拿解京，交
刑部监禁，每逢勾到之时，提出重责四十板，不准减等，
以示惩儆。钦此。①

色勒纳恐怕生不如死了。
至迟道光末，又有入缓者：

> 道光三十年奉天郎学俭因赵斌与伊奸好之温汰河鸡奸，
> 窥破气忿，起意将其杀死，乘赵斌睡熟，用剃刀很砍伤其左
> 耳至腮颊、左耳轮、左眉连右眼、右鼻孔、下脑后发际，赵
> 斌伤经平复，恭逢恩诏，酌入缓决。②

此条款嘉庆至宣统《奏进本》因仍未议。

(六) 谋杀加功之案，无论被逼勉从，或仅帮同揿按，并止代为
买药，未曾下手，俱应情实。从前间有因被父母家长吓逼
帮按，或先代求饶，及死者系奸淫并应死罪人酌入缓决
者，近来一概入实（如死者自愿毕命因而听从加功，及听
从谋杀应抵正凶等项，尚可酌入缓决）。

本条应产生于康、雍时期。
此类在康、雍时期尚有实有缓，沈家本说：

> 雍正以前谋杀加功之案不皆入实，如康熙六十年林齐因

----
① 《秋审档案》一之嘉庆二年。
② 《沈本》卷二《人命》，第7页。

林万锦与丁乔有隙，以林教已成废人致死向丁乔图赖，商同该犯将林教殴毙，以首犯病故，该犯系听从指使入缓。六十一年萧文介因徐振超以颜吉生素行偷窃，村众欲逐，颜吉生声言放火泄忿，徐振超惧害，商同该犯将颜吉生砍毙，以首犯病故，该犯情尚可原，入缓。雍正元年余怀章因丁达元经伊母邹氏将女许配为妻，丁达元秽骂邹氏，商同该犯将丁达元毒毙。以邹氏已正法，该犯系听从伊母指使，入缓。三年谢世隆因叶志荣系伊弟妻前夫之子，该犯及弟谢六止与刘如瑛争种田亩争殴，将劝阻之林素止殴伤倒地，谢六止商同该犯将叶志荣殴死图赖。首犯正法，该犯系听从指使，入缓。乾隆元年奉特恩减流，见《成案汇编》。以上四案，唯萧文介一起死系窃匪，情节尚有可原，其余三起并无可原之处，当时皆入缓者，仍是一命一抵之意。[①]

乾隆前期，仍承前朝例，实缓有别，故三十二年条款规定：

> 谋杀加功之案，有贪财图奸、挟嫌逞凶肇衅酿事及造意之人未曾下手而从犯肆行凶杀者，应拟情实。其余如仅止听从加功并无前项贪残凶暴情形者，可以缓决（近年谋杀加功案总拟情实）。

> 谨按：加功之犯重在奸贪，外省多以知情下手为断。但有事中同谋之知情，有事外揣度之知情；有自行助势之下手，有被逼不已之下手，未可一概浑言。乾隆三十二年安徽、山西每有活埋、弃江等案，在场路遇之人被逼畏扳，不

① 《沈本》卷二《人命》，第8、9页。

得已帮同一抬一捆者，即以加功定罪，问以绞候，不得援矜，已属可悯，是以三十二年奏明通行，加功之案凡因奸、因贿者拟入情实，此外未及。①

以上"谨按"部分是阮葵生在《志略》抄本中的，但在《辑要》中，对此条却载有阮氏与此《按语》有所区别之《按》，并录如下：

加功之犯重在奸贪，外省多以知情下手为断。但有事中同谋知情，有事外揣度之知情；有自行助势之下手，有被逼不已之下手，未可一慨浑言。乾隆三十二年本部奏明，谋杀加功案内如有因奸、因赌者，俱入情实，此外可入缓决，通行在案。但此等谋杀之案情凶势众，人人皆有欲杀之心，近年屡蒙圣训指示，外省不知，有同一加功者，或实或缓，宜提出驳改。其中唯有谋杀光棍奸恶行凶之犯，止将首犯入实，余犯斟酌从缓，亦须于勘语内详细声明，近年并有外省拟实，本部改缓之案。②

四十九年条款规定"酌量入实"，未及"缓决"：

谋杀加功之案，或因奸因盗，或挟嫌图诈，或受人贿属及造意之人未曾下手，而从犯肆行凶杀者。③

---

① 《秋谳志略》，《比对实缓矜缓各款一》。
② 《秋谳辑要》卷一《秋谳志略》。
③ 《秋审指掌》，《比较情节酌量入实各条》，第24页。

《指掌》还录有乾隆谕旨一道：

> 助兄加功谋死本夫之案，法无可贷，秋审应入情实。
> （四十六年九月安徽招册内曹氏案上谕）。①

沈家本对乾、嘉时实缓做过比较详细的考证：

> 乾隆朝亦不尽入实，其可考者，缓决有三十五年一起。
> 其外实改缓有三十八年一起，三十九年二起，四十三年二
> 起，四十五年一起。入实未勾有三十三年三起，三十七年
> 一起，三十九年三起，四十年一起，四十一年一起。迨四
> 十六年广东邓亚观一犯听从加功仅止帮同揿按，外缓照
> 缓。奉旨："寻常共殴伤重拟抵至此等谋杀之案，不得以
> 一命一抵为词，仅将起意及下手致死之人入实，而同谋加
> 功之人又减入缓决，著交部另拟。"遵旨改实。嗣后加功不
> 入实者鲜矣。②

可见，"从前"一词，当指乾隆四十六年以前。

从嘉庆二年刘勇泰一案开始，又有所放宽：

> 山西省程宜法谋杀族叔一案夹片，遵旨将山西省黄册内
> 程宜法谋杀无服族叔程廷玑一案，详细阅看，除程宜法系造
> 意首犯拟请勾决，又，为从之王秉富一犯先经病毙外，尚有
> 为从加功之犯俱入情实。钦奉圣谕，一命五抵，未免过

---

① 《秋审指掌》，《比较情节酌量入实各条》，第17页。
② 《沈本》卷二《人命》，第8页。

多……臣等详核案情，内杨富盛一犯系先将程廷玑车骤拉住，又用刀连扎多伤致毙，拟请勾决。其刘勇泰一犯止系将程廷玑从车拉下，张幅柱一犯仅砍右腮颊一伤，似尚可宽。①

嘉庆初年，刑部开始认为一命两抵似觉过重，虽然仍将加功者一律入实，但在勾到册内夹片——一张小纸条，提示皇上是否可以免勾，这一做法应是从嘉庆二年七那拉太一案开始的：

> 山西司七那拉太谋死王三瞎子，伊子六十一听从加功一案，俟六十一就获，刑部问拟绞罪，于情实存记，于勾到册内夹片提奏，恭候钦定。
>
> 夹片
>
> 遵旨将七那拉太谋死王三瞎子……。诚如圣谕，以父子两命同抵一命，似未允协，可否俟六十一就获，刑部问拟绞罪入于情实时，交刑部存记，于勾到册内夹片提奏，恭候钦定。谨奏。嘉庆二年七月初五日奉旨：知道了。钦此。②

嘉庆初已觉一命数抵过重，但刑部却未因此制定详细条款，对此，连沈家本也弄不明白原因在哪里：

> 七年福建张阿茶亦以虽系加功，伤非致命，入实免勾。是当日上意颇以一命数抵为过严，而部臣并未酌定条款，何也？③

---

① 《秋审档案》二，《嘉庆二年提奏存记》。
② 《秋审档案》一之嘉庆二年。
③ 《沈本》卷二《人命》，第10页。

综上可见，乾隆一朝，前期尚有实有缓，后期，特别是四十六年、四十七年后，则很少缓案，但尚非"一概入实"。

嘉庆初，尚承乾隆余绪，虽然缓案很少，亦非一概入实。

《附本》条款如下：

> 谋杀加功之案，如贪贿、因奸、挟嫌等项，并造意之人未曾下手，从犯辄肆行凶殴毙者，入实无疑。其余被逼勉从，或仅帮撳按，并止代为买药，亦未曾下手者，亦应情实。唯帮按系子、孙，被父母逼，奴婢被家长逼，并先代为求饶，及死系应死罪人，并死系奸淫罪人，亦可酌量拟缓，此须查案比核，不宜放宽。①

嘉庆承前朝明确规定入实的情形，不过又稍有区别。且情可入缓者分两大类，一类是主体，又分两种情形，二类是被害人，亦分两种情形，比以前更为明晰。此时无"小注"。

道光初之条款，已几同于本条：

> 谋杀加功之案，无论被逼勉从，或仅帮同撳按，并止代为买药未曾下手，俱应情实。从前间有因被父母家长吓逼帮按，或先代为求饶，及死者系奸淫并应死罪人，酌入缓决者，近来一概入实。②

"一概入实"之操作，应始于嘉庆中，在条文中规定，则应是嘉庆末，仍无"小注"。

---

① 《附本》,《人命门》。
② 《黄本》卷二《人命门》。

　　道光初，则承前朝有"一概入实"之说，但操作中又开始出现缓案，看谢信斋所说即知：

　　　　谋杀加功之案，历年秋审实案为多。道光五年直隶省苗氏因伊夫张化亭诱死者为妾，令该氏说合，继又因其抱怨，起意致死，逼令该氏加功，外实照实，未勾。又，道光三年江苏省严阿大等谋杀加功，该【犯】因系被逼勉从拟缓，部以该犯等系平人听从加功，与卑幼被逼勉从者不同，向例入实。山东册内刘小玛孩一起，系尊长逼令卑幼下手，与此不同，刘小玛孩起意逼令年甫十六之胞弟刘二帮按，刘二分案入缓。又，道光五年河南省刘江被母舅赵曲逼令帮按，赵曲自行拉勒毙命，外拟缓决，部以虽系吓逼所致，究与勉从父兄不同，改实。又，十年直隶省孙陇因奸致奸妇自杀其夫，嗣奸妇畏罪欲寻自尽，嘱该犯给卤饮毙，造祸加功，外实照实。又，十六年湖广省余卓义听从谋命，虽系例实之案，唯此起死者本系行窃罪人，该犯受托查赃，原题内业经声明有应捕之责，因与死者俱系无服亲属，例不照擅杀科断，仍按谋杀加功本律定拟，秋审衡情，应遵照道光七年马原开案内《通行》酌入缓决，准缓。[1]

　　道光初开始松动入缓，"小注"至迟在道光末添入，始见于《谢本》，后之《蜀本》、《道光本》、《京都》等因之，成本款。
　　另，《秋谳志略》本款在"一概入实"下有"至有情节实可矜悯者酌入缓决"一段，[2] 应似此本添入，他本无。

---

① 《谢本》，《人命门》，第13页。
② 《秋谳志略》卷二《人命》，第3页。

（七）图财害命案内应斩绞监候者，俱入情实。

图财害命不加功，在乾隆前期为情实。乾隆三十一年"赶入情实"即有"湖广谭麟，图财害命不加功"。① 既是赶入情实，说明此类案件在三十一年前是入实的。

《辑要》载四十九年条款：

> 图财害命从而不加功之案，如先经商同谋害，后又得财者应拟情实。若仅止临时知情，后又畏罪未经得财者，可以缓决。②

此时尚有实缓之别。

本款《附本》无。

嘉庆年间应无分实缓，俱入缓决，《黄本》所载，已全同本款。③

对本条，沈家本分析说：

> 窃谓图财害命固较谋杀为重，然谋杀不加功者仅拟满流，伤而不死从而加功者亦仅拟满流，此例唯未得财杀人加功者绞，与谋杀本律同。其得财杀人不加功者斩；得财伤人未加功者绞。按律同强盗不分首从论，固已从宽。若以谋杀本律论，均由流入死，秋审宽其一线，似不为纵。盖强盗不

---

① 《秋审档案》二之乾隆三十一年。
② 《秋谳辑要》卷一《秋谳志略》，第39页。
③ 《黄本》卷二《人命门》。

分首从之律，本太重也，存以俟参。①

（八）各项罪人拒捕，杀所捕人者，应入情实。

本条应产生于乾隆前期：

乾隆十四年十月十九日内阁奉上谕……或拒捕……皆情罪较重，万无可贷，虽各省情实人犯临勾之时稍有可原必加宽宥，而此等凶徒断不应拟以缓决。②

虽然十四年乾隆说了“断不拟缓”，或许是尚未形成条款，此后督抚仍有入缓者：

乾隆十八年十月十四日内阁奉上谕……陈刚则以窃匪拒捕戳死协捕之人……皆情法所不容，乃该督仅拟缓决，何以惩凶顽而挽颓俗？③

乾隆二十三年九月十九日军机处交出湖广省情实招册，情实本内黎槐山一案，系黎槐山道及穷苦，杨公兆即言曾伟堂家道稍裕，起意商同行窃。杨公兆首先入室攫脏，事主知觉，杨公兆辄用铁钻殴伤事主致命重伤。迨事主夫妇赶拿，黎槐山始行帮殴，刀伤事主不致命腿瞅等处而遁。按其情节，杨公兆起意行窃，复首先动手，且所殴伤痕较黎槐山所

---

① 《沈本》卷二《人命》，第10页。
② 《秋审档案》二之乾隆十四年上谕。
③ 《秋审档案》二之乾隆十八年上谕。

殴为更重，杨公兆实系此案首犯，原拟情罪本属未协，应将杨公兆改照窃盗临时拒捕伤人为首例拟斩监候，与原拟斩候之黎槐山一并拟以情实。所有情实本内由阅发回，接到时即将本改妥，并杨公兆改拟情实汉字黄册抽换，一并作速寄来，送军机处转行进呈。再，本册内九卿看语即照此意叙明，毋庸别添看语。杨公兆后尾开后（原拟绞候送进，特旨改斩，汉字黄册发出抽换）：该（臣）等会审得杨公兆起意行窃，复首先拒捕连殴事主多伤，实系此案首犯。原题照弃财逃走例拟绞，未为允协，应改依窃盗临时拒捕伤人为首律拟斩。黎槐山随同行窃，戳伤事主二人，情亦凶恶。杨公兆、黎槐山均应情实。①

三十二年条款中相关的有四条规定。

除将"私盐窃盗罪人拒捕杀伤人"规定在"例实"中以外，将另三条并阮葵生之按语一并摘录如下：

　　一、窃盗临时拒捕之案，如系纠众护赃夺伙及连伤二人以上，或伙犯被获，辄行打夺逞凶拒捕者，应议情实。其余尚无凶暴情形者，可以缓决。

　　谨按：窃盗内有叠窃多案，持金刃前往砍事主三伤以上及砍二伤以上情节较重，亦应摘出商实。若其中实因事主捕获，或捆打，及事主人众同擒已逃被追者，其情稍轻，总宜核其拒捕之心，是否止图脱身，而无恋赃护赃、夺伙逞凶之意，或先被事主殴伤，分别实缓。

－－－－－－－－－－

① 《秋审档案》二之乾隆二十三年上谕。

一、抢夺伤人之案，如系纠众截抢及因事主夺赃，故行殴砍多伤致成残废笃疾情形凶暴者，应入情实。其余实因图脱情急无奈拒捕者，可以缓决。

谨按：同一抢夺而轻重迥殊，有抢夺银两货物者，有抢夺衣帽食物者，皆在《白昼抢夺门内》总宜核其图脱情急之真伪与所攫赃物之轻重；事主被伤之情形，并贼犯有无被伤，合而观之，以定实缓。

又按：以上两条，窃盗只论拒捕，抢夺止论伤人。……

一、罪人拒捕等案，或事犯被拘，或因奸被获，如有喊众持杖逞凶拒抗，致伤应捕之人，及拒伤至残废笃疾，应拟情实。其余如系情急图脱，及被追无奈回殴者，可以缓决。

谨按：此条与前二条情法相等，正宜参看。①

而且，《指掌》在《拟缓类》中还有"窃贼拒由图脱，刀划一伤，尚无护贼格斗"②一条。

《指掌》在其《附案》中有乾隆相关谕旨两道：

纠抢官盐致令一死一伤之案，法无可贷，秋审入情实（四十六年安徽招册内吴志广案上谕）。③

乾隆四十六年九月奉上谕：广东招册内有毛登朝商同陈万俊、邓亚观谋杀毛登甲，是三人同谋致死，今将毛登朝、陈万俊入于情实，而邓亚观拟缓，殊属非是。又，广西招册内林亚三入缓决，查该犯虽在外接赃，并未入室，

---

① 《秋谳志略》，《比对情实缓决各款》。
② 《秋审指掌》，《拟缓类》，第15页。
③ 《秋审指掌》，《附案》，第17页。

但当事主擒捕之时，竟敢用刀砍伤事主，即与拒捕伤人何异，改入情实。①

四十九年条款，《指掌》之《定例拟情实各条》中载两条：

一、私盐窃盗，罪人拒捕杀人。②
一、犯罪拒捕，夺犯伤差。③

《指掌》之《比较情节酌量入实各条》中载一条：

一、窃盗临时护赃、夺伙格斗，砍扎事主多伤者。④

本条《附本》无载，《黄本》所载已同于本款，唯"应入"为"俱入"。此后《蜀本》、《道光本》、《京都本》等在"所捕"下加一"之"字。

本条应改定于嘉庆末年，这是从沈家本考证嘉庆成案得出的结论。沈说：

嘉庆十一年山东刘亮，伊母买私盐十斤，被巡役捕拿畏惧喊斗，该犯知母贩私转卖前往迎接，闻喊喝问，被殴回殴，蝇鞭一伤致死，依私盐拒捕律，究非该犯贩私，殴由护母，照缓。监禁四年减军，此缓案也。此外非逢恩无酌缓

---

① 《秋审指掌》，《附案》，第17页。
② 《秋审指掌》第23页。
③ 《秋审指掌》第24页。
④ 《秋审指掌》第26页。

者，如嘉庆十一年直隶刘得武伤由误划，死系限外因风，外实照实。情轻者不缓，较乾隆条款为严矣。①

谢信斋《按》曰：

> 犯罪之人逞凶杀死捕人，其情甚凶，其罪可诛，历年秋审均系入实，从无缓案。嘉庆十七年直隶省刘得武伤由误划，死系限外因风，唯罪人拒捕致死所捕之人，法难宽宥，外实照实。又，道光十二年安徽省潘士顺，因窃推跌事主邻妇致毙，究与事主不同，前有似此成案，恭逢恩诏奏准入缓有案，经部汇奏改缓，因道光十一年死罪人犯曾有恩旨查办故也。②

谢氏所说"从无缓案"应指嘉庆而言。乾隆有缓无疑，其自己所举道光之案亦有缓者。

（九）因奸听从奸妇同谋杀死本夫之案，无论仅止代为买药买刀，及代为雇人帮杀并未在场下手者，俱入情实。

本条应产生于乾隆前期。

乾隆二十五年勾决：

> 一、四月内据陕西司移付西安按察司阿条奏，因奸谋死亲夫赶入本年秋审情实，如遇停勾之年，与情罪重大各案一

---

① 《沈本》卷二《人命》，第11页。
② 《谢本》，《人命门》，第16页。

并另请正法。

计开：

一、因奸杀死亲夫之犯宜赶入本年秋审也。伏查律载：凡谋杀造意者斩；又律载：凡妻妾因奸同谋杀死亲夫者凌迟处死，奸夫斩监候；又，因行凶之人奸人妻妾而有【又】谋杀其夫，罪大恶极，较之犯谋杀人其情较为惨毒，是以定例凡奸夫同谋杀死亲夫，系奸夫起意者，将奸夫拟斩立决，如谋杀亲夫之后，复将奸妇拐逃，或为妻妾，或得银嫁卖，并拐逃幼小子女卖与他人为奴婢者，亦均拟斩立决。凡以惩奸止暴之法甚严，唯是杀死亲夫本律，奸夫拟斩监候，此等案犯审拟招解，动需时日，迨奉到部复或已逾秋审之期，势必迟至次年，倘防范稍疏，或解审脱逃，或在监越狱，又或因病瘦毙，不得明正典刑，地方之人日久渐忘，无以示儆，而被杀之人含冤莫伸，重泉抱恨。伏查乾隆十九年福建巡抚陈弘谋奏准，将诸罗县吴典等纠众夺犯及同安县贼犯林对等纠众拒捕两案为从拟绞各犯，俱入本年秋审情实具题。又奉上谕：嗣后停勾年分著刑部将情罪重大案犯开具事由，另行奏闻请旨正法。钦此。窃思因奸谋死亲夫之犯，淫凶残暴，实无一线可宽。每遇不及秋审，遂致羁候逾年；倘遇停勾之年，更复久稽显戮，似非辟以止辟之义也。请嗣后凡有此等案犯，律应监候，已经审实具题，尚未奉准部复，例应入于次年秋审者，如四月以内部文到省，俱赶入本年秋审情实。[①]

——————————
① 《秋审档案》二之乾隆二十五年。

对于奸妇听从奸夫同谋杀死本夫，在乾隆初即已入实。即使是停勾年分，亦作为情重人犯另请正法。甚至在乾隆二十五年时，按察使阿永还奏请，如已过秋审还应赶入秋审。对此，乾隆的意见是：

> 此等谋杀之案，若系奸夫起意，则奸夫已按律斩决，无庸更俟秋审；若起意本由奸妇，则奸妇业已凌迟，奸夫自不妨照例监候。如处其迟至下年，或遇停勾益致显戮，则该部原有停勾年分将重犯另请正法之例，亦可无庸置议。①

后又从三十二年条款《谋杀人伤而未死》一条【见前第五条】中分出。该条中有"如系因奸用毒延及多人……应入情实"之规定。说明此类案件在乾隆前期已经入实。

嘉庆初已规定得十分详密，《附本》所载该款已同于本款，唯"谋"字上无"同"字，下无"杀"字，但条款内容则无甚出入。《黄本》同本款已完全一致。

此条从乾隆年间始应无缓案，谢信斋的解释是：

> 因奸听从奸妇同谋杀死本夫，律应斩候，既毙本夫于非命，又陷奸妇于寸磔，淫凶难宽，例应入实，可以遵办。嘉庆九年广东省罗九思奸夫起意谋杀本夫，买砒给奸妇拌入饭内，旋经看出，已行未伤拟流，部改毒药杀人药而不死拟绞，外缓改实。②

---

① 《秋审档案》二之乾隆二十五年。
② 《谢本》，《人命门》，第14页。

沈家本也说此类"向无缓案"。①

（一〇）男子拒奸无据，审无起衅别情，仍按谋故斗杀定拟之案，例内已载明入缓，应查照办理。

本条乾隆年间无载，亦不见成案，应产生于嘉庆年间。
《附本》载：

> 拒奸无据逞忿故杀之案，向来俱入情实，近年亦有因死者年长十岁以上，凶犯屡次被逼难堪，一时触忿者，酌入缓决，须查案比对，不得过宽。②

可见，嘉庆初，拒奸之案未限于"男子"，当时分实缓。若逞忿故杀入实，入缓则须年长十岁以上，且须屡次被逼。
《黄本》载：

> 拒奸无据，逞忿故杀之案，向来俱入情实，近年亦有因死者年长十岁以上，凶犯屡次被逼难堪，一时触忿，或先经和奸，后即悔过，临时拒绝，供证可凭，酌入缓决，须查案比核，不宜过宽。

可见，"和奸"一层，嘉庆时应有此案，故道光初年本添入。对此，沈家本说得较清楚：

---

① 《沈本》卷二《人命》，第12页。
② 《附本》，《人命门》。

此例道光三年奏改，五年修纂例内，道光本尚系未修以前之文。道光二十七年齐和，死者拔刀将该犯揪住硬欲续奸，该犯无奈允从，正欲行奸，被人经过瞥见，即以"实无廉耻"之言向斥而过，该犯羞愧难忍，将死者推开，抱怨以后断绝。死者复拿刀骂砍，该犯拿刀向戳，死者声言将奸情扬破，使伊无颜见人。该犯追悔忿极，起意致死，照故杀定拟，改实。改例之后实案只止一起，余未见。奸情本属暧昧，三年改定例文盖亦罪疑唯轻之意，照例办理，似不必从严也。末二句似可改为"入于缓决"四字，例内审系因他故致毙，捏供拒奸狡饰者，仍分别谋故斗杀定拟实缓，照常办理一节，似应补入条款之内。①

《谢本》与《黄本》同。谢氏说：

此条道光五年奉部修改，定例男子拒奸杀人，若供系拒奸并无证佐及死者生供，审无起衅别情，仍按谋故斗杀各本律定拟，秋审俱入于缓决，应查例遵办。②

《蜀本》、《道光本》、《京都本》所载均已同于本款，可见此条应在道光末年改定。

（一）非应许捉奸之人杀死奸夫，仍以谋故斗杀定拟各案，嘉庆十五年奏明，果系本宗情好素密，实出一时义忿，并无起衅别情，仍入缓决。如有挟嫌讹诈等情，应照寻常

---

① 《沈本》卷二《人命》，第12页。
② 《谢本》，《人命门》，第15页。

谋故斗杀酌核情节，分别实缓。

本条应产生于乾隆朝。

三十二年条款有"擅杀奸盗罪人"一条：

> 擅杀奸盗罪人案件，或本夫捉奸，奸夫乘间脱逃，一时义忿；或窃贼携赃外逸，追逐势孤，不能擒获，殴伤致毙；或奸盗之人虽已获住，反被毒骂挟制，畏忿殴伤致毙者，应入可矜。其余如犯已擒获，非刑殴死；或事涉可疑，情同谋故者，应入缓决。①

本款《附本》无，说明乾、嘉之际尚未独立成条。

本条改定应在嘉庆十五年后，《黄本》所载，几同于本款，唯"以"为"依"，"气"为"义"，两字之差耳。《蜀本》、《道光本》等本则无异。

何者实，何者缓，谢信斋认为：

> 此条同一非应许捉奸之人杀死奸夫，或应拟实，或可入缓，总以是否杀出义忿及有无挟嫌讹诈等情为断。②

据沈家本说，道光时开始，已有"非本宗"杀奸，及杀死"奸妇"入缓者：

> 道光五年河南王发因死者将伊故友之子诱奸，该犯受其

祖母嘱托，一时忿激，将其故杀，虽非例许捉奸之人，衡情
殊有可原，照缓，则并非本宗而因受其亲属嘱托，原情酌入
缓者。至所杀如系奸妇，道光七年安徽袁洛听从捉奸，误杀
奸妇，改矜。同治九年浙江徐呈发，死者系伊侄妇，因与人
通奸，黄夜往奸夫家暂住，劝令转回不允，将其踢伤倒地，
复用斧破开肚腹，挖取胎孩毙命，情殊凶惨，改实。奸妇本
可与奸夫同论，此案特因情惨而从严耳。①

或许是因为以上情况出现，此后慢慢由"实缓"变成"矜
缓"了。《奏进本》说：

> 非应许捉奸之人杀死奸夫，审无起衅别情，近年秋审大
> 都斗杀入矜，谋故入缓，与本条办法微有不符。②

此种"不同"至迟应在光绪朝开始。

（一二）为父报仇故杀国法已伸人犯之案，乾隆五十八年曾奉谕
　　　　旨入于缓决，永远监禁，后即纂为定例，系专指谋故杀
　　　　致死伊父正凶而言。后又有因寻杀伊父正凶未遇，适逢
　　　　正凶兄弟，即系彼时在场同殴伊父余人，被其恶言毒
　　　　骂，触忿故杀之案，虽杀非正凶而报仇之心则一，亦酌
　　　　入缓决监禁（为兄报仇杀死正凶者亦同，嘉庆三年、十
　　　　八年俱有案，二十二年秋审河南马蔚可系故杀殴死伊父
　　　　遇赦援免之余人，照缓，永远监禁）。

---

① 《沈本》卷二《人命》，第13页。
② 《大清法规大全》卷二《法律部》，第35页。

本条系源于乾隆五十八年定上谕，与条款微有不同：

　　乾隆五十八年四月十九日奉上谕：刑部具题议驳陕西省赵宗孔殴死赵秕麦改拟斩候一本，此案赵宗孔因伊父赵大典被赵秕麦扎死拟绞减流释回，触起前忿，将赵秕麦致死。向来子报父仇之案，情节不一，倘有凶首漏网冤无可伸者，其复仇原属可原。今赵秕麦前已问拟绞候，国法既伸，只因遇释减流十年无过释回原籍，并非幸逃法网，是揆之公义，已不当再挟私仇。若仅如赵宗孔之逞私图报，则赵秕麦之子又将为父复仇，此风一开，谁非人子，皆得挟其私忿，藉口报复，势必至仇杀相寻，伊于何底？赵宗孔自应照部驳定拟斩候。第念该犯究因报复父仇起见，竟予勾决觉有所不忍。若仍得原例减等释放，又恐被仇之家往来寻觅，逞凶报复，转非辟以止辟之义。其在未经奉旨以前者，仍照旧例办理外，赵宗孔著入于缓决，永远牢固监禁。嗣后各省遇有此等案件，俱照此办理，将此通谕知之。钦此。①

《附本》载：

　　为父报仇故杀国法已伸人犯之案，乾隆五十八年曾奉谕旨入于缓决，永远监禁。后即纂为定例者，专指谋故杀致死伊父正凶而言。近言亦有找寻杀伊父正凶未遇，适逢正凶兄弟，即系彼时在场同殴伊父余犯，该犯被其恶言辱骂，触忿故杀。当议以杀非正凶而报仇之心则一，亦酌入缓决。②

———————————

① 《秋审档案》一之乾隆五十八年上谕。
② 《附本》，《人命门》。

嘉庆初未扩及"为兄报仇"，故无"小注"。

嘉、道之际，应已全文改定，且增入"小注"，已见于《黄本》。唯其"小注"到余人止，疑脱"系故杀……永远监禁"一段。①

沈家本认为：

> 乾隆定例专指正凶，其后成案推及余人及为兄复仇，皆得比例定拟，纂定此条。②

嘉庆之后有"拟矜"之说，文津馆藏《秋谳成案》之《条款》中，"矜缓比较"有17条，其"救亲"条下有一条：

> 为父报仇殴毙致死伊父正凶国法已伸之案，从前均入缓决。嘉庆二十四年河南省有以"可矜"具题者，部议以报仇故杀之案，照例入缓监禁，至殴死之案亦入缓决，似无差等，议以照矜。嗣后此等之案，似可遵照入矜。③

(一三) 连毙两命之案，无论一故一斗及二命俱斗杀，并内有一命即系当场杀人之犯，或系正余限外身死律不应抵者，俱入情实。如内有一命系奸盗罪人，凶犯有应捕之责，只应核其另毙一命之情节轻重，分别实缓。倘死者俱系奸盗罪人，凶犯无应捕之责，或仅系追赶落河，或追逐致令跌毙等项，以及其余各案理直情轻，实可矜原者，

---

① 《黄本》卷二《人命门》。
② 《沈本》卷二《人命》，第13页。
③ 《秋谳成案》，《秋审条款》，抄本，藏文津分馆。

亦可酌核入缓，但不宜过宽。嘉庆十八年四川省杨桂廷
一起，系非应捉奸之人杀死奸夫、奸妇，本部查成式可
遵，外实改缓，奉旨仍照实勾决。按：道光十八年安徽
省王守亏致毙人一家兄弟二命，一系擅杀，一系斗杀，
伤轻，外实改缓。

对本条，沈家本评价说：

　　律不应抵者罪止徒流，奸盗罪人应按擅杀定拟者罪仍应
拟绞乃二罪，一绞一徒流者概实，二罪均应拟绞者转得酌
缓，似未平允。①

此条应产生于乾隆朝：

　　乾隆十八年十月十四日内阁奉上谕……何文锦虽系斗殴
而连毙二命……皆情法所不容，乃该督仅拟缓决，何以惩凶
顽而挽颓俗？②

此后，一人连毙二命，不仅拟实，而且，若地方已过热审之
期，还要提入本年秋审情实招册内提前勾决。③
文津馆之《叙雪堂集》认为此条源于乾隆二十五年上谕：④

---

① 《沈本》卷二《人命》，第14页。
② 《秋审档案》二之乾隆十八年上谕。
③ 《秋审档案》二之乾隆十八年。
④ 《叙雪堂集》，《情重条款》。

乾隆二十五年十月初四日内阁奉上谕：刑部秋审情实招册内有案犯定谳时已逾该省热审之期而九卿秋审即提入本年册内请勾者……如一人连毙二命……非残忍已极，即有关于民俗官方，自不得不早正典刑，以昭炯戒。[①]

《指掌》载四十九年条款中，将"一人连毙二命"规定为定例入实，[②] 其时条款十分笼统。

嘉庆初，对此类案件规定得十分详细，《附本》中载有五条之多，各如下：

一、连毙二命之案，无论一故一斗及二命俱斗殴者，俱应入情实。

一、连毙二命之案，虽有一命即系当场杀人之犯及内有一命系正余限外身死者，俱应入情实。

一、连毙二命之案，内有一命系奸盗罪人，凶犯有应捕之责不计外，亦只核其一命之情节轻重，分别实缓。

一、连毙二命之案，如仅系追赶落河，或追逐致令跌毙等项，若理直、情有可原者，亦可缓决。

一、连毙二命之案，如殴溺一人，又一人因捞救溺毙者，可以缓决。[③]

嘉、道之际，已将以上四条综合为一条，改定。《黄本》唯"追赶"为"逼赶"，"杨桂春一起"无"系"字。较大的差异

---

① 《秋审档案》二之乾隆二十五年。
② 《定例拟入情实各条》，第23页。
③ 《附本》，《人命门》。

是"道光十八年……外实改缓","小注"尚无。[①]

《谢本》、《蜀本》各本将"自嘉庆……照实勾决"一段均改为"小注",置于尾部。

末段"小注"内容始见于《谢本》之《按》:

> 又,十六年安徽省王守亏连毙一家二命,定案因一命系属擅杀,不得以一家二命论照共殴本律问拟,秋审应只核其另毙一命之情节,分别实缓。此起铁器三伤,均非致命,且殴由被按情急,死越旬余,尚可原缓,外实改缓。[②]

末段"小注"之添入始见于《辑要》本,应自同治或更早一些。

(一四) 连毙二命之案,如殴溺一人又一人因捞救溺毙者,从前亦有实案。唯此等一命系殴跌所致,一命则非其意料,似只可以另酿一命论,究与连毙二命者有间。如另酿一命系死者之父子、夫妇、兄弟、叔侄,因非殴一家二命,仍依斗杀绞候者,自不可轻议缓决。

本条在《附本》中列于"一命系奸盗罪人"条之后,"仅系追赶落河"条之前,应于前条同时定于嘉庆之初。

《附本》载本条如下:

> 连毙二命之案,如殴溺一人,又一人因捞救溺毙者,可

---

① 《黄本》卷二《人命门》。
② 《谢本》,《人命门》第17页。

以缓决。①

可见当时仅规定"一溺又一救溺"，可以缓决，但亦可入实。

道光初，本条已基本改定，《黄本》所载如下：

> 连毙二命之案，如殴溺一人，又一人因捞救溺毙者，近年亦有实案。唯此一命系殴跌所致，一命则非其所料，似只可以另酿一命论，究与连毙二命者有间。如另酿一命系死者之父子、夫妇、兄弟、叔侄，因非殴死一家二命，仍依斗杀绞候者，向应入实。②

道光初年本所载与本条仅措词有别，含义已完全一致。

《谢本》、《蜀本》已几同于本款。

谢信斋说：

> 定例殴死一家二命绞决。二命而非一家，从一科断仍拟绞候。至因争斗追殴，致令失跌淹毙二命，向以其死由自溺，不由于伤，虽一家二命，亦科凡斗绞候之罪，秋审则以此造理曲情凶，倚众追赶，致无辜之人涉险溺毙者，入实，非此则量从宽缓。③

《奏进本》之《按语》：

① 《附本》，《人命门》。
② 《黄本》卷二《人命门》。
③ 《谢本》，《人命门》，第17页。

殴溺一人又一人因捞救溺毙，无论是否死者亲属，俱非本犯意料。此等案件近年俱核其应抵一命之情节轻重拟定实缓，比常斗略行加严，不必定拟情实。[①]

（一五）疯病连毙二命之案，俱入情实。如内有一命不应抵者（如杀死子侄之类），可以缓决。即另毙二命俱不应抵者，亦可入缓。（按：咸丰八年奏明，因疯致毙平人非一家二命者，入于缓决。）

本条应产生于乾隆朝。

四十九年条款载：

疯病杀人之案，如有杀死凡人二命以上，及虽非二命而有关服制者，应拟情实。其余死虽二命，而一系子侄，或一命而死系继父等类恩义未深者，可以缓决。[②]

在乾隆末亦入情实：

乾隆五十八年十月十一日奉上谕……九卿……缓决改为情实者六起，核其情节，均属允当……又，陈万隆砍伤黄凤姑、陈刘氏一案，因疯连毙二命，并砍伤二人。[③]

---

① 《大清法规大全》卷二《法律部》，第36页。
② 《秋谳辑要》卷一《续增条款》，第39页。
③ 《秋审档案》一之乾隆五十八年。

《附本》载：

> 因疯连毙两命之案，俱入情实。若内有一命不应抵者，如杀死子侄之类，可以缓决。①

道光初仍嘉庆初条款，亦无"即另毙二命……亦可入缓"之小注，见于《黄本》，② 如小注始见于《谢本》、《蜀本》。亦无"小注""咸丰八年……入于缓决"。该按始见于《辑要》本及《沈本》。以上两本均将小注改大字排印。

嘉庆年间似有所松动：

> 疯病杀人，到案供吐明晰，拟斩绞监候之犯，嘉庆十六年奏明，嗣后除死系期功尊长、尊属及连杀平人三命应入情实各犯毋庸查办外，其余……③

对本条，谢信斋的说法似乎自相矛盾：

> 疯病杀人，虽由昏迷无知，而人命至重，连毙平人二命，似不可以无抵。是以因疯连毙二命之案，秋审向无不实。嘉庆二十二年直隶省杨得山因疯砍伤伊妻高氏暨邻妇高王氏先后身死，虽内有一命系属伊妻，究应绞抵，外实照实。唯另毙一命系律不应抵者，可以原缓。道光十二年直隶省甘景银因疯杀妻，又殴毙二子一女，外缓照缓。又，疯病

---

① 《附本》，《人命门》。
② 《黄本》卷二《人命门》。
③ 《秋审章程》，《总办秋审处》。

连杀平人非一家二命以上及杀死一家二命，均拟绞监候，杀死一家三命以上者拟斩监候，秋审俱入于情实。现有新例纂入例册，应查例遵办。①

疯病杀人，实际上亦非永远监禁，嘉庆二十五年的刑部《通行》中说：

　　窃照乾隆元年钦奉恩赦，所有因疯杀人之犯监禁一年验明病愈，即予释放。嗣于乾隆二十七年，经臣部奏准定例，将此项人犯永远监禁。嘉庆元年复钦奉恩赦，据山东巡抚伊江阿题请，将因疯杀人永远监禁之犯与各项死罪人犯一体查办，经臣部将疯病杀人之犯议请以二十年为断，其监禁已逾二十年及虽未至二十年，而年逾七十精力就衰者，令各督抚确加提验，实系病久痊愈再由臣部分别核议释放在案。迨嘉庆五年四月二十一日钦奉上谕：前因清理庶狱，令刑部将各省军流分别减等发落。今思刑部及各省监狱内尚有永远监禁、永远枷号各犯亦宜推广仁施，一体查办等因。钦此。复经臣部题明，除永远枷号人犯照例由大理寺开单具奏外，将疯病杀人监禁已逾二十年验明病已痊愈各犯照例拟请释放。其监禁未满二十年及别项永远监禁官、常各犯，摘叙案由，开单请旨。奉旨将因疯杀人已痊愈在监禁已逾五年者均予释放，其别项人犯按其情节轻重分别准释、不准释。内有为父复仇、永远监禁之犯甫及三年亦蒙恩释放在案。诚以因疯杀人之犯总因疯发无知、情节无甚轻重可分，是以监禁已逾五

----

① 《谢本》，《人命门》，第18页。

年病愈概予释放。其别项永远监禁之犯仍分别情节酌核办理，并不拘定年限，于慎重之中寓矜恤之意。此次恭逢恩赦，凡死罪人犯俱得仰沐殊恩，而此等永远监禁人犯若任其瘐毙囹圄，殊非推广皇仁之道。臣等公同酌议，所有永远监禁疯病杀人及为父复仇等项人犯，自应遵照嘉庆五年旧章办理，除因疯杀人监禁已逾五年及虽愈五年病未痊愈者毋庸查办外，其监禁已逾五年、病已痊愈之疯犯及别项永远监禁之官、常各犯，臣部飞咨各督抚、将军、府尹，查明监禁年分，并各犯现在年岁、其疯病杀人之犯是否实已痊愈，造具清册，并饬令该地方官出具不致滋事切实印结送部，臣部俟题咨到日，即将监禁已逾五年、病已痊愈之疯犯开单奏请释放……①

（一六）擅杀二、三命及火烧、活埋者，俱入缓决。若至四、五命以上，情节实在惨忍者，亦酌拟情实。

本条应产生于乾隆朝，但此时尚无"四、五命以上"之说。四十九年条款载：

> 擅杀罪人之案，如死者本无大罪，又未拒捕，起意活烧活埋非刑致毙二命，或因幼孩拾取细物肆行惨杀，以及误犯期功尊长有关服制者，应拟情实，其余大概或缓、或矜，分别办理。②

---

① 《刑案汇览》卷首《赦款章程》，第10页。
② 《沈本》卷二《人命门》，第17页。

嘉、道时尚有缓者,《谢本》载:

> 擅杀四、五命以上,究由义忿所激,与连毙平人多命不
> 同,虽云酌拟情实,其间尚有缓案。嘉庆二十一年直隶省倪
> 万清擅杀六命,均系行窃罪人,殴由被拒、被詈,亦无残忍
> 情状,外缓照缓。又,道光七年福建省杜北照主使殴毙扒捻
> 罪人七命,亦外缓照缓。①

《沈本》亦可证实以上说法:

> 乾隆年间擅杀之案,即一命亦有入实者。其多命之案,
> 如五十年江苏范关胜因妻王氏嫌贫吵闹,妻母孙氏护女,将
> 伊逐出。嗣王氏与鲍四通奸,孙氏纵容,该犯闻知,起意捉
> 奸,乘鲍四走出,用刀戳伤,并见孙氏站立门首,亦用刀戳
> 伤,至厨房戳伤王氏各殒命。部以杀虽三命,均属罪人,实
> 系出于义忿,外缓照缓。奉旨以"该犯擅杀妻母一命,不
> 得谓之激于义忿",改实免勾。嘉庆以后缓案为多。火烧者
> 如嘉庆八年广东杨三烧毙窃匪四命,照缓。道光十五年湖广
> 袁以富烧死兄弟一家三命,死者行窃该犯邻佑袁映地内薯
> 种,袁映喊令帮捕,因死者称欲放火,该犯起意将死者三人
> 撩入旧窖,同时烧毙,外缓改实。咸丰元年云南张定六放火
> 烧毙行窃罪人三命,内有兄弟二人,内一人纠窃逾贯罪人应
> 死、例不应抵,外实照实。活埋者如嘉庆六年四川刘正科团
> 头活埋窃贼三命,照实。四命以上者如嘉庆十五年四川李登

---

① 《谢本》,《人命门》,第18页。

祥推溺窃贼致死四命之多，三尸未获，照实。近年此等案件不多见，盖定案之时已设法网开一面矣。①

（一七）听纠殴毙一家二命下手伤重从犯应绞候者，不论伤之多寡轻重，俱入情实。嘉庆十八年议复御史嵩安条奏，如实在被殴危急一伤适毙，或死近罪人，死由跌溺者，酌量入缓。是年四川有照缓案。

本条乾隆条款无，《附本》无，故应产生于嘉庆初年。
嘉庆十八年之议，《秋审章程》载之较详：

聚众共殴死一家二命下手伤重之案，嘉庆十八年奏明，嗣后除实系被殴危急一伤适毙者，或死近罪人，死由跌溺者，酌量入缓外，余俱仍拟情实，以示区别。②

本条始见于《谢本》，其《按》曰：

此条嘉庆十八年奏刑部奏准，聚众共殴致死一家二命为从下手伤重之案，除实系被殴危急一伤适毙，或死近罪人，死由跌溺者，酌量入缓，余俱仍拟情实。道光七年四川省蓝淙先、陈咙武听纠殴毙一家二命，该犯等各于余人殴戳多伤之后，刃戳一伤立毙，非被殴危急，俱外缓改实。又，道光十九年河南省黄锡朋系听纠殴毙一家二命为从下手伤重，该犯殴毙一命，四扎一伤，外实改缓，因凶器系四齿鱼叉，虽

---

① 《沈本》卷二《人命》，第18页。
② 《秋审章程》，《总办秋审处》。

扎有四处而实止一伤也，此等毫厘之辩，读律者慎之。①

"嘉庆十八年……有照缓案"，《谢本》无此"小注"，始见于《黄本》，该本"听"下无"从"字，"嵩"下有"安"字。

将"小注"改为条文，始见于《辑要》本，应为同治朝事。

沈家本认为本条应修改：

> 此条嘉庆十八年有奏准章程，应照章改定曰：聚众共殴致死一家二命，为从下手伤重之犯，俱入情实。如实在被殴危急一伤适毙，或死近罪人，死由跌溺者，酌量入缓。

> 又按：此例下手伤重之犯本止拟流，嘉庆九年改为绞候，系由生入死，稍宽似不为纵。首犯已拟绞决，若从犯皆入情实，是以三命实抵二命，未免过严。各毙各命之案竟有一家二命无一人实抵者，相提并论，轻重殊不得其平，是年因御史条奏，将情轻者酌入缓决，庶为得之。②

此条第一层"从前无论情节轻重，俱入情实"，是指乾隆前期而言。《秋审档案》二载乾隆二十七年记名情实之一："广东古登琚、古壬伯、古登艾系纠众各毙一命之犯，奉旨著入于本年秋审情实。"③

这些记名情实，是尚未经秋审，皇帝就已将其预定为情实了，秋审时已无情节轻重可分。

---

① 《谢本》，《人命门》，第18页。
② 《沈本》卷二《人命》，第18、19页。
③ 《秋审档案》二之乾隆二十七年。

（一八）各毙一命之案，从前无论情节轻重，俱入情实。近年则仍按其起衅之曲直、两造人数之多寡强弱，无论两比互毙二、三命及致毙彼造二、三命，俱可分别办理。如衅起理直，或当时并未在场，后至拦劝，或情急救亲（父子共殴者不在内），并身先受伤、死非徒手，及金刃他物抵戳一二伤者，若各凶犯俱有前项可原情节，则俱可缓决。若内有一、二凶犯可原，则分案入缓。再，二、三命之案，如两造均系父子、兄弟、叔侄，自应较两造均非同姓及虽同族而非有服亲属者为重。若情节尚有可原，亦可分别入缓，不必因此加重，概入情实。倘至四、五命以上，则断不可轻议分案入缓矣。嘉庆十八年御史嵩安奏请共殴致毙四、五命以上案犯，如系猝遇拦劝及猝至救亲，应核情节分别实缓，亦经本部奏明，如系猝遇拦劝帮殴毙命之犯，仍照旧章入实，间有情节实可矜宥者，如死由跌溺，或伤近失误之类，随时酌核办理。唯救亲一项，如果势在危急，在一命案内例准随本减流者，酌入缓决。至从前有一犯监毙已有一抵，另犯尚可从宽入缓，此说究不甚妥。（按：如内有一命系应抵正凶，或系误杀，擅杀及死由抽风，或正余限外，凶犯罪不应抵之类，皆应扣除计算。）

本条应产生于乾隆前期。

乾隆十八年九月二十日江西省缓决本内奉旨：张鳞一案内之张三妹、张纯四二犯各毙一命，此等聚众械斗与寻常斗殴之案不同，该署督衹一【以】张鳞一连戮【戳】多伤拟入情实，九卿未经改正，俱属未协，著于情实册内，另行改入，钦此。①

据此可知，各毙一命之犯在乾隆前未必均入情实。

乾隆十八年九月二十六日内阁奉上谕：

> 福建秋审案内聚众械斗，致毙人命之陈茶、张杭、陈质及另案之施教、施孔、施钱等六犯，详阅案情，实系各毙一命，乃该督抚止将已正法之苏伯侯、施珍以为首问拟情实，陈茶等俱以听从仅拟缓决，此皆捏叙案情，舞文开脱，本非信谳，实为外省相沿陋习。不知人命至重，此种聚众械斗互毙数命，若止以一人抵偿，则情重法轻，人不知畏，将来械斗之事必多，是所全者目前之凶犯，而所害者日后之良民，非所以除奸恶而昭惩创也。以上案犯经九卿改拟情实，俱已予勾，嗣后各省督抚遇此等案件，俱应执法办理，务必研究，凶犯一命一抵，不得有意姑息，从恶养奸，并出示通行晓谕，俾愚民知杀人者死，无可幸免，则凶顽有所警惕，不致轻落法网，亦辟以止辟之意，著传谕各督抚知之。钦此。②

乾隆二十日所下"拟实"之旨，地方督抚尚未知晓，故有此旨。

三十二年条款，《指掌》有载：

---

① 《秋审档案》二之乾隆十八年上谕。
② 《秋审档案》二之乾隆十八年上谕。

数人斗殴各毙一命之案，如系纠约多人持械互殴，情似械斗及情节凶暴者，应入情实。其余如起衅一时，并非预谋纠斗，实系寻常斗殴杀人者，可以缓决。①

此条中"预谋纠斗"，《志略》本为"预谋纠殴"，"斗殴杀人者"为"斗杀之案"。

阮葵生《按》曰：

　　各毙一命之案，其中虽有轻重不等，但二十年以来屡奉圣旨严惩凶斗之风，本部多有改实予勾之案，自宜照办。其中唯有一案两事情节俱轻者，似宜拟实而加签声明，以待堂议。即如赵甲与钱甲在城东门斗殴，将钱甲殴死，同日赵乙与钱乙在城西门斗殴，将赵乙殴死，情节皆轻而彼此不知，同时报官，同案具题，亦入各毙一命条内，似是两案并为一案矣，分为两本则皆缓，合为一案则皆实，所关匪细。②

阮氏所言实际上就是两案，用今天的话，只"合并审理"而已。

四十九年条款则将"聚众械斗，各毙一命"作"例实"规定之。③《附本》载：

　　各毙一命之案，从前无论情节轻重，俱入情实。近年如系聚众械斗，又挟嫌仇斗，但致毙二命者，亦无不入实。其

① 《比对实缓条款》，第8页。
② 《秋谳志略》，《比对情实缓决各款》。
③ 《秋审指掌》，《定例拟入情实各条》，第23页。

余衅起一时，仍按其起衅曲直、两造人数多寡强弱，无论两次互毙一命，及致毙彼造二命，并致毙彼造有服亲属二命，俱可分别办理。如衅起理直，身先受伤，或死非徒手，及金刃、他物抵戳一二伤者，若二凶或俱有前项可原情节，则二凶俱可缓决。若内有一凶犯可原，则一凶分案入于缓决。再，三、四命之案，近年亦改核情节抽入一二入缓。如当时并未在场，后至拦劝，猝被多伤，并后至见父祖被殴，情急救护之类，倘至四命以上，则不可轻议入缓矣。至从前有因一凶监毙，已有一抵，另犯尚可从宽入缓，又有因杀死彼造或父子，或叔侄，或兄弟二命者，虽情有可原，亦入情实，此二说俱不甚妥。①

可见嘉庆十八年前本条已基本形成。

《黄本》所载，自"各毙……强弱"均同《附本》，此后有所增改，已几同于本条，其文如下：

无论两比互毙二、三命及致毙彼造二、三命，俱可分别办理。如衅起理直，或当时并未在场，后至拦劝，或情急救亲（父子共殴者不在此内），并身先受伤、死非徒手，及金刃他物抵戳一二伤者，若各凶犯俱有前项可原情节，则俱可缓。若内有一二凶犯可原，则分案入缓。再，二、三命之案，如两造均系父子、兄弟、叔侄，自应较两造均非同姓及虽同族而非有服亲属者为重。若情节尚有可原，亦可分别入缓，不必因此加重，概入情实。倘至四、五命以上，则断不可轻议分案

---

① 《附本》，《人命门》。

入缓决矣。嘉庆十八年御史嵩安奏请，共殴致毙四、五命以上案犯，如猝遇拦劝及猝至救亲，应核情节分别缓，亦经本部奏明，如系猝遇拦劝帮殴致毙命之犯，仍照旧章入实，间有情节实可矜宥者，随当酌核办理。唯救亲一项，如果势在危急，在一命案内例准随本减流，酌入缓决。至从前有因一凶犯监毙已有一抵，另犯尚可从宽入缓，此说究不甚妥，议驳。①

《谢本》几同于《黄本》。唯《谢本》"起衅……人数"下各加一"之"字，"俱可缓"下有"决"字，"自应较"则为"自应照"，在"四五命以上"下已增入"如内有……扣除计算"之小注，却无"嘉庆十八年……酌入缓决"一段条文，"从宽入缓"下多一"者"字，"不妥"下无"议驳"二字。

对此条，沈家本考证较详：

道光初年本前一条段末小注在"傥至四五命以上"句下，无"嘉庆十八年"至"酌入缓决"一段。另有一条云："一、共殴致毙四、五命以上之案，其本非同场共殴之人偶然撞遇，衅起拦劝，或先未同谋往殴，猝见父母被殴，情切救护，此等情节较诸听纠往斗者情尚可原。嘉庆十八年间御史条奏，请核其所犯情节，分别实缓。经刑部奏明，以若辈因拦劝不遂，目击凶犯攒殴伤人，辄敢挺身帮护，实与听纠无异，岂可稍为宽纵。即有情节实可矜原之案（如死由跌溺或伤近失误之类），亦止当随时酌量办理。至救亲一项，如见亲被殴，猝至助斗，并无实在救护

———————
① 《黄本》卷一《人命》。

急情，即致毙一命之案，亦不得率行拟缓。如果势在危
急，在一命案内例得随本声请减流者。因案斗多命，不便
随案声请，向于秋审时酌入缓决，仍应循旧办理。"盖即
节录十八年部议也。道光末年本已无此条，而删附前条之
内，与今本又稍异。唯段末一犯监毙已有一抵，另犯尚可
从宽入缓云云，系指二三命之案而言。今将四五命以上之
文掺入中间，文义便不明白，似应将四命以上另列一条，
以清眉目。即近年以来，四命以上缓案甚少也。①

对实际办理，沈氏说：

　　各毙一命之案，乾隆年间缓少实多。如四十二年云南喻
国良、杨元因开塘误挖寨民粮田被控，喻国良向寨民卢老学
理论，因被拾石掷伤，辄拔刀戳伤卢老学囟门毙命，随后杨
元亦与寨民陆老得斗殴，刀戳陆老得囟门毙命。持刀凶戳，
各毙一命，杨元照实，喻国良奉旨改实。五十六年四川吕池
阳因伊兄被死者用刀戳伤，拾石掷毙。同案之陈文富戳毙吕
绍阳已入情实。该犯虽衅起护兄，掷中一伤，但系各毙一
命，改实勾决。前一案斗不同地同时，但起衅同耳，后一起
情切护兄，他物一伤，在今日为必缓之案，可见当日此等案
件办理綦严，近年以来则办理又太宽，无论两比互毙二三命
及毙彼造二三命拟实之案，十无一二，有金刃多至之伤而照
缓者。……嘉庆中稍严，道光后日宽，几与斗杀一命之案实
缓相比不甚悬殊矣。至一家二命之案，使人父子、兄弟、夫
妇、叔侄同时被杀，情节甚惨，若竟无一人实抵，死者地下

① 《沈本》卷二《人命》，第20、21页。

含冤，生者一家饮泣，揆之人情天理，究未得其平。历年成案如嘉庆十五年四川田庆杨、赵万畛致毙父子两命，田庆杨刃五、二穿透，身先受伤，刀夺获；赵万畛帮护，二伤俱穿透，死理曲，非预纠，俱照实。十八年直隶殷登高、殷五致毙兄弟二命，殷登高铁一、二致，刃六、三致，俱在倒地后，殴砍立毙；殷五听纠帮殴，于死者倒地、余人叠殴多伤之后，斧砍其致命骨损立毙，均属情凶难宽，俱照实。……其两犯一实一缓，如嘉庆二十二年江西谢启聘等堂叔侄致毙堂兄弟二命，死理曲肇衅，该犯夺刀迭戳八伤，改实。道光十二年四川陈焕儒致毙大功兄弟二命，该犯负欠，刃毙徒手，债主六伤、一致透，改实。……光绪年间办法，有以首先逞凶入实者，如八年四川马遇隆刃三、二骨断，另凶致毙其父，犯亦帮砍有伤，复另伤二人，王馆辅刃一，食、气、嗓微损。……有以情伤较重入实者，七年江西钟芒灿刃一、二要害，食嗓断，气嗓微破，一凶监毙。……较之二三命非一家者办理为严，此其大较也。若两犯俱缓之案，历年以来较一实一缓者为多，按之条款未尽符合，盖成案办法已较条款从宽矣。窃谓二三命之案，虽较一命为重，然究非一家。至一家二命自较非一家者为重，如果一凶痩毙，或例应情实，则两命已有一抵，另犯自可稍宽，款末所言未为不妥。又或死近罪人，或死由跌溺，或伤重而近失误，或理直而伤不多，如此等类，即两凶皆缓，亦不为纵。若无前项情节，则不宜过宽。又，一家三命之案，较一家二命为更重，向来办理亦较从严，自不可无一人实抵也。①

---

① 《沈本》卷二《人命》，第21～25页。

　　《蜀本》处道光之末，对《黄本》有所删改，将"如系……衅起一时"删去，加一"则"字衔接下文；"不在此内"却改为"不在此例"；"俱可缓"下添一"决"字；"一二凶犯可原"则改为"一二凶犯可缓"；"亦可分别入缓"，则改为"亦可分别实缓"；"倘至"改为"倘有"；"四五命以上"删"五"字；在"四命以上"之下增小注"如内有……扣除计算"；"嘉庆十八年"删"嘉庆"二字；"蒿安奏请"下删"共殴致毙"四字；"猝遇拦劝"下删"及猝至救亲"；"应核"下增"其"字；"分别缓"改为"分别实缓"，并下增"之处"二字；"亦经本部"下"奏明……酌入缓决"删，增"议驳"；"从宽入缓"下增"者"字，删"不甚妥"下"议驳"二字，另增入"十八年……酌入缓决"。①

　　《书斋本》几同于《蜀本》，主要区别是在"近年"有"如系……衅起一时"一段，或者说自起至"四五命以上"同《黄本》，此后至"十八年……酌入缓决"这一"小注"则同《蜀本》。更重要的是《书斋本》在此后又增入一段，原文如下：

　　　　近来又有互毙四命内有一凶被死者亲属当时殴死，例应减徒，且在监内病故，只作两命计算，将现在二犯照覆缓决。道光二年奏准，广东、广西、福建、湖南、江西、浙江聚众械斗首犯改拟从重办理，其下手毙命拟抵之犯，除火器杀人及临时故杀，并一人连毙二命仍照例入实，其金刃、手足、他物殴毙三命以下概入缓决。至四命以上，如金刃砍扎致命，或损折已至四伤不致命，不损折已至六伤，手足、他

────────────

① 《蜀本》卷二《人命》，第11、12页。

物致命，或损折已至六伤，不致命不损折已至十伤，俱入情实。其刃物伤痕不及前数者，均拟缓决。如刃物仅止一二伤，而系要害奇重者，临时再行酌核。若审系共殴，并非听纠械斗，仍照向来章程办理。①

可见《谢本》已几同于本条。

至同、光之际，《辑要》本完全同于本条了。

《奏进本》之《按》说得很有道理：

此条系为各毙一命之案分别实缓而设，唯查各毙一命，乾隆年间系属例实，故段首作为提纲，嘉庆以后久不照此办理，则首句即为无著，应将此句及从前无论情节轻重俱入情实并各冗字节删去。②

（一九）**各毙一命之案，有彼此斗不同地，先后斗不同时者，各就寻常斗殴分别实缓。唯广东等省常有遇事争斗，实系一衅相因者，即与械斗无异。若至四命以上，断不可轻议缓决。**

本条应产生于乾隆后期，源于成案。

乾隆年间条款无规定，但《附本》中已载有本款前段"各毙一命……分别实缓"。③

---

① 《书斋本》首卷《人命》，第 12、13 页。
② 《大清法规大全》卷二《法律部》，第 37 页。
③ 《附本》，《人命门》。

沈家本说此条"似系因当时有此等案件，故定此条"。①

道光初《黄本》时添入下段，原文如下：

> 唯广东有遇事争斗，实系一衅相因者，即与械斗无异，断不可轻议缓决。②

《谢本》与《黄本》无异。

《蜀本》承《黄本》、《谢本》，"广东"下删去"间"字，增"等省常"之字，将"即与械斗无异"改为"若至四命以上"，尾部增"此条另有续增"之"小注"。③

查其续增条《成案续编》，其《续增条款》内，本条遵《黄本》、《谢本》一，条末所增如下：

> 道光元年刑部奏定，约期敛钱械斗案内听从纠斗下手毙命之犯，仍各按本律拟抵，秋审时即照寻常共殴、谋殴之案，将致死四命以上者拟入情实。若实在有可矜悯及四命以上，各按情伤轻重，临时分别缓实。④

此《续编》中本条与《书斋本》同，唯"四命以上"《书斋本》为"四命以下"，后者为准确。⑤

谢信斋认为：

---

① 《沈本》卷二《人命》，第25页。
② 《黄本》卷二《人命》。
③ 《蜀本》卷一《人命》。
④ 《成案续编》卷一《杀人》。
⑤ 《书斋》首卷《人命》，第15页。

广东滨临海洋，好斗之风倍于他省，故定例特严，以符辟以止辟之意。若他省各毙一命之案，自应仍照寻常斗殴分别实缓，毋庸加重。[1]

《奏进本》则与谢氏有不同看法：

彼此斗不同地，先后斗不同时，虽系一衅相因，亦应分案办理，不必于广东等省而加严。若至四命以上，在共殴案内已有入实明文，毋庸复衍，此条应即删除。[2]

（二〇）殴毙人命后复酿一命，亦可按其当场之起衅曲直、殴情轻重，分别实缓，比常斗稍为加严，不必尽入情实。若酿至二命以上，则应酌入情实。

本条应产生于乾隆末。
嘉庆初《附本》已有此款如下：

斗殴人命复另酿一命，除凶犯父母忧忿自尽者，实属法无可原。若系死者父母、兄弟、妻子，或受累之旁人一时忿逼自尽，及殴死妻、致妻父母忿逼自尽，亦可按其当场之起衅曲直、殴情轻重分别实缓，比常斗稍为加严，不必尽入情实。若酿至二命以上则应入情实。[3]

---

① 《谢本》，《人命门》，第 21 页。
② 《大清法规大全》卷二《法律部》，第 37 页。
③ 《附本》，《人命门》。

显见，本款应从《附本》节略而来。

道光初年《黄本》已将以上《附本》完全删定成本款，无所差异。《蜀本》则将"殴毙"改为"殴死"，将"应酌入情实"改为"应均入情实"。

谢信斋认为：

> 殴毙人命复另酿一命，虽照常斗加严，然总视其起衅曲直、殴情轻重为断，历年秋审实缓者有。……若酿至二命以上，则不便轻拟缓决矣。[1]

沈家本举例说：

> 向来成案如本案情伤不重者，其另酿一命，多以死非意料概不加重。若另酿之一命系由畏罪闻拿自尽，则更与凶犯无涉。嘉庆十四年广东刘汝凤殴死妇女，理直伤轻，唯畏罪诬陷平人，另酿一命；浙江彔阿连赌匪黉夜推门寻衅，推溺其妻，又至其夫赶救同溺，未便以被扭向推，死由跌溺，另酿一命非意料所及为解，均改实。[2]

(二一)　一死一伤及二、三伤，并另伤一人成废之案，如系情急抵御，或被伤之人系夺刀致划，俱不必因此加重入实。如一死而又另伤四人以上，则不可轻议缓决。其有起衅理直，实有以寡敌众、情急可原者，亦可酌量入缓。

本条应产生于同、光之际。始见于《辑要》，所载同于本

---

① 《谢本》，《人命门》，第21页。
② 《沈本》卷二《人命》，第26页。

条。①

但自乾隆年间已有成案，据沈家本考证：

此条未详定于何年。乾隆四十九年条款"金刃杀死徒手"一条内有"逞凶砍戳一死数伤者，应拟情实"之语，乾隆年间成案一死一伤亦多拟实，可考者：

三十六年一起，四十四年一起，四十九年二起，五十一年一起，五十三年三起，五十四年二起，五十五年四起，五十七年四起，五十九年二起，六十年二起，皆入实勾决。其一死二、三伤及一死四伤以上者，更无论矣。盖以惩斗很【狠】之风，故特严也。嘉庆以后，日从宽宥，不独一死一伤者不入实，即一死二、三伤者亦多入缓。其一死二伤而入实者有：嘉庆十八年湖广郑道义索欠，夺刀戳毙妇女脐肚一伤，又砍伤喊拿妇女一目成废，又划伤拦捉一人，理直伤重而情更凶。……一死三伤而入实者：嘉庆十六年卿现任，奸匪因奸妇无钱拒绝被扭情急，一伤透肋，又伤三人，照实。……道光五年奉天姚才钧伤四，倒后木三二折，另伤其兄成废，余人另伤其兄成笃，外以衅起非曲，殴非预纠，伤无致命入缓，部以倚众凶殴，倒地后伤多且重，致彼造兄弟三人一死一笃一废，改实。……以上各案皆因情节较重而加严，此外各案凡情节较轻，无不入缓矣。一死四伤之案，虽应入实，然缓案亦多。道光四年直隶姜发祥扎止一伤，死越旬余，另伤四人系以寡敌众。……盖实案亦不多矣。②

---

① 《秋谳辑要》卷一《秋审条款》，《人命》，第11页。
② 《沈本》卷二《人命》，第26~29页。

（二二）殴毙人命后故杀子女图赖卸罪者，应入情实。（按：如原犯情节本轻，亦有酌缓成案。）如无诈赖别情，亦只按其当场之斗情轻重，分别实缓。

本条应产生于乾隆后期。

《附本》所载已几同之：

> 殴毙人命或杀妻及杀子图赖卸罪者，应入情实。有案如无诈赖重情，亦可按其当场之斗轻重分别实缓。①

《黄本》所载全同本条，仅无"小注"。

"小注"始见于《谢本》，应于嘉、道之际添人。并《按》曰：

> 此条重在殴毙人命之后复故杀子女图赖卸罪，盖既逞凶殴死他人，又戕杀子女图赖，强横惨恶，无复人理，秋审自应入实。如无诈赖别情，则故杀子女罪止杖徒，究系轻罪不议，故仍按当场斗情轻重，分别实缓也。嘉庆十六年江苏省马忘青兄弟各毙一命，一凶在逃，该犯情伤本轻，复故杀幼女抵赖。又，道光十六年贵州省吴秉仁受伤夺刀，抵戳适毙，论本案可缓决，唯殴毙人命后，复故杀胞侄图赖，按例系轻罪不议，论情则凶狡难宽，未便率缓，均外缓改实。②

---

① 《附本》，《人命门》。
② 《黄本》，《人命门》。

《奏进本》之《按》不无道理：

> 此条上云图赖卸罪，下云无诈赖别情，语意殊嫌矛盾。查殴毙人命后故杀子女图赖，近年成案实缓皆有，殊未尽一。[①]

（二三）与人斗殴后寻衅报复，迁怒于其父母，毒殴致毙者，应入情实。

本条源于雍正六年上谕。

据沈家本考证：

> 此条例文系雍正六年奉旨议定，原例有"遇赦不宥"一句，秋审自应入实。唯例文专指毒殴者而言，若寻殴伤轻并无惨毒情状者，似未便引此例，历年此等案件亦不多见。[②]

本条见于《辑要》，[③] 应产生于咸、同之际。

（二四）斗杀共殴并各项命案，或父母肇衅，或父母嘱令殴打致毙人命，父母因被殴气忿及畏罪畏累痛悔等情自尽，并非子孙犯罪致父母愁急轻生，仍照本律定拟者，既不在加拟立决之例，毋庸加重办理。

本条始见于《辑要》，应产生于道光之后，光绪之前。

[①] 《大清法规大全》卷二《法律部》，第35页。
[②] 《沈本》卷二《人命》，第29页。
[③] 《秋谳辑要》卷一《秋审条款》，《人命》，第12页。

据沈家本考证：

> 此条未详定于何年，历年成案入缓者多，唯道光十年贵州邓小六刃二、一要害，均由抵御，犯母虑子问罪因而自尽，改实。十三年贵州朱成淙殴死生有子女之庶母，复误毙幼妹一命，致母忧虑自尽，照实。①

（二五）殴毙人命后，或乘便攫取财物，或临时起意移尸图诈图赖，仍按其当场斗情分别实缓。

本条始见于《黄本》，应产生于嘉、道之际。

《黄本》所载几同于本条，唯"斗情"下有"轻重"二字，《蜀本》、《谢本》、《书斋》、《辑要》、《沈本》均遵《黄本》。"斗情"下应增之为宜。

谢信斋按"犯意"不同区别对待：

> 殴毙人命之后，其有攫取财物移尸诈赖，均属杀人后始行起意，并非行凶之际别有所图，历年秋审，故仍按其当场斗情轻重，以定实缓，向不以之加重也。道光十二年陕西省王德彦他物三伤，衅不曲，事后烧尸向不加重，外缓照实。又嘉庆十四年河南省马氏刃一致损，死后因畏罪，将头颅、四肢全行砍落，外缓改实，恭逢恩诏酌入缓。②

沈家本则说：

---

① 《沈本》卷二《人命》，第29、30页。
② 《谢本》，《人命门》，第25页。

　　此条未详定于何年，历来皆入缓决。唯道光二十五年云南李树淋，死者之子被告系积匪，犯充差役奉官往拿，辄邀雇多人持械前往，主使毙命，事后向门丁求救，商改报词，复攫取财物，虽下手伤重之从犯及帮殴有伤之余人均病故，照实。①

（二六）因斗殴而酿成重案（如启边衅之类），情伤虽轻，俱应酌入情实。

本条始见于《辑要》，应产生于道光之后，光绪之前。
据沈家本考证：

　　此条未详定于何年，成案不多见。嘉庆二十年福建扬承绪金刃一伤，唯两造挟嫌迭次互争，酿成重案，该犯既刃毙人命，又以一言致另行谋毙一人，谋命凶犯在逃未获，案重情凶。若无抵命之人，无以惩健斗而靖民风，外缓改实。小注"六"字道光本作"大"字。②

（二七）殴毙人命后，或焚尸、移尸灭迹，或致尸身漂没无获，或贿嘱仵作匿伤捏报，或诬卸他人，或狡供不认致尸遭蒸检（此与诬告致尸遭蒸检者不同），并贿买顶凶等项，有一于此，讯系畏罪起见者，仍按其当场斗情轻重分别实缓。尚狡供致尸一再蒸检，又有贿嘱舞弊、诬赖图卸种种狡诈情节，并酿巨案，即斗情尚轻，应酌入情实。

---

① 《沈本》卷二《人命》，第30页。
② 《沈本》卷二《人命》，第31页。

本条应产生于乾、嘉之际。

《附本》已载有本条前段：

> 殴毙人命后，或焚尸、移尸灭迹，或致尸身漂没无获，或狡供不认致尸遭蒸检（此与诬告至尸遭蒸检者不同），若贿买顶凶未成等项，讯系畏罪起见者，俱按其当场斗情轻重分别实缓。①

《黄本》已增入下段，几同于本条。唯"顶凶未成等"下无"项"字，"并酿"下有一"成"字。②《蜀本》"等项"为"等类"，"起见"下无"者"字。《谢本》在"应酌入缓决"上有"亦"字，《辑要》、《沈本》则一字无差。

《谢本》之《按》曰：

> 殴毙人命之后，有焚尸、移尸灭迹等项，均系畏罪起见，故秋审实缓仍以当场斗情轻重为定。如斗情虽轻，而酿成巨案，似不便概拟缓决，临时酌之。③

沈家本考证较详：

> 此条未详定于何年，历年案多入缓。唯嘉庆九年四川高学泗斗杀情轻，弃尸河内已失，照实，此因尸身无获而从严

---

① 《附本》，《人命门》。
② 《沈本》卷二《人命》。
③ 《谢本》，《人命门》，第22页。

者。……道光二十五年湖广谢老八纠殴毙命，吓戳一伤，事后割落尸头，并戳破囟膛等处，照实。此因情节凶惨而从严者。嘉庆二十五年广西黄位彰，死近罪人，掌批两伤，死被捆饿，死系威力制缚中情轻之案，唯图脱己罪，逞凶纠众抛弃尸身，拦阻本官不令相验，又逼写字样，凶横挟制，以致尸身抛弃被兽残食，习诈已极，照实。……此因习狡而从严者。嘉实十六年河南董玉华理直伤轻，唯装缢图卸，并贿嘱刑仵匿伤捏报，旋因检验伤痕，复串嘱顶凶，希图卸罪，致尸三遭蒸检，照实。道光四年山东王维新纠殴致毙疯病之人，事后贿嘱仵作捏报毒毙，致尸两遭蒸检，改实。此因蒸检次多而从严者。又，咸丰八年陕西王小雨杀人后弃尸河内冲失，照缓，与高学泗一案歧异，而与条款相符，似此条修定在高案之后。[①]

（二八）杀人免死赦回，或在配复行杀人之案，嘉庆十六年奏准，倘两犯均系斗杀共殴，不论情节轻重，概入情实。如前犯斗杀、共殴，后犯擅杀、戏杀、误杀及杀死妻与卑幼，或前犯擅杀等项后犯斗杀、共杀，实系理直情轻者，酌入缓决。至前后两犯中或有一案系窃盗等项，并非杀人，只按其后犯情节定拟实缓。嘉庆十八年本部议复御史嵩安条奏，除前后两案斗杀、共殴均系应缓者仍拟情实外，如前后两犯均应可矜，或前犯缓决、后犯应入可矜者，俱酌拟缓决。若前犯缓决，后犯情节系例不应矜之案，即不得轻议缓决。

① 《沈本》卷二《人命》，第31页。

　　本条应产生于乾隆后期，从乾隆四十九年"遣军流徒各犯"条中分出【见下条】，该条有"……免死减等复犯死罪者应拟情实"之规定。

　　《附本》已有本条前段，尚无"在配"一层，原文如下：

　　　　杀人免死赦回复行杀人者，俱入情实。若前案系误杀、擅杀、戏杀，及斗殴情轻，后案情又甚有可原，亦可酌拟入缓。①

　　《黄本》已增定几如本条，唯"尚"为"凡"，"两犯"下无"均系"，"共殴"下有"者"，"及杀死妻"为"及殴死妻"，"条奏"为"条陈"，"前后两案"为"前后两犯"，"酌拟"为"酌议"，下"若前犯缓决"为"前犯可矜"。二者最大的区别是后犯之"缓决"与"可矜"。

　　查《谢本》无"嘉庆十八年……缓决"这一段，《书斋》、《辑要》本为"可矜"，而《沈本》同本条，为"缓决"。《沈本》全同本条。

　　本条的完全形成应在嘉庆十六年：

　　　　前后两犯命案之犯，嘉庆十六年奏明，嗣后凡两犯斗杀共殴者，无论情节轻重，概拟情实。如前犯斗杀、共殴，后犯擅杀、戏杀、误杀及殴死妻与卑幼，或前犯擅杀等项后犯斗杀、共殴，实系理直情轻，酌拟缓决。再，前犯斗杀共殴

①《附本》，《人命门》。

后犯窃盗等项，或前犯窃盗后犯斗杀共殴等案，总视其后次所犯情节应入情实、缓决，分别办理。又，十八年奏明，嗣后除前后两犯斗杀共殴均系应缓决者仍拟情实外，如前后两犯均应可矜，或前犯缓决，后犯应入可矜者，俱酌缓决。若前犯可矜，后犯情节系例不应矜之案，即不得轻议缓决，以昭平允。①

沈家本考证说：

此条道光初年本无，嘉庆十八年以下云云谢氏注中始载入。是其本定于嘉庆中年，故此段尚未补入也。历年成案均照章办理。至前案斗殴后案殴死妻、卑幼，专指殴死者。若后犯系故杀，道光九年四川李正沅先犯斗杀减流配逃，复故杀妻，咸丰六年江苏陆三和尚先犯斗杀减军配逃，复故杀外姻卑幼，均照实。②

《奏进本》解释"在配复行杀人"，指"逢恩减流之犯而言"。③

（二九）遣军流徒各犯在配杀人，及赦回复行杀人者，究与免死复犯不同，无论所杀系同配罪犯或系在配在籍平人，均照常斗略为加严。其理直伤轻无凶暴情形者，俱可缓决。

---

① 《秋审章程》，《总办秋审处》。
② 《沈本》卷二《人命》，第32页。
③ 《法律部》，第38页。

本条应产生于乾隆前期，改定于嘉庆初。

四十九年条款载：

> 军流在配杀人之案，须核其原罪轻重与现犯之情形参观核办。今酌拟：如系怙恶逞凶，情节暴戾，以及免死减等复犯死罪者应拟情实，其余理直伤轻、被殴回抵者，可以缓决。①

《附本》已改定，几同于本条，唯"无论"下"所杀"为"杀死或"，"常斗"下有"情节"二字，《黄本》则在"复行杀人"下无"者"，"在配在籍"前无"系"。《辑要》本全同于本条。

"略对为加严"，谢信斋认为：

> 此条虽云应照常斗略为加严，然其间情伤稍重，亦有缓案。嘉庆二十五年云南省邓名宝系寻常军犯在配戳毙人命，复另伤两人，情节不好，唯衅非伊肇，受伤回戳，仅止一伤，其另伤二人亦均由抵划，外缓照缓。②

沈家本考证说：

> 此条未详何年改定，历来缓案为多，因与前后两犯死罪者究有不同也。然亦有实案，如嘉庆十三年广西宋硬郎，棍

---

① 《秋谳辑要》卷一《秋谳志略》，《续增条款》，第39页。
② 《谢本》，《人命门》，第24页。

徒拟军在配殴死理斥差役，夺棍一伤，照实。①

（三〇）寻常斗殴杀人之案，最难参酌画一。有金刃一二伤而入实者（如洞胸贯肋情近于故之类），有金刃过十伤而尚可缓者（如身受多伤，理直情急及死非徒手，死近罪人之类），有他物二三伤而应入实者（如理曲逞凶，铁器伤在要害，骨断、骨裂之类），有他物二十余伤而尚可缓者（如受伤抵御，理直情急并伤无损者，死近罪人之类）。起衅情节有以索欠、负欠分曲直者，亦未平允。如先系重利盘剥，后复强取牲畜什物作抵，则索欠者反理曲矣。如穷民尾欠无几，央缓不允，被债主陵逼不堪，因而抵殴致毙，则负欠者其情大有可原矣。又，倒地迭殴情节固重，然亦不可概入情实。北方风气刚劲，其一按一殴并架至空地扳倒行殴之案，不一而足。倘起衅理直，尚无凶残情状者，亦可酌量入缓。大约各项斗杀之案，或理曲、情凶，刃毙徒手，或倒地迭殴迭扎至死方休，或死未还手，肆行毒殴很【狠】砍，或奸盗赌匪逞凶行殴，此等之类情无可原，俱应入实。其余理直、情急、伤轻者，入缓无疑。但系理直、情急、伤虽多（金刃他物在内），或仅止一二伤损折、穿透，并仅系手足伤，俱可略伤而衡情，拟入缓决。论伤痕，铁器比他物为重，金刃比铁器为重。若用大石砸压，或用竹签、木杆等物插入耳鼻谷道致毙，及虽不用器械，或以毒物置人口鼻或用盐卤灌入口内致毙，此等之类情近于

---

① 《沈本》卷二《人命》，第33页。

故，其情节非大有可原者，**断难议缓**。以上各项历年成案均不画一，总须临时平心参核，**先衡情，后论伤**，**汇比办理**。

本条应产生于乾隆前期：

乾隆二十二年六月二十六日奉上谕：律载斗殴杀人一条均拟应绞，而案情轻重迥异。如系彼此互殴致毙，正与斗殴律意相符。若其人并未还殴，而逞凶肆殴以致殒命，其去故杀一间耳。即如刑部审理李四殴伤张氏身死一【案】，本缘张氏索欠詈骂，该犯拳殴跌地，复连踢重伤致死，张氏因索欠不与而骂，人之常情，并未与斗，而李四直不欲偿其宿逋，毒殴毙命，即为衅起一时，情非谋故，顾安得谓之斗殴杀乎？嗣后，斗杀案内遇有此等情节较重者，秋审时俱当拟入情实，或有类此而情轻者，即量从宽典，亦只可归入缓决，断不应在可矜之列，庶凶徒知敬【儆】，讼牍渐清，正辟以止辟之意也。著通行传谕问刑衙门知之。钦此。①

《志略》载三十二年条款：

斗殴杀人之案，如系逞忿凶殴情近故杀，并死者不敢还手，毒殴立毙，及有奸盗残忍凶恶情节者，应入情实。其余寻常斗殴杀之案，可以缓决。②

① 《秋审档案》一之乾隆二十二年上谕。
② 《秋谳志略》，《比对情实缓决各款》。

《指掌》本微有不同，"如系逞忿凶殴"为"逞凶殴倒之后，复肆毒殴凶戳"，"寻常斗殴"下无"杀"字，"可以缓决"为"可入缓决"。[①]《辑要》本则"寻常斗殴杀"中无"殴"字，"可以"同样为"可入"。[②]《沈本》所引同《辑要》本。

阮葵生解释说：

> 斗杀案件几居秋审其半。其中情节百出不穷，每界于可实可缓之间，此中宜有权衡。取三年以内近案相比，务期平等，不可稍有轻重。此条所立尚未赅备，其大要则先核起衅理直理曲，次核行殴情弱情强，次核伤痕多寡重轻，次核凶器为金为械，次核动手之先后、还殴之有无，于此数者一一求之，思过半矣。理直、情弱、伤轻，此三者有二，可以入缓。理曲、情凶、伤重，此三者有二，可以入实。此定谳之总秘，而于斗杀之案尤为吃紧，故附志于此。[③]

《辑要》本所载此《按》，内容多于抄本，且《沈本》亦引用之。"于此数者一一求之，思过半矣"这一句在《辑要》本中则是：

> 及死者持械、徒手，合参以定，自无枉纵。乾隆四十六年又因金刃有五年限满之例，除金刃二伤以下仍入缓决外，但其中如有起衅之理太曲，且先动手刃杀徒手者，或窝赌负欠刃杀徒手而伤多且重者，或已被打伤倒地复行用刀砍杀

---

① 《比对实缓条款》，第8页。
② 《秋谳辑要》卷一《秋谳志略》，《比对条款》，第21页。
③ 《秋谳志略》，《比对情实缓决各款》。

者，或乘其不备而暗地戳其要害之处伤深且重者，或有犯长上、欺老幼、凌孤寡者，俱列情实。至金刃三伤以上之案，则情罪较重，俱宜提出核办。若理不甚直，情不真急者，亦宜商实。其中唯义忿及尊长因公杀为匪卑幼与死者迹类光棍凶徒，则不必论伤，皆仍入缓。三伤皆指砍戳扎剁而言，若有划伤、带伤、拼伤及一砍而成两伤，俱不以三伤论。……

"此定谳……于此"在《辑要》本中为：

> 而一言以蔽，则必以诛心为主，近于故者实之，迫于不获已者缓之，尤为平允。①

乾隆三十四年，御史吴玉伦奏请分别斗殴人数多寡定拟实缓：

> 独斗殴一条，向来办理有科断同谋共殴之律，而无区别人数多寡之条，是以秋审均入缓决……应请嗣后除斗殴不及九人者……其聚众至九人以上杀人拟抵者，比照械斗例秋审入情实。

刑部议奏反驳说：

> 斗殴之案，虽一人殴死一人，而其中理曲伤重情近故杀，或恃强毒殴，死者并非还手者，臣等必将该犯入于情

---

① 以上见《秋谳辑要》卷一《秋谳志略》，《比对条款》第21、22页。

实。……今若限定九人之数，将使人数止及五、六、七、八人，而情罪较重者转致有失重失轻之弊……应将该御史所奏聚众九人以上杀人拟抵者，秋审入情实之处毋庸议。

乾隆"依议"。①
乾隆对金刃杀人者要求严惩：

乾隆四十二年九月初六日奉上谕：近日刑部进呈云南、贵州秋审本，朕详加披阅，其中情节有械斗各伤一命及以金刃伤人者，同一案而分拟情实缓决，殊未允协，已交该部另行改拟矣。至斗殴之案，情形本自不同。有并非互斗亦援斗殴律条问拟者，因系积习相沿，姑仍其旧。而秋谳时之分别情实缓决，则轻重当有权衡。如彼此俱以手足相殴，及各持金刃互格因而伤重致毙者，两造情事相等，原可入于缓决。若死者仅以詈骂起衅，或用手足先殴而凶犯辄持金刃抵拒杀伤，其为逞强毙命，已可概见。且金刃本可杀人之物，若死者并未持械，岂能徒手相当，即非顿起杀机，其与故杀亦所差一间，此等而不入于情实，又何以惩暴除凶？况为法司者，唯当准酌情理，务得其平。若稍存阴骘之见，曲从开脱，实乖明允之道。且死者何辜，宁不含冤地下乎？嗣后内外问刑衙门，于秋审斗殴案犯并当遵旨悉心定拟，毋有枉纵，庶好勇斗狠之徒共知儆戒，不敢轻蹈法网，所全实多，是即辟以止辟也。②

---

① 以上见《乾隆上谕条例》第七函之三十四年，藏法学所。
② 《乾嘉历年有关秋审》之乾隆四十二年。

旋经刑部奏请将本年缓决案内查明死者并未持械，凶犯以金刃格伤致毙者改拟情实，乾隆则批评其矫枉过正：

　　乾隆四十二年九月初八日内阁奉上谕：今刑部奏请将本年已入缓决各案内查明死者并未持械凶犯，以金刃格伤致毙者，俱补缮黄册，改拟情实进呈，所办又属过当，断不可行。朕昨降谕旨通饬酌定情实之意，原因近年金刃伤人之案较多，而秋审时每列入缓决，且数年后仍得减等发落，于是好勇斗狠之徒妄谓杀人可以幸生，遂罔知儆戒，轻蹈法网，不可不示以严惩。……今刑部请示本年即行改正，竟似朕急欲多勾百十人，实属误会朕意。且立法自有次第，何不可待之有而为是汲汲乎？著刑部转行各督抚，将朕前后两旨遍行出示晓谕，虽穷乡僻壤咸使闻知。如此晓谕之后，倘有仍用金刃杀伤徒手之人者，即当拟入情实。朕酌定其情，即不予勾，而以金刃斗杀者，概不予以减等。①

结果，乾隆四十三年比上年入实者多出一百八十多人，乾隆只好不予勾决：

　　乾隆四十三年九月初四日内阁奉上谕：刑部会同九卿秋谳已毕，当以缮册具题。闻今年各省情实人犯较上年多至一百八十余人，其因金刃伤人拟入者较多。……因思今年秋审案件俱在未奉谕旨以前，愚民尚未周知，若即行予勾，何以副朕前旨辟以止辟之意？所有今年秋审情实金刃伤人之案，

---

①《乾嘉历年有关秋审》之乾隆四十二年。

著刑部于黄册内夹签声明，其已经具题者于进到时交行在刑部夹签呈进，原可扣除不勾，但此等案犯情节较重，即不予勾，亦止应照情实未勾之犯办理，不得援寻常缓决人犯之例三年后即予减等，是于从宽之中已寓戒好勇斗狠之意矣。恐僻壤穷乡遽难家喻户晓，著再予以五年之限，令各督抚将朕此旨明白晓谕，实力劝导，务使人尽儆凛，以化其桀骜不驯之习。①

金刃伤人一概入实，乾隆皇帝后来自己也发现过当：

> 乾隆四十七年九月初四日内阁奉上谕：刑部进呈云南招册内……此二人者伤由图脱，杀本无心，与逞凶叠戮者有间，乃该抚定拟情实，刑部亦照拟核复，皆因曾降谕旨，有金刃伤人应入情实一条，遂尔不权轻重及伤痕之多寡，未免过于拘泥。至九卿所改情实二起，三保向孙皮匠索欠被殴，该犯回殴致毙，事本理直，死出无心……即以金刃伤而论亦当核其情事之曲直，伤痕之多寡。今不详细酌核，一概入于情实，又岂朕矜慎庶狱之意乎。②

对此，刑部要求：各司承办金刃伤之案，宜将此四案摘出细阅，敬遵谕旨内"酌其情理之曲直、伤痕之多寡二语"，分别实缓。③

四十九年条款载：

---

① 《乾嘉历年有关秋审》之乾隆四十三年。
② 《乾嘉历年有关秋审》之乾隆四十七年。
③ 《秋审章程》，《总办秋审处》。

金刃杀死徒手之案，如有理曲寻衅，或伤多伤重，或逞凶砍戳一死数伤，或伤在已经倒地后，或死者仅止向揪、向殴并未伤及凶手，以及有奸盗赌博情节者，应拟情实。其余被殴回抵理直情急，并父母先被殴伤救护情切者，可以缓决。至死者先持他物殴人因而刃杀案件，可从此分别参观。①

《附本》载"酌量入实"：

斗杀之案，或理曲情凶、及杀非徒手，或致命伤多立毙命，死者并未还手，或一死数伤，肆行惨杀，或死者已被殴倒地，复逞忿凶殴多伤，或死者虽非徒手而刃杀多伤立毙，迹同故杀者。②

此条在嘉庆初已经改定，《附本》所载几同本条。前半部分唯"最难"为"最宜"，"过十"为"过八九"，"可入缓"无"人"，"死近罪人"为"死系罪人"，"而尚可缓"无"尚"，"有以索欠"下无"以"，"反理曲"为"反属理曲"。"不一而是"以下稍有差异，录如下：

倘起衅理直，尚无凶残情状者，亦可酌量入缓。大约各项斗殴之案，理曲、情凶、刃毙徒手，或倒地迭殴，迭加殴打致死方休，或死未还手，肆行毒殴狠砍，或奸因盗逞凶行

---

① 《秋谳辑要》卷一《秋谳志略》，《续增条款》，第38页。
② 《比较情节酌量入实》。

殴者等类，皆情近于故，俱应入情实。其余理直情急伤轻者
入缓无疑。但系理直情急伤虽多（金刃他物在内），无骨折
穿透重情，并仅止手脚一二伤损折，无骨断骨裂重情者，俱
可略伤而衡情，拟入缓决。论伤痕，铁器比他物为重，金刃
比铁器为重。若用大石碰压，并用铁器屏去人服食，或以毒
物置入口鼻，或用盐卤灌入口内致毙等类，亦情近于故，其
情大有可原者，难以拟缓。以上各项历年俱有成案并不画
一，又须临时平心参核，先衡情后论伤，其情有可原者，伤
虽重俱可酌量入缓。①

至道光初，《黄本》所载，仅个别字、词差异，不害本意。②
对金刃伤，沈家本说：

　　乾隆四十三年以后金刃一二伤入实之案尤多，在今日皆
为必缓之案。大约嘉庆、道光以后日渐从宽，金刃虽逾十伤
亦不入实。谢信斋言近年斗杀案件如起衅无甚曲直，金刃十
五伤以上（划伤不在内），不可轻议缓决，此殆道光年间办
法。然道光二十年以后金刃逾十二伤者缓案已少，咸丰、同
治年间大率以十二伤为断，凡已至十二伤不轻议缓。咸丰十
一年恩诏："金刃十二伤以上不准援免，酌入秋审缓决。"
至光绪年间则又以十伤为断，如起衅无甚曲直，而金刃已至
十伤者，不轻议缓决。盖在嘉庆、道光年间办法太宽，较之
乾隆年间相去悬绝。今酌定以十伤为实缓界限，其中或伤无
损折、或死系因风，或伤多而甚轻微，或伤重而半平复，及

① 《附本》，《人命门》。
② 《黄本》卷二《人命》。

别有可原情节者，仍随案酌量入缓。似此办法较嘉庆、道光间为严，而较乾隆间尚觉其宽矣。金刃未至十伤之案，近年亦有实案，皆情凶伤重，无可原恕者，不甚多也。①

对手足他物斗杀伤，沈氏说：

斗杀伤系手足他物之案，乾隆年间办理亦严，如三十九年云南周世兴，因死者酒醉，在戏场与妇女挨挤，向前拉开斥责，被其殴詈，拳殴致命一伤，改实未勾。……六十年直隶宋惠理曲，铁器伤重，均改实。此他物伤之入实者，在今时皆为缓案。又二十二年朝审李四因张氏索欠骂詈，该犯拳殴跌地，复连踢重伤致死，奉上谕：“张氏因索欠而骂，人之常情，并未与斗，而李四直不欲偿其宿逋，毒殴毙命，即谓衅起一时，情非谋故，顾安得谓之斗杀乎？嗣后斗杀案内，遇有此等情节较重，秋审俱当拟入情实。”细释谕旨，可以见当日之宗旨矣。嘉庆年间他物伤尚多实案，五年直隶吴起善因死者酒醉在该犯门首向伊子索茶不允争扭，该犯喝斥，死者将伊揪住，伊子将其扳倒，犯用斧背殴伤其右臁肕骨折，伊次子帮同揿按，犯复连殴其左臁肋骨折，伊子用石殴伤其囟门，越十六日殒命。奉谕：“父子三人同时逞凶，伤至骨折，何得谓死者醉闹、伤系他物、入于缓决。”遵旨改实。……至道光年间，定案渐少。唯五年直隶范添才因死向索欠，央缓不依，逞凶迭殴，二十一伤三致二损三倒后，改实。……谢信斋谓铁器至三十伤以上，他物至五十伤以

_____
① 《沈本》卷二《人命》，第38页。

上，不可轻议缓决，此系道光年间办法。然斗杀案内铁木至三十伤、五十伤者不多见，共殴案内则有之。谢盖大概言之，非专指斗杀也。斗杀案内有木器三十二伤而入缓者，共殴案内有铁器二十一伤及三十三伤而入缓者，盖较嘉庆时为宽矣。……咸丰十一年恩诏："斗杀铁器二十五伤以上者不准援免，酌入缓决。"盖是年酌缓金刃以十二伤为断，铁器以二抵一，又举成数，故断以二十五伤以上者。今金刃已稍从严，则他物亦未便过宽也。……至手足伤毙命之案，在寻常斗殴中情节最轻，嘉庆以后久无实案。又，以竹签、木杆等物插入口鼻等处，情近于故，成案甚少。以毒物置入口鼻，即是以毒药杀人，当从重论。他如以盐卤等物灌入，以笋毛调醋灌入，以粪水灌人，以巴豆放入饭内，令人腹泻，系照以他物置入耳鼻孔窍致死律者，缓多实少。[1]

对一按一殴，沈氏说：

一按一殴之案，情节较凶，乾隆年间无不入实，嘉庆、道光中亦比他案加严。近年不于此等处著眼，亦不可忽略。虽北方风气刚劲，然此等行为决非良善之人，自应严惩，以儆凶暴。[2]

（三一）原谋共殴下手伤重之案，如理曲、人众、情凶、伤重者，多入情实。若衅起理直，尚无凶暴情形者，亦可酌入缓决。

---

① 《沈本》卷二《人命》，第38~41页。
② 《沈本》卷二《人命》，第41页。

本条应产生于乾隆年间,从三十二年"共殴人致死"条中分出。

该条中有"共殴人致死之案……原谋下手伤重,情近于故者,应入情实……"一层。原谋共殴之犯,在乾隆前期已经拟入情实。《秋审档案》二载乾隆二十七年分记名情实之一:"直隶候发粗系原谋共殴致毙人命之犯,奉旨秋审著入情实。"

既然地方督抚、朝廷九卿尚未经秋审议拟,乾隆已将其预定为情实,应是无论情节轻重,概入情实了。虽未有明文,但既有奉旨入实,此后依据类推入实无疑。

《辑要》本载《秋谳志略》该条下阮葵生之《按语》中有乾隆四十五年刑部定《共殴实缓条款》,有"或有原谋持械下手伤重者……此等皆宜列入情实"之规定。此条款不见于《志略》抄本。

嘉庆初,本条已分出,《附本》所载已基本定型:

> 共殴人致死之案,原谋下手伤重者,多入情实。其原谋衅起理直,无凶暴情形者,亦可缓决。①

仍以"共殴人致死之案"为题,却以"原谋"为内容,显见分出之痕迹。

本条的纂定,应自嘉庆二年汪有林一案:

> 安徽省同谋共殴一案奉旨:此案汪有林同谋共殴致毙妇命为下手尤重之犯,若得邀赦免,林陆氏无人抵偿,何以儆

————————
① 《附本》,《人命门》。

凶顽而昭平允？汪有林著改为应绞监候，永远监禁，余依议。钦此。[①]

此案详情未见，刑部原定案时应未将汪有林拟绞，所以嘉庆才说"林陆氏无人抵偿"，实际尚不如情实未勾，因不可以改为缓决再发遣了。

道光初，已将《附本》中"共殴人致死之案"删为"共殴"，置于"原谋"之下，"下手伤重下"增"之案，如理曲、人众、情凶、伤重"，"其原谋"删改为"若"，"理直"下增"尚"，"亦可"下增"酌入"，遂成本条。此后《谢本》、《道光本》、《京都》、《蜀本》、《书斋》、《辑要》、《沈本》各本皆因之未改。

谢信斋认为：

> 共殴首重原谋，故原谋下手伤重之案，如情伤稍重，即难入缓。[②]

（三二） 听纠共殴致死之案，多系事不干己，如党恶凶残，刀械交加，殴扎多伤，死未还手者，应入情实。其余以后下手拟抵并同时共殴之人亦有伤重者，罪疑唯轻，本犯尚可入缓。（道光五年章程，械斗案内听纠下手毙命之犯，照寻常共殴、谋殴，将致毙四命以上者入实。若情节实可矜悯及四命以下，各按情伤轻重，临时分别实缓。）

---

① 《秋审档案》一之嘉庆二年。
② 《谢本》，《人命门》，第26页。

本条应产生于乾隆末。

沈家本录有乾隆成案可考：

> 乾隆五十八年河南尤花奇……五十九年安徽乔亮……河南刑宽……均改实。①

嘉庆初已基本定型，《附本》所载条文如下：

> 共殴人致死之案，听纠之人多系事不干己，插身行殴。如党恶凶残，刀械殴扎多伤，死未还手者，应入情实。其余以下手拟抵并同时共殴之人亦有伤重者，罪疑唯轻，且原谋业已拟流，本犯尚可入缓。②

道光五年的规定，是由于减等将起意纠众械斗之首犯照原定章程问拟，不减等，而将听纠下手之犯减轻所定的。具体内容见于《会典事例》卷八百五十，第5页。

至道光初《黄本》本已将《附本》条文改定，同于本条，且增入"小注"。唯"小注"中，章程"为"新例"，下无"械斗案内"四字，"下手毙命"为"下手致命"，"谋殴"下有"之案"，"入实"为"拟实"，"情伤"为"伤情"。

《谢本》唯"伤重"为"重伤"，余均同本条，但无"小注"。此后《蜀本》、《道光本》、《京都》、《辑要》承《谢本》，而《书斋本》、《沈本》则均同于本条。

谢信斋比较听纠和原谋说：

---

① 《沈本》卷二《人命》，第43页。
② 《附本》，《人命门》。

听纠共殴人致死较原谋下手伤重之案为轻，如情伤稍重，亦有缓案。①

(三三)　寻常共殴人致死之案，如非原谋，亦非听纠，系衅起一时，并无心撞遇拉劝帮护因而争殴，须看两比之人数多寡强弱，伤之多少轻重，共殴之是否同时，此造之有无受伤，一一详核比校。至于理之曲直，竟可不必深论。如死者先被余人殴伤，凶犯未曾目睹，迨后经见帮殴伤痕无多，只应就本伤论。或凶犯先殴数伤即行歇手，余人后复帮殴，非其所及知，或凶手及余人身受多伤，或死者持有刀械，殴由抵御，势非得已，或余人亦有致命重伤，以该犯后下手并比校分寸拟抵，或义忿激于众怒，或死类棍徒，本不足惜，如此等类，既有可原可疑情节，均应缓决。若同时刀械交加，鳞伤遍体，并数人揿按一人毒殴，或目睹余人已攒殴多伤而又肆加殴砍，伤痕独重，以及倒地叠殴，死系徒手，死未还手，情节种种凶横者，俱应入情实。

本条应产生于乾隆前期：

　　臣刘　谨奏所有湖广省秋审缓决绞犯李梅逊、李桃逊兄弟殴死龙凤高、龙凤仪兄弟二人一案，该抚将李梅逊、李桃逊拟缓决，臣部会同九卿仅将李梅逊改拟情实，李桃逊仍照复缓决，实未允协，仰蒙谕旨训示，谨将湖广省情实缓决二

① 《谢本》，《人命门》，第27页。

本改正，其该省情实黄册恭请发出，一体改正进呈。[①]

乾隆三十二年条款中已有专条，《辑要》所载条文并阮葵生之《按语》如下：

> 共殴人致死之案，如系纠众持械凶殴，情同械斗，及攒殴多伤，情节凶暴，并原谋下手伤重情近故杀者，应入情实。其余如衅起一时，并非预谋纠斗者，可入缓决。
>
> 谨按：共殴之案向例俱不入情实。古人具有深意，难以明言。今招册皆信谳，自不能普行轻纵，致死者冤不得伸。此条所列极为详明，故共殴案中宜分预谋与适遇，及人之多寡，伤之多少轻重，死者曾否还手，众人曾否受伤，皆为窥要。若他人先殴，后殴之伤该犯未曾目睹者，止论本伤。盖余人各有应得伤罪，不得更以余人所殴之伤合计并算而加重于凶手一人也。乾隆四十五年有堂定共殴实缓条款，附录于后：查共殴之案，死者势孤情弱，凶手人众势强，是以本部年来不照从前概入缓决，必须拟以实抵，俾死者不致含冤。唯各案情节不同，不可或轻或重，致有不齐。今酌定：
>
> 凡预谋纠约多人持械凶殴致毙者，或同时刀械交殴、伤痕遍体者，或原谋持械下手伤重者，或余人已经打倒而又加殴独重者，或数人按捺掀地一人逞凶独殴者，此等皆宜列入情实。至于寻常争斗共殴适毙死出不虞者，无心撞遇拉劝被怒刃伤无多者，或凶手先被重伤，或凶手首先一殴，或他人先后向殴，本犯不知情者，或实由义忿激于众怒，与死者迹

---

① 《秋审档案》一之乾隆三十年。

类光棍、凶徒死不足惜者，自宜合情理伤痕酌定，仍照旧入于缓决。再，两造人数亦宜比较，十人以上之共殴与二三人之共殴宜有区别。如此逐节相比，自不致轻重失平。[①]

《志略》所载条文与《辑要》同，但"緊要"下无文。唯《辑要》所载为《沈本》所引，想必有据，故录之。

《沈本》中所载有《志略》之《增拟条款》，但《志略》抄本及《辑要》均无此款，唯既经沈氏引用，想必有据，现录如下：

> 父子共殴之案，外省有照斗杀论者，有照共殴论者，多入缓决。近年于此等案情倍加慎重，其中区别之处如子先与人斗，而父又加刃毙命，其情较重。父先与人斗，而子又加刃毙命，其情较轻。至于外省有将父先动手、子后杀人之案混引救父减等拟流，或奉旨申饬，或经部驳改，屡经讲论，乃定罪具题时之事，非秋审时事也。[②]

《指掌》载四十九年条款将"共殴之案"作为"酌量入实"：

> 共殴之案，或连毙数命，或预谋纠众，持械同行，凶殴多伤，或同时刀械交加，伤痕遍体，或数人同按一人毒殴者。[③]

---

① 《秋谳志略》卷一《比对条款》，第20、21页。
② 《沈本》卷二《人命》，第45、46页。
③ 《秋审指掌》，《比较情节酌量入实各条》，第25页。

嘉庆初年，改定条文如下：

> 共殴人致死之案如非原谋亦非听纠，或被拉劝被骂被殴，猝见素好之人被死者凶殴因而帮护，此等衅非伊肇，多入缓决。①

若在四命以上：

> 共殴致毙四五命以上之案，历年概拟情实。嘉庆十八年奏明，嗣后如系猝遇拦劝，帮殴毙命之犯，仍旧照例入情实。间有情节实可矜原者，随时酌量办理。救亲一项，如果势在危急，在一命案内例准声请随本减流者，酌入缓决，以示区别。②

道光初，已全文改定，《黄本》所载，已几同于本条。唯"如此等类"无"如"，"毒殴"下有"伤多"而已。此后《谢本》承《黄本》不改，《沈本》亦同。唯《蜀本》将"至于"改为"至区区"，未知何据，似谬，且又为《书斋》所遵。

谢信斋认为：

> 寻常共殴人致死本属衅起一时，与预谋纠殴者情节既有区分，实缓亦有不同，总以情凶伤重者酌入情实，伤多理直者尚可原缓。③

---

① 《附本》，《人命门》。
② 《秋审章程》，《总办秋审处》。
③ 《谢本》，《人命门》，第28页。

对各朝的办理，沈家本考证说：

> 乾隆三十年后共殴之案改入情实，见于档册者不下七八十起，此即所谓年来不照从前概入缓决者也，其案情已不尽可考。嘉庆、道光以后实案无多，金刃过十伤而入实者无论矣。……咸丰、同治间金刃伤多伤重而情节不好者，尚有实案，他物伤则实案未见。光绪年间则斗杀、共殴几于不甚分别矣。①

（三四）套拉毙命之案，多近失误。如无凶横情节，可缓。

本条应产生于嘉庆后期。
《沈本》中有嘉庆十四、十七等年成案：

> 嘉庆十四年湖广沈成负欠理曲，死乘伊外出潜拿棉被作抵，揎缚意在送官，划一、刀背二在未缚之先，因其身往下挫，绳系扣紧咽喉，气闭毙命。十七年福建施得芳，负欠捆缚患病债主，复套缚要害处致死，未便以死者谩骂、情非吊打为解，均改实。道光以后案多入缓。②

道光初条款已形成，《黄本》所载，几同于本条。唯"套拉"下无"毙命"，"可缓"为"可以缓决"。
《谢本》于"套拉"下增入"毙命"二字，但本款却无任何按语，未详何故。《蜀本》承《谢本》，《沈本》则全同于

---

① 《沈本》卷二《人命》，第46页。
② 《谢本》卷二《人命门》，第47页。

本条。

对近于失误，沈氏说：

> 谓套拉近于失误似矣，然亦有死者不肯行走，用力很
> 【狠】拉而致毙命者，此岂得以失误论，事固不可一概
> 言也。①

（三五）寻常共殴之案，定案时同殴伤轻之余人有病故者，亦属命有一抵，虽正凶情节略重，亦可酌入缓决。

本条应形成于乾、嘉之际。

此条应源于乾隆十九年赵洪礼一案：

> 唯赵洪礼一案，系听从蔚三合纠约，同魏开科等殴伤
> 裴国俊毙命，赵洪礼首先下手，照例拟以抵偿。其起意谋
> 殴并未在场之蔚三合已经拟流，助殴之魏开科又经监毙，
> 原题曾将该犯援例减等，经刑部议驳未准。但一命已有一
> 抵，准流固属太轻，情实未免过重。……臣等公同酌议，
> 改拟缓决，理合声明，恭候圣裁。据内阁抄出，"奉旨：依
> 议。钦此。"②

嘉庆初则进一步明确：

> 嘉庆三年……臣等看得宿州民人张琅孜扎伤王克从身死

---

① 《沈本》卷二《人命》，第47页。
② 《秋审档案》二之乾隆十九年。

并原谋张晋士闻拿畏罪缢死一案……检查乾隆三十八直隶宝坻县单文举等同殴徐振受伤身死，并董文玉畏罪自尽身死一案……审将单文举比照共殴下手应拟绞抵人犯遇有原谋及助殴伤重之人监毙病故者，准其抵命，下手之人减等拟流例，杖一百、流三千里等因，题准部复完结在案。今张琅孜案内……具题前来。查例载：共殴下手应拟绞抵人犯，果有未决之前遇有原谋及助殴亦足致死重伤之人监毙在狱与解审中途因而病故者，准其抵命。下手应绞之人减等拟流……盖例言……若原谋及助殴伤重之人闻拿自尽，系由本案畏罪戕生者，一命已有一抵，自应将下手人犯量与末减。此案张晋士纠约张琅孜等语【欲】殴王均仁，致将其叔王克从扎伤致毙。原谋张晋士闻拿自缢身死，与事前在家病亡与本案并无干涉者不同，虽死在到官之先，而畏罪自缢究由本案戕生，即与伏法无异，较之在监及中途因病身死者应一律准抵。应如该抚所题，张琅孜合照共殴下手应拟绞抵人犯……流三千里。……嗣后此等案……如实因本因本案畏罪自尽，虽在未经到官之前，亦一概准其抵命，下手应绞之人减等拟流。[①]

《附本》所载已几同于本条，唯"共殴"上无"寻常"，下有"人致死"，"同殴"为"共殴"，"情节"为"情伤"，"亦可酌入缓决"为"可以缓决"，含义上则无二致。《黄本》则在"正凶情伤"上加一"非"字，其义已反，似谬。

《谢本》之《按》尚有嘉庆成案：

---

① 《秋审档案》一之嘉庆三年。

共殴伤重之余人在监病故，其应抵正凶例得减等拟流。如伤轻之余人病故，一命已有一抵，正凶虽情伤略重，究已抵命有人，自可原情入缓。嘉庆二十四年广东省陈亚右金刃四伤，均致命，一骨损一透内，殴情不轻。唯理阻被殴，伤由回抵，死非徒手，且余人监毙，命已有抵。又是年四川省王照林……均外缓照缓。①

道光时则更为详尽：

……迨核办秋审时臣等复详加察核因原谋李金太监毙在先，该犯白全被获在后，按例虽不准减流，唯李金太因本案瘐毙在狱究属命有一抵，衡情将该犯入于缓决。兹据该抚以原谋监毙，下手之犯前拟绞候遗漏声叙减等，题请更正。是以正凶负罪在逃，原谋先经监毙之案，牵引正凶到官，以后遇有原谋监毙，准其减等之条，此例一开窃恐凶狡之徒于杀人后故意潜匿，俟例应待质之原谋人等监毙后始行出而投案得以减流，即无逃罪可加，又得遂其巧避之计，殊不足以惩奸究而杜流弊，所有白全一犯应仍照原议拟绞监候，入于秋审缓决办理，该抚声请更正减等之处应毋庸议。再，该省既涉误会，恐各省亦复办理参差应通行各直省，嗣后遇有共殴杀人之案，其原谋及共殴之余人监毙在狱，如在正凶到官以后，准其将正凶照例减等拟流，若正凶未到官之前而原谋及余人等先经监毙，将来拿获正凶时仍照例拟以绞抵，以符定制而免歧异，等因。道光二十六年二月初六日题，初八日奉

① 《谢本》，《人命门》，第29页。

旨：白全仍依拟应绞著监候，入于秋审缓决办理，余依议。
钦此。①

对此沈家本认为，"盖以案非谋故，不欲以二命抵一命也"。②

（三六）乱殴不知先后轻重罪坐初斗，及原谋未动手罪坐原谋
　　　之案，皆系罪疑唯轻，俱应缓决。如原谋首先下手，
　　　情势凶暴，并原谋而又当场喝令者，应入情实（若首
　　　先下手伤轻，或仅止声称殴打，并无喝逼攒殴重情，
　　　亦可酌量缓）。

本条应产生于乾、嘉之际。
《沈本》有嘉庆初之成案：

　　罪坐初斗之案，情节较轻，向多入缓。唯罪坐原谋者，
实案颇多，非独严惩祸首，亦必情势凶暴者也。如嘉庆八年
山东李根子，窃匪分赃不遂，纠众持械攒殴，犯首先殴跌倒
地，余人乱殴，不知先后轻重，复起意扎瞎两眼，黑暗下手
扎划四伤。十三年江苏王受，负欠纠众喝令按倒凶殴，犯石
殴不致二伤一重迭，均照实。③

《附本》所载已几同于本条，唯"先后"下无"轻重"，
"原谋之案"为"原谋者"，"原谋而又"中无"而"，含义已无

---

① 《通行章程》卷上，第4页。
② 《沈本》卷二《人命》，第47页。
③ 《沈本》卷二《人命》，第48页。

二致。只是尚无本条之"小注"。《黄本》亦无。《谢本》已增入"小注",且均与本条全同,此后《蜀本》、《书斋》等均与《谢本》同。

(三七) 威力主使殴人致死之案,较凡斗为重。如衅起理直,伤亦不多,无恃强凶暴情形者,可以缓决。

本条应产生于乾隆前期。

三十二年条款已有专条,《志略》所载条文及按语如下:

> 威力主使、威力制缚人拷打致死之案,如系凶暴之徒,或挟嫌籍事吊拷,或恃强喝令毒殴,或非刑凌虐,或妄拿平人,种种凶横不法者,应入情实。其余如系一时误认赃贼而拴吊殴打,适伤致毙者,可入缓决。
>
> 谨按:死者实系有罪之人或素有为匪实据,及误认贼赃与死由自尽者,则可入缓。若并非相争,藉端泄忿,疑贼无因,毒殴残杀者,则须入实。①

《辑要》、《指掌》所载,与之微有区别,"凶横",《辑要》本作"横暴",同《指掌》;"吊拷",《辑要》本同,《指掌》则作"吊打"。

四十九年条款未及此,执行上则同于三十九年之规定。

嘉庆初,已将乾隆条款一分为二,《附本》中已分立"威力主使"与"威力制缚"两条,"威力制缚"条已基本改定,几同

---

① 《秋谳志略》,《比对情实缓决各款》。

于本条，只是尚无"较凡斗为重"及"伤亦不多"两层，"恃强"为"持械"。①

至道光初，《黄本》已完全增定，同于本条。② 此后《谢本》、《蜀本》、《沈本》等均遵之未改。

《沈本》有乾、嘉成案记载：

> 乾隆成案入实者多，亦有入实免勾者。嘉庆二十年直隶宋氏挟忿主使纠众，喝殴多伤，死逾七老人，照实。③

（三八）威力制缚人拷打致死之案，较之威力主使尤重。如挟嫌藉事拷打，或非刑陵【凌】虐，或妄拷平人，一切凶暴不法情节，俱入情实。其余衅起理直，并疑窃有因，及制缚而未拷打，或邂逅伤轻致毙者，亦可缓决。

本条同上条同时从乾隆条款中一分为二而出。

与上条同时在嘉庆初已改定成文，在《附本》中亦列于上条之后：

> 威力制缚人拷打致死之案，较之威力主使为重。其挟嫌藉事拷打，或匪刑陵【凌】虐，或妄拷平人，种种凶暴不法者，俱入情实。其余或衅起理直，或疑窃有因，或制缚而未拷打邂逅伤轻致毙者，亦可缓决。④

---

① 《附本》，《人命门》。
② 《黄本》卷二《人命》。
③ 《沈本》卷二《人命》，第49页。
④ 《附本》，《人命门》。

对"制缚而未拷打",沈家本质疑说:

> 唯制缚而未拷打句似欠明白,既未拷打其人,何以身死,疑有脱误。①

沈先生不愧为大家,一看即疑有脱或误。细读一下《附本》所载上文,即知本款非脱,而是有多:"邂逅"上多一"或"字。看上条文即知,"或制缚而未拷打邂逅伤轻致毙"是与上文"衅起理直"、"疑窃有因"并列的三种可以缓决的情形之一,而非本款所误认为四种情形,本款将此一种情形可以缓决一分为二,必然造成"欠明白"。

作为一种情形,制缚未拷打,何以会身死,是因为"邂逅伤轻致毙",而非拷打致毙。

沈大家已感觉到本款中后两句是指一种情形,但由于有一"或"字夹在中间,就怎么也想不通了。

如果沈氏看到过《附本》,或许就不会有此一疑了。

可叹的是,清末修改条款时,对本款却一字未改,"应仍其旧",② 可见当时修改之匆促。

至道光初年,《黄本》已将《附本》该条全行改定,全同于本条。"或"字之"多",《黄本》成了始作俑者。究其原因,《黄本》将原来的三种用"或"连接的"选择"关系,改用"并"、"及"的并列关系。《黄本》肇始后,各本均因承未改,直至秋审条款正寝,质疑者亦仅沈家本一人而已!

对威力制缚,谢信斋说:

---

① 《沈本》卷二《人命》,第50页。
② 《大清法规大全》卷二《法律部》,第41页。

豪强之人既用威力将人制缚，后于私家拷打致死，则其情凶势恶，较仅止主使殴打而未将人制缚者为尤重，历年秋审总视其制缚拷打之时有无凶暴不法重情，以定实缓。[①]

（三九）弩箭杀人，照斗杀者应入情实。

本条款乾隆年间已有成案。
《沈本》载：

乾隆中弓箭杀人之案，无不入实，如三十五年奉天常二，弓箭杀人以斗杀定案，改实。五十三年福建卢旋，主使箭射毙命，照实。五十五年四川王四聪，被追拿弓箭杀人，改实。可考者有此三案。又，嘉庆六年贵州李二被殴，用弓箭放射吓人致死，亦改实。[②]

此条款嘉庆初已定。《附本》所载，本款均同，后各朝各本因此不改。唯《书斋本》在末尾尚有一段："弩箭杀人，照斗杀者应入情实。"[③]
沈家本认为：

盖箭本杀人之具，其锋刃与刀枪无异，且金刃须切近方能砍戳，箭则相隔虽远亦能杀人，与火器无殊。近数十年来

---

① 《谢本》，《人命门》，第31页。
② 《沈本》卷二《人命》，第51页。
③ 《书斋本》首卷《人命》，第20页。

久无此等案件，盖国朝骑射最重，习此艺者多精。凡持有弓箭之人必素习此艺之人，其杀人也较金刃为易，故从前秋审办理独严。迨后火器日精一日，而习此者亦技艺日疏，不能如从前之命中矣。此条几成虚设，应否删除，存参。弩箭一物近更不多见，殆即流俗之所谓袖箭也，习把式者尚有此物，以此杀人则亦罕闻。[1]

谢信斋认为"弓"不同于"弩"：

弩箭杀人，虽照斗杀拟绞，而历年秋审向多入实。至弓箭杀人，似无区别，第以例而论，火器照故杀不得不实，此照斗杀，何至必实。以情而论，顺手吓放，或中或不中，或死或伤，均未可知，较之金刃迭戳者，情节为轻。道光三年广东省区亚荫因区亚枝误碰死者手担争斗，被其戳伤跑走，死者追赶，该犯恐区亚枝受亏，从旁放箭吓射致毙，究系弓箭，与弩箭不同，外缓照缓。[2]

（四〇）凡火器杀人之案，无论疑贼误杀，因斗误杀，俱入情实。间有情切救亲及无心点放（如被死者追逐碰动火机之类），亦可酌入缓决。嘉庆十八年本部奏明，嗣后火器伤人之案，一概入实，其间有情节实属可原之案，于黄册内详为声叙。唯无心点放照斗杀定拟者，入缓。嗣于道光三年及十九年奏明，火器捕贼误杀及当场致毙应抵正凶，并未经报部巡役致毙监匪之类，酌入缓决。

---

① 《沈本》卷二《人命》，第52页。
② 《谢本》，《人命门》，第31页。

在乾隆前期，鸟枪致死罪人未必均入情实：

> 查鸟枪杀人，律应斩候，前拟绞候已属从轻，再予缓决未免过纵，似应改情实，本部以此案放枪致死罪人与寻常鸟枪杀人不同，照复缓决。①

乾隆三十四年九月初二日，内阁奉上谕：

> ……今据奏到，陈元一案系互相斗殴，且陈元曾先掷伤孙等，复擅放鸟枪，致死孙彩，例以故杀，应拟情实。吴乔元一案，吴再国迁怒寻衅，纠约伊侄往吴乔受家拉牛，吴乔元尚未分家，牛亦公共，原系应捕之人，不得谓之无涉，而吴再国白昼抢夺，即属有罪，吴乔元追捕放枪，致死罪人，与寻常斗殴火器伤人者不同，应拟缓决等语，是二案情节本自分明，果系郑时敏原奉未经详叙，刑部定谳尚无失重失轻之处。②

本条应从乾隆四十九年"鸟枪杀人"条款改定。其条款：

> 鸟枪杀人之案，如因争斗施放，例以故杀论者，应拟情实。其余如系防夜致死奸盗不法之人，及实系误伤情同过失原拟绞候者，可以缓决。③

---

① 《秋审档案》一之乾隆三十四年。
② 《秋审档案》一之乾隆三十四年。
③ 《秋谳辑要》卷一《续增条款》，第39页。

乾隆亦有成案：

乾隆三十八年浙江叶狗宜依戏杀律绞，四十年山东刘仲伦照非应许捉奸之人有杀伤者依斗杀律绞，皆入实免勾。唯三十四年福建陈元依故杀拟斩，照实。贵州吴乔元依擅杀拟绞，照实，经大理寺少卿邓时敏欲将吴乔元改实，奏明仍照刑部原拟，斩实，绞缓，颇与章程相符。至救亲情切者，有四十四年四川马伸、戴正环二起，疑贼有因者，有三十九年河南李之信，四十一年河南陈五二起，皆入实免勾，十次改缓。①

嘉庆年间救亲入实：

嘉庆九年二月十九日奉旨：刑部等衙门具题刘仁源救父情切铳伤小功堂兄刘仁沛身死一本，三法司核议，以该犯系火器伤人，例不应夹签声请，仍照故杀本宗小功兄律定拟斩决。但核其情节，死者捆殴服伯，本属犯尊，而该犯究系救父情切，且伊向空点放，铁铳装贮砂子适伤刘仁沛身死，并无必欲放毙之心，尚可量为末减，刘仁源著改为监候入于本年秋审情实办理。②

捕贼、疑贼、救亲，火器误杀平人之案，嘉庆十八年奏明，嗣后不论情节轻重，概入情实，恭候勾到。③

---

① 《沈本》卷二《人命》，第52页。
② 《乾嘉历年有关秋审》之嘉庆九年。
③ 《秋审章程》，《总办秋审处》。

嘉庆十八年，御史嵩安条陈火器误杀等案，秋审时应分别实缓，被刑部驳回，嘉庆帝进一步肯定说：

> 如鸟枪竹铳杀人之案，律以其为害惨烈，概拟情实。至勾到之时，其中疑贼误毙，情节可原，免予勾决者，亦岁所时有。其中共殴致毙四、五命以上之案，聚众逞凶，从前乾隆年间曾经钦奉谕旨，令执法研究，一命一抵，不得姑息养奸，历年均钦遵办理。而其中随行助殴，情介疑似之犯，亦间有免勾者……又岂更改科条所能执一而论者乎？

并顺便送了一顶"不知刑政大体"[①] 的帽子给他。

嘉庆后期，本条已基本将乾隆条款改定。《附本》所载如下：

> 凡火器杀人案，俱应入情实。如亲【情】切救亲及无心点放（如被死者追逐碰动火机之类），近年亦有一、二案酌入缓。间有情轻可原之案，于黄册内详叙情由，恭候勾到时裁定，嘉庆十八年本部议。[②]

道光前期，已将嘉庆后期条款基本改定，《黄本》所载如下：

> 凡斗火器杀人案，无论疑贼误杀，因斗误杀，俱入情实。间有情切救亲及无心点放（如被死者追逐碰动火机之

类），亦可酌入缓决。嘉庆十八年本部议驳御史嵩条奏，一概入实。①

《黄本》"凡"字下增一"斗"字，将本条范围限于"斗"，误。

道光中期，《谢本》则取《黄本》前段"凡……亦可酌入缓决"条文，删去以下"嘉庆……入实"这一段，再将《附本》中"小注"修改详明，再行添入，注文如下：

> 其间有情罪可原之案，于黄册出语声叙。唯无心点放照斗杀定拟者，入缓。至火器捕贼、误杀及当场致毙应抵正凶，并未经报部巡役致毙盐匪之类，道光三年及十八年曾经奏明，酌入缓决，应查照通行核办。②

道光十八年，因广东耿潮锦拟缓，奉天王均美拟实，二者均系火器，一并改定缓决：

> 查死者既系杀人应抵正凶，不但非捕贼、疑贼致死平人者可比，即较之致毙族匪、盐匪，死虽有罪，不尽属应死者，情节尤轻，若仍照寻常火器杀人，一概拟实，是死者既毙一命，罪犯应抵，复将一命与罪人实抵，揆之情法，似未为平。现将原题拟缓之耿潮锦请仍拟缓决；原题拟实之王均美改入缓决。嗣后秋朝凡致毙当场杀人应抵正凶，案情与此

---

① 《黄本》，《人命》，第8页。
② 《谢本》，《人命门》，第14页。

相类者，一并仿照定拟。①

道光十九年奏准：

> 火器捕贼误毙平人之案，秋审入于缓决。②

另，嘉庆十八年奏明之事，《沈本》有载：

> 嘉庆十八年御史蒿安奏请将捕贼疑贼火器误杀平人，及救亲情切火器杀人酌拟入缓。经刑部查："鸟枪、竹铳为害最烈，无论所杀者何人，杀之者是否有心，而以必致毙杀人之火器向人施放，其情节与故杀等，故定例斩候。在故杀之案既不论情节轻重，概入情实，则以故杀论之案，亦不当因其情稍有可原率拟缓决。即因捕贼疑贼误杀平人，起衅虽非无因，而死者无辜，猝遭惨杀，情亦可悯，且既无争斗情状，更难保非怀挟隐嫌，托词捕贼，以遂其戕害之计，其弊不可不防。至因救亲而火器杀人，案情尤多捏饰。试思伊父母如果被殴危急，该犯既持有枪铳，只应直前拦护，乃辄行施放，岂不虑伤及父母？此等命案定谳时因罪无出入，就案核复，秋审未便稍为宽贷。即间有情轻之案，亦当于黄册内详叙情由，恭候勾到，无不仰邀免勾，该御史所请应毋庸议。"③

---

① 《光绪会典事例》卷八五〇《有司决囚等第七》。
② 《光绪会典事例》卷八五〇《有司决囚等第七》。
③ 《沈本》卷二《人命》，第52、53页。

对误杀旁人等情形，《沈本》有载各代情况：

> 唯火器捕贼误杀旁人，道光六年山东省审办高法坤一案，照故杀拟斩，经部以高法坤身充巡役使，殴死爬盐之人应照擅杀罪人以斗杀论，将高法坤改照因斗而误杀旁人律拟绞，七年秋审入于缓决。此后火器捕贼误杀旁人之案，均拟绞入缓。十九年秋审广西农观候一起，外实，由部奏明改缓，并通行各省照此办理。至亲属相盗火器杀人，例不以擅杀科断，仍拟斩候者，于道光七年由部奏明酌缓。又，盐店巡役火器致毙盐匪，因未经报部有名，仍拟斩候者，于十三年奏明酌缓。火器当场致毙应抵正凶，仍拟斩候者，道光十八年刑部因广东耿渐锦一起拟缓，奉天王均美一起拟实，办理两歧，奏准将王均美改入缓决，并请嗣后仿照办理，通行各省在案。此外如死在烫火伤保辜正余限外者，亦得于黄册酌量声叙。……又，衅起救亲之案，如非事在危急，向来从严声叙。咸丰九年奉天张起盛经御笔勾决。十年四川吴家余一起，遇赦酌缓。同治十一年奉天王福年一起，未声叙，勾决。①

道光时，《蜀本》则取《黄本》正文，再增入《谢本》之按语，此后之《道光本》、《京都本》、《书斋本》一遵之。

《辑要》、《沈本》同于本条，唯"火器伤人"一语，二者均作"火器杀人"。

沈家本说得不无道理：

---

① 《沈本》卷二《人命》，第53、54页。

此条与各本文法不同，当是同治间改定。乾隆条款以斩绞为实缓之分，颇为简当，然当时办法亦不尽然。[①]

若火器拒伤巡役，道光五年因郭玉堂一案，刑部奏准：

臣等查匪徒聚众与贩私盐拒捕殴伤巡役例应绞候之犯，办理秋审向俱拟以情实。盖以匪徒聚众贩私已属玩法，复敢逞凶拒捕伤人，尤为顽梗，是以从严惩创。唯是秋审拟入情实，原指拒伤官设巡役而言，今广东省于道光四年十月内咨，准户部新定章程，以缉私巡役应由运司详明报部，遇有缉私致被拒捕者，始照贩私拒捕科断。倘系商人私设并未报明咨部者，仍照凡斗定拟，是以该省于上年十二月办理枭匪张献赋案内用枪轰伤巡役之张学文，即系照凡斗拟军。兹张玉堂、郭建美二犯，各因贩私将巡役齐元立、林文贵拒伤，齐元立、林文贵并未报部有名，若按照续定章程，该犯张玉堂、郭建美罪名不至于死，因定案在上年十月未定章程以前，是以将该犯等仍照例问拟绞候，已属从严。今届办理秋审，若将该犯等仍照向例入拟情实，究与拒伤官设巡役漫无区别，如因该犯拒伤之巡役并未由司报部竟照新定章程，舍殴伤巡役于勿论，仍依贩私本例定拟，该犯所犯究在例前，则又未免轻纵。臣等公同酌议，自应酌量变通，应请将张玉堂、郭建美二犯仍照原拟罪名酌入秋审缓决，以昭平允……嗣后各省盐店内报部有名之巡役，如因缉私被盐匪杀伤，或杀伤盐匪，俱分别照拒捕杀伤

① 《沈本》卷二《人命》，第52页。

及擅杀伤罪人各律科断。若仅止报县有名即照凡斗定拟，应请由臣部另咨通行各省一体遵照办理，等因，奏准。①

（四一）屏去人服食致死之案，如情节不甚凶暴者，亦酌量拟缓。

本条在乾隆中期应已产生。《叙雪堂故事删剩》所载乾隆四十七年《缓决三次人犯减等条款》中，"近边"之一即"屏去人服食"。②

本条在嘉庆后期纂定。

《附本》所载一同本条。此后历代各本因之未改。唯《书斋》本中"致死"为"致毙"，"酌"下无"量"字。

此条虽纂定于嘉庆时，乾隆时已有成案：

> 八年湖广鞫大理……嘉庆十六年奉天宋义……道光九年山东孙小牛……二十九年浙江汪耕生……以上各案，唯陈昂一起因自首从宽，余人亦只可入缓。虽事属过当，究无杀人之心也。此类案甚少，故备录之。"③

虽说拟缓，但亦非无实，谢信斋说：

> 屏去人服食致死，虽有伤人之意，原无杀人之心，故罪止拟绞，律如斗杀同科，历年秋审总以情节有无凶残酌分实缓。……道光九年湖广省毕盛修帮抢孀妇，拒捕伤人，将乳

---

① 《刑案汇览》卷一〇《户律课程》，第3、4页。
② 《叙雪堂故事删剩》，收于《中国珍稀法律典籍集成》丙编第3册，第234页。
③ 《沈本》卷二《人命》，第54、55页。

哺幼孩弃置冻死，外缓改实。①

（四二）以他物置人耳鼻孔窍致死，情同谋故者应入情实（如系
比照定拟，情有可原者，亦酌入缓）。

本条纂定于道光初年。

《黄本》所载几同于本条，唯"谋故"下有一"杀"字，此后《谢本》则将"谋故杀"略去"谋"字，成"故杀"，仍无"小注"，唯《书斋》本"应入"一词无"应"字。

"小注"应在同治年间增入，始见于《辑要》，又见于《沈本》。沈氏说：

> "小注"各本皆无，当是此本所增，前所录之案，比律定拟者多，此"注"盖据成案增入。②

此条亦有入缓者，谢信斋说：

> 他物置人耳鼻孔窍致死，如事出无心，死由适毙者，向来秋审亦有缓案。嘉庆二十四年四川省黄氏……外缓照缓。又，道光六年四川省古文彪……又，十五年四川省任怀芳……均外缓照缓。③

沈家本又说：

① 《谢本》，《人命门》，第43页。
② 《沈本》卷二《人命》，第56页。
③ 《谢本》，《人命门》，第43、44页。

此律至死者绞，盖以有伤人之意无杀人之心也。若情同谋故，则如上斗杀条内所言，用竹签、木杆等物插入耳鼻谷道，及以毒物致人口鼻，明有杀人之心，非谋即故，即不得照此律定罪矣。①

（四三）寻常斗杀案内用热水烫泼致毙者，亦可核其情节分别入缓。此等情伤较惨，如系伏暑有心用滚水浇淋，连片伤多者，不可轻议缓决（烫伤致毙之案，历年入缓。盖烫火虽与金刃同科，究不若金刃之立毙人命。苟情节稍有可原，即应入缓）。

本条产生于嘉庆后期。

《附本》所载已基本定型：

斗杀内用热水烫致毙者，似应核其情伤轻重分别入缓。②

可见，当时仅是"似应核其情伤"，尚非"亦可"。

道光初已增入"小注""此等情伤较惨，如系伏暑有心用滚水浇淋，连片伤多者，不可轻议缓决。"唯"斗杀"为"殴杀"，"分别入缓"为"分别实缓"。③

道光中《谢本》则将《黄本》之"小注"全文改入正文，如"小注"中"时候"二字，在《谢本》正文中尚予保留，且

① 《沈本》卷二《人命》，第55页。
② 《附本》，《人命门》。
③ 《黄本》卷二《人命》。

已将"殴杀"改为"斗杀"。其《按》曰：

> 热水烫泼至伤较金刃为重，向亦核其情节、分别实缓。①

《蜀本》、《道光本》、《京都》等本承《黄本》无改，而《书斋》本则承《谢本》无改。

同治年间，始增入"烫伤……即应入缓"小注。《辑要》、《沈本》条文均沿《谢本》。但二者与本款之"小注"应有出入，"历年入缓"一句，《沈本》为"历年入缓者"，《辑要》本为"入缓者多"，应以《辑要》本为是。证据有：

其一，《奏进本》之《按》曰："原注乃申明所以入缓之理，无关引用"。②

其二，《沈本》所举历年成案："乾隆三十八年朝审，高老……实。嘉庆六年四川杨万才……改实。十一年河南杨凤兆……照实。十七年山西张俊杰……改实。道光六年奉天项万荣……改实。咸丰十年直隶何三……改实。同治四年山东任氏……改实。此外大多以尚非有心浇淋，或由被殴抵御，或非意料所及，或时非伏暑，或死因抽风等情，入于缓决。"③

另，"分别入缓"一句，各本均承《附本》为"分别实缓"，为是，"如系伏暑"一句，各本均承《黄本》，下有"时候"，为是。

（四四）金刃伤穿透之案，如系胸前透脊背，肚腹透腰眼，或左肋

---

① 《谢本》，《人命门》，第 24 页。
② 《大清法规大全》卷二《法律部》，第 41 页。
③ 《沈本》卷二《人命》，第 57、58 页。

透右肋，及一切要害致命处所穿透者，皆情凶近故，应入情实。倘理直情急，受伤回拒，仅止一二伤，或死者扑拢势猛收手不及之案，虽至洞胸贯肋，亦可缓决。其余腿脚胳膊等处穿透者，亦照寻常斗杀伤痕，分别实缓。

本条嘉庆后期纂定。

《附本》所载条文如下：

> 金刃伤穿透之案，如系胸前透脊背，或肚肠透腰眼，左肋透右肋，及一切要害致命处所穿透者，皆情凶近故，俱应入情实。如理直情急，受伤回抵之案，虽伤洞胸贯肋，亦可缓决。其余腿脚胳膊等处穿透者，亦照寻常斗殴伤痕，分别实缓。①

道光初，此条已基本改定，《黄本》所载条文如下：

> 金刃伤穿透之案，如系胸前透脊背，肚腹透腰眼，或左肋透【右】肋，及一切要害致命处所穿透者，皆情凶近故，应入情实。倘理直情急，受伤回抵，仅止一二伤之案，虽至洞胸贯肋，亦可缓决。其余腿脚胳膊等处穿透者，亦照寻常斗杀伤痕，分别实缓。②

显然，"左肋透"下脱一"右"字。

道光中，《谢本》一遵《黄本》，在"一二伤"下增"之

---

① 《附本》，《人命门》。
② 《黄本》卷二《人命》。

案"二字，并增入小注："如死者扑拢势猛，收手不及之类，近年亦多缓案。"之后《蜀本》、《道光本》、《京都》、《书斋》各本一因之未改。

《辑要》、《沈本》则一同于本条。

谢信斋解释说：

> 金刃伤穿透要害，应入情实，系指有心砍戳、情凶近故者而言。若情急回抵，因死者扑殴势猛，本犯收手不及，以至洞胸贯肋，受伤奇重，究属出于不虑，历年秋审均有缓案。①

（四五）扳倒割筋剜目致毙人命之案，多入情实。如衅起理直，死非善类，并情节不甚凶残，意止欲令成废者，亦可缓决。

本条嘉庆后期已纂定。

《附本》所载已几同于本条，唯"剜目"为"剜眼"，尚无"意止欲令成废者亦可入缓"一句。

早在乾隆已有成案：

> 历年成案缓者为多，而实案亦复不少。乾隆五十年江苏孙如杰，因与死者争修补锅起衅，谋殴泄忿，用石灰将其两眼揉瞎致毙，奉旨改实。……②

道光初《黄本》将《附本》之"剜"字改为"刨"，并将

---

① 《谢本》，《人命门》，第32页。
② 《沈本》卷二《人命》，第60页。

"如衅起……亦可缓决"这一段改为"小注",是为特别。

《谢本》一遵《黄本》,仅将"刨"字改为"剜"字,将原"小注"改为正文,又在末尾增入"意止……入缓""小注"。其《按》曰:

> 割筋、剜眼致毙人命,向因其情凶手狠,故入情实。然衅起理直,止欲殴令成废,尚无凶暴情状者,历年秋审缓案亦多。[①]

道光末年之后,《蜀本》、《道光本》、《京都》本均遵《谢本》未之改。

《辑要》、《沈本》将《谢本》之"小注"改为正文,均同本条。

(四六)旗人杀死旗人之案,从前俱入情实。嘉庆八年本部奏明照民人斗杀一律分别情伤轻重,定拟实缓。

本条产生于乾隆十四年六月初六日的上谕。原为"满洲杀死满洲",后改"旗人"。

满洲杀死满洲,雍正前一概斩决。雍正年间开始按律分为斩、绞。乾隆继位后,则进一步从宽,非谋故重情则一概缓决。何以十四年突然又从严改入情实呢?

乾隆十四年六月初六日内阁奉上谕:八旗满洲互相杀伤

---

① 《谢本》,《人命门》,第33页。

案件，向例俱从斩决。至雍正年间乃按律以谋杀、斗殴分别斩绞，亦即行正法。自朕御极之后，以旗民条例轻重悬殊，特谕九卿八旗会同定议，一切命案俱著监候，至秋审时苟非谋故重情，概为缓决。但思立决之道，与其狎而易犯，不若使知所畏而不敢蹈。向来立法从严，其有深意。唯易旗民事例，既经画一，今又改从斩决旧制，朕心有所不忍。嗣后满洲与满洲殴杀案件，著于秋审时俱入情实，庶旗人咸知儆惕，不犯有司。著八旗都统通传知悉，务使各该旗人等惜身畏法，不罹非谴。①

刑部在此后十日的上奏中进一步明确：

但查从前满洲互相斗杀案件，未奉旨以前曾经缓决及已经结案应入秋审者，臣等仍照旧例定拟，自钦奉谕旨通行晓谕之后，尚仍不知儆惕，敢有凶心斗狠，自蹈厥辜，有负我皇上谆谆告诫之至意，应钦遵谕旨，嗣后凡遇满洲互相斗杀案件，即非谋故亦并入于秋审情实册内进呈，恭候勾决。②

由于当时并无"秋审条款"，所以乾隆十六年律例馆修例时，将此上谕改为条例，③并附在大清律例"有司决囚等第门"内，原文如下：

---

① 《秋审档案》二之乾隆十四年。
② 《秋审档案》二之乾隆十四年。
③ 《大清律例通考》卷三七《有司决囚等第》。

凡满洲杀死满洲之案，朝审时俱拟情实候勾。①

此后秋审，此条就成了"例实"。三十二年刑部奏准将此例删除后，在三十二年的条款中，就未另立专条，而是以"除笔"规定为"俱应拟入情实"之一。四十九年条款，再一次规定在《定例拟入情实各条》之中。②

将"满洲"改为"旗人"，事因乾隆五十八年之上谕：

乾隆五十八年八月初八日奉上谕：蒋兆奎查明秋审人犯拟议错误一折，初阅奏折以为必系罪名出入，定拟错误。及阅其所奏，乃布兰殴死济成一案，因布兰与济成同系正蓝旗，误以被殴之蒙古，济成已属满洲，照例拟入情实，今查系错误，应改为缓决，请与按察使祖之望一并交部议处等语，所奏不特拘泥，竟成笑柄矣。向来定例满洲杀死满洲，例文本未妥协，自应以旗人杀死旗人载入例条，则蒙古汉军皆可包括。况此例不过严禁旗人相杀之意，虽入情实，数年以来朕酌其情不勾改为监禁者甚多。今该抚误会例意，以被殴之济成系属蒙古误拟情实请改为缓决，试思八旗俱有蒙古汉军，岂蒙古汉军独非旗人，而满洲杀死蒙古汉军竟可毋庸抵偿，如是异视，岂公道乎？……至各省办理此等案件，恐亦有似此拘迂者，并著传谕知之。钦此。③

其实在乾隆中期，汉军未当"旗人"对待：

---

① 《大清律例根源》刑律卷六二《有司决囚等第》。
② 《秋审指掌》，第23页。
③ 《秋审档案》一之乾隆五十八年。

　　刑部谨奏为奏闻事，又黑龙江绞犯延僧殴伤雅尔哈身死一案，查延僧系另户汉军，因被满洲披甲雅尔哈醉后詈骂，并持棍向殴，该犯顺拾地下木掀回殴致伤雅尔哈殒命，核其情节本系寻常斗殴，令该将军傅玉照满洲杀死满洲例入拟情实，亦属错误。办理秋审错误，各员应俟命下之日，臣部行文吏部，照例查议，为此谨奏请旨。①

嘉庆后期，本条已基本改定，《附本》所载如下：

　　满洲杀死满洲之案，一律分别情伤轻重定拟实缓。②

道光初，本条已改定。唯"斗杀"为"斗殴"。此后的《蜀本》、《道光本》、《京都》、《辑要》诸本因承未改。
《书斋》、《沈本》改之为"斗杀"，为是。
旗人与民人一例办理，《秋审章程》有载：

　　本部于嘉庆八年奏准：嗣后旗人致死旗人，凡谋故及斗杀情伤轻重等案，秋审均与民人一例分别实缓办理，以归平允。③

沈家本说：

① 《秋审档案》一之乾隆三十四年。
② 《附本》，《人命门》。
③ 《秋审章程》，《总办秋审处》。

其实乾隆时虽俱拟情实，每年多有免勾之案，初非概予勾决也。①

另：《沈本》引乾隆上谕有"纂入例册"之语，未知源于何处，查《秋审档案》及《乾嘉历年秋审》之上谕原文，均无此言。

（四七）致毙老人幼孩之案，有欺凌情状者应入情实。如事本理直，伤由抵御，及手足他物伤轻，并金刃一、二伤轻者，亦可入缓。

本条应产生于乾隆前期。

三十二年条款中有"殴死幼孩之案"，条文并阮氏之"按"曰：

> 殴死幼孩之案，如系有欺凌，致死稚弱，情节可恶者，应入情实。其余事本理直，无心伤毙者，可以缓决。
>
> 谨按：误伤、戏伤、自行跌伤溺死者，并非与幼孩相争，实无致死之心，自应入缓。若露争斗之状，或有欺凌之心，不必多伤，刃伤，始行入实。②

四十九年则有"殴死老人"条款：

> 殴死老人之案，如有恃强欺凌，或持械毒殴，或伙众共

① 《沈本》卷二《人命》，第61页。
② 《秋谳志略》，《比对情实缓决各款》。

殴，或理曲寻衅，伤毙年七十以上者，应拟情实。其余被殴回抵，理直伤轻，并无前项凶暴情形者，可以缓决。①

乾隆末不仅入实，还须"赶入"本年秋审：

乾隆五十二年四月十六日奉上谕：刑部核复福建省李吴氏砍伤李魏氏幼子李连生身死一案，将李吴氏依故杀例问拟斩候……上年刑部具题杨张氏致死八岁之李么儿一案，以其因奸谋杀，仅以斩候不足蔽辜，曾降旨改为立决，并谕该部嗣后遇有谋杀十岁以下幼孩俱照杨张氏问拟斩决。原欲使凶恶之人共知惩创，童稚亦多所保全。但立法固已周详，恐愚民未能家喻户晓，仍不免无知逞凶，自罹重辟……所有李吴氏一案，著该部即赶入本年秋审情实办理，并通谕中外知之。钦此。②

杨张氏案：

乾隆五十一年七月初六日奉旨：刑部具题杨张氏与周万全行奸，因被年甫八岁之李么儿窥破声喊，起意致死灭口一案，将杨张氏照谋杀例拟斩监候一本，所办未为允协……杨张氏著即行处斩。嗣后如谋死幼孩年在十岁以上者仍照向例办理。其在十岁以下者，即照此案问拟斩决，以儆凶残而示惩创。余依议。钦此。③

---

① 《秋谳辑要》卷二《续增条款》，第38页。
② 《乾嘉历年有关秋审》之乾隆五十二年。
③ 文津馆藏《秋审档案》之乾隆五十一年。

此条《抄本》无，但见于《沈本》。

嘉庆时，显然将以上两条合二为一，改定本条，《附本》所载如下：

> 殴毙老人幼孩，有欺凌情状者应入情实。如事本理直，及手足他物伤轻，并金刃一、二伤轻，亦可缓决。①

道光初，本条已完全改定。《黄本》所载几同，唯"应入情实"上有"俱"字，"抵御"为"抵格"。此后《谢本》、《书斋》本均遵之。《辑要》、《沈本》则均同本条。

（四八）听从伊妻谋死前夫子女仍同凡论拟绞，及殴杀内伤多情惨、死太幼稚者，俱应情实。

本条产生于嘉庆时期。

《附本》所载尚有前段，无"伤多情惨，死太幼稚"一层：

> 听从伊妻谋死前夫子女仍同凡论拟绞，应入情实。②

道光初已全文改定，增入下段。《黄本》所载，唯"殴杀"下有一"案"字。

《谢本》承《黄本》义，未改。其《按》曰：

> 听从伊妻谋死前夫子女，既照凡论拟绞，则是助恶加

---

① 《附本》，《人命门》。
② 《附本》，《人命门》。

功，秋审自应入实。嘉庆十年四川省董之应听从妻活埋前
夫十三岁幼子，外缓改实。又，故杀妻前夫子女，秋审亦
多缓案。①

《沈本》同本条，其《按》曰：

　　此条未详定于何年。乾隆成案有三十四年河南胡有彩
故杀妻前夫之女赶入情实一起，余无可考。然故杀之案向
办成案虽均以凡论，然亦有入缓者。嘉庆五年四川张士
林……照缓。②

（四九）凡十五岁以下幼孩杀人之案，除谋故杀等项应入情实
　　　外，如系斗杀必实，有凶暴情节伤多近故无一可原，及
　　　死太幼稚、死系双瞽笃疾，理曲欺凌叠殴多伤者，方入
　　　情实，余俱缓决。至老人杀人，有彼此强弱不同。以弱
　　　敌强，虽伤多亦可缓决。若犯本强健而死者懦弱衰迈，
　　　或系幼孩笃疾辄肆行叠殴，情伤俱重者，自应入实。其
　　　谋故等亦与凡人同。

本条应产生于乾隆前期。
三十二年有"幼孩斗杀"之规定，《志略》所载条文及阮氏
之《按》如下：

　　幼孩斗杀案件，如被杀者较伊更小殴有多伤，并系金刃

① 《谢本》，《人命门》，第13页。
② 《沈本》卷二《人命》，第65页。

重伤者应入缓决。其被年长之人欺殴，力不能敌，情急回殴
致毙者，应入可矜。

　　谨按：此种案情宜逐案细商，不能统列一例。虽系幼孩
而有知无知、力强力弱、有心无心，以及贫富良贱之间并其
父母之有无，一一想到，平心区别，方能平允。①

　　《指掌》无"殴有多伤"一语，"被杀者"下有"之年"
二字。

　　嘉庆时，若犯年小则监禁：

　　　　嘉庆十一年四月十日奉旨……绞犯高应斗因年十二年
　　时，伊嫂失落帕针，疑系该犯童养七岁之妻龚四姑检藏，向
　　该犯告知，该犯即向龚四姑查问不认，疑其抵赖，用棍先后
　　殴伤其左额角等处。因其肆骂，又用烧热锅铲烙伤其右额角
　　等处殒命。死者虽系伊妻，但龚四姑年甫七岁，该犯既经用
　　棍先后致伤其右额角等处，乃复因其肆骂，辄用烧热锅铲烙
　　伤致毙，情殊残毒，且该犯年止十二，已如此凶残，成人以
　　后必非善类，尤不可不使知儆戒，以消其桀骜之气。高应斗
　　著监禁四年，再行减等，余依议。钦此。②

　　此条《附本》无，故应增定于道光初。《黄本》所载已几同
于本条。唯起始无"凡"字，"谋殴"下无"杀"字，"更幼
稚"为"太幼稚"。
　　《谢本》承《黄本》未改，其《按》曰：

————————

① 《秋谳志略》，《比较缓决可矜》。
② 《大清律例增修统纂集成》卷三十七《有司决囚等第》。

殴毙幼孩、老人，凶手每多从重论，则凶手为幼孩、老人，亦应量为从宽，故必须情伤俱重，无一可原，方可拟实。若伤虽多而情轻，自应入缓。[①]

此后《蜀本》、《道光本》、《京都》、《书斋》、《辑要》及《沈本》，均因之未改。唯前三本将"敌"字更之为"抵"。

沈家本的观点：

老幼犯谋、故法无可宽。至寻常斗殴，自当量示矜恤，一稚弱一衰迈也。幼孩斗殴杀人，实案未见。道光六年四川刘富儿照缓一起，部议云：两幼相斗，凶犯十四五岁以下情伤俱重者，向有实案。此起犯年十二，犯事时年甫十一，童子无知。若绑赴市曹正法，情殊悯恻。死者亦系同岁幼孩，刃砍头面九伤八致七损，立毙其命云云，是从前原有实案，今不可考矣。老人毙命，实案亦未见。其年在八十以上者，律得议拟奏闻，取自上裁。如犯事之时年未八十，与奏请之律不符，而秋审时年届八旬，未便与寻常人犯一体办理。光绪六年冯大科一起，外缓改矜，亦钦恤之意也。拟矜条款虽无老人一项，而乾隆五十八年山东孙日周，犯年逾七，死由痰壅，外缓改矜，是从前本有矜案。光绪十三年奉天吴氏逾七，老妇衅起不曲，殴止一伤，由被推情急所致，且死越一旬，因无入矜成案，仍入缓决，盖未考档案也。[②]

---

① 《谢本》，《人命门》，第35页。
② 《沈本》卷二《人命》，第66、67页。

另，沈家本说：

> 此条未详定于何年，乾隆条款幼孩杀人见矜缓比较门内，老疾斗杀亦见彼门，然系老疾连言，不专指老人也。①

沈氏所谓"老疾斗杀亦见矜缓比较门"，此属错误。

查《志略》抄本，《指掌》、《附录》均无此条，均有"残废、笃疾之人斗杀"条，唯《辑要》所载《志略》条款中，在此条上有"老疾"二字，各本均无，或许这就是沈氏所说和"老疾"连言。但细酌条文，下文"被杀者亦系残笃之人"【《辑要》本作"残疾"】，亦未言及"老疾"。阮氏之《按语》，亦言"残笃"，而与"老疾"无涉。

可见，《辑要》本中之"老疾"是衍文，不意却误了一代大匠。

（五〇）致毙妇女之案，如恃强欺凌，情凶伤重及他物迭殴七、八伤以上，金刃四、五伤以上者，俱应入情实。其寻常互斗，理直伤轻者，可以缓决。

本条应产生于乾隆前期。

三十二年已有殴死妇女之规定，《志略》所载条文及阮氏之《按语》如下：

殴死妇女之案，如系恃强欺侮，情重伤多者，应入情实。其余寻常互斗，理直伤轻者，可以缓决。

---

① 《沈本》卷二《人命》，第66页。

谨按：殴死妇女同一律牌而强弱不等。川、广二省妇女强梁之状更凶于男子，老孀弱女分别观之。其余先其谁先动手，次核其殴之多寡，再核其理之曲直、情之弱强。诸恶备其二、三者可以商实。其妇女先殴而回殴一、二下者，皆可入缓。至于伤不致命而妇女自尽者，最宜核其赴死之心。盖妇女轻生，往往心有他故不遂，隐曲难言而因端以毙命者。李代桃僵，不可草率。①

嘉庆后期，本条已基本改定，《附本》所载如下：

　　殴毙妇女之案，如恃强欺凌，情重伤多者，俱应入情实。其余寻常互斗，理直伤轻者，可以缓决。②

此时尚无"他物七、八伤，金刃四、五伤"二层。

道光初，已将"殴毙"改为"致毙"，"情重伤多"改为"情凶伤多"，并增入"及他物……以上者"，遂成本条。此后各代各本因之未改。唯《蜀本》、《道光本》、《京都》本改"恃强"为"势强"，误。

沈家本对实缓的看法是：

　　殴死妇女重在欺凌，即他物七、八伤以上，金刃四、五伤以上而无欺陵【凌】情状者，历年亦有缓案。乾隆年间办理较严，而伤痕多寡案情轻重多不可考。……嘉庆以后，或纠众凶殴，或挟忿迁怒，或伤重立毙，或理曲逞凶，或死系年老，或衅起图诈，种种情节不好，虽伤少亦入实。如起衅无甚曲直，金刃在六伤以上者，缓案绝中；四、五伤以下

---

① 《秋谳志略》，《比对情实缓决各款》。
② 《附本》，《人命门》。

者，缓多实少。道光二十八年以后，下逮咸丰年间，以及同治初年，凡已至五伤者一概入实。同治末年以后，五伤者缓案渐多，即六伤亦有缓案矣。他物伤，道光成案有铁器十四伤，木器十九伤而入缓者。大约金刃与条款不甚悬殊，他物则未免太宽。①

（五一）殴死祖妾、父妾仍分别有无子女及是否年老，并情伤轻重酌入实缓（较兄妻尤应加严）。

本条应产生于嘉庆四年之上谕：

> 十月初五日奉上谕……强争祖妾养老田亩，刃毙其命等案，皆系恃强逞凶……应入情实之犯，原题概拟缓决，殊失情法之平。……在他人犹可诿之不谙律例，胡季堂素习刑名，乃于秋审案件并不核实持平，妄意揣测，预存成见，竟染外省习气，殊属非是。②

熟悉刑名的胡季堂亦只能"妄意揣测"，拟为缓决，此前应无此类成案可据。

本条纂定于嘉庆年间。

《附本》所载几同于本条，唯"酌入"为"分别"。

《谢本》将《黄本》之"分别"改为"酌定"，此后历代各本因之未改。末尾"小注"始见于《辑要》本，应在同治年间增入。

---

① 《沈本》卷二《人命》。
② 《秋审档案》一之嘉庆四年上谕。

谢信斋认为不应加重：

> 定例妻之子殴死生有子女之庶母拟斩监候，其谋故杀死
> 亦拟斩监候。又，嫡孙众孙殴庶祖母至死拟绞监候，谋故杀
> 者拟斩监候，例均载明，秋审时酌量情节办理，自应比较殴
> 死寻常妇女核其情伤轻重，分别定拟，不以祖妾、父妾稍为
> 加重也。①

《沈本》载有嘉庆初之成案：

> 嘉庆四年，直隶牛维来强争祖妾养老田地，复刃毙其
> 命。十二年河南张志义，理曲凶殴六十八岁已生子女之祖
> 妾，致命一伤骨碎立毙，均改实。②

致毙兄妻，在乾隆年间应是入实的：

> 乾隆十八年十月十四日内阁奉上谕……江苏三案……戴
> 彭恨伊嫂索欠，立加殴毙……所办以重罪拟缓，经九卿核实
> 改正……所有承办案件之……著饬行。③

（五二）**致毙兄妻之案，律以凡论，亦与致毙寻常妇女一律分**
　　　　别实缓，略为加严。至弟妻究与兄妻有间，应同寻常
　　　　妇女论。

---

① 《谢本》，《人命门》，第23页。
② 《沈本》卷二《人命》，第68、69页。
③ 《秋审档案》二之乾隆十八年上谕。

本条前段"兄妻"一层纂定于嘉庆年间。

《附本》所载"致毙"为"殴死","律"为"例"。无"弟妻"以下。

道光初，已增下段，《黄本》所载已将《附本》之"殴死"改为"致毙"，"律"改为"例"，"致死"改为"致毙"。并增加下段"至弟妻究与兄妻有间，应同寻常妇女论。如衅起理直，死非善类，并情节不甚凶残者缓决"。

《谢本》上段承《黄本》，唯将"弟妻究与兄妻有间，应同寻常妇女论。"改为"小注"，置于上段末尾。

《蜀本》则承《黄本》，但将末尾一层"如衅起……缓决"裁去，此后历代各本均承之未改。

（五三）殴死双瞽笃疾及病人之案，情稍重者多入情实。如理直伤轻，亦可缓决。至笃疾杀人，稍有可原情节即入缓决。

本条后段始于乾隆年间。

三十二年有"残废、笃疾斗殴"条款，《志略》所载条文及《按语》如下：

> 残废笃疾之人斗殴案件，如被杀者亦系残笃之人，及情节凶狠者，应入缓决。其被人欺殴，情急无奈，回殴致毙者，应入可矜。
>
> 谨按：死者为残笃之人，凶手每多从重论；则凶手为残笃之人，亦应量为从宽，方为平允。故向无情实而可矜尤

多。然其中瞀目之人率众逞凶者，不尽可悯，宜酌案情。①

嘉庆年间纂定前段，《附本》所载，几同于本款前段。唯"笃疾"为"废疾"，"病死"之上有"殴死"。

道光初，已将下段增入，《黄本》所载几同于本条，唯"情伤"为"情节"，《谢本》则将其又改为"情伤"，此后历代各本因之未改。

《谢本》之《按》曰：

> 致死病废之人，历年秋审应核其是否欺凌逞凶，以定实缓。

（五四）僧人殴毙人命之案，向多以其犯杀戒入实。如理直伤轻者，亦可缓决。若犯奸而又犯杀，则不可轻议缓决。

僧人杀人治罪的规定应始于雍正初年，因其三年三月的上谕中提到此事：

> ……从前朕因僧人系皈依佛教行善之流，岂可殴人致死，曾特降谕旨，著定治罪之例。②

僧人犯奸又犯杀，在乾隆前期已入情实。《秋审档案》二载二十七年"记名情实"之一即有"江西方显系僧人妒奸故杀人命之犯，奉旨秋审著入情实"。

---

① 《秋谳志略》，《比较缓决可矜各款》。
② 《清朝通典》卷八三《刑四》。

本条应产生于乾隆前期。

三十二年已有"僧人杀人"条款，《志略》所载条文及《按语》如下：

> 僧人杀人案件，如实系戏杀、误杀，以及情节本轻者，应拟缓决。其逞凶斗狠致毙人命者，应入情实。①

僧人杀人何以多入情实，应与乾隆四十年悟明案上谕有关：

> ……况悟明既系僧人，即应守戒，乃逞凶连扎二人，一死一伤，实为狠恶。悟明仍著问拟监候，入于本年秋审情实，以示惩儆。嗣后遇有僧人行凶毙命之案，俱不得轻议宽减。②

僧人杀其俗家卑幼如何处断，乾隆四十一年九月的上谕中说：

> ……僧人披剃出家，即不当复论其俗家卑幼，且致死人命即已犯其杀戒。今静峰因周阿毛痴呆无用，辄行谋死图赖泄忿，凶残殊甚。彼不念手足之谊，何得复援尊长之条？刑部因律有"僧于本身亲属有犯，仍按服制定拟"等语，遂尔概行比附。殊未思律言"有犯"，专指"尊长"而言，如僧人犯其祖父、伯叔，是不可因其出家稍为末减。若卑幼，本不可言"犯"，又安得由犯尊之律推而下之乎？是僧人致

---

① 《秋谳志略》，《比对情实缓决各款》。
② 《清朝通典》卷八四《刑五》。

死俗家卑幼，断不可当复以服制论也……嗣后僧人如致死本宗卑幼，无论斗殴谋故，俱以凡律定拟。至谋财害命、强盗杀人，及图奸谋杀之案，于卑幼之恩已绝，俱照平人一例办理，不得复依服制宽减。[①]

应该说，乾隆对律例的解释是"经典"之言。

四十二年十一月，因僧人界安将其十一岁幼徒韩二娃拴吊叠殴立毙，乾隆称："僧人出家持律，原不应身犯杀戒，是以每年秋审时遇有僧人殴毙人命者，概予勾决，以示惩创。"因而下谕刑部定议条例，因此议准：

嗣后僧人谋杀、惨杀十二岁以下幼孩者即拟立决。[②]

此种情形，已与秋审无涉了。

嘉庆年间已改定本条上段。《附本》所载，唯"理直伤轻下"有"及仅止金刃一、二伤"一层。"若犯奸……"这一下段，《黄本》因之未改。

《谢本》承以上二本，增入下段"若犯奸而又犯杀则不可轻议缓决"。《书斋》本因之。

道光末，《蜀本》则删去"及仅止金刃一、二伤"一语。之后，《道光本》、《京都》、《辑要》、《沈本》均从之。

沈家本说："僧人犯奸又犯杀者，历年成案无不入实。"[③]

---

① 《清朝通典》卷八四《刑五》。
② 《清朝通典》卷八四《刑五》。
③ 《沈本》卷二《人命》，第71页。

（五五）奸匪、窃匪致毙人命之案，如系争赃争奸，殴戳伤多
　　　　者，俱应入情实。其余衅非因奸因盗，系寻常口角争
　　　　殴，或系死者怀妒忿急等类情急伤轻者，亦可缓决。至
　　　　奸匪殴死纵奸本夫一项，死者亦属无耻，如非因奸起
　　　　衅，亦可与常斗一律办理。

本条产生于乾隆前期：

　　　乾隆十八年十月十四日内阁奉上谕：今年各省秋审人犯
招册，该督抚本拟缓决，经九卿改情实者，四川四案内……
陈文仲则因争赃连毙二命……乃该督仅拟缓决，何以惩凶顽
而挽颓俗？①

《秋审档案》二载有乾隆二十七年"记名情实"之一有"直
隶张悦系妒奸殴死王昌之犯，上年奉旨，著入下年秋审情实。"②
《附本》载有本条上段：

　　　奸匪、窃匪致毙人命之案，如系争赃争奸，逞忿残杀多
伤者，俱应入情实。其余衅非因奸因盗，系寻常斗殴致毙平
人，或因争赃怀妒而死者亦系奸窃匪类，此等类情急伤轻
者，亦可缓决。③

道光初增定了下段，《黄本》所载已同本条，此后历代各本

　　① 《秋审档案》二之乾隆十八年上谕。
　　② 《秋审档案》二之乾隆二十七年。
　　③ 《附本》，《人命门》。

悉遵之，无有改动。

《谢本》之《按》曰：

奸匪、窃匪致毙人命，以起衅是否因奸因盗，并核其伤痕轻重以定实缓。①

（五六）续奸不遂殴死悔过拒绝之奸妇者，应入情实。如死者并非悔过拒绝，因他故不允续奸而杀，及非因奸起衅致毙奸妇者，照寻常殴毙妇女之案略为加严。

本条应产生于乾隆年间，四十九年通行之《比较情节酌量入实各条》中已有一条，即：

殴死先系和奸，后因悔过拒绝之奸妇。②

《沈本》载有乾隆四十年部议：

乾隆四十年部议，近来和奸杀命之案，有按谋故斗殴本律问拟者，亦有和奸在先后因拒奸杀死即照强奸之例问拟立决者。唯查因奸杀人，情罪本重。即先系和奸，后因拒奸杀死之犯，秋审时无不拟入情实，较强奸杀人之犯不过稍缓须臾，从无幸逃法网。但不论强奸、和奸概拟情实，是强奸杀死良人之罪既无可以再加，遂使失节于先之人与守节而死之人视同平等，实无以励名节而维风化。嗣后除并未犯

① 《谢本》，《人命门》，38 页。
② 《秋审指掌》，第 25 页。

奸之妇女良人若因强奸不从立时杀死俱照例问拟斩决外，如既经和同相奸，继因别故拒绝致被杀死者，本人既失节于先，既难与贞良并论，应仍照谋故斗殴本律问拟监候，入于本年情实。①

乾隆六十年"情重正法"人犯中有："四川省斩犯刘友才，续奸不遂，逞忿故杀悔过拒奸之妇，淫恶凶狠，法无可宽，是以处决"；"湖广省斩犯李豪文，恋奸逼逃不遂，逞忿故杀奸妇，淫恶凶狠，法无可宽，是以处决"。②

沈家本认为：

> 是从前杀死奸妇系秋审例实之案，迨后纂例时将入于本年情实句删去，不知何时又分别悔过、非悔过，修定此条，凡杀死悔过拒绝者概行入实无论矣。其因他故者亦非一端，有因无力资助者，有因与他人通奸情密者，杀死此等无耻之妇情节较轻。又有因其翁在家恐被知觉者，有因其父看破送回夫家者，有因恐被本夫看见责打者，有因其夫回归恐被窥破者，有因其姑管束严紧者，有因恐人看见及撞破者，种种情节，在死者稍知廉耻，则杀之者既丧其节复戕其命，淫凶为甚，情何可原。向来实缓不甚画一。……又有因死者改嫁，纠众登门寻衅，刃毙其命者。犯欲修好，死以陵【凌】辱，向伊抱怨，立毙其命者；诱令同逃，死者抱怨，刃毙其命者；皆以情重入实。又有因死者失约另嫁，刃毙其命者，

---

① 《沈本》卷二《人命》，第75、76页。
② 《秋审档案》一之乾隆六十年。

以情轻入缓，自是平允。①

嘉庆年间本条已基本纂定，但尚未分"悔过"与"非悔
过"。《附本》所载如下：

> 续奸不遂殴故杀悔过拒绝之奸妇者，应入情实。如因别故
> 起衅殴毙奸妇者，照寻常殴毙妇女之案分别情伤轻重办理。②

至少在乾、嘉时期，刑部在实际定拟时，对"悔过拒绝"
是要求有真凭实据，且"拒绝"非仅指妇女，亦包含男子在内：

> 杀死已经拒绝男女奸情之案，其中如有实在悔过为良，
> 确有凭据见证者，方将凶手拟入情实。如因别故拒奸，各按
> 谋故斗殴，酌其情节，分别实缓。③

道光初，已分别"悔过与非悔过"，本条已完全改定。《黄
本》所载几同于本条。唯"并非"为"虽非"。此后《谢本》、
《书斋本》因之未改。

《道光本》、《蜀本》将"虽非"改为"并非"，《道光本》、
《京都》、《辑要》、《沈本》因之，一同于本条。

谢信斋认为：

> 此条重在奸妇拒绝由于悔过，奸夫辄因续奸不遂，将其

① 《沈本》卷二《人命》，第 76 页。
② 《附本》，《人命门》。
③ 《秋审章程》，《总办秋审处》。

殴毙，淫凶为甚，故多入实。若因他故不允续奸致被杀死，
情伤较轻，亦有缓案。①

《奏进本》之《按》曰：

> 悔过拒绝例准以良妇论。如因续奸不遂将其致毙，定罪
> 既照罪人拒捕，秋审应以拒杀论，自不待言。至别故拒绝因
> 而致毙奸妇，彼此俱系罪人，应照寻常殴死妇女分别实缓。②

（五七）殴乞丐毙命并赌匪致毙赌匪之案，俱照常殴分别实缓。
　　　　若赌匪因赌起衅致毙平民，应略为加严。（此本平民作
　　　　民人，照道光本改。）

各本均无"殴"，本条开始之"殴"字应系衍文。

本条应产生于嘉庆年间，但当时与"贼匪"并举，尚无
"赌匪"一层。《附本》所载如下：

> 贼匪、乞丐致毙人命之案，俱照常斗分别实缓，不必
> 加重。③

无怪乎沈家本说：

> 嘉庆年间成案无乞丐一门，盖与常斗不殊，即毋庸另立

---

① 《谢本》，《人命门》，第40页。
② 《大清法规大全》卷二《法律部》，第43页。
③ 《附本》，《人命门》。

名目也。夫乞丐亦平人，古来英杰往往出于其中，本不得与平民歧视。条款第曰乞丐，而向来阅看秋审，每遇乞丐即以丐匪目之，未为允协。唯乞丐之中亦不免有游惰凶很之辈，如果伺窃拒捕，或倚众逞强，或强讨滋事，因而杀死平人，目之为匪，亦复何辞。至两比皆系乞丐，则更与常斗相同矣。道光以后，成案另一门，实案绝少。[1]

道光初本条已改定，《黄本》所载几同本条，唯"平民"作"民人"，但"略为加严"则为"俱应入实"。

《谢本》承《黄本》，将"民人"改之为"平民"，"俱应入情实"则改为"应略为加严"。此后《辑要》、《沈本》因之。

《蜀本》将"应略为加严"之"应"删去，道光末已肯定加严，而非要求加严。《道光本》、《京都本》、《书斋本》因之，一同于本条。

谢信斋认为：

> 赌匪因赌起衅殴毙平人，虽照常斗加严，仍应核其情伤，以定实缓。[2]

（五八）奴婢殴死良人，仍照常斗核其情节，分别实缓。

本条应源于乾隆年间，现有成案可考：

> 乾隆四十四年四川武济布……拟实未勾。四十九年朝

---

① 《沈本》卷二《人命》，第77页。
② 《谢本》，《人命门》，第42页。

审，关东家奴戏杀蓝翎侍卫拟实，办理均严。唯六十年奉天赵瘸子……以亲老从宽改缓留养。①

嘉庆年间，本条已纂定。《附本》所载同于本条，唯"可因之"未改。

谢信斋认为不应加重：

> 奴婢殴死良人，定律虽拟斩候，而秋审则仍核其情节之轻重办理，向不以加重。②

（五九）乳母闷死幼孩之案，例无明文，定案俱照乾隆二十六年谕旨拟绞，致雇主绝嗣者情实，未绝嗣者缓决。五十九年奉旨，嗣后遇有此等案件，讯系独致其宗绝嗣者，即系出于无心，亦应入于秋审情实。

本条嘉庆年间纂定前段，即"乳母……缓决"。《附本》所载，唯"闷死"为"闷毙"，"二十六年"为"年间"。③

道光初，《黄本》将"闷毙"改为"闷死"，"年间"改为"二十六年"，并增下段："五十九年奉旨入实，并未指明未绝嗣者入缓"，又增小注于其下："现在办理无论是否绝嗣，均拟情实"。《书斋》本因之。《谢本》则仅有《黄本》前段。其《按》曰：

---

① 《沈本》卷二《人命》，第78页。
② 《谢本》，《人命门》，第22页。
③ 《附本》，《人命门》。

此条实缓向以绝嗣不绝嗣为定，应遵照办理。①

道光末，《蜀本》将乾隆五十九年谕旨以小字附于"奉旨入实"之后，文如下：

乾隆五十九年徐氏案奉旨：嗣后遇有此等案件，讯系独子，以致其宗绝嗣，即系出于无心，亦应入于秋审情实，以昭平允。钦此。②

何以出于无心亦改为情实，乾隆是这样说的：

刑部等衙门将乳母徐许氏压闷幼孩身死一案问拟绞候，固属照例办理，已照签发下矣。但似此乳母压死幼孩之案，如讯系所乳幼孩之外别有子嗣而压闷致死实出于无心，自应照旧问拟，临时尚可免勾。若其家只有此幼孩一线，别无他子，此等蠢愚乳母不知小心抚养，竟至压闷身死，甚且挟嫌怀怨有心致毙，以致其家因此绝嗣，不可不分别办理。③

《道光本》、《京都本》同《蜀本》。

《辑要》、《沈本》中，已将《蜀本》之以上"小注"改入正文，并删去末尾"小注"，一同于本条。

（六〇）回民殴毙人命之案，如结伙持械，情凶伤重者，俱应入

---

① 《谢本》，《人命门》，第43页。
② 《蜀本》卷一《人命》，第23页。
③ 《秋审档案》一之乾隆五十九年。

实。若仅系寻常斗殴，不必加重。

　　本条纂定于嘉庆年间。

　　《附本》所载已几同于本条，唯"如结伙"为"余结伙"，"情凶伤重"为"凶斗"，"应入"上有"俱"，"若仅系"为"如仅系"。

　　道光初，《黄本》承《附本》，唯将其"系"、"若"二字改为"如"而已。《书斋》本因之。

　　《谢本》同《黄本》，其《按》曰：

　　　　回民犷悍性成，动辄持械伙斗，故定例特严，所以戢其强暴之气，而殴人致死者，向亦核其情伤，以定实缓。①

　　道光末《蜀本》将"凶斗"改为"情凶伤重"，《辑要》本因之，均同于本条。

（六一）平人致毙番民及番民致毙平人，俱照寻常分别实缓。

　　本条应在嘉庆年间纂定。

　　《附本》所载几同于本条。唯"致毙"为"殴死"，而第二个"平人"则为"民人"。

　　道光初，《黄本》已改"殴死"为"致毙"，"民人"亦改为"平人"，但将"及"字删去。《谢本》已全文改定，同于本条，此后各本因之未改。

---

① 《谢本》，《人命门》，第80页。

沈家本说：

> 近来此等案鲜见。嘉庆十六年四川竹吉等苗民共殴各毙
> 民人一命，因与民人结亲起衅，竹吉棒十四，竹只木棒三损
> 断，俱实。八年四川张善殴死抢布夷人，案情本轻，唯夷众
> 烧抢报复，究因该犯起衅，改实。此二案办理皆严。咸丰间
> 尚有夷民毙命之案，皆情轻入缓。①

（六二）官司差人追征钱粮，句摄公事，抗不服，殴差致死之案，原以该犯非有罪之人，故不以罪人拒捕论，秋审亦当分别情伤，以定实缓。

本条应产生于道光年间，《附本》、《黄本》、《秋谳志》均无，始见于《谢本》，其"不以罪人拒捕"无"罪人"二字，下有"杀人"二字，且该条无《按语》。此后《蜀本》、《京都》、《书斋》、《辑要》等均因之。唯《沈本》同于本条。

沈家本说：

> 道光末年本，蜀本段末有"如情同拒捕者应入实"，道光初年本与此同。按：此条未详定于何年。既不以拒捕论，又何情同拒捕之可言，段末二句不添为是，道光初年本原无此二句也。拒捕律折伤者绞，杀人者斩。此律笃疾者绞，死者斩，轻重本自不同，则秋审亦应有区别，不得以偶然抗拒俱入情实也，向来成案入缓者多。②

---

① 《沈本》卷二《人命》，第81页。
② 《沈本》卷二《人命》，第85、86页。

（六三）兵丁、差役、粮船水手殴毙人命之案，如索诈、索贿，倚
　　　　势滋事，情节凶暴者，俱应入实。其余亦照常斗分别实缓。

　　本条纂定于嘉庆年间，但无"粮船水手"一层。

　　《附本》所载几同于本条，唯"差役"下无"粮船水手"，
"殴毙"为"致毙"，"入实"为"入情实"。

　　道光初，《黄本》改为"殴毙"，"入情实"改为"入实"，
但仍无"粮船水手"一层。

　　道光中，《谢本》始增入"及粮船水手"一层，一同于本条

　　《蜀本》则删去"及"字，《辑要》、《沈本》因之，一同于
本条。

　　《奏进本》之《按》曰：

　　　　从前粮船水手与兵役无异，是以与兵丁差役并列。自改海
　　　　军后，东漕尚有帮船通坝，尚有剥船，庚子后一律裁撤。江浙
　　　　漕粮虽间有用舟运至上海者，皆系雇自民间，并非官役。①

（六四）在押人犯殴毙人命，仍核其本案情伤轻重，分别实缓。

　　本条《附本》无，始见于《黄本》，应纂定于嘉、道之间。
此后历代各本因之未改，一同于本条。

　　谢信斋说：

_____

① 《大清法规大全》之卷二《法律部》，第43页。

在押人犯殴毙人命，究与在监杀人有间，向仍视其情节轻重以定实缓。①

沈家本说：

如死系同押之人，自应仍照常斗分别实缓。若死系应捕之人，即与同押之人有异，轻重当分别。②

（六五）殴毙兵丁、差役之案，如情同拒捕者，俱应入实。其余亦照常斗分别实缓。

本条应纂定于嘉庆年间。

《附本》所载几同于本条，唯"入实"为"入情实"，"余照常斗"为"余亦照常斗"。

《黄本》已将以上"情"、"亦"两字删去，却置于《杂项门》，未知何故，此后历代各本因之未改，一同于本条。

《谢本》之《按》曰：

殴毙兵役果系情同拒捕，即伤痕稍轻亦有实缓。

沈家本认为：

平人杀死兵役之案，由于兵役倚势滋扰，忿激致死者多，其情大可原宥。若系有干律拟之人情同拒捕，虽伤轻亦应入实。③

---

① 《谢本》，《人命门》，第 25 页。
② 《沈本》卷二《人命》，第 82 页。
③ 《沈本》卷二《人命》，第 82 页。

（六六）部民殴本管官，折伤刃伤者俱拟情实。其非本管官以凡
　　　　斗论之案，如死者理曲自取陵【凌】辱，情伤俱轻者，
　　　　可以缓决，余俱入实。

本条在乾隆年间尚有成案可考：

　　　乾隆五十六年直隶王成玉，系尚书已退轿夫殴死王府护
　　军，手足一伤，衅不曲，照实。①

乾隆年间已纂定本条前段，《附本》所载如下：

　　　部民殴官，折伤俱拟实。②

当时不仅无"非本管官"一层，亦未言"刃伤"。道光初已
改定前段，增定后段"非本管官"一层，唯"凌辱"为"凌
虐"。③

《谢本》将"凌虐"改为"凌辱"，此后历代各本均遵《谢
本》未改，均同本条。

《谢本》之《按》曰：

　　　部民殴本管官，则蔑法逞凶，莫此为甚，故但殴即坐杖
　　徒，折伤刃伤罪应绞候，系属例实。其非本管官以凡斗论之

---

① 《沈本》卷二《人命》，第84页。
② 《附本》，《人命门》。
③ 《黄本》卷二《人命》。

案，必情伤俱轻，方可原缓。①

沈家本亦说：

> 殴官之案向从重比，犯上之风不可长也。本管官固属例实，即非本管官以凡斗论者亦多实案。②

① 《谢本》，《人命门》，第44页。
② 《沈本》卷二《人命》，第84页。

六 奸抢窃门条款考

（一）奸职官妻者，奸夫、奸妇俱应归情实。和奸，妇系再醮者，将奸妇入缓决。至奸夫系平人，奸妇亦系再醮，则奸夫亦可酌入缓决。

本条乾隆年间应已产生，至少已经有案，是否俱入情实尚难确知，似有缓案。《叙雪堂故事删剩》载乾隆四十七年《缓决三次人犯减等条款》中，"三次以上不准减之一"即有"奸职官妻"。①

此条嘉庆年间已基本纂定前段，无"和奸"后段。

《附本》原文是：

> 奸职官妻者，应拟情实。②

《谢本》亦同，唯"应拟"为"应入"。

道光初，则增入"奸夫、奸妇"，"平人、再醮"两层。

《黄本》所载，已增入"小注"如下：

---

① 《叙雪堂故事删剩》，收于《中国珍稀法律典籍集成》丙编第 3 册，第 236 页。
② 《附本》，《奸盗抢窃门》。

奸职官妻者，奸妇系再醮者，将奸妇入缓。至奸夫系平人，奸妇亦系再醮，则奸夫似亦可酌缓。①

奸夫随奸妇定拟，似与嘉庆十一年尹楚英案有关：

四月二十七日奉旨……又，官犯尹楚英因与把总周国明之妻通奸，被周国明查知，呈报审实，依职官奸职官之妻拟以绞候，固属照例办理，但奸妇曹氏现拟以监禁二年后减等，奸夫自应一律办理……②

且将"奸夫奸妇俱入情实"一并排成"小注"，误。

道光中《蜀本》沿《黄本》，将"奸夫奸妇俱入情实"改成大字正文，并将"小注"中"如"字删去，将"至"改为"若"。

同治年间，将"小注"删改成条文纂入，《书斋》、《辑要》、《沈本》均如是，"亦可酌入缓决"句，《书斋》本作"亦可酌缓"，后两本均作"似亦可酌缓"。

沈家本考证说：

道光初年本"者"下无"奸夫、奸妇"四字，无"如奸妇"以下云云，各本"如奸妇"以下系小注。嘉庆九年湖广尹楚英案内把总之妻与人通奸，系再醮之妇入缓，此文

① 《黄本》，《奸盗抢窃》。
② 《大清律例增修统纂集成》卷三七《有司决囚等第》，第21页。

盖即据此案增定。①

谢信斋说：

> 此条系属例实，可以遵办。道光十二年朝审张大、韩
> 氏，张大系民人，与闲散世职一等轻车都尉郭兴隅之妻韩氏
> 通奸，俱实。②

沈家本认为：

> 职官妻犯奸入情实者，以其系命妇也，再醮例不得膺诰
> 命，即不得正其名为职官之妻，奸妇可宽。若将奸夫入实，
> 似未平先，以俱缓为是。且此条例已严厉，本意重在奸妇，
> 不在奸夫。今奸妇既宽，则奸夫自应一例从宽也。③

（二）轮奸为从及强奸已成，无论有无伤人，并诱奸幼女、幼
童，虽和同强之案，俱应入情实。若冒奸已成之案，究与
强奸不同，可以缓决。

本条产生于乾隆前期，源于成案。

查《秋审档案》二载，乾隆十五年查办历年缓决五次以上
人犯减等时，其中有一部分因情罪重大，虽经缓决五次，仍不准

---

① 《沈本》卷三《奸盗抢窃》，第 1 页。
② 《谢本》，《奸抢窃门》，第 46 页。
③ 《沈本》卷三《奸盗抢窃》，第 1 页。

减等，共 22 类，其第二类即"轮奸为从"。① 按照惯例，凡情罪大是入于情实的，经情实未勾再改为缓决。那么，十五年的"轮奸为从"人犯，至迟也是在六年前，即乾隆九年前的情实人犯。可见，"轮奸为从"人犯入实始于乾隆初，或者更早。

三十二年条款，将强奸已成作为例实规定，轮奸为从则规定在"光棍为从"条中："及轮奸已成等案……应入情实"。②

也就是说，当时两种人犯均为入实。

乾隆四十九年通行其《定例拟入情实各条》即有"光棍为从情重者"及"强奸已成"，可见乾隆年间，两者均实。

在乾隆末：

> 轮奸已成，照光棍为首例分别首从办理。为首斩决，为从拟绞之犯，自应赶入秋审情实，方足以示惩儆。③

嘉庆年间，将以上两者结合，并增加"诱奸幼女、幼童"及"诱奸不成殴扎妇女多伤"两层。《附本》所载条文如下：

> 轮奸为从及强奸已成，并诱奸幼女、幼童，虽和同强之案，及诱奸不成殴扎妇女多伤者，俱应入情实。④

道光初，再次增入"无论曾否伤人"及"冒奸已成"两层，全文改定。《黄本》所载几同本条。唯"有无"为"曾否"。

---

① 《秋审档案》二之乾隆十五年。
② 《秋审指掌》，第 8 页。
③ 《秋审档案》之乾隆五十三年，抄本，文津馆藏。
④ 《附本》，《奸盗抢窃门》。

《谢本》则已将其改成"有无"。此后《蜀本》、《京都》、《书斋》本遵之不改，同于本条，而《辑要》、《沈本》则仍遵《黄本》不改。

《谢本》之《按》曰：

> 此条系属例实，可以遵办。嘉庆十一年四川省陈潮位十五岁诱奸十岁幼女已成，外实照缓。[①]

关于冒奸如何定拟，《沈本》载有嘉庆二十五年部议：

> 嘉庆……二十五年直隶段法祥改实，部议云："查冒奸之案，律与强奸同科，秋审以本妇自尽者入实，本妇未经自尽，或临时本妇知觉，该犯有强暴情形，本妇欲行自尽经救得生各等情，亦应拟实。此起冒奸无强暴情形，本妇知觉亦无羞忿之意，至先曾另犯索欠挟制逼奸一妇强合和成，律止满杖，唯究系两污良妇，竟难不实。[②]

（三）因盗而强奸未成者，应入情实。

嘉庆初因盗而奸者是不需秋审的：

> 因盗而奸者斩决。[③]

---

① 《谢本》，《奸抢窃门》。第46页。
② 《沈本》卷三《奸抢窃门》，第2页。
③ 《秋审档案》一之嘉庆四年。

《秋审档案》注明此条载于嘉庆四年之《通行》，可惜已无可详考。

本条定于嘉庆四年刘详一案后。《奏进本》分析得入情入理：

> 律载窃盗临时有拒捕及杀伤人者皆斩监候。因盗而奸者，不论成奸与否，不分首从，罪亦如之，等语，是因窃成奸律亦止拟斩候。嘉庆四年刑部以奉天刘祥行窃强奸事主沈王氏等情节较重，改拟斩决，通行各省。旋以同谋未经同奸及奸而未成者作何治罪，原题未经议及，仍律拟以斩候，添纂入例。嗣复遵旨改拟因盗而奸分别已成、未成治罪条例，折内曾以原例已成奸者斩决，未成奸者斩候，虽有立决、斩候之分而同一拟斩，实未平允，请将嗣后因窃强奸妇女之案，如已成奸者仍问斩决，其同谋未经同奸及奸而未成者改为绞候，奏准通行在案。可见定例之初，在当时已嫌其重。查强奸本律未成者罪止满流，即轮奸已成未经同奸者亦无死罪，则因窃强奸未成例定绞候，实已因窃而加严。

嘉庆年间纂定此条，《附本》所载几同于本条，唯“俱人”为“俱应拟”。道光初《黄本》已将其改为“俱人”，此后历代各本遵之未改。

谢信斋说：“此条系属例实，可以遵办。”[1]

（四）因奸、因盗威逼人致死者，俱入情实。

---

[1]　《谢本》，《奸抢窃门》，第46页。

本条产生于乾隆前期：

　　乾隆十四年十月十九日内阁奉上谕……或威逼致死……此等凶徒断不可拟以缓决。[1]

三十二年条款"因奸因盗威逼人致死"在"例实"之内，四十九年条款中，规定在《定例拟入情实各条》内。[2]

可见，早在乾隆年间，此类就已定情实。

嘉庆年间再纂成条款，《附本》所载几同于本条，唯"俱入"为"俱拟入"，实无差异。

道光初，《黄本》则改为"俱入"，增入"小注"如下：

　　四年新例：窃贼遗火烧毙事主，照因盗威逼人致死斩候之案，其烧毙事主一命及二命而非一家者酌缓。至烧毙事主一家二命及三命而非一家者入实。[3]

《辑要》本遵之，《谢本》则删其小注，各本皆遵《谢本》。

若比照定拟，则仍有缓案：

　　道光十年奉天宁发行窃绵被，不知被内裹有幼孩，用胳膊夹住行走出屋，不期幼孩被夹气闭殒命，比照因盗威逼，缓。遇赦，监禁三年。[4]

---

① 《秋审档案》二之乾隆十四年上谕。
② 《秋审指掌》，第2、23页。
③ 《黄本》卷三《奸盗抢窃》。
④ 《沈本》卷三《奸盗抢窃》，第3页。

（五）因奸盗殴毙无辜平人，情伤较重者应入情实。

本条产生于乾隆九年上谕：

> 十二月二十九日内阁抄出奉上谕：今岁各省秋审招册内情实、缓决、可矜各案，经九卿改正者甚多，其中……或犯奸阻控，殴毙人命……皆予缓决矜减，殊属姑息。[①]

此处被"殴毙人命"者应是本夫以外的第三人，否则应"拒捕致毙本夫"，下文即其例。至于"阻控"，因此谕所言是特指某一案件，以后的因奸未必都会"阻控"，"因奸殴死人命"才是主要的，因而以后此类案件即会入实。

此条应纂定于嘉庆年间，但当时仅及"因盗"，无"因奸"一层，《附本》所载如下：

> 因奸盗而杀者应入情实。[②]

道光初年增入"情凶伤重"一层，且将全文改定，唯"较重"下无"者"字。[③]《谢本》始增入"者"字，此后各本因之未改，一同本条。

为何增"情凶伤重"一层，沈家本说：

> 嘉庆、道光以后此等案件缓多实少，故增"情伤较重"

---

① 《秋审档案》二之乾隆九年上谕。
② 《附本》，《人命门》。
③ 《黄本》卷三《奸盗抢窃》。

四字，似可修并于上卷一条之内。①

谢信斋认为亦有缓案：

> 奸盗罪人殴死无辜平人，本较常斗为重，故向俱入实。如情伤较轻，亦有缓案。嘉庆二十五年四川省曾青泷奸匪拒捕，刃毙非应许捉奸之人，身先受伤，刀由夺获，两伤均由抵御。又，是年该省张老么窃匪致毙人命，金刃四伤，究因死者揭其短处，且伤无致命，亦非损折，均外缓照缓。②

（六）语言调戏致妇女及良人子弟羞忿自尽，并污蔑奸情致妇女忿激自尽者，俱应入情实。（按：语言调戏致本妇羞忿自尽之案，如无手足勾引情状向俱于黄册内声叙，俱蒙恩免勾，情实一次后改入缓决。）

本条产生于雍正十一年，亦是目前所知的最早的秋审条款。据沈家本说：

> 雍正十一年定例："强奸未成及但经调戏本妇羞忿自尽之案，秋审时俱拟情实。"乾隆三年改为"分别实缓，奏请定夺"。五年福建萧充一案抚实，九卿改缓，奉旨申饬，维风化也，此后复概入情实。③

---

① 《沈本》卷三《奸盗抢窃》，第3页。
② 《谢本》，《奸抢窃门》，第46页。
③ 《沈本》卷三《奸盗抢窃》，第3、4页。

雍正十一年定例，乾隆三年、五年之事，均无可考，查
《秋审档案》二有乾隆七年上谕，知其何以要一概入实：

> 从来节烈之妇，祀于其乡，所以旌美端化，树之风声
> 也。刑其弼教，其致死本妇之犯法无可贷，是以乾隆五年福
> 建秋审萧充一案，该抚拟以情实，九卿改为缓决，朕曾经降
> 旨申饬。盖以烈妇之死由于该犯之调戏，若将该犯轻入缓
> 决，非所以重民教而端民俗也。今正值九卿秋审之时，其在
> 萧充以前定为缓决之案俱系九卿集议，经朕览阅降旨者，此
> 番毋庸改为情实。其在乾隆五年以后此等案件，各该省督抚
> 多入于情实之列，九卿执法自不得轻纵。但强奸未成本妇因
> 调戏而羞忿自尽者，其中情形不一，朕办理勾到之时自有权
> 衡。如果一线可原，仍当免勾。既经免勾一次，免勾之后下
> 年即可改为缓决。如系停止勾到之年入情实者，下年不得即
> 改缓决。[①]

乾隆五年律例馆修例时，将此条改成条例纂入大清律例之
中。从乾隆五年开始，羞忿自尽即成为例实之案。

后来有督抚仍拟缓决，乾隆斥之：

> 乾隆十六年十月十二日内阁奉上谕：直省秋审案内调奸
> 未成，致本妇羞忿自尽，各犯虽非有心致死人命，而风化所
> 关，法难宽宥，前经降旨甚明。设经一次免勾，下年即准改
> 为缓决，此亦宽严允协矣，内外问刑衙门自应一体遵照。今

---

① 《秋审档案》二之乾隆七年上谕。

奉天省之绞犯二达色，湖广省之绞犯石诏于，山东省之绞犯张振钦三犯，该抚等又即拟缓决具题，岂朕所降旨皆未之见乎？九卿会核改拟情实固属允协，但在督抚等办理此等重案，非一时错误偶失轻重可比，九卿等应于改拟之后即将该抚等附疏题参，方足以昭慎重。若止照常办理，将来必有仍以缓决请者，九卿又复议改，则亦徒繁案牍，殊非国家明罚敕法，训俗型方之意。著传谕九卿等知之，钟音等著严行申饬。钦此。[①]

因而刑部在三十二年奏请将其从律例中删除后，在随后颁发的秋审条款中，即将"羞忿自尽"作为"例实"规定，且在《拟实类》中进一步明确有"用言调戏，致女羞忿自尽"。[②]

四十九年条款中未涉及，应仍循三十二年之规定。

乾隆末，连牵线搭桥之人亦拟情实：

> 乾隆六十年二月初六日奉上谕：苏凌阿奏审拟舒城县知县周濂之弟周渭调戏毛汪氏，致氏羞忿自缢一案，将周渭定拟绞候，其引诱周渭前往之快役孔升仅于周渭绞罪减一等拟流，所办殊为未当……周渭著依拟应绞，归入上年情实，即行予勾，以为地方官亲丁恃势滋事者戒。至快役孔升，引诱周渭前往，酿成人命后听嘱独自承认，亦应从重问拟。孔升改为应绞监候，秋后处决，俟秋审时入于情实。[③]

---

① 《秋审档案》二之乾隆十六年上谕。
② 《秋审指掌》，第13页。
③ 《秋审档案》一之乾隆六十年。

嘉庆年间应是严格遵从乾隆朝规定的：

> 嘉庆元年三月二十七日奉上谕：向来各省遇有调戏致本妇自尽案件，皆随案核其情节，如系手足勾引，情近用强者，皆于秋录时即行予勾；其仅止增语言调戏者，概免勾决，所以示区别而昭矜恤。但调戏之案与斗殴不同，凡斗殴者，因事忿争，彼此扭结，互相殴击，或因伤重致毙，其逞凶之犯亦必受伤，是死者由于互殴而起衅，尚属有因。至调戏之案，则本妇本系安居家内，忽来秽亵之言，致令羞忿难堪，轻生自尽，情节实属可悯。其调奸之犯虽无强横情状，而因一时邪念之萌，遽妇女于死，此而免其拟抵，属已从宽。若因事在赦前仅按例追缴埋葬银两即予援免，备得置身事外，且追埋之银或得或不得，均不可知，何足以惩淫恶。①

仅止语言调戏，尚准留养：

> 河南省孙殿英语言调戏致氏羞忿自尽准其留养折底：刑部等衙门谨题……仅止语言调戏，尚非手足勾引，此等案犯历年秋审俱系拟入情实，奉旨准予勾免一次即入缓决。今孙殿英既据该抚声明有母张氏守节二十年，年逾六旬，家无次丁，若将该犯监禁囹圄，致使守节孀妇无人侍奉，情殊可悯，似应将孙殿英准其留养。如蒙俞允，臣部行文该抚取结报部，将孙殿英照例枷责发落，准其存留养亲。并请嗣后遇

---

① 《秋审档案》一之嘉庆元年。

有此等仅止语言调戏并无手足勾引致本妇羞忿自尽之案，有亲老丁单并孀妇独子例应留养之犯，俱令督抚查明取结，随本声明具题，臣部随案核复声请留养。①

嘉庆年间，本条已基本纂定，但尚无"良家子弟"。

《附本》所载几同于本条，唯"妇女"下无"良人子弟"，亦无按语。

是否"手足勾引"关乎生死：

　　嘉庆十二年二月十四日奉上谕：吉纶奏，审明秋审绞犯王阑一起实有手足勾引情节一折，此案经刑部秋审具题时，朕即以情节尚有可疑敕交吉纶详细询问。今据该抚审明，王阑因图奸翠姐时赤身潜入，走近翠姐身旁，将衣服、被单以手向拉，翠姐惊醒喊骂，始行逃逸。是该犯实有手足勾引情事，以致翠姐羞忿自尽，果不出朕所料。王阑著补行勾决，其未能审出实情之前任臬司李奕畴，著交部议处。现据该犯供称，当日解司时希图得减活罪，不肯将手拉情节吐实等语，可见，手足勾引关系罪名生死，众所共知，到案时孰肯遽行供认。嗣后各省臬司于审讯时，此等案件唯当细心研讯，务得确切实情，固不可听其狡饰，致有疏漏；亦不得意有刻核，或又稍有屈抑也，将此通谕知之。钦此。②

道光初，《黄本》增入"及良人子弟"一层，《谢本》从之，并增入《按语》：

----

① 《秋审档案》一之嘉庆二年。
② 《大清律例增修统纂集成》卷三七《有司决囚等第》，第16页。

例内强奸内外缌麻以上亲及缌麻以上亲之妻，或但经调
戏，其夫与父母亲属及本妇羞忿自尽者，俱拟斩候。此等调
奸，亲属致令本妇自尽拟斩之犯，究与无关服制不同，如情
实一次免勾之后，下年仍应入实，不得率行改缓。①

《蜀本》遵《黄本》，在末尾小注"此条另有续增"。查其
续集《成案续编》，在其《续增》中的本条末增如下条文：

致本妇羞忿自尽及强奸幼女已成，并强奸妇女已成，均
系例实，恭奉大赦奏定改为缓决。秽语村辱妇女气忿自尽，
其夫回家闻知痛妻投缳，部议比照威逼致死一家二命拟军，
奉旨比照手足勾引改绞入于缓决。抑媳同陷邪淫，如奸夫与
谋致其媳自尽，部议将奸夫拟流，奉旨改议绞候，入于
情实。②

其《续增》中，此条同于《书斋》本。
段末《按语》始见于《辑要》，与《沈本》一同于本条，
应是同治年间增入。
对本条中几种情形，沈家本说：

妇女因人亵语戏谑羞忿自尽，如系并无他故辄以戏言觌
面相狎者，既照但经调戏本妇羞忿自尽例拟绞，即一体入
实。道光三年河南周五报亵语戏谑致本妇自尽，照实。……

① 《谢本》，《奸抢窃门》，第47页。
② 《秋审实缓比较续增》卷一《奸盗抢窃》。

若诬奸酿命之案无不入实者，以污人名节情节较重。如止空言污蔑未经书写字帖者，逢恩可以酌缓。①

本拟情实，因停勾之年后如何处理：

> 嘉庆十年闰六月二十八日奉上谕……原拟尤为错谬者有张五图奸孙李氏未成致氏羞忿自缢身死一案，又绞犯韩性子调戏韩李氏羞忿投井身死一案。上年办理秋审时，据颜检将该二犯问拟情实，并将张五一案声明不准留养具题，经三法司会同九卿等核议应入情实，旋经停止勾决。本年并办秋审，复据颜检将张五、韩性子均改拟缓决，并补请张五留养，俱经刑部核复改入情实……今张五、韩性子本系上年情实之犯，只因停止勾到，归入本年并办，并非特蒙免勾者可比。该督自应遵照前题办理候旨，乃辄行擅改缓决，实属从来未有之事。其张五一犯，上年该督等声称，伊父母虽系年老，家无次丁，不准留养。今率行改缓留养，已属非是。至韩性子一犯，并无别项情节，竟亦改拟缓决，实属任意轻纵，妄改已定之案，荒唐已极……②

（七）与夫兄弟通奸者应入情实。如始终被逼无奈，亦可酌议缓决。

本条纂定于嘉庆年间。

乾隆年间已有成案可考：

---

① 《沈本》卷三《奸盗抢窃》，第5、6页。
② 《大清律例增修统纂集成》卷三七《有司决囚等第》，第16、17页。

事关内乱，固不可过宽。然乾隆五十六年朝审，扎郎阿与胞兄继妻章佳氏通奸……则此等案件如果情有可原，自当宽其一线。①

《附本》所载几同于本条，唯"应入"为"应拟"，"始终"下有"俱系"，"无奈"为"无奈者"，"亦可酌议缓决"为"酌拟缓决"。②

《黄本》已改定为"亦可酌议缓决"，并于其下增"小注"：

嘉庆二十二年山西省秋审刘德一起，系听从父命收故兄之妻为妻，拟缓。③

《谢本》承《黄本》，但删其"小注"，并认为是例实之案。④之后，《辑要》、《书斋》、《沈本》均从之。

《蜀本》、《道光本》、《京都》本均未载此条，不知何故。

（八）秽语村辱妇女致令轻生，又致其夫痛妻自尽者，例内载明入缓，应遵照办理。

本条应是根据嘉庆二十年的谕旨纂成：

嘉庆二十年三月二十四日奉旨：刑部具奏四川民人李潮

---

① 《沈本》卷三《奸盗抢窃》，第6页。
② 《附本》，《奸盗抢窃门》。
③ 《黄本》卷三《奸盗抢窃》。
④ 《谢本》，《奸抢窃门》，第47页。

敦比照因事威逼人致死一家二命例，拟发近边充军一本。朕详加酌核，章有富之妻章王氏向李潮敦地内寻割猪草，彼此争闹，李潮敦以秽语向辱，章王氏哭泣回家，气忿自缢。伊夫章有富痛妻忧忿，旋亦投缳。此案李潮敦秽语村辱，致章王氏气忿轻生，按例罪止满流。唯章有富自尽，亦由痛妻所致。是因该犯一语，使伊夫妇先后殒命，其情罪较重，该部比照威逼致死一家二命例问拟充军，所拟尚轻。李潮敦著照手足勾引例改为绞监候，归入秋审缓决。嗣后遇有情节相同之案，俱照此办理。著刑部载入则例遵行。钦此。①

仅系粗口相加，即照手足勾引，应是漫无边际了。

《附本》、《黄本》均无，始见于《谢本》，既无按，又无例。成文应在道光中期，此后历代各本因之不改，唯《书斋》本无载。

沈家本说：

　　此条例文系嘉庆二十年恭奉谕旨纂定为例，因川督题李潮敦因与章王氏口角，秽语村辱致氏与夫章有富先后自缢身死，原题比照威逼人致死一家二命例问拟充军，所拟尚轻也。②

（九）男子被调戏羞忿自尽，比照强奸未成或比照本妇羞忿自尽例定拟，仅止空言调戏者可缓。

---

① 《秋审章程》，《总办秋审处》。
② 《沈本》卷三《奸盗抢窃》，第7页。

本条乾隆年间尚有成案可考:

> 乾隆五十四年奉天董静川调奸男子致令羞忿自尽,改实未勾。男子与男子群居共处,互相戏谑,事所恒有,非若妇女之礼应远嫌也。如止空言调戏,情节尚轻,入缓似不为纵。[①]

此条嘉庆年间已基本纂定,《附本》所载如下:

> 男子因被调奸羞忿自尽,将调奸之犯比较强奸未成例或比照本妇羞忿自尽例定拟;其仅止空言调戏者,尚可缓决。[②]

《谢本》已改定几同于本条,唯"调奸"未改。亦无按语。
《蜀本》则改之为"调戏",《辑要》、《沈本》均遵之,一同本条。唯《书斋》本未载此条。
沈家本认为:

> 上条良人子弟羞忿自尽,即此条之男子被调奸羞忿自尽也,两条相复,将"应入情实之语修并于此"。[③]

(一〇) 兄收弟妻、弟收兄妻之案,自乾隆五十九年奉旨,由父母主婚者男女应拟绞候,定例后俱拟情实。近年由父母

---

① 《沈本》卷三《奸盗抢窃》,第7页。
② 《附本》,《奸盗抢窃门》。
③ 《沈本》卷三《奸盗抢窃》,第7页。

主婚，男女勉从，并无先行通奸情事，因例有核其情节
另行定拟之文，以乡愚不知例禁，原情拟缓，自可照办。

本条应产生于乾隆四十九年上谕：

乾隆四十九年奉尹题，高九听从伊父高志礼主婚，与弟
妻杨氏婚配，将高九、杨氏绞决一案，经部以该犯等既由父
母主婚，律得减等科断，若照律各绞，是卑幼自行犯法与听
从尊长者无所区别，驳令另行审题。奉旨："嗣后似此事由
父母主婚，虽系罪坐主婚而男女应行减等，似应改拟绞候，
著刑部堂官详晰定拟。"复经部奏准："嗣后兄亡收嫂，弟
亡收弟妇，虽事由父母主婚，其听从之男女各拟绞监候，秋
审时核其情罪，另行定拟。"①

嘉庆年间又有变化：

嘉庆十七年刑部审奏史霖科收弟妇为妻一案，将史霖科
依律拟绞立决，奉旨："律载兄奸弟妻和者绞决，今该犯收
弟妇李氏为妻时，曾与李泳年商明，并告知地保，核其情
节，实系乡愚不知例禁，并无先奸后娶情事。若与兄奸弟妻
者一律绞决，未免无所区别。史霖科著改为绞监候，入于明
年朝审情实。嗣后有似此兄收弟妻，审明实系乡愚无知，误
蹈渎伦之罪者，俱著照此案办理。"②

---

① 《沈本》卷三《奸盗抢窃》，第8页。
② 《沈本》卷三《奸盗抢窃》，第8、9页。

本条款应纂于嘉、道之际:

　　道光初年本云:"一、兄亡收嫂、弟亡收弟妇,罪犯应死之案,其实系乡愚不知例禁,曾向亲属地保告知成婚者,男女各拟绞监候,秋审入于情实。如由父母主令婚配,男女仍拟绞监候,秋审时核其情罪另行定拟,例内已有明文,应遵照办理。"按:道光本系照例文节录,此条未详何时所改,转不明晰(五十九年乃四十九年之伪)。[1]

《附本》、《黄本》均无载,唯《书斋本》有,行文则有很大不同:

　　弟亡兄收弟妇,兄亡弟娶兄妻,如系先有奸私后为夫妇者,俱应情实。如实系家贫力不能娶,或无养赡以守志,由父母主婚,男子为从,或先行通知宗族乡保成婚者,乡愚无知,男女俱可缓决。[2]

《辑要》、《沈本》始全同于本条,可见,应在道、咸之际,重新改定道光初年之文,遂成本条。

(一)诬执夫兄欺奸者,应入情实。

本条应嘉庆年间纂定。
《附本》所载即同,此后《黄本》、《谢本》历代各本从未

① 《沈本》卷三《奸盗抢窃》,第8页。
② 《书斋本》首卷《奸抢窃》,第26页。

修改。

《谢本》在该条按语说"此条系属例实，可以遵办"，但却未例成案。

沈家本说：

> 诬执必有所因，不过家庭细故乃遽陷夫兄于重辟，情殊险恶，自难不实，唯成案未见。①

（一二）奸夫图脱拒捕，刃伤、折伤者亦与窃盗图脱拒捕一律分别实缓，特不以奸所加重。如系强奸、轮奸未成，因拒捕刃伤者，应入情实。

本条纂于嘉庆年间。

《附本》所载，无"特不以奸所加重"一句，其余均同本条。

道光初《黄本》概承《附本》。

《蜀本》、《京都》承《黄本》，并将"特不以奸所加重"作为小注，置于"分别实缓"之下。

自《谢本》始，将"特不以奸所加重"纂入正文，此后历代各本遵之未改，均同于本条。

《谢本》之《按》曰：

> 强奸、轮奸未成因而拒捕刃伤，无论伤之轻重多寡，均应入实。唯奸夫图脱拒捕刃伤折伤，向与窃盗图脱拒捕一律

---

① 《沈本》卷三《奸盗抢窃》，第9页。

分别实缓，应与后文窃盗拒捕条参看。①

调奸拒捕如何定拟的呢？乾隆四十二年上谕中有提及：

> 调奸拒捕逞凶毙命之犯，情罪固为可恶，但按律拟以斩
> 候，于法已无可加，乃声叙不足蔽辜，请即正法，恐无知者
> 转以为有意从严，所办未免过当。著传谕各督抚，嗣后如遇
> 此等案犯，按律定拟后即夹片声明赶入本年秋审情实，较之
> 寻常案件归入下年秋审者已属从严，毋庸将"不足蔽辜"
> 字样声叙。②

沈家本认为：

> 其在奸所刃伤不加重，道光三年四川吴土地，部查：奸
> 盗向系同科，奸夫奸所拒捕似与事后拒捕不同，然定例窃盗
> 盗所临时拒捕刃伤事主，例应斩候，与图脱拒捕者罪止绞候
> 轻重悬殊。至奸匪刃伤捉奸之人，则例内并无奸所拒捕及图
> 脱拒捕分别定拟之文，此起奸夫拒伤应捉奸之人，虽未离奸
> 所，究止刃扎一伤，照缓，此与条款相符者也。至强奸、轮
> 奸拒捕刃伤，无论伤之轻重多寡，均应入实。③

（一三）强奸未成刃伤本妇者，俱入情实。

---

① 《谢本》，《奸抢窃门》，第48页。
② 《清朝通志》卷七八《刑法略四》。
③ 《沈本》卷三《奸盗抢窃》，第10页。

强奸未成刃伤本妇者，在乾隆朝应已入情实，但尚未纂成条款。《秋审档案》一载"奉天陈天章系强奸刃伤本妇之犯，奉旨著入情实"。

由于有此"奉旨入实"之案，以后援以为例亦属正常了。

本条纂定于嘉庆年间。

《附本》所载有两段，上段几同于本条，唯"俱"为"应"，无"情"字。下段为"调奸未成刃伤本妇，照强奸未成拟绞者，亦拟情实"一段。①

道光初，《黄本》将《附本》下段删去，于"强奸"下添入"调奸"，"应"则改为"俱"，扩大了"调奸入实"的范围，与当时条例是不符的，以致后来就删去。此后《谢本》、《书斋》本均因之。

《谢本》之《按》曰：

> 此条系属例实，向不论伤之轻重多寡，均应入实，可以遵办。②

《蜀本》无"调奸"，仍前"应入"，非"俱入"，末有小注"此条另有续增"。查其续集《成案续编》其续增之款则同于《谢本》，有"调奸"一层。③

此后《辑要》、《沈本》俱删去"调奸"一层，一同于本条，却未将"俱"改回"应"，此时仅剩下"强奸"一层，何"俱"可言。

---

① 《附本》，《奸盗抢窃门》。
② 《谢本》，《奸抢窃门》，第48页。
③ 《秋审实缓比较续增》卷一《奸盗抢窃》。

（一四）因奸拒捕伤人案内，或致奸妇被杀，或致奸妇自尽，其
　　　　犯奸本罪律止拟徒者，仍核其拒捕情形分别实缓，不必
　　　　加重。

本条应纂定于嘉庆年间。

《附本》所载几同于本条。唯"伤人"下无"案内"，"其
犯奸本罪律止拟绞"为"该犯俱罪拟绞"。

道光初，《黄本》承之，改"拒捕伤人"为"拒伤捕人"，
"该犯俱罪拟绞"改为"该犯本罪俱止拟绞"，增"案内"。

《谢本》概承《黄本》，其《按》曰：

　　　因奸拒捕伤人，复另酿奸妇一命，如该犯酿命本罪俱止
　　拟徒，自可核其拒捕情形，分别实缓。即酿命本罪应须拟
　　绞，虽两犯死罪，究系从一科断，亦不以之加重。[①]

其后《蜀本》、《京都本》遵之。

《辑要》、《沈本》将"该犯本罪俱"改为"其犯奸本罪
律"，二者均同本条。

（一五）奸夫拟抵之案，如系奸通有服亲属有关内乱，外姻不在
　　　　内，并僧人犯奸者，俱应入情实，余俱缓决。

"奸夫拟抵"系指"本夫杀死奸妇，将奸夫拟抵"。[②]

① 《谢本》，《奸抢窃门》，第48页。
② 《奏进本》卷二《法律部》，第46页。

此条有乾隆成案：

> 六十年，浙江王孝孜奸通缌麻弟妻，致令被杀，照实。①

本条应纂于嘉庆年间，但无"僧人"一层。

《附本》所载，略同本条，尚无小注"并僧人犯奸者"一层，"俱应入"无"俱"字，余全同本条。

道光初，《黄本》承《附本》，改"奸通"为"通奸"，于内乱下增入"者，外姻不在内。又，他物拒伤本夫，并僧人犯奸者"。删去"余俱缓决"。

《谢本》承之，并改回"奸通"，删去"又他物拒伤本夫"一层，增回"余俱缓决"。

《蜀本》因之，但将其正文中"外姻不在此例"再一次改为小注，置于"内乱"下。此后各本除别个文字不同外，均同《蜀本》，至《沈本》则一同于本条。

关于僧人杀人，沈家本说：

> 至僧人犯奸拟抵者，嘉庆十三年江苏玉亭，道光十年广东方茂，均照缓，均未遵照条款。如无别项重情，似亦不妨稍宽，奸妇之命不必有人实抵也。②

(一六)　图财强卖疏远亲属，如图吞产业以致酿命，或强嫁孀妇　　　　与人为妻妾致被奸污者，俱应入实。若仅图财礼尚未酿

---

① 《沈本》卷三《奸盗抢窃》。
② 《沈本》卷三《奸盗抢窃》，第12页。

命，及被卖之人未被奸污者，可以缓决。

本条产生于乾隆前期。

三十二年条款即有此款，《志略》所载条文及阮氏《按》语如下：

> 图财强卖疏远亲属之案，如因图吞产业，强将孀妇抢卖，其妇不甘自尽者，应入情实。若非谋产，仅止贪图财礼因而抢嫁，尚未酿成人命者，可以缓决。

"并非"，《辑要》本及《沈本》引文均作"并无"，《指掌》则亦作"并非"。

本条应纂定于嘉庆年间。

《附本》所载已几同之，在乾隆条款基础上增入"致被奸污"一层，并改定全文。唯"以致"为"斗致"，"入实"为"入情实"。

之后，历代各本均承之，除个别文字外，则无改动，唯《黄本》将"致被"误为"致毙"。

对嘉庆年间增入"被污与否"，沈家本认为：

> 乾隆条款以酿命、不酿命为实缓界限，例内妇女自尽本较仅止抢卖者罪名为重，此条添入强嫁奸污一层，而强嫁例内疏远亲属并无死罪，恐有错误。[①]

（一七）**诱拐略卖人口，被诱之人不知情案件，如被诱之人尚无下落，或诱拐二三案同时并发，内有一人尚无下落，或拐回奸宿转卖为娼，及拐逃不从而殴逼者，俱应入实。如无前项情节，虽诱拐多次，被拐之人均已给亲完聚，可以缓决。（案：道光十九年奏明，如仅有下落尚未给亲完聚者入缓，监禁十年方准减等。）**

本条应产生于乾隆前期：

> 乾隆十四年十月十九日内阁奉上谕……或邪术迷拐……此等凶徒断不应拟以缓决。①

三十二年条款即有此条，《志略》所载条文及阮氏之《按语》曰：

> 诱拐案件，如系用药术迷拐，并拐卖多人为首，及被诱之人无著并拐回奸宿，或先系和诱后复殴逼者，应入情实。其余如无前项情节，且被诱之人已给亲完聚者，可以缓决。谨按：例有用药术迷拐之说，其言不经。唯以给亲完聚为断，可以入缓。此等案情比之谋杀人伤而未死者究属稍轻，比之诬告人死罪尚未决者等。若拐后有奸及转卖为娼等情则从重。②

四十九年条款则将诱拐案件定为《比较情节酌量入实》中

---

① 《秋审档案》二之乾隆十四年。
② 《秋谳志略》，《比对情实缓决各款》。

一条。原则一秉三十二年条款，仍无"略卖"一层，文如下：

　　诱拐案件，如系用药迷拐与拐卖多人为首，及被拐之人并未给亲完聚，并拐回奸宿，或先系和诱后复殴逼者。①

　　嘉庆年间本条已基本改定，增入"略卖"及"二之案同时并发"两层，《附本》所载如下：

　　诱拐略卖人口，被诱之人不知情案件，如系用药术迷拐及被诱之人尚无下落，及诱拐二三案同时并发，内有一人尚无下落，并拐回奸宿或转卖与人奸宿，及拐后又从而殴逼者，俱应入情实。如无前项情节，并虽诱拐二三次，但被拐之人业已给亲完聚，俱可缓决。②

　　《黄本》承《附本》，在本条之上则另增一条，其文如下：

　　诱拐子女，和同相诱谓之和诱，诱拐不知情谓之略卖。因系拐卖故定拟绞候，秋审无论人数多寡，向以给亲完聚者入缓，及数至三次者俱给亲完聚亦应入缓（嘉庆二十三年江苏省有案）。③

　　《谢本》将《黄本》后一条"略卖"删去，在"不知情下"增入"强略人口卖与境外人"，在"尚无下落"下增入"如仅有

---

① 《秋审指掌》，第 24 页。
② 《秋谳志略》，《奸盗抢窃门》。
③ 《黄本》，《奸盗抢窃》。

下落……减等。道光十九年奏准通行"两层，余则同之。其《按》曰：

　　　　诱拐略卖人口，历年秋审分别实缓，总以被诱之人曾否奸污，及是否给亲完聚为断。[1]

《蜀本》遵《谢本》，唯将"如仅有……通行"正文改为小注，置于原位。《道光本》、《京都》本同。其条末注明此条有续增。

查其续集《成案续编》之《续增》，则有两条，前一条如下：

　　　　一、后两犯诱拐子女之案，如实系怙恶不悛，或用药迷拐，或拐回奸宿，或转卖为娼，或未给聚，或二三案并发内一人无下落，或有殴迫等情，入实无疑。如无前项情节，究非人命，银钱无侵损于人，尚可缓决。[2]

其后一条可分两段，前段正文同于本款，唯"小注"仍在"尚无下落"之下，依其原文不改，"拐逃"为"拐后"。下一段为新增内容，文如下：

　　　　又有诱拐三次，被诱之人俱已给聚，内有一人因畏审拖毙，究系生前完聚，仍可缓决。[3]

---

① 《谢本》，《奸抢窃门》，第50页。
② 《秋审实缓比较续增》卷一《奸盗抢窃》。
③ 《秋审实缓比较续增》卷一《奸盗抢窃》。

以上两条均同《书斋本》。①

道光十九年奏明通行一事，原委如下：

> 道光十九年刑部以略诱之案被诱之人如未给亲完聚者入实，业已给亲完聚者入缓。近来亦有虽未给亲完聚，但经供有下落，即入缓决成案。唯思所拐幼孩，虽有下落，其究竟能否给亲完聚尚在未定，此等人犯若入缓后，将来即准减等，未免与实已给亲完聚者无所区别，议令仍应饬令查明，被诱之人如果给亲完聚，该犯于缓决三次后准其减等。尚未给亲完聚，应将该犯暂行监禁，统计前后予以十年限期，俟限满方准减等，奏准通行，现在遵照办理。②

咸、同年间应是做最后一次改定，《辑要》、《沈本》均一同于本条。

（一八）略卖因而杀人，或致被杀者，俱应情实。

本条乾隆年间即有成案：

> 四十一年四川吴世贤诱拐杀人，照实。③

此条应纂于嘉庆年间，尚无"致令被杀"一层。

---

① 《书斋本》首卷《奸抢窃》。
② 《沈本》卷三《奸盗抢窃》，第14页。
③ 《沈本》卷三《奸盗抢窃》，第15页。

《附本》所载原文是：

　　略卖因而杀人者，应拟情实。①

道光初增加"或致令被杀"一层，全文增定，同于本条，此后历代各本因之未改。

（一九）诱拐致其人亲属自尽之案，有仍照诱拐不知情拟绞者，有照略卖杀人拟斩者，俱应情实。

本条应纂定于嘉庆年间。

《附本》所载几同，唯"其"下有"人"字，"俱应"为"应入"，含义则无差异。

道光初《黄本》已增入"人"字，改"应入"为"俱应"，以后历代各本因之未改。

《谢本》说，本条与上条均为例实之案，但均未例成案。②

（二〇）强夺良家妇女奸占为妻妾之案，如本妇先经愿嫁，从中被人阻挠，该犯抢回奸污者，酌入缓决。若无前项可原情节，系殴逼成奸者，则入情实。

本条产生于乾隆前期：

　　祁文成将小功弟妻哲尔齐氏抢夺捆殴，逼勒成奸，请旨

_____

① 《附本》，《奸盗抢窃门》。
② 《谢本》，《奸抢窃门》，第50页。

绞决一案，【乾隆二十九年】九月十一日奉（单清字）上
谕……祁文成将伊小功弟妻抢夺捆殴，逼勒成奸，自有应得
之罪，罪应照律拟绞监候。若谓情殊可恶，入于本年秋审情
实足矣，毋庸加等绞决。祁文成著照律绞监候，秋审入于
情实。①

三十二年条款即有此条，《志略》所载原文及阮氏《按》语
如下：

强夺良家妻女奸占为妻妾之案，如有挟嫌抢夺、殴逼强
奸者，应入情实。其余如被人哄骗，尚非强抢行奸，并无殴
逼情形者，可以缓决。

谨按：强抢妻女内唯曾经许嫁未曾下礼争抢有因，及两
姓互争一女，互相抢夺，与并未逼奸成婚者可比，此等案情
总以成奸与不成奸为轻重。②

在《指掌》、《辑要》本中"挟嫌"均作"挟忿"。
嘉庆年间，本条已基本纂定，《附本》所载条文如下：

强夺良家妇女奸占为妻妾之案，俱应入情实。近年有因
本妇先经愿嫁，从中被人阻挠，该犯抢回奸污者，亦酌入缓
决。系殴逼强奸者，则入情实。③

———————————

① 《秋审档案》一之乾隆二十九年。
② 《秋谳志略》，《比对情实缓决各款》。
③ 《附本》，《奸盗抢窃门》。

　　道光初，《黄本》承《附本》改"抢"为"强"，"近年有"改为"从前间有"，"抢回"改为"夺回"，删去"亦"字。

　　《谢本》一秉《黄本》. 唯又改回《附本》之"抢夺"、"抢回"。其《按》曰:

　　　　至抢夺良妇，先经媒说，并抢回复配与弟兄为婚，或劝允成亲，无逼迫情事，近年亦有缓案。道光四年河南省邵梅卜强抢本欲改嫁之妇，配与伊兄为妻，谊属表亲，素有瓜葛。又，是年奉天省朱焕彩……均外缓照缓。[1]

　　《蜀本》承《黄本》，删去"俱应情实，从前间有"，增"如"字，并增入"无前项可原情节"一层，《书斋》本从之。至《沈本》则一同于本条。

　　沈家本认为本条不明晰:

　　　　前节专指本妇愿嫁者言，后节专指殴逼者言，如非先经愿嫁而又非殴逼者，实乎？缓乎？且先经愿嫁者多系孀妇曾经媒说者，若室女婚姻听命于父母，安得有先经愿嫁之事？则强抢室女而奸占者实缓如何分别乎？窃谓《志稿》以已未成奸为轻重，界限最为分明。[2]

　　沈家本对"强"与"诱"的意见是:

　　　　平心论之，强抢妇女奸占为妻妾与诱拐妇女不知情，二

---

① 《谢本》，《奸抢窃门》，第 51 页。
② 《沈本》卷三《奸盗抢窃》，第 16 页。

者有强与诱之分，强重而诱轻，犹之盗犯有强与窃之分，其较然也。迹其强暴情形，强劫但失财耳。强抢而奸占，至于污人名节，实较强盗尤为可恶，故未成奸者尚可宽贷，已成奸者未可轻恕也。况诱拐妇女而有奸污情形者，应入情实。强抢而奸污较诱拐为重，诱拐之案，即哄诱奸污亦皆入实，则强抢而已奸污不应复论其殴迫与否，比类参观，其义自见。①

对掖刀匪徒，嘉庆八年因广东田二一案而加重处罚，改拟立决，嘉庆帝下旨，由刑部通行：

　　嘉庆十年四月初九日奉旨：此案田二与父田坤、弟田三系掖刀匪徒，田二先将犯奸之王谢氏奸宿，逼令其夫王振海卖休留占为妻，经伊父田坤放还。田二复声言欲将王振海杀死，以致王振海畏惧弃家充当道士。田二又因邻村朱汉清之妻张氏少艾，图抢为妻，见张氏独处，即拔刀吓禁，强抢奸污，转向朱汉清吓诈牛只钱文。刑部等衙门照依豪势之人强夺良家妻女奸占为妻妾律将田二拟绞监候，尚觉情浮于法。田二一家父子兄弟均掖刀匪徒，平日行凶生事，扰害良民，本有应得之罪。田二复叠逞淫凶，种种不法，情罪尤重，将来办理秋审时亦必予勾，田二著改为绞立决。嗣后除寻常强夺良家妻女奸占为妻妾者仍依本律定拟外，如有似此掖刀匪徒行凶强横奸占良家妇女者，均著照此案办理。余依议。钦此。②

①《沈本》卷三《奸盗抢窃》，第17、18页。
②《刑案汇览》卷八《户律婚姻》，第16页。

（二一）伙众抢夺妇女为从，及抢夺路行妇女为从之案，道光五
　　　年奏定章程，聚众伙谋抢夺妇女已成案内从犯如业经入
　　　室，或虽未入室而事后奸污，或帮同架拉，或伙抢不止
　　　一次，或被抢数至三人，或系致酿人命案内帮同逼迫之
　　　犯，或系拒捕杀人案内在场助势之犯，或本犯自行拒捕
　　　伤人，或由本犯领卖致被抢之人尚无下落者，拟入情
　　　实。其无前项情事拟入缓决。至聚众抢夺路行妇女已成
　　　者，从犯则以曾否动手为断。但经动手抢夺之犯均入情
　　　实，其未动手抢夺而有奸污及前项情事亦入情实，如无
　　　前项情事拟入缓决。其并未伙众抢夺强卖首犯，如无实
　　　在可原情节，无论曾否被污，俱入情实。

本条应始纂于嘉庆年间：

　　　伙抢妇女为从之犯，嘉庆十四年奏明，嗣后凡聚众合谋
　　入人家内抢夺妇女已成者，为从之犯以是否入室为断。其但
　　经入室之犯均入情实。虽未入室而事后随同奸污，或拒捕伤
　　人，或帮同架拉，持械吓逼，或伙抢不止一次，或抢夺数至
　　三人，或致酿人命，或被抢之人尚无下落，另有不法别情
　　者，亦拟入情实。若并未入室，亦无前项情事者，拟入缓
　　决。至聚众抢夺路行妇女已成之从犯，则以曾否动手为断。
　　但经动手抢夺之犯均入情实，其虽未经动手抢夺而有奸污及
　　前项情事者亦入情实。若尚未动手抢夺，亦无前项情事者拟
　　入缓决。
　　　【本条上小注云】：如转卖已有买主姓名，尚未找还到

案，亦属有下落，可入缓决。①

对此条变迁，道光五年秋审处奏准的《通行》说得比较清楚：

> 查嘉庆十四年奏定《抢夺妇女为从拟绞秋审实缓章程》内称，抢夺妇女与强盗无异。盗劫之案以入室、不入室分别情有可原、法无可贷，则伙抢妇女已成从犯亦应以是否入室为断……等因。嗣因拒捕杀人从犯较致酿人命为重，亦即比照此例概拟入实。迨道光四年闰七月，臣部办理秋审时，以原定章程系照强盗定拟，强盗行劫杀人案内并未助势之伙盗，即有另犯不法轻罪，仍以情有可原声请免死发遣，若将伙抢妇女拒捕杀人案内并本帮同助势及仅止另犯不法轻罪从犯概拟入实，是较强盗转严，似未允协。随经奏明，将拒杀未助势之从犯拟入缓决，并声明其余仍照原定章程办理等因，亦在案。本年秋审内有山东绞犯王恪、郝硕、杨柱……至杨柱一犯，于强抢时该犯仅止在外看驴，并未入室，亦未帮同架拉。迨杨汝茂将李氏送至郝硕家借住，李氏因被抢不甘，自缢身死，其时该犯杨柱先已走散，亦无逼迫奸污情事，较之拒捕杀人案内并无助势之从犯，其情同一可原。唯上年将拒杀未助势从犯改拟缓决，原奏内并未议及致酿人命从犯作何定拟，仅止声明其余仍照原奏章程办理。今杨柱一犯，若竟拟缓决，即与原定章程不符；若仍入情实，又与上年奏请入缓之案情同罪异，亦不足以示持平。伏思此等从

---

① 《秋审章程》，《总办秋审处》。

犯，胆敢将良家妇女倚众抢夺，固应从重惩创，以儆凶顽。但为首即拟斩决，为从概拟绞候，定例已属从重，秋审衡情，案内各犯其情究有轻重不同，其罪即应稍分差等。上年臣部办理秋审，既将抢夺妇女拒捕杀人案内并未助势之从犯奏准拟入缓决，则致酿人命案内并未帮同逼迫之从犯事无二致，自应一体问拟。查拒杀为从系以是否助势为断，是酿命为从应即以是否帮同逼迫为断，庶与情法两得其平。再查原定《章程》内"持械吓逼"及"被抢之人尚无下落"等语，亦较盗劫之案为重，应一并酌量变通，以昭允协。臣等公同酌议，应请嗣后聚众伙谋抢夺妇女已成案内从犯如业经入室，或虽未入室而事后奸污，或帮同架拉，或伙抢不止一次，或被抢数至三人，或系致酿人命案内帮同逼迫之犯，或系拒捕杀人案内在场助势之犯，或本犯自行拒伤捕人，或出本犯领卖致被抢之人尚无下落者，拟入情实。其无前项情事者拟入缓决。至伙众抢夺路行妇女已成之从犯，则以曾否动手为断。但经动手抢夺之犯均入情实，其虽未动手抢夺而有奸污及前项情事者亦入情实，若并未动手抢夺，亦无前项情事者拟入缓决。①

《附本》所载条文如下：

> 伙众抢夺妇女为从，及抢夺路行妇女为从，如随同奸淫及伙抢不止一次，并案外尚有不法重情者，俱应入情［实］，其余如无前项不法情事，虽帮同架吓，亦可缓决。

---

① 《刑案汇览》卷九《户律婚姻》，第17～19页。

盖案无人命，首犯法在必诛，从犯尚可宽其一线。①

沈家本考证说：

　　凡聚众伙谋入人家内抢夺妇女已成者，为从之犯以是否入室为断，其但经入室之犯均入情实。虽未入室而事后随同奸污，或拒捕伤人，或帮同架拉，持械吓逼，或伙抢不止一次，或抢夺数至三人，或至酿成人命，或被抢之人尚无下落及另有不法别情者，亦拟入情实。若并未入室，亦无前项情事者，拟入缓决。（以下路行妇女一节与今文同。）此后酿成人命之从犯，无论曾否入室帮抢，及有无随同拒捕，均入情实。道光四年刑部以此等人犯不知拒杀情事，若概行入实，未免太重，又经奏明：如案犯拒捕杀人，该犯帮同拒捕，或在场助势者入实。如仅止在外了望，并未帮同拒捕，亦未在场助势，及仅止另犯不法轻罪，入缓。五年复经奏准改定，即今文也。（无其并未伙众云云）。②

道光初年本条已基本纂定。
《黄本》在"路行妇女为从"之下增入正文：

　　之案，（嘉庆）十四年奏准，但经入室，或帮同架拉，或随同奸污，或拒捕伤人，或致酿人命，或伙抢不止一次，或被抢之人尚无下落，或抢至三口，或另有不法别情者，及抢夺路行妇女案内一经动手之犯，俱入情实。其虽未动手而

① 《附本》，《奸盗抢窃门》。
② 《沈本》卷三《奸盗抢窃》，第19、20页。

有奸污及前项情事者，亦入情实，余俱概入缓决。

并将本款中"道光五年……拟入缓决"作为"小注"置于"此条"之后。①

《谢本》承《黄本》，删去其在《附本》中增入的"嘉庆……此条"一段，将"小注"全部改成正文，并在其后增入本款中的"其并未……俱入情实"一段，至此全文改定，同于本条。

《谢本》之《按》曰：

> 伙众抢夺妇女为从，如因酿成人命，在十五年奏准以后，无论曾否入室帮抢及有无随同拒捕，均应入实。迨道光四年复奏，刑部以此等人犯……②

《谢本》载道光六年通行：

> 奉部以王大姐因系悔婚另嫁律应离异之妇，唯究由伊母主婚，未便加以犯奸之名，遽将李占魁等比照强抢犯奸妇女为从拟流，即谓悔婚另嫁之妇，与以礼婚者不同，若经被抢，即概照伙众抢夺良家妇女为从例拟绞监候，入于秋审情实，不足以示区别，只可俟秋审时酌量衡情办理，不得于定案时遽议轻减，致启畸重畸轻之渐，各等因，先后通行遵照在案。③

---

① 《黄本》卷三《奸盗抢窃》。
② 《谢本》，《奸抢窃门》，第51页。
③ 《谢本》，《奸抢窃门》，第52页。

《谢本》在此条之后另有两条，分述如下：

其一：

抢夺妇女，其有并非伙众但强卖与人为妻妾者，拟绞监候，秋审时如妇女已被卖失身者，应入情实，尚未转卖及给亲完聚者，可以入缓。

按：抢夺妇女已成，情殊凶恶，因非伙众，故罪止拟绞候，较之聚众伙抢案内从犯为重，向来聚众伙抢从犯，但经入一室助势，秋审即应拟实。今起意纠抢，业将妇女抢获，因其纠伙未及三人，已由骈首改为绞候，若将该犯入缓，是纠抢已成之首犯转较随同伙抢之从犯为轻，似未平允，故历年秋审多入情实。[1]

沈家本认为：

此条即上条段末"并未伙众"云云，不免重复，盖此条分别被卖、未被卖，定章在先，彼条无论曾否被污，较此条为严，盖在后。今本删去此条，是也。[2]

其二：

众伙谋抢夺与贩妇女已成，为首拟绞监候，例系由轻加重，如妇女并未被污及给亲完聚者，秋审时可缓决。

按：伙抢与贩妇女之案，在道光三年以前，均比照抢夺

① 《谢本》，《奸抢窃门》，第52页。
② 《沈本》卷三《奸盗抢窃》，第21页。

犯奸妇女之例，分别问拟军流，嗣于四年间经山东省咨请部示，奏改绞候，五年续纂入例，本属由轻加重。①

沈家本认为：

> 此条例系由生入死，故秋审多入缓。各本删去此条，未详其故，应补。道光六年本已无此条矣。成案如道光七年山东李占魁等……②

此后《沈本》因之，并同于本条。道光年间又有新规定，却未改入本条。光绪十四年，律例馆上奏说：

> 近来各省伙抢妇女之案层见叠出，或拒捕杀伤事主，并乘机掠取财物，迹近于劫……至杀伤人案内为从在外了望未经帮殴，并伙犯入搜取财物，章程内并未议及。窃思因抢夺妇女而至拒捕杀伤事主，或倚众入室搜赃，凶暴已极，似未便与寻常抢夺妇女之案一例分别实缓，致若辈敢于犯法，肆无忌惮。臣等公同商酌，议请嗣后聚众伙谋抢夺妇女，如系拒杀事主，或执持火器将事主拒伤，并倚众乘机分抢财物，情同强盗案内为从拟绞之犯，不论次数人数、是否入室拉架、事后曾否奸污领卖，及有无在场助势等情，均拟情实。其非执持火器拒伤事主，并乘便携取随身衣物案内从犯，仍照向章分别办理……光绪十四年八月十二日奉旨：依议。③

---

① 《谢本》，《奸抢窃门》，第53页。
② 《沈本》卷三《奸盗抢窃》，第22页。
③ 《通行章程》卷四《伙抢妇女从犯分别实缓章程》，第16、17页。

沈家本对这一条进一步解释说：

> 此项从犯近年以来均照章办理，其中有仅止在院看人，或随同进院不以入室论者，仅止护送同行不以帮拉论者，有帮同扶掖出庄及护送上车即以架拉论者。其在船上伙抢则以过船为入室，应实；未过船者应缓。①

对在途抢夺拉走，道光十二年刑部说帖认为：

> 查聚众抢夺路行妇女，例内虽有或卖或自为妻妾奴婢及被奸污之语，究无未卖未为妻妾奴婢及未被奸污准其减等明文，则遇有抢获拉走旋被拿获者，自未便照未成问拟，致与定例不符。且查在途抢夺妇女与入室抢夺妇女情事虽有不同，强暴则无二致，比例参观，断无入室抢夺出门后即属已成，在途抢夺拉走后犹得末减之理。检查本部向来办理聚众抢夺路行妇女业经拉走者，虽当时被获，俱照已成科断。②

（二二）川匪拦抢案内无论杀、伤人，为首、为从，俱应情实。

本条应始纂于嘉庆年间，没有"无论……"一层。
《附本》载：

> 川匪拦抢数至十人以上，但伤人者，俱拟情实。

---

① 《沈本》卷三《奸盗抢窃》，第20页。
② 《刑案汇览》卷八《户律婚姻》，第20页。

道光初《黄本》于"拦抢"下增入"案内，无论有无案杀人伤人，为首为从"一层。

道光中《谢本》亦在《黄本》"为首为从"下增入"应斩绞监候者"一层，并例有嘉庆十三年四川一实案。[①] 或许此条自此始。

此后各本因之未改，同于本条。

（二三）聚众抢夺妇女未成，为首拟绞之犯应酌入情实。

本条应纂于道光初年。

《附本》无此条，《黄本》已载，几同于本条，唯"拟绞之犯应酌入情实"，为"拟绞者亦应酌量入实"，无实质差异。

此条在《谢本》亦无，未知何故。

道光末，《蜀本》与《黄本》已全文改定，此后历代各本遵之未改，均同于本款。

《沈本》之《按》曰：

> 道光初年本无此条，末年本有。嘉庆十七年江苏王全聚众入室谋抢孀妇，因本妇设计走脱，幸而未成，得免骈首，改实。[②]

（二四）抢夺逾贯，虽未至五百两，俱应情实。如系一人乘间抢夺，尚无凶暴情状者，可以缓决。

---

① 《谢本》，《奸抢窃门》，第53页。
② 《沈本》卷三《奸盗抢窃》，第22页。

本条应产生于乾隆前期。

三十二年条款及阮氏之《按》如下：

抢夺满贯之案，向俱照窃盗满贯例办理。今酌拟：如有纠众入室抢夺并未伤人而形同盗劫，及曾以他物伤人者，应入情实。其余如仅止局骗抢物尚无恃强劫夺情形者，可以缓决。

谨按：抢夺满贯与前抢夺伤人一条宜参看，满贯逾贯，不计多寡。若至五百两以上者，另册存记。以知窃、误窃，脏存、赃消为断。说见前。①

《指掌》、《附本》均有"向"字，《辑要》本无，非是。

四十九年条款载：

抢窃满贯之案，或结伙窝匪在城市抢夺者，或遭风失火乘人危急肆抢者，或蓄意谋窃放火烧房，纠众以肆抢取者，或犯窃到案中途私自扭锁脱逃并贿役脱械逃窜者，或指称考棚名色，贿买生员丢包撞骗得财者，或一夜连窃数家得财者，或军流在配脱逃后仍怙恶肆窃者，或积匪猾贼犯窃多次者，或将题奏本章及军机钱粮、公文起意烧毁、沉溺者，或窃盗衙署仓库响鞘及在官军装器械者，或蓄意谋窃行路官员客商、沿途潜随行走，因而设计窃取银物者，或奴婢勾引外人及串通同主奴婢行窃主财者，或店主、船户、车夫、雇夫钻舱等贼积惯为匪，肆窃旅客银物者，或僧尼、喇嘛、回

---

① 《秋谳志略》，《比对情实缓决各款》。

民、番民、壮、瑶，结伙行窃者，或赃银数至五两者。①

此文应源于阮氏《志略》中《比对情实缓决各款》之《抢夺伤人》条下所拟《参考》之第一条，其文如下：

> 向来窃盗满贯之案，俱酌量情节重轻，以定实缓。至情节内何者为重，何者为轻，未定界限，明例条款，是以各司所拟参差不一，即总办处亦不能一一烛照厘正。今酌拟应入情实各款于后：
>
> 一、窃盗衙署仓库者；
>
> 一、窃盗饷鞘及在官军装器械者；
>
> 一、积匪猾贼犯窃多次者；
>
> 一、军流在配脱逃后仍怙终肆窃者；
>
> 一、尼僧、喇嘛、回民、番民、壮、瑶结伙行窃数次者；
>
> 一、一夜连窃五家皆得赃者；
>
> 一、行窃将题奏本章及军机、钱粮公文起意烧毁、沉溺者；
>
> 一、犯窃到案，中途私自扭锁或贿役逃窜者；
>
> 一、或遭风失火乘人危急肆抢者；
>
> 一、蓄意谋窃放火烧房，肆行抢窃得赃者；
>
> 一、蓄意谋窃官员客商、沿途潜随行走，因而乘机窃取银物者；
>
> 一、店主、船户、车夫、雇夫钻舱等贼积惯为匪，屡窃旅客银物者；

---

① 《秋审指掌》，《比对情节酌量入实各条》，第26页。

　　一、仆窃主财，勾引外人及串通同主奴婢起意教诱得赃者；

　　一、指称考棚名色，贿买生童丢包撞骗得赃者；

　　一、结伙在城市中抢夺得赃者。

　　以上各案，或设计窃谋，或胆玩蔑法，或怙恶不悛，皆属情节较重，非寻常鼠窃可比，俱应入于情实，其余窃盗满贯之犯，仍照例入于缓决。如此则轻重之界限攸分，缓决之谳典悉当，承办者亦得所遵循矣。①

本条应纂定于嘉庆年间。

沈家本考证说：

　　抢夺逾贯之案，实乾隆年间秋审与窃盗同科。四十九年条款抢窃尚合为一条，情重者入实，情轻者缓决一次后即减发伊犁等处为奴。四十六年奏定将此项与寻常缓决之犯一体办理，不准遽行减等，是端未一律入实也。此条未详定于何年，当在五十七年窃赃逾五百两入实谕旨之后。四十九年条款本有"数至千两"一条，系合抢窃言之，后来以抢重于窃，窃赃五百两入实，抢夺遂加严矣。此亦世轻世重之一端也。嘉庆以后大约均照此核办。②

《附本》所载几同于本条，唯"应"下无"入"字。道光初《黄本》删"应"下"入"字，此后历代各本皆因之未改。唯《书斋》本在其末尾尚增一段，文如下：

---

① 《秋谳志略》，《抢夺伤人》。
② 《沈本》卷三《奸盗抢窃》，第24页。

近来听纠同伙三四人抢夺逾贯，除起意之犯未同行外，伙犯又他物拒伤事主，亦入缓决。①

（二五）抢夺有服亲属计赃逾贯，及先经借贷不遂，纠抢有因者，可入缓决。

本条纂定于嘉庆年间。

《附本》所载如下：

抢夺有服亲属及先经借贷不还，纠抢有因者，亦可缓决。②

此时无"计赃逾贯"一层，而且"借贷不还"大异于"借贷不遂"。

道光初，《黄本》已将"还"改为"遂"，余遵《附本》。

道光中，《谢本》已增入"计赃逾贯"，此后历代各本遵之未改，一同于本条。

沈家本考证说：

嘉庆十年广西邹学贤，抢夺素有周恤无服亲属。九年广西何炳华，赌匪输钱借贷不允，纠众抢夺，均照缓。此二案与此条相符，似即据案纂定。③

（二六）抢夺拒捕刃伤及折伤，无论伤之多寡轻重，俱应入情实。按：近年如被扭图脱情急，刃划一二伤者，亦可酌

---

① 《书斋》首卷《奸抢窃》，第29页。
② 《附本》，《奸盗抢窃门》。
③ 《沈本》卷三《奸盗抢窃》，第25页。

入缓决。

本条应产生于乾隆前期。

《志略》所载三十二年条款及阮氏《按》：

> 抢夺伤人之案，如系纠众截抢及因事主夺赃故行殴砍多伤致成残废笃疾，情形凶暴者，应入情实。其余实因图脱情急无奈拒捕者，可以缓决。
>
> 谨按：同一抢夺而轻重迥殊，有抢夺银两货物者，有抢夺衣帽食物者，皆在白昼抢夺门内，总宜核其图脱情急之真伪与所攫赃物之轻重、事主被伤之情形，并贼犯有无被伤，合而观之，以定实缓。
>
> 罪人拒捕等案，或事犯被拘，或因奸被获，如有喊众持仗逞凶拒抗致伤应捕之人，及拒伤至残废笃疾，应拟情实。其余如系情急图脱，及被追无奈回殴者，可以缓决。
>
> 谨按：明知系库银饷鞘，虽乘间攫取即属藐法，自乾隆四十年以后，此等案情皆入情实。若本非在库在鞘，犯时不知为官币而乘间攫取者，方拟缓决。

嘉庆年间本条已基本纂定，《附本》所载如下：

> 抢夺拒捕刃伤虽止一二伤，及折伤者，俱应入情实。

道光初，《黄本》删其"虽止一二伤"，增入"无论伤之多寡轻重"一层，并"应"下增"入"字。《谢本》因之，删去"人"字，于末尾增入本条《按语》之文"如……缓决"

作为正文下段,《书斋》遵之。谢信斋认为:

> 抢夺拒捕刃伤及折伤,系属例实,唯道光三年刑部堂议,抢夺仅止带划一二伤者,酌入缓决,然必先被事主扭获,情急图脱,因而带划致伤,方可入缓。若情同格斗,即伤系带划,亦应拟实。[①]

《蜀本》删《谢本》之"轻重"二字,并将其下段"如……缓决"改为小注于末尾,《京都》本遵之。

《辑要》、《沈本》则在《蜀本》之"小注"上增"案近年"三字,二者均一同于本条。

沈家本说:

> 道光三年将刃划一二伤者酌入缓决,亦网开一面之意也,此后皆照此核办。[②]

曾国藩曾咨部要求区分"有无威吓",未获刑部同意:

> 据大学士直隶总督曾咨称,抢夺之案,如人数已在三人以上,将有器械,并无威吓、捆缚、按捺事主之犯应如何治罪,仅止随同在场并未动手均发遣为奴。"动手"二字是否专指帮同捆按、拒殴,抑系兼指搜赃者而言,应一并咨部示覆等因。本部查,抢夺之案从前定例俱系分别首从办理,嗣于咸丰五年间严定强盗章程,将聚众持械抢劫、威吓事主、

---

① 《谢本》,《奸抢窃门》,第54页。
② 《沈本》卷三《奸盗抢窃》,第26页。

倚强肆掠者，照强盗不分首从一概拟斩。咸丰十年并同治三年复将聚众三人以上持械抢掠为一等，不及十人、数在三人以上持械抢夺为一等，结伙十人以上及未及十人以上俱系徒手抢夺为一等，是同一持械抢掠之案而十人与未及十人情节各有不同，即同一聚众十人之案而但经持械与未经持械罪名亦因之迥异，该督以三人以上持械并无威吓事主等情未经议及，不知此等匪徒成群结伙，将事主财物公然抢去，业经执有器械，即属倚强肆掠，不得与未经持械一例同科。虽无按捺事主各情，亦应分别问拟斩决发遣。若于聚众持械中再为区别有无威吓等情，似非严惩匪徒之意。至为从并未动手之犯系指并未帮同捆按拒殴而言，其无前项重情仅止随同帮抢赃物者，即照为从问拟发遣等因。通行。[1]

光绪十三年，直隶总督李奏请，将直属匪徒执持火枪纠伙抢劫并勒赎多次者，照奉天及两广定例惩办。经刑部奏定：

嗣后直隶省遇有强劫及窃盗临时行强并结伙十人以上抢夺之案，但有一人执持鸟枪洋枪在场者，不论曾否伤人，不分首从，均拟斩立决枭示。其结伙三人以上抢夺案内执持鸟枪洋枪之人，系首犯亦拟斩立决枭示，系从犯拟斩立决，伤人者仍如枭示。未经持鸟枪洋枪者，仍照向例办理。若窃贼施放鸟枪洋枪拒捕，一经成伤，无论护赃、护伙、图脱及临时、事后，所伤是否事主，为首并帮同放枪拒捕之犯，皆拟斩监候，秋审入于情实，杀人者俱拟斩立决枭示。寻常行窃

---

[1] 《通行章程》卷四，第3页。

及抢夺仅止一二人，但系执持鸟枪洋枪之犯虽未拒捕均发极边充军。至捉人勒赎之案，除被捉并非幼孩，及掳捉不及三人、未至三次，并赃未满贯者，仍照向例办理外，如有将十五岁以下幼孩捉回勒赎，并被捉数在三人以上，及掳捉已至三次以上同时并发，暨计赃在一百二十两以上者，均照两广之例办理。如此分别严惩，庶凶徒知所儆畏，而地方可期静谧矣。再，此等案件各省近日亦复不少，直隶既经奏请加严，他省亦应照办，以昭画一。如蒙俞允，臣部即行文该督并各直省督抚、将军、都统、府尹，一体钦遵办理，等因。光绪十三年闰四月初五日奉旨：依议。钦此。①

光绪后来认为该规定过严，要求刑部议归旧例，却被刑部挡回：

> 光绪十五年三月十六日钦奉恩诏……盗案及盗墓各犯新章从严者，有可改归旧例之处，着刑部核议具奏。钦此。遵查……光绪十三年臣部议复大学士、直隶总督李鸿章奏……新章均较旧例加严。原其立法之初，固以各省盗风日炽，不能不从重惩办，洵因时制宜之义也。计自定章以后，此风迄未少息，若遽概弛其禁，诚恐水懦民玩，犯法者益见其多，转失辟以止辟之意。②

（二七）窃赃满贯之案，乾隆五十七年军机大臣面奏谕旨，赃逾五百两者情实，未至五百两者缓决。按：奏定计赃章程

---

① 《通行章程》卷四，第12页。
② 《通行章程》卷四，第17页。

系以制钱一千作银一两，近年行使大钱，银价较前昂贵数倍，如以钱一千作银一两计赃，虽逾五百两而按犯事时以钱易银价值实不及五百两者，仍以黄册声明，以冀邀恩免勾。咸丰十年赵大、同治四年阎兆登有免勾案。

对于盗案，早在雍正初年即注意分清为盗的原因，其三年十一月下旨说：

嗣后遇有盗案，务将案内之悍恶实在为盗及被人诱胁，或迫于饥寒要【而】非素行为盗之处一一分注明白，于疏内声明候定。①

本条应产生于乾隆前期：

一、秋朝审内抢窃满贯及三犯窃赃至五十两以上问拟绞候之犯，除情重应拟情实人犯外，其余应入缓决，秋朝审一次之后改发云南、两广极边烟瘴充军。

臣等谨按：此条系乾隆三十一年八月内江苏巡抚明德条奏，并三十二年四月内军机大臣会同刑部奏准定例，应纂辑遵行。②

三十二年条款虽未见有"窃赃满贯"之条，但其"抢夺满贯"条内有"向俱照窃盗满贯例办理"之文，见前第二十四条。可见窃盗满贯如何定拟，早已在"抢夺满贯"之前规定之。四

---

① 《清朝通典》卷八三《刑四》。
② 《大清律例根源》刑律卷六二《有司决囚等第》。

十九年"酌拟情实各条"更为具体，亦见前第二十四条。

阮葵生在"抢夺伤人"条下之《按》说：

> 窃盗之情形不等，赃数之多寡不一，并未定以界限，盖此两种案件历来大半全入缓决，问情实者寥寥。今按窃情百变，正须按情分别，而赃至数千亦宜酌为区别。今拟二条于后，以备临时备案参考焉。【以下为第二四条之一：】
> 窃盗满贯之案，向来止论情节，不计赃数，概入缓决。伏查窃盗到官，定案则计赃拟绞，不问情节之重轻，秋审则核案诛心，不问赃数之多寡，一人独窃千二百金，十人共窃百二十金，同一死罪，多者不能加重，少者不能减轻。盖赃为总名，以银为断。其中为金珠、宝玩、钱文，为绸布、衣服、器皿，种种不一，而价值之贵贱、轻重，偷窃之难易、强弱，亦种种不一。有壮夫伙抬箱笼而衣物仅止满贯者，有童稚顺取衣包而一带一髻价估数千者。赃虽多而估止满贯，不得以少估而稍宽。赃虽贵而犯时不知，亦不得［以］估多而加重，此诛心之本意，即唯齐非齐之义也。且如窃盗越壁逾墙、纠伙设策，赃止现银百余金，不能遽入情实也。又如剪绺掏摸鼠窃可谅，而误获珠宝价值多金亦止可拟缓也。况窃银花用无存，珠宝旋归事主，其重轻更自不同。更有不肖事主，将无作有，失少报多，赃既无存，止凭事主估计，而印官又亦以通［报］在【先】，迥护扶同，全不足信。是诚不能以数之多寡分实缓也。应请凡赃至五百两以上者摘出，分别知窃、误窃，赃存、赃消，并窃时之强弱，临时

酌定。①

此条嘉庆年间根据乾隆五十七年谕旨重新纂定。《附本》载：

> 窃赃满贯，逾五百两者情实，未至五百两缓决。②

查《乾嘉历年秋审上谕》，五十七年上谕原文如下：

> 乾隆五十七年十月十六日军机处交片内称，军机大臣面奉谕旨：嗣后窃案赃至五百两以上者俱入于秋审情实办理，等因。钦此。③

但《乾隆上谕条例》中，此条载在乾隆五十八年，而非五十七年。

> 刑部通行事……本年直隶秋审情实人犯黄册内绞犯刘起宗一起、田二一起，十月十六日军机大臣面奉谕旨：刘起宗一犯因窃败露，逼勒年甫十三之大功服弟缢死，图赖事主，情殊残忍；田二一起，窃赃至一千两以上，且脱逃多年均未便稽诛，该二犯著即行处绞。嗣后窃案赃在五百两以上者，俱入于秋审情实办理。钦此。④

---

① 《秋谳志略》，《比对情实缓决各款》。
② 《附本》，《奸盗抢窃门》。
③ 《历年秋审上谕》之乾隆五十七年，刻本，藏法学所。
④ 《乾隆上谕条例》第12函之五十八年。

道光初，《黄本》于《附本》"满贯"下改"此条"为"之案"，将段末之"乾隆……谕旨"移入"之案"下，"逾五百两"前增一"赃"字，删去两个"者"字，条文除"本部堂官面"数字不同，余同于本条。①

《秋谳志》所载，删去"本部堂官面"、"赃"六字，并于末尾增入下段"未至五百两，吓禁事主，迹近于强者，应入情实"。《书斋》本同。

其《按语》说："此条实缓谕旨分晰甚明，可以遵办。"显见，谕旨根本就无其下段。②

条末"小注"始见于《辑要》本，"虽逾五百两"上有"计赃"二字，条文中仍有"本部堂官"字样，《沈本》条文始全同于本条，唯小注同《辑要》本有"计赃"二字。

沈家本认为：

> 《志稿》所言可谓详尽。四十九年通行多，或脏数至千两者一项，盖即采后一条之语也。自五十七年之后，五百两即实，无论千两矣。未至五百两者，除后例各条分别实缓外，其余大概入缓，然亦有加严者。③

《沈本》认为"小注"所依据的光绪五年章程已不符合后来的情况了：

> 光绪五年奏定章程：京师地面计赃定罪之案，均以市价

---

① 《黄本》卷三《奸盗抢窃》。
② 《秋谳志》卷三《奸盗抢窃》，第18页。光绪六年（1880年）刊本，藏法学所。
③ 《沈本》卷三《奸盗抢窃》，第28页。

为凭。市价长落不常，大、宛两县按五日一次具交报部，是当十大钱已不若制钱，以一千作银一两矣，此小注可删。①

对以五百两为断，亦有异议：

此以五百两上下为断系近来办法。溯查乾隆四十九年条款，原系以情节轻重分别实缓，虽赃至数千亦有酌拟缓决者，并不拘以赃数多寡为断。盖行窃有强弱之分，亦有故窃、误窃之异。即所得之赃亦有现存、消亡之不同，若概以五百两为断，不论情节轻重，似未平允。②

（二八）行窃库银饷鞘为首，并纠窃衙署官物计赃逾贯，虽未至五百两俱应入实。行窃官币，在外了望接赃，从犯并同。

乾隆前期，盗仓库钱粮百两以上即入情实。《秋审档案》一载乾隆三十一年"赶入情实"中即有"贵州邱佩尧盗仓库钱粮百两以上"。

本条始纂于乾隆三十二年。

《志略》载条文及阮《按》如下：

偷窃库银及偷盗饷鞘满贯案件，查明如系藐法肆窃者，应入情实。其余若仅止乘便攫取，尚无藐法情节者，可以缓决。

---

① 《沈本》卷三《奸盗抢劫》，第29页。
② 《奏进本》，《奸盗抢窃》，本条之《按语》。

　　谨按：明知系库银饷鞘，虽乘间攫取即属蔑法，自乾隆四十年以后此等案情皆入情实。若本非在库在鞘，犯时不知为官币而乘间攫取者，方拟缓决。①

"偷盗"，唯《辑要》作"窃盗"，《指掌》、《附录》均作"偷盗"。

盗官员衙署服物较官物为轻：

　　至官员衙署服物，虽非仓库钱粮可比，但究系官守重地，故定例不论初犯、再犯，赃数多寡，亦与窃盗仓库钱粮一例同科，改发极边烟瘴充军，至一百二十两以上始拟绞候，秋审时亦必列入情实。既与盗官物一百两以上即拟绞候者有所区别，且与行窃平民逾贯秋审时分别实缓者，每不致轻重混淆。②

嘉庆年间据三十二年条款增改，《附本》所载如下：

　　行窃库银及饷鞘者满贯，虽未至五百两，俱应入实。③

道光初，又增入"衙署官物"一层，《黄本》所载如下：

　　行窃库银饷鞘并衙署官物计赃逾贯，虽未至五百两，俱应入实。④

---

① 《秋谳志略》，《比对情实缓决各款》。
② 《秋审档案》之乾隆五十三年，文津馆藏。
③ 《附本》，《奸盗抢窃门》。
④ 《黄本》卷三《奸盗抢窃》。

道光中，《谢本》又增入"官币"一层，所载如下：

> 行窃库银饷鞘并行劫官币，在外了望接赃从犯及纠窃衙署官物计赃逾贯者，虽未至五百两，俱应入实。①

《书斋》本因之，唯增"满数为首"于"饷鞘"下。

道光末《蜀本》承《谢本》，唯于"饷鞘"下加"满贯为首"，改"行劫"为"行窃"，改"入实"为"情实"。

《秋谳志》本载入《黄本》之条，并于其书眉上增入《书斋》本之条款。

《辑要》、《沈本》始同于本条。唯二者均将本段"行劫官币……并同"作为小注置于末端。

沈家本说：

> 常人盗仓库钱粮罪应拟绞者，入于秋审情实，乾隆二十九年始定为例。偷窃衙署服物赃至一百二十两以上者，入于秋审情实。乾隆二十四年例至四十九年通行酌量入实条款，此两项皆在其列，自系例实之案。②

（二九）行窃官员公寓逾贯，究与行窃衙署不同，未至五百两仍入缓决。

本条纂定于嘉庆年间。

《附本》所载已几同本条，唯"仍入"为"亦入"，此后

---

① 《谢本》，《奸抢窃门》，第55页。
② 《沈本》卷三《奸盗抢窃》，第30页。

《蜀本》、《书斋》本因之，《辑要》、《沈本》始改为"仍"。

沈家本说本条"向多入缓，从无实案"，[①] 或许这就是由"亦"改"仍"的原因。

（三〇）行窃逾贯未至五百两，有持刀吓禁事主，迹近于强者应入情实。

本条纂定于嘉庆年间。

《附本》所载同几于本条，唯"逾"为"满"。

《黄本》、《辑要》均因之不改。

《蜀本》始于"有"上增"如"字，《京都》本因之。

《沈本》始改为"此外另"，同于本条。

（三一）窃赃满贯未至五百两，此外另有图脱拒捕，或将事主推跌，或他物一二伤情节不甚凶暴者，俱属轻罪，仍以未至五百两入缓。

本条应纂定于嘉庆年间。

《附本》所载已几同于本条，唯"窃赃"为"窃盗"。

道光初，《黄本》已改之为"窃赃"。此后历代各本因之不改，均同本条。

沈家本说此条"系属例缓"。[②]

（三二）纠窃未至五百两而伙贼临时行强，该犯仍照满贯拟绞者，亦可缓决。

---

① 《沈本》卷三《奸盗抢窃》，第30页。
② 《沈本》卷三《奸盗抢窃》，第31页。

本条纂于嘉庆年间。

《附本》所载，即同于本条，此后历代各本因此不改。

沈家本说：

> 本条如伙贼行强在该犯先逃之后，自应仍按窃盗为首科
> 断。若该犯系在外把风接赃，从前尚有情有可原之例，罪止
> 拟遣，故秋审不加重，今则一律骈诛，已无此项人犯矣。①

（三三）窃贼二三次满贯同时并发，及积匪行窃一次逾贯，俱未至五百两者可入缓决。

本条始纂定于嘉庆年间，尚无"积匪"一层，《附本》所载
如下：

> 窃贼二三次满贯同时并发，各次俱未至五百两者可入
> 缓决。②

道光初，增入"积匪"一层。《黄本》已改定全文，此后历
代各本因之，同于本条。唯《蜀本》、《书斋本》改"俱"为
"但"。

沈家本说："积匪犯窃多次，在乾隆四十九年通行酌量入实
条款之列，嘉庆年间实案尚多，道光后多入缓决"。③

但查《指掌》、《附本》均未见此款。

---

① 《沈本》卷三《奸盗抢窃》，第31页。
② 《附本》，《奸盗抢窃门》。
③ 《沈本》卷三《奸盗抢窃》，第31页。

（三四）**窃盗得免并计后三犯计赃拟绞，免死减释，或在配复犯窃计赃五十两以上，仍三犯拟绞之案，与窃盗免死后至三犯者不同，可入缓决。**

本条纂定于道光初。

《附本》无，始见于《黄本》，几同于本条，唯"后至"为"复窃"，《辑要》遵之，《谢本》、《蜀本》则为"后复至"。

谢信斋说"此条系属例缓，可以遵办"。①

《沈本》始改为"后至"，同于本条。

（三五）**前犯窃赃满贯及三犯拟绞免死减释，或在配复行窃满贯及三犯拟绞之案，又前后两犯均系刃伤事主，或前犯刃伤事主复犯满贯，及三犯或前犯满贯及三犯后犯刃伤事主，此等类皆怙恶不悛，虽窃赃未至五百两，刃伤止一二处，俱应入情实。**

本条始纂于嘉庆年间，《附本》所载已几同于本条。唯"怙恶"为"怙终"，"虽"下无"赃"字，"俱"下无"应"字，此后历代各本因之，个别字词不同而已，无意义之差异。②

谢信斋说：

此条系先后两犯死罪，向以怙终不悛例入情实。③

---

① 《谢本》，《奸抢窃门》，第58页。
② 《附本》，《奸盗抢窃门》。
③ 《谢本》，《奸盗抢窃》，第58页。

（三六）用药迷窃未得财者，例应情实。

本条纂定于嘉庆年间。

《附本》所载几同于本条，唯"得"下无"财"字，疑脱，"例应"为"俱拟"。

道光初已改定，《黄本》全同于本条，此后历代各本遵之未改。

乾隆四十八年发生了两案：首先是云南王奉以药迷人未得财，将其发伊犁给厄鲁特为奴。接着是贝开富用药迷人未得财，乾隆改变了主意，他说：

> 若概予发遣，不足以明刑。此等用药迷人之案，如人已被迷，虽经他人救醒，而用药者本有杀人之心，自应将该犯问拟实斩，入于秋审情实，不得以未经得财稍为宽贷。若甫经学习……则发……为奴。①

乾隆发表此番指示后要刑部另议条例具奏，虽然《清朝通典》未载有定议结果，但沈家本说：

> 乾隆四十八年刑部遵旨议定：用药迷人图财案内，人已被迷，经他人救醒，虽未得财，将首先传授药方转传贻害及下手用药迷人之犯，均拟斩监候，入于秋审情实。此例甚严而案不经见，盖事极诡秘，破案者少也。②

① 《清朝通典》卷八四《刑五》。
② 《沈本》卷三《奸盗抢窃》，第33页。

（三七）首犯赃逾五百两，从犯因三犯拟绞者仍入缓决。

　　本条纂定于嘉庆年间。

　　《附本》所载几同于本条，唯"从犯"为"该犯"，"仍入"为"俱入"，其末尾有小注"此条指从犯"。

　　道光初，《黄本》已将"该犯"改为"从犯"，"俱入"改为"仍入"，删去"者"字，此后历代各本因之不改，同于本条。

　　此条系例缓。

　　《黄本》尚另有一条，其文如下：

　　　　窃赃满贯逾五百两，首犯例应入实，从犯本无死罪，因系三犯拟以绞候，是其所以罪至死者，因三犯不逾贯，自不应与逾贯为首之犯同科五百两入实之例。（查嘉庆十九年江苏省杨凤一起曾经照缓在案。[①]

（三八）窝窃满贯之案，例系并赃论罪，俱应情实。若系暂时窝窃，非同积匪巨窝者，亦可酌入缓决。

　　本条纂定于嘉庆年间。

　　《附本》所载几同于本条，唯"例系"为"向系"，"论"下无"罪"字，"俱应情实"，为"秋审俱入情实"无"酌入"。

　　《黄本》已全文改定，同于本条。此后历代各本因之未改。

　　————————

　　① 《黄本》卷三《奸盗抢窃》。

沈家本说：

> 窝主并赃论罪，乃乾隆三十五年定例。三十三年惩办巨
> 窝马得鳖一案，伙犯十三名因满贯为从已逾数次，其分赃又
> 在一百二十两以上，照为首例绞候，皆赶入情实。①

**（三九）因窃问拟遣军流徒赦回，并别项遣军流徒赦回，复行窃
逾贯，或至三犯及刃伤事主者，仍按赃数及刃伤多寡办
理，不必加重。**

本条始纂于嘉庆年间，当时尚无"三犯"、"刃伤"两层。
《附本》所载如下：

> 因窃问拟遣军流徒赦回，并别项遣军流徒赦回，复行窃
> 满贯，赃未至五百两，俱可缓决。

道光初，《黄本》已删去"赃未至五百两"，改"满贯"为
"逾贯"，并在其下增入下段"或……不必加重"。唯"复"下
无"行"字，疑脱。至此全文改定，以后历代各本因之未改，
均同本条。

沈家本认为，本条"较之免死复犯死罪者为轻"。②

**（四○）跟踪行窃逾贯之案，从前不问是否赃逾五百两俱入情
实。嘉庆十六年奏准，如独自起意及仅止一二人暂时跟**

---

① 《沈本》卷三《奸盗抢窃》，第33页。
② 《沈本》卷三《奸盗抢窃》，第34页。

随乘便攫取者，仍与寻常鼠窃一体分别实缓。若纠众已
至三人，或假扮客商，昼则同行，夜则同住，志在必
得，但经满贯，虽未至五百两亦入情实。

本条《附本》无，应纂于嘉庆十六年刑部奏准以后，《黄
本》所载几同于本条，唯"扮客商"前无"假"字，疑脱，
"志在必得"下有"者"字。可见本款纂于道光之初。

嘉庆十六年刑部原奏云：

跟踪行窃之案，向因此等匪徒窥见客商携有货财，或假
托附伴，或蹑迹潜随，乘事主不备窃财取物逃逸，实为行旅
之害，故秋审概拟情实。唯是同一跟踪行窃而情节有轻重不
同，如偶然见财起意跟窃，为时无几，或独自跟随及仅止一
二人，并未纠众，此等人犯较之伙谋聚众，昼则同行，夜则
同住，蓄意图窃，期在必得者情节较轻，若一律问拟情实，
似觉无所区别。应请嗣后跟踪行窃逾贯之案，如独自起意及
仅止一二人暂时跟随，乘便攫取，为时无几者，秋审时与寻
常窃盗一律分别赃数是否逾五百两定拟实缓，以昭平允。①

《谢本》无"假"字，此后历代各本因之不改。可能是如沈
家本说此种案件很少的原因。② 谢信斋说：

跟踪行窃逾贯，总以是否伙众及跟随久暂分别实
缓。……道光五年广东省张亚才纠允本船水手三人行窃，该

① 《沈本》卷三《奸盗抢窃》，第34页。
② 《沈本》卷三《奸盗抢窃》，第35页。

犯扮客搭船，一人行窃得赃，三水手仅止事后表分，在船亦止一日，均外缓照缓。又，十年云南省陈文举窥见客货，起意设法偷窃，复恐事主疑心，密令伙贼暗地跟随，纠窃四人同行三日，外缓改实。①

（四一）伙众丢包行窃例应照抢夺定拟之案，但经逾贯，虽未至五百两俱应情实。如系潜踪掉窃，并非公然攫取，应照窃盗办理者，嘉庆十六年奏准，仍与寻常鼠窃以是否赃逾五百两分别实缓。其有跟踪情事者，亦照跟踪久暂、伙犯多寡办理。

伙众丢包满贯为首，或为从三次以上，在乾隆年间已入情实。《秋审档案》二载乾隆三十三年"赶入情实"之一有"直隶张乐丢包满贯为首；赵文三次为从"。②

本条始纂于嘉庆十六年前，时无刑部十六年奏准之内容。《附本》所载如下：

伙众中途丢包行窃者，情同抢夺，但经逾贯，虽未至五百两俱应入情实。如系潜踪掉换，并非公然丢包掉窃可缓决。③

对"潜踪掉窃"，刑部十六年奏准如下：

---

① 《谢本》，《奸盗抢窃》，第56页。
② 《秋审档案》二之乾隆三十三年。
③ 《附本》，《奸盗抢窃门》。

掉窃逾贯之案，从前各省有照奸匪伙众丢包诓取财物，依抢夺例治罪者，亦有照窃盗本律问拟者，办理未能画一。嘉庆十二年臣部于核复湖北巡抚章审拟刘老五等掉窃马允加银两案内声明例意，以不法匪徒朋比为奸，见有孤单行客，丢包诱令拾取，假以搜检为名，乘机搜取财物，其阴诈强横，情同抢夺，故例以抢夺之罪。至寻常掉包行窃之案，只系蹑迹潜踪，伺隙掉换，行同鼠窃，较之丢包公然搜抢者迥不相同，自应仍照窃盗本例科断，等因，通行在案。是此等人犯定案既有抢窃之分，秋谳即有实缓之别。在伙众丢包诱令检拾，公然搜取财物者，系照抢夺律治罪，秋审自当入实。其伺隙掉包依窃盗定拟之案，与寻常鼠窃相同，若不论赃数多寡，概拟情实，似非核实持平之道，应请将掉窃逾贯之犯与寻常窃盗逾贯之案，一体按计赃数是否逾五百两分别实缓。如案系跟踪掉窃者，仍按跟踪久暂、伙犯多寡分别办理，以示区别。①

此后应在道光初，增入此奏内容，《黄本》已全文增定，几同于本条，唯"久暂"句为"亦照跟踪行窃例分别跟踪暂久"，《蜀本》、《京都本》因之。《谢本》一秉《黄本》，《书斋》、《辑要》因《谢本》。其《按》曰：

丢包行窃逾贯之案，亦以是否伙众丢包及潜踪掉窃，分别实缓。嘉庆二十五年四川省李矮子掉窃逾贯，实系一时起意，并非蓄意跟踪，赃亦未至五百两，外缓照缓。②

① 《沈本》卷三《奸盗抢窃》，第36页。
② 《谢本》，《奸抢窃门》，第57页。

唯《沈本》始同于本条。

(四二) 船户、车夫、店家有主客相依之义，但经行窃逾贯，虽
未至五百两，实属为害商旅，俱应入实。如系船上水
手、店内雇工、一切挑脚人等，乘间鼠窃，赃未至五百
两，若有勾引外人伙窃情事者入实，余俱缓决。

本条始纂于乾隆四十九年。
四十九年条款规定此种案件属"酌量入实"：

> 抢窃满贯之案……或店主、船户、车夫、雇夫、钻舱等
> 贼积惯为匪，肆窃旅客银物者。[1]

乾隆末即有一例：

> 五十八年十月十一日奉上谕……又，王日朋行窃陆应棋
> 银箱一案，系船户行窃客货逾贯，为害商旅……该督等问拟
> 缓决，殊属宽纵。[2]

本条嘉庆年间已基本纂定，《附本》所载如下：

> 车夫、船户、店家有主客相依之义，但经行窃逾贯，虽
> 未至五百两，实属为害商旅，应入情实。如系船中水手、铺

---

① 《秋审指掌》，第 26 页。
② 《秋审档案》一之乾隆五十八年。

内雇工及一切挑脚人等乘间鼠窃者，如未至五百两，俱
可缓。[①]

道光初，《黄本》将《附本》文字稍作修改润饰，一同于本
条，此后历代各本因之未改。

沈家本考证：

> 道光年间如系蓄谋纠伙者，十三年广东邓巳秀，挑夫蓄
> 谋纠伙五人行窃逾贯，照实，此外多缓案。九年贵州李忠
> 贵，部议云：查挑夫行窃如无蓄谋纠伙，及积惯肆窃情节，
> 近年多入缓决。此起挑夫行窃逾贯，虽系蓄谋，尚无纠伙积
> 猾情事，照缓，可见当时渐从宽也。[②]

**（四三）船户等项盗卖客货逾贯，虽赃未至五百两，俱应情
实。如蓄计盗卖，故意将船碰破及有心放火烧毁房
屋、船只、车辆者，其用心最为险毒，入实无疑。若
实系遭风失火，乘间盗卖客货，从前间有缓案，近来
亦多入实。**

本条嘉庆年间已基本纂定，《附本》所载如下：

> 船户因遭风失水，乘机盗卖客货满贯，赃未至五百两，
> 从前俱入情实，近来亦多入缓决。查此项入缓总觉过宽，若
> 系有心将船碰破，及有心放火因而盗卖客货者，其用心最为

---

① 《附本》，《奸抢窃门》。
② 《沈本》卷三《奸抢窃门》，第37页。

险毒，似应酌商。①

道光初《黄本》承《附本》改定之，几同于本条，唯"实系"为"系"。

道光中《谢本》承《黄本》，唯"蓄计"为"蓄积"，疑误。改"房屋"为"店屋"，其《按》曰：

此条系属例实，可以遵办。嘉庆二十五年浙江省方炳忠……外缓照实。又，道光四年江苏省陈正刚……外实照实。②

"例实"之说未确，沈家本说：

嘉庆间刘横诰之改实免勾，刘胜会、李盛灿之照缓（见上）案犹在前。道光二十六年湖广李宏大、王汰和二起……均照缓。③

道光末《蜀本》同《谢本》，唯改"积"为"计"，删"其用心"之"用"字，其后各本因之，但增入"用"字而已。

（四四）奴婢行窃主财逾贯、未至五百两，如系负恩勾引外贼肆窃者，应入情实。其一人乘间鼠窃，可以缓决。至雇工、长随及兵役、水火夫人等行窃本主、本管官财物逾

① 《附本》，《奸抢窃门》。
② 《谢本》，《奸抢窃门》，第60页。
③ 《沈本》卷三《奸盗抢窃》，第39页。

贯，亦照此分别实缓。

本条始纂于乾隆三十二年。其条款及阮《按》如下：

　　仆窃主财满贯之案，向来办理只照寻常满贯之例分别情
节问拟。自二十二年江苏省孙二一案系乘主全家外出托伊管
家之便，勾引外贼肆凶罄窃，奉旨改入情实之后，二十三、
四两年，此等人犯即俱入情实。迨二十七年朝审内朱大成一
案，本部定拟情实，蒙恩免勾，此后此项人犯仍系分别办
理。今酌拟：如有负恩结伙肆窃，情重者俱入情实，其寻常
鼠窃及乘便攫取可入缓决。

　　谨按：奴窃主财，三十年前援引亲属，较之亲属其情为
轻，本未平允，自应照凡窃为重。如有勾引外贼入室，暗通
使女开门，及受恩昧良，暗设狡计，肆窃密室藏物殆尽者，
自当拟实。其顺便掠取箱橱银物者，仍与凡窃同论。①

《志略》、《辑要》、《指掌》、《附本》文字微有差异，但义
无别，故不标出。
乾隆四十九年此种案件定为"酌量入实"之一：

　　抢窃满贯之案……或奴婢勾引外人及串通同主奴婢行窃
主财者。②

嘉庆年间稍作修改，形成上段，《附本》所载如下：

----

① 《秋谳志略》，《比对情实缓决条款》。
② 《秋审指掌》，第26页。

　　　仆窃主财逾贯未至五百两，如系负恩勾引外窃肆窃者，
俱应入情实。乘间鼠窃者，可入缓决。[①]

　　道光初，《黄本》对上段稍作文字修改，改"仆"为"奴
婢"，增入"一人"，删"应入"上之"俱"、"鼠窃"下之
"者"字。并增入本款下段，即"至雇工……分别实缓"。
　　《谢本》一秉《黄本》，唯改"奴婢"为"奴仆"。《书斋》
本因《谢本》，又于"仆窃"下增一"盗"字。
　　《蜀本》承《黄本》，但于"主财"上增一"本"子。
　　另，"外窃"一词始自《附本》，各本均为"外贼"。

（四五）**窃盗临时盗所拒捕刃伤事主，俱入情实。亦间有因止刃
　　　　划一伤入缓之案。查此项情节亦有不同，一闻事主声喊
　　　　即持刀相向，情近于强，虽止一划伤，自应入实。若实
　　　　系被拉、被抱、划由图脱，与逃后被追图脱者，时异而
　　　　情同，例予斩候已有区分，似可酌量入缓。**

　　本条始纂于乾隆三十二年。
　　窃盗拒捕与罪人拒捕是否有区别，应如何区别，乾隆四十六
年秋审时，广东一案主从犯一引窃盗拒捕，一引罪人拒捕，乾隆
对此在谕旨中说：

　　　窃盗拒捕与罪人拒捕本属两条，难容牵混。罪人拒捕所

---

　　① 《附本》，《奸盗抢窃门》。

包者广，如因奸等类皆是。至窃贼拒伤事主，情罪较重，是以另立专条，并非如斗殴伤人之案以金刃及他物分别轻重者可比……盖伙贼拒捕，其去强盗只差一间，强盗伤人岂复问其执持行凶之物为何物乎？①

乾隆的说法是很中肯的。

《附本》条款：

> 窃盗临时【疑脱文】仅止一二伤者，近年俱拟缓决。②

道光初，《黄本》已全文增定，几同于本条，唯"亦间有"为"从前间有"，"入缓之案"下有"近年亦多入实"，"一闻"上有"如"。

《黄本》所增的依据是道光三年刑部堂议：

> 嗣后窃贼临时盗所砍戳成伤者，应入情实；其系临时盗所而护伙护赃仅止一二伤者，均酌入缓。③

《谢本》一秉《黄本》，唯于"逃"字后增一"走"字。

《沈本》则全同于本条，其《按》曰：

> 乾隆条款如伤由图脱，不论砍戳带划皆可酌缓。道光三年以砍戳带划分别实缓，已较严矣。然是年广东王国保等，

---

① 《清朝通典》卷八四《刑五》。
② 《附本》，《奸盗抢窃门》。
③ 《沈本》卷三《奸盗抢窃》，第42页。

该二犯所拒伤痕各止二处，各伤均止皮破，其所供带划情形尚属可信，唯窃盗临时盗所护赃逞凶格斗，刃伤事主，照实。与堂议不符，何也？[①]

（四六）**窃贼已离盗所拒捕刃伤事主，嘉庆八年奏准，如被拉图脱，虽三伤俱问缓决。历年凡护赃、护伙情同格斗者入实，其余无前项情形，实系图脱情急，刃戳止二、三伤者，俱入缓决，内划伤、他物伤不算。若金刃戳扎三伤以上者，仍入情实。又，被追而未被获，无急情可原，辄纠伙转身迎拒，情势凶横者，虽仅金刃一二伤，亦不可轻议缓决。**

本条源于乾隆十八年李五一案：

> 十月十四日内阁奉上谕……浙江……李五行窃拒捕，戳伤事主……所办以重罪拟缓……经九卿核实改正。[②]

本条嘉庆年间已基本纂定，《附本》所载条文如下：

> 窃贼刃伤事主，如系临时盗所拒捕，及虽离盗所但护赃、护伙，情同格斗者，俱应入实。其余无前项情形，实系图脱情急，刃戳止二伤者，俱入缓决（内划伤不算）。若刃戳三伤以上，及扎伤至五六伤者，俱应入实。又，被追而未被获，无急情可原，辄纠伙转身迎拒，情势凶横者，虽仅金

---

① 《沈本》卷三《奸盗抢窃》，第42页。
② 《秋审档案》二之乾隆十八年上谕。

刃一二伤，亦入情实。①

《附本》纂成此条的依据可能是：

> 道光三年刑部堂议：嗣后窃盗护赃护伙砍戳成伤者，又虽系图脱而砍戳二人成伤，或致事主受伤成废，或事主窘迫自尽者，又砍戳一二处而情节凶暴近于格斗者，又砍戳四伤以上者，又金刃带划八伤以上者，又金刃砍戳三伤、带划五伤者，又金刃砍戳二伤、带划六伤者，又金刃砍戳一伤，带划七伤者，以上均应入情实。如被事主追逐揪扭情急图脱，砍戳在三伤以上，及仅止带划七伤者，虽系护赃护伙而仅止带划一二伤者，均酌入缓决。②

道光初《黄本》承《附本》，做了些修改，删去"刃伤……及虽"14字，增入"已"字，在"盗所"下增入本条中之"拒捕……历年"27字，改"但"为"凡"，"格斗者"下删去"俱应"，"二三伤"改为"一二伤"，"小注"中增入"他物伤"，改"俱应入"为"仍入"，改"又"为"及"。
《黄本》的依据是：

> 嘉庆八年刑部核办秋审实缓条款云：查窃盗弃赃图脱拒捕刃伤事主之案，定例拟绞监候，秋审以事主伤经平复，无关人命，拒止三伤者入缓，其三伤以上者俱拟情实。上年贵州省杨日闻刃扎事主三伤一案，臣部改拟情实，奉旨免勾。

---

① 《附本》，《奸盗抢窃门》。
② 《沈本》卷三《奸盗抢窃》，第42页。

本年广东省刘得善一起，四川省李文潮一起，俱系弃赃逃
走，被事主赶扭图脱，拒戳三伤，该省俱拟缓决。臣等以同
一事主轻伤平复之案，两伤入缓，三伤入实，似未为允协。
兹据广东、四川将图脱金刃三伤之刘得善、李文潮问入缓
决，臣部俱拟照复入缓。至护伙及情凶伤重者，臣部核明仍
拟情实。①

以上在《秋审章程》中删改为如下条款：

抢窃杀事主为从帮殴刃伤，并窃盗拒伤事主三伤之案，
向来多入情实。本部嘉庆八年奏准：为从帮殴之犯，如护伙
并帮砍多伤者拟实。其刃伤止系带划三伤，或止刃戳二伤，
拒由事主扭住图脱者，酌拟缓决。刃伤事主之犯，如系弃赃
逃走，被事主赶扭图脱情急者，虽三伤俱问缓决。其护伙及
情凶伤重者，仍拟情实。②

对道光三年堂议，谢信斋说：

至窃盗图脱金刃带划八伤以上，窃盗图脱金刃砍戳三伤
带划五伤，窃盗图脱金刃砍戳二伤带划六伤，窃盗图脱金刃
砍戳一伤带划七伤，以上四项，虽经刑部堂议入实，究未奏
准通行之件，遇有此等秋审，似宜参酌办理。二十二年直隶
省绞犯张陇儿听纠行窃未得赃，被事主惊觉起捕，该犯逃出
院内，即被追及揪住衣领，该犯图脱，用刃拒扎，共计三扎

---

① 《沈本》卷三《奸盗抢窃》，第42页。
② 《秋审章程》，《总办秋审处》。

伤六划伤，确因被揪不放，情急图脱所致，若照刑部堂议即应入实，外以刃扎究止三伤，其余各伤均系带划，拟缓照缓。①

道光中《谢本》承《黄本》，略作修改，"八年"前删去"嘉庆"，"刃戳"下增"至"，将"小注"改为正文"内划伤并他物伤不算"，改"及"为"又"。

除"八年"前无"嘉庆"二字外，《谢本》一同于本条。

《黄本》则又为《辑要》、《沈本》所遵，唯"俱问缓决"一语，《蜀本》独作"绞候"，疑误，"刃戳"为"金刃戳扎"。

（四七）窃贼图脱拒捕致毙事主，无论情伤轻重，俱入情实。

本条始纂于乾隆三十二年。

三十二年条款规定，"私盐窃盗罪人拒捕杀人"，是"应拟为情实"。②

在四十九年条款中，此条仍然规定为定例拟为情实。③

可见，乾隆年间是一律入实无缓，但仅指"私盐窃盗"，而非所有"窃盗"罪人。

嘉庆年间，本条已基本纂定，《附本》所载几同于本条，删去"私盐"这一限制，扩大于所有窃盗而言。没有"无论情伤轻重"一层，"事主"下有"者"字，"俱"下有"应"字。

道光初，增入"无论情伤轻重"，则将《附本》全文改定，

---

① 《谢本》，《奸抢窃门》，第64页。
② 《秋审指掌》，第2页。
③ 《秋审指掌》，第23页。

一同于本条，为此后历代各本所遵。或许是如谢信斋所说，此例系属例实，可以遵办。① 所以才一直无需改动。

（四八）窃贼图脱拒捕，除他物另伤一人不计外，如刃伤事主至二人者，虽仅止一二伤俱入情实。若二人内有一划伤及二人俱系划伤者，尚可酌入缓决。

本条始纂于乾隆三十二年。

三十二年条款中"窃盗临时拒捕"条：

> 窃盗临时拒捕之案，如系纠众护赃夺伙及连伤二人以上……应议情实。其余尚无凶暴情形者可缓。②

可见，当时连伤二人有实有缓。

嘉庆年间为从亦入缓：

> 又，山东省赵兴文行窃拒捕伤事主二人为从，拟流改绞入于缓决。③

《秋审档案》一注明此条在嘉庆四年的《通行》内，可惜已无可详考。

嘉庆年间，将"拒捕连伤二人"从乾隆"临时拒捕"条中分出另纂，《附本》中分载两条：

---

① 《秋审指掌》，第62页。
② 《秋谳志略》，《比对情实缓决各款》。
③ 《秋审档案》一之嘉庆四年。

一、窃贼临时拒捕刃伤事主至二人者，虽仅止一二伤，俱入情实。①

一、如二人内有一划伤，及二人俱系划伤者，可以缓决。②

道光初，将以上两条合而为一，并增入"另伤一人不计外"一层。《黄本》所载已同于本条。

道光改定应因六年江西邹六一案之部议：

窃贼拒捕连伤事主二人，秋审旧例应入情实，迨历年衡情酌办，一、细加分晰，有图脱刃伤二人，内有一人系被划伤轻酌缓者，有所伤二人虽一系划伤，而均无被揪图脱急情仍入情实者，有所伤二人虽内有一人并非因被揪情急致伤二人，均止被划伤即酌入缓决者，有戳伤一人，划伤一人，二人各被一伤，虽有一人非因被揪图脱致伤仍入缓决者，虽事涉繁琐，而近年办理较若画一。此起刃伤二人，一系事主工人，均应以事主论。其致伤事主究因被其赶捉所致，止一划伤；砍伤工人则确由被扭情急且亦止一伤，似可酌量入缓，照缓。③

沈家本考证说：

嘉庆年间此等人犯已将砍戳与划伤稍示区别，【本条】

---

① 《附本》，《奸盗抢窃门》。
② 《附本》，《奸盗抢窃门》。
③ 《沈本》卷三《奸盗抢窃》，第45、46页。

或即是尔时所定也。①

此后历代各本因之不改，同于本条。唯《蜀本》将"尚可"作"亦俱"，恐误。

（四九）窃贼图脱拒捕，仅止金刃一二伤，亦无凶暴情形，此外或事主追逐自行跌毙者，亦可缓决。

本条始纂于乾隆三十二年。

三十二年条款：

> 窃盗临时拒捕等案……其余尚无凶暴情形者，可以缓决。
> 罪人拒捕等案……其余如系情急图脱……可以缓决。②

嘉庆年间重新纂定，《附本》所载几同于本条，唯"此外"下无"或"字，"亦可"为"亦入"。

道光初，《黄本》已增入"或"字，改"亦可"为"亦入"，一同于本条，此后历代因之未改。

谢信斋认为：

> 此条事主追逐跌毙，初非本犯意料所及，与失财窘迫自尽者不同，向不以之加重，系属例缓，可以遵办。③

---

① 《沈本》卷三《奸盗抢窃》，第45页。
② 《秋审指掌》，第3页。
③ 《谢本》，《奸盗抢窃》，第64页。

沈家本对其质疑说：

> 以案情而论，追赶跌毙死在当时，窘迫自尽死在事后，
> 自应以死在当时者为重；以罪名而论，失财窘迫自尽者，罪
> 止拟徒，追赶跌毙者，在斗杀案内如系被殴伤轻，因自向追
> 殴以致跌毙者，从前仍按斗杀拟抵，以被殴而追，因追而
> 跌，事实相因也……是即以新例言，斗殴尚罪应拟流，窃盗
> 拒捕非寻常斗殴可比，岂得谓较失财窘迫自尽者为轻。①

（五〇）窃贼图脱拒捕，他物殴伤事主致废疾笃疾者，较刃伤平
　　　　复为重，俱应入实。若扎伤平复，伤仅止骨节参差，或
　　　　断一指、折一齿，事主不致贻累终身者，亦可缓决。若
　　　　盗田野谷麦等类，与实犯窃盗不同，虽拒捕致废疾亦可
　　　　酌入缓决。道光二十年四川张在远，二十一年奉天李复
　　　　兴两案均奏明改缓。

本条源于乾隆三十二年条款。
"罪人拒捕"条：

> 罪人拒捕等案……及伤至残废笃疾者，应拟情实。②

嘉庆年间，将"如伤至残废笃疾"从上条中分出并增入
"折伤缓决"一层，纂定本条前段，《附本》所载如下：

---

① 《沈本》卷三《奸盗抢窃》，第46、47页。
② 《秋审指掌》，第3页。

窃贼图脱拒捕，他物殴事主死废疾者，较刀伤平复为重，俱应入情实。若扎伤平复，仅止骨节参差，或砍断一指，事主不致贻累终身者，亦可缓决。[①]

道光初，《附本》文字上修改，改"死"为"致"，"废疾"下增"笃疾"，改"刀"为"刃"，"入"下删"情"字，"断"上删去"砍"字，增"折一齿"，改"贻累终身"为"终身贻累"。余同之。

（五一）两贼同时拒一事主及各自拒伤事主各科各罪，如实系图脱情急，无彼此护伙凶横情节，金刃未至三伤以上者，亦可缓决。

本条纂于嘉庆年间。

沈家本考证：

两贼同时拒一事主之例，纂于嘉庆六年，此条当在其后。情节以彼此护伙为重，应不论伤痕多寡轻重，入于情实。如无此等情节，系各拒各捕，应各按寻常拒捕刃伤分别实缓，不必加重。[②]

《附本》所载，除无"及各自拒伤事主"一层七字以外，余均同本条。

道光初，《黄本》因之，增入"及各个拒伤事主"七字，但

---

① 《附本》，《奸盗抢窃门》。
② 《沈本》卷三《奸盗抢窃》，第48页。

"同"下无"时","如"下无"实",应是脱文所致。此后历代各本复回以上二字,其他无改动。

谢信斋说:

> 此条总以是否护伙逞凶及金刃是否在三伤上、下分别实缓,可以遵办。①

(五二)窃贼两次刃伤事主同时并发,虽各止一二伤,亦入情实。

本条纂于嘉庆年间。

《附本》所载几同于本条。唯"虽"上有"本案"二字,下无"各"字。

道光初,《黄本》已改定同于本条,此后历代各本因之未改。

《谢本》之《按》曰:

> 此条系属两犯死罪,虽同时并发,与斗殴连毙二命者无异,系属例实,可以遵办。嘉庆二十五年广东省程亚六……外缓改实。又,道光五年广东省廖亚……照缓。②

沈家本说此条"成案未见",③未知何故无成案。

(五三)窃贼刃伤事主,闻拿畏惧,将原赃送还,除确有证据者

---

① 《谢本》,《奸抢窃门》,第65页。
② 《谢本》,《奸抢窃门》,第65页。
③ 《沈本》卷三《奸盗抢窃》,第48页。

依例减流外，若系一面之词，别无证佐，仍拟绞候者，照例入于缓决。

本条产生于嘉庆六年。

沈家本说，"此条产生于嘉庆六年续纂定例"，[①]但作为条款，《附本》无载，因此应纂定于嘉末、道初。

道光初《黄本》几同于本条。唯"证据"为"证佐"。《谢本》更为"证据"，以后历代各本因之未改，遂成本条。

《谢本》、《沈本》均未举成案，未知何故。

（五四）窃贼杀人为从帮殴之犯，自乾隆六十四年定例不分他物、金刃，俱拟绞候，以后俱入情实。嘉庆六年新例，金刃及他物折伤者拟绞，伤非金刃、未至折伤者拟遣。其例前定案之犯于秋审上班后奏明。刃伤及他物折伤者情实，他物未至折伤者缓决。八年四川冯大涌一起，系窃匪图脱拒捕，仅止刃划一伤，另他物三伤，曾经奏明入缓。嗣后此等从犯，系窃案图脱，一伤甚轻，无护赃护伙及倚众凶暴别情，俱入缓决。小注按：抢夺杀人从犯情急图脱刃划一二伤，与首犯拒不同场，定案时照为从问拟者，不可原情入缓。

本条嘉庆年间基本纂成，《附本》所载如下：

抢窃拒杀事主为从帮殴之犯，自乾隆六十四年定例不分

①　《沈本》卷三《奸盗抢窃》，第48页。

他物、金刃，俱拟绞候以来，均入情实。嘉庆六年新例，金刃及他物折伤者拟绞，伤非金刃、未至折伤者拟遣。其例前定案之犯于秋审上班后奏明。刃伤及他物未折伤者情实，他物折未至伤者缓决。八年因四川冯大涌一起，仅止刀划一伤，曾经奏明入缓，近年来仍系拟实。从犯系窃案图脱，一伤甚轻，无护赃护伙及倚众凶暴别情，俱入缓决。（抢夺杀人从犯情急图脱刃划一二伤，与首犯拒不同场，定案时照为从问拟者，不可原情入缓。）①

可见当时并非后来的泛指"抢窃杀人"，而是限于"拒杀事主"。

此条的根据应是：

嘉庆八年刑部核办秋审实缓章程云：一、乾隆四十六年臣部遵旨议准定例，凡抢窃杀人案内为从帮殴有伤，原例拟军之犯，不论他物、金刃，俱拟绞监候。嘉庆四年臣部修辑条例，以杀人首犯例应拟斩，一命已有一抵，其帮殴之余犯应行酌量区别，议将刃伤及手足他物至折伤以上者，仍拟绞候。如伤非金刃，又非折伤者，发极边烟瘴充军。而此等帮殴刃伤之从犯，秋审俱拟情实，各在案。今本年秋审四川省绞犯秦德受一起，拟入情实，冯大涌一起拟入缓决，同一帮殴刃伤，外拟实缓互异。臣等详核案情，秦德受因事主扭住伙犯，该犯护伙帮同砍戳臂膊二伤，内有一伤骨损，该省拟实，自应照拟情实。至冯大涌刃伤止系带划，拒由事主扭住

---

① 《附本》，《奸盗抢窃门》。

图脱，情伤较轻，且他物帮殴之犯，如非折伤，例止拟军，若将刃伤情轻又非护伙之冯大涌一例改入情实，殊觉生死悬殊，臣部现拟将冯大涌一犯照复缓决。①

道光初依《附本》改定上段，改"拒杀事主"为"杀人"，"以来均"改为"以后俱"，"八年"后删去"因"字，"一起"下增"系窃匪图脱拒捕"，改"刀划"为"刃划"，"一伤"下增"另他物三伤"，删去"近年来仍系拟实"一层。增入同于本款下段之文"嗣后……俱入缓决"。

道光中《谢本》一秉《黄本》，唯改"以后"为"以来"，但在《黄本》下段末尾又增入本条小注之文为正文，"拒"为"俱"，"亦"为"不"。

此次修改依据应是胡亚大一案之部议：

> 道光六年广东胡亚大，部议云：抢夺较窃盗为重，拒杀事主为从又较抢夺刃伤为重，秋审向俱入实。近年虽间有情急伤轻酌核入缓之案，唯此起仅止被赶，并无图脱急情，辄即持刃相向，虽划止一伤，亦难曲为解免，改实。据此则尔时已将抢窃分别重轻矣。②

《蜀本》则将《谢本》后段正文又改为"小注"置于末尾，却将"亦可"改为"不可"。何以有此一改，沈家本考证说：

> 二十二年广东陈亚潮，部议云：抢夺杀人为从，刃划一

---

① 《沈本》卷三《奸盗抢窃》，第49、50页。
② 《沈本》卷三《奸盗抢窃》，第50页。

二伤，确由图脱情急者，向有入缓成案，此起抢夺拒捕刃划事主二伤，系在首犯拒杀之先，且由恐被拿获所致，唯究无被揪被扭图脱急情，照实。此起因无图脱急情而入实，而当时有缓案，与"亦可原情入缓"之语相符。今本改"亦"为"不"，又系近来从严办法。①

《蜀本》则一同于本条，历代各本因之未改。

对各本异同，沈氏有一考证：

> 道光初年本首句系"抢窃杀人"，小注系大字，故此等从犯下有"系窃案"三字。道光末年本、《蜀本》首句亦作"抢窃"，而"抢夺杀人从犯"以下改为小注，已失原本之意。此本即改抢窃杀人为窃盗杀人，抢夺杀人从犯以下又改为另行小注，遂觉中间"系窃案"三字不甚可解，此修改之失也。又，小注"不可"，道光两本皆作"亦可"，当时原有缓案，故云然也。此本作"不可"，《蜀本》同，未详何时所改。②

（五五）亲属相盗拒毙捕人，仍似斗杀绞候者，应入情实。（按：此指无服亲属而言，若有服亲属相盗拒杀卑幼，定案依殴杀卑幼律拟绞者，不在此例。）

本条纂于道光初年。

《附本》无此条，《黄本》所载几同于本条，唯"绞候"下

---

① 《沈本》卷三《奸盗抢窃》，第50页。
② 《沈本》卷三《奸盗抢窃》，第49页。

无"者"字，《谢本》因之，于"绞候"下无"者"字，并增入文后"小注"。其《按》曰：

> 窃盗拒毙捕人，罪应骈诛，因系亲属相盗，不与凡盗同论，仍依斗杀拟绞，法难再宽，向应入实。道光四年广东省罗亚用因拒捕刃毙族弟，业因亲属相盗得免骈首，法难再宽，外缓改实。①

此后历代各本因之不改。
《沈本》载：

> 道光十五年四川张启志，部议云：亲属例不重盗，向来行窃拒杀有服卑幼，历有入缓成案。此起虽系因窃拒杀幼孩，唯死者究属缌麻卑幼，被抓吓殴，一伤适毙，亦与逞凶残杀不同，定案时照殴死卑幼本律问拟，秋审自应入缓。②

（五六）窃贼冒捕吓诈拷毙窃贼者，应入情实。

本条纂于道光初年。

《附本》无此条，《黄本》所载同于本条，此后历代各本因之不改，或许是因为"此条成案并不多见"③的原因，所以无需改动。谢信斋也说"此条系属例实，可以遵办"，④亦未举成案。

---

① 《谢本》，《奸抢窃门》，第65页。
② 《沈本》卷三《奸盗抢窃》，第51页。
③ 《大清法规大全》卷二《法律部》，第54页。
④ 《谢本》，《奸抢窃门》，第62页。

沈家本亦说"此条成案亦未见"。①

（五七）回民纠伙三人以上行窃逾贯，虽未至五百两，俱入情
　　　　实。如纠伙未及三人，或虽纠伙三人并未执持凶器，赃
　　　　亦未至五百两者，似亦应酌予缓决。（按：如三人内有
　　　　一民人，即不以三人论。至回民结伙行窃刃伤事主之
　　　　案，仍照寻常窃盗一体分别办理。）

本条源于乾隆四十九年条款，其《比较情节酌量入实各条》
之一：

　　　　抢窃满贯之案……或僧尼、喇嘛、回民、番民、猓玀结
伙行窃者……

嘉庆年间将此条分出，单独成条，《附本》所载如下：

　　　　回民纠伙三人以上行窃逾贯，虽未至五百两，俱入情
实。纠伙未及三人以上者，可缓。查回民纠伙持械至三人以
上，但经行窃即应拟军，与寻常行窃拟杖者不同，故但至满
贯赃，历年俱入情实，但此议总不甚妥。或虽系三人，并未
执持凶器，赃亦未至五百两者，似亦应酌予缓决。②

道光初年仍承《附本》，《黄本》所载几乎未有修改。③

_____

① 《沈本》卷三《奸盗抢窃》，第52页。
② 《附本》，《奸盗抢窃门》。
③ 《黄本》卷三《奸盗抢窃》。

《谢本》承《黄本》，唯改"有虽纠伙"为"虽有纠伙"，将《黄本》从《附本》中的"纠伙"改为"纠众"，又改回《附本》"纠伙"。重要的改变一是于"三人以上"下增入小注："如内中有一民人，即不以三人论"。二是于《黄本》条末尾再增入下段：

> 如回民结伙行窃刃伤事主，仍照寻常窃盗一体分别办理。①

《谢本》载有未照回民科断之案：

> 道光十二年直隶省库英回民纠伙四人……定案时将伙犯仍照民人窃赃逾贯为从减等拟流，不照回民持械伙窃科断，该犯仍以窃赃未至五百两入缓，照缓。②

《蜀本》一秉《附本》、《黄本》、《谢本》，条文主要依据前两本，仍《谢本》第一"小注"，而将《谢本》之末段"如……分别办理"正文改为"小注"置于末尾，文如下：

> 回民纠伙三人以上（如内中有一民人即不以三人论），行窃逾贯，虽未至五百两，俱入情实。如纠伙未至三人，或虽纠伙三人，并未执持凶器，赃亦未至五百两者，均可酌予缓决。（如回民结伙行窃刃伤事主，仍照寻常窃盗一体分别办理。）③

---

① 《谢本》，《奸抢窃门》，第59页。
② 《谢本》，《奸抢窃门》，第59页。
③ 《蜀本》卷三《奸盗抢窃》，第31页。

《蜀本》为《京都》、《书斋》本所因。

《辑要》、《沈本》始同于本条。

对历代各本之因革，沈家本有过考证，他说：

> 道光初年本首句"三人以上"下有小注"如内中有一民人即不以三人论"。末年本、《蜀本》同。"如纠伙至或虽"九字作"纠伙未至三人者可缓。查回民纠伙持械至三人以上但经行窃即应拟军，与寻常行窃拟杖者不同，故赃至满贯历年俱入情实，但此等案虽有"五十六字，末年本已与此本同，盖删去繁文矣。小注至"作如"系大字，段后小注末年本"如回民结伙"系小注，《蜀本》同。①

（五八）回民行窃、窝窃发遣在逃行窃计赃逾贯，及行窃时另犯应死罪名者，秋审概入情实。

本条应纂于道光初年。

《附本》无。《黄本》所载一同于本条，以后历代各本因之不改。

此条《谢本》既无《按》又无例。

未修改的原因或许是未有过此种案件，如沈氏所说的"成案未见"。②

（五九）蒙古抢夺伤人照蒙古例拟绞之案，如伤非金刃、伤轻平复，在刑例罪止拟军者，可以缓决。若系金刃，在刑例

---

① 《沈本》卷三《奸盗抢窃》，第52页。
② 《沈本》卷三《奸盗抢窃》，第53页。

罪应拟斩者，自难从宽。

本条始纂于嘉庆年间，《附本》所载如下：

> 蒙古拒伤事主不分金刃他物斩候者，近年照蒙古例拟缓。

道光初年仍嘉庆不改，《黄本》仍承《附本》，唯倒置"金刃他物"为"他物金刃"。主要是增入"遵新例为首拟斩，为从拟绞"，却并未涉及实缓之变。

道光末《谢本》又遵《附本》，唯将"近年"改为"俱"。可见此一"俱"字，说明自嘉庆定例至道光中均为缓案，但无《按》无例。

道光末有一次大的修改，《京都本》所载如下：

> 蒙古抢夺伤人照蒙古例拟绞之案，如伤非金刃、伤轻平复，按照刑例罪止拟军者，可以缓决。若伤系金刃，按照刑例罪应拟斩者自难概宽。①

《蜀本》"金刃"下为"按照刑例拟罪"，不可解，疑脱，故此处从《京都》本。

《辑要》、《沈本》将两个"按照"均改为"在"，一同于本条。

由"拒伤"改为"抢夺伤"，沈家本说：

---

① 《京都本》：《奸盗抢窃门》，第31页。

　　道光初年本作"蒙古拒伤事主不分金刃他物斩候者，俱照蒙古例拟缓"。末年本已同今本。

　　按：嘉庆二十三年直隶图古苏，蒙古偷窃牲畜，刃伤事主二人，照缓。尔时抢窃不甚分别，可见道光初年本系嘉庆年间旧文也。[①]

沈家本认为此项应例缓：

　　道光年间办理章程，蒙古抢夺拒捕伤人之案，金刃及折伤以上，刑例罪应拟斩者入实，伤非金刃、伤轻平复、刑例罪止拟军者入缓。此条所改尚未明晰，拟于伤系金刃下添"及折伤以上"五字。

　　道光六年改定理藩院则例，行窃拒捕伤人未死为首者拟绞监候，籍没畜产给付被伤之人，俟秋审减等释放时金发湖广、福建、江西、浙江、江南等省。是蒙古此项人犯系属例缓，应照缓。[②]

（六〇）蒙古抢劫什物未伤人，及抢夺十人以上并计赃逾贯为从者，俱入缓决。

　　本条始纂于道光初，尚无"十人以上并计赃"一层。《附本》无，《黄本》所载如下：

[①]《沈本》卷三《奸盗抢窃》，第53页。
[②]《沈本》卷三《奸盗抢窃》，第54页。

蒙古抢劫什物未伤人者，俱应缓决。

道光后期增入"十人以上计赃"一层。《谢本》改"抢劫"为"行劫"，于"未伤人"下增入"及抢劫十人以上，并计赃逾贯为从者"一层。其《按》曰：

蒙古抢夺伤人，金刃及折伤以上，刑例罪应拟斩者入实，伤非金刃、伤轻平复、刑例罪止拟军者入缓。[1]

《谢本》增定的依据是：

道光二年刑部会同理藩院奏准：伙众强劫未伤人之犯，如只系强劫什物，或抢得牲畜在十四以下者，仍照向例拟绞，均入缓决。倘什物内抢有牲畜在十四以上者，即照刑律二罪并发从其重者论，照偷窃蒙古牲畜例按其匹数分别首从，拟以实缓，通行在案。[2]

《蜀本》从《谢本》改定，以后历代各本因之，一同于本条。

《蜀本》于该条末注有"续增"，查其《成案续编》之《续增》，其所增定一条，上段同本条，下段是：

道光二年奏准，如只系强抢什物，或抢得牲畜十四以下者，应拟缓决。倘什物内抢有牲畜在十四以上者，即照偷窃

---

① 《谢本》，《奸抢窃门》，第55页。
② 《沈本》卷三《奸盗抢窃》，第54页。

蒙古牲畜新例，按其匹数分别首从，拟以入缓。①

这一段增入的依据是：

> 蒙古行劫什物内，抢有牲畜在十四以上者，即照刑律二罪俱发从其重者论，照偷窃蒙古牲畜新例，按其匹数分别首从拟以实缓。道光二年刑部奏准，通行在案。②

（六一）偷窃蒙古四项牲畜三十匹以上，不分首从，俱入情实。二十匹及十四以上为首入实，其二十匹以上，从犯入于缓决，例内已有明文。至内地民人盗牛二十只以上，定例以有妨农务，不论赃数，拟以绞候，原较凡盗为重，如秋审再入情实，则较之盗寻常马匹等项轻重大相悬远，似应入于缓决。道光二十年新例，三十匹以上为首情实，为从拟绞，核其情节分别实缓。

本条源于乾隆三十二年条款，其规定：

> 偷窃蒙古牲畜十四以上……俱应拟为情实。③

此条应在上条之后，补充规定"为从"之"实缓"。

此规定应源于"乾隆二十四年原例十四以上首犯入于情

---

① 《成案续编》卷一《奸盗抢窃》。
② 《谢本》，《奸抢窃门》，第55页。
③ 《秋审指掌》，第2页。

实"。①

四十九年条款之《比较情节酌量入实各条》之一：

> 偷窃蒙古牲畜十匹以上不分首从。

可见三十二年限于马，四十九年则扩大为牲畜，且不分首从，比以前为严格。②

嘉庆时本条已基本纂定，《附本》所载如下：

> 偷窃蒙古四项牲畜三十四及二十四以上为首入于情实，为从入于缓决。十四以上为首入于缓决，例内已有明文（抢夺牲畜照窃盗分别办理，道光二年章程）。至马匹应实应缓，例内已有明文。在内地盗牛二十只以上，定例以有妨农务，故不论赃数，拟以绞候，原较凡盗为重，如秋审再入情实，则较之寻常盗马匹等项轻重大相悬殊，此等案入缓决。③

此条的依据是：

> 乾隆五十四年改为三十四以上不分首从俱情实，二十四以上为首情实，为从同窃分赃者缓决，十四以上首犯情实。④

---

①　《沈本》卷三《奸盗抢窃》，第55页。
②　《秋审指掌》，第24页。
③　《附本》，《奸盗抢窃门》。
④　《沈本》卷三《奸盗抢窃》，第55页。

　　道光初，对上条作了较大修改，《黄本》载：

　　　偷窃蒙古四项牲畜三十四匹以上，不分首从，俱入情实。二十四及十四以上为首入实，其二十四以上从犯入于缓决，例内已有明文。至内地民人盗牛二十只以上，定例以有妨农务，故不论赃数拟以绞候，原较凡盗为重，如秋审再行情实，则较之盗寻常马匹等项轻重大相悬远，似应入于缓决。（此条道光二年新例：三十四以上为首情实，为从缓决。二十四及十四以上为首绞候，为从拟遣。新例蒙古抢夺牲畜十四以上，为首拟斩，为从拟缓。核其情节分别实〔缓〕办理。又，偷窃牲畜二十四至三十四同谋并未同行，但事后分赃者，拟发湖广、福建等省交驿充当苦差。）①

　　《谢本》承《黄本》，改"已有明文"为"亦有明文"，其下增入"抢夺牲畜照窃盗分别办理，道光二年章程"一层（详见前条），改"只"为"匹"，改"再行"为"再入"，但删去其末尾小注"此条……苦差"。

　　《蜀本》承《谢本》，唯将《谢本》增入之文置于原位，原文改为"小注"。②

　　《书斋》本同。《辑要》则承《黄本》，正文未改，将原来小注删简，仍附于后。③

　　《沈本》始同于本条，对末尾"似应入缓"，沈氏有质疑：

①　《黄本》卷三《奸盗抢窃》。
②　《蜀本》卷三《奸盗抢窃》，第32页。
③　《秋谳辑要》卷一《奸盗抢窃》，第29页。

条款内但云"似应入缓"，而究竟只数之过多应否一体入缓，既无明文，亦无办过似此成案。①

（六二）窃贼发冢，开棺见尸，剥取尸衣，及盗未殡未埋尸棺三次者，俱应情实。此例重在见尸，如因尸衣腐烂无存，及剥衣未得被人撞遇逃逸者，亦入情实。

本条产生于乾隆初：

乾隆七年十月十九日，内阁交出批本处口传谕旨：昨览盛京秋审情实本内有犯掘坟一次者拟以情实，曾记从前掘坟三次者方入情实，此中或分首从，或别有情节，著查明具奏。钦此。

又口传谕旨：

陕西情实本内掘坟绞犯张天受，或初次，或几次之处，查明具奏。钦此。②

乾隆七年十月十九日，内阁抄出奉上谕：

……查雍正年间凡为首一次者俱行正法，近年以来朕办理稍宽，实出一时不忍，不意掘坟之案数倍于前。是此等凶恶之徒，不可以德感，或且因宽而启玩法之心也。夫愚民即

① 《沈本》卷三《奸盗抢窃》，第56页。
② 以上均见《秋审档案》二之乾隆七年上谕。

为饥寒所逼，不免作奸犯科，何遂以贪取财物而残及枯骨，惨毒至于此极，此虽人心之无良，或亦由平素未知国法，视发掘为行窃之常，以至干犯严条，断无可宽。著奉天府尹及各该省督抚通饬地方有司，留心开导，谆切劝戒，以感动其天良，并将律文于各处明白晓示，备知刨坟之情罪如此其重，一犯此律即不免于死。①

乾隆一日连发数旨，口头加书面，可见其对此类案件之重视。

乾隆九年十二月二十九日内阁抄出奉上谕：今岁各省秋审招册内情实、缓决、可矜各案，经九卿改正者甚多，其中……或连掘数冢，开棺取物……皆予缓决矜减，殊属姑息……著该部【指刑部】传谕申饬。②

本条在乾隆三十二年已纂成条款，其规定：

开棺见尸……俱应拟为情实。③

乾隆中有一例。

乾隆三十三年九月十二日内阁抄出奉上谕：

本日进呈奉天秋审本内九卿由缓决改入情实者，乃至五

---

① 《秋审档案》二之乾隆八年。
② 《秋审档案》二之乾隆九年上谕。
③ 《秋审指掌》，第2页。

起之多，内如徐大占产杀弟，马大刨坟见尸……拟以情实。
九卿所改甚是。①

四十九年条款之《定例拟入情实各条》之一：

> 开棺剥衣见尸。

乾隆能从刨坟引出行政之得失。
乾隆四十年四月十六日奉上谕：

> 若此等刨坟为首及三次人犯，虽例应拟绞入情实。然皆
> 贫民无奈，为此有司民之责者引以为愧，而其犯实无人命之
> 可偿也，即入本年秋审情实足矣，有何不可待其改为立
> 决乎！②

嘉庆时重在发冢：

> 开棺见尸之犯例应情实，重在发冢。若仅止开棺剥衣，
> 则盗开浮厝之棺即无死罪。③

此条嘉庆年间通行纂定，《附本》所载几同于本条，唯无
"及盗未殡未埋尸棺三次"一层，"俱应"为"俱入"。
道光初《黄本》一秉之，唯增入"及盗……三次"一层，

---

① 《秋审档案》一之乾隆三十三年上谕。
② 《乾嘉历年有关秋审》之乾隆四十年。
③ 《秋审章程》，《总办秋审处》。

则一同于本条，此后各本因之未改。

　　谢信斋说"此条系属例实"。①

（六三）　发冢三次为从，仅止在外瞭望者，缓决。若帮同开棺及
　　　　　为从至三次以上情实，例内已有明文。其盗未殡未埋尸
　　　　　棺为从三次以上应绞候者，如仅止在外瞭望，亦可酌入
　　　　　缓决。

　　本条于嘉庆年间纂定上段，《附本》所载如下：

　　　　发冢三次为从，仅止在外瞭望者，俱入缓决。②

　　此条的依据是：

　　　　嘉庆八年直隶李五听从剥取尸衣分赃已至三次，残及枯
　　骨，怙恶不悛，未便以仅止瞭望为解，改实，进呈后奉旨入
　　缓。是年议定：嗣后发冢开棺见尸从犯三次罪应绞候者，若
　　系帮同开棺仍入情实，仅止在外瞭望入于缓决，三次以外虽
　　止瞭望亦拟情实。是尔时上意不欲过严。③

　　此条应在上条之后，补充规定"为从"之"实缓"。

　　沈家本说：

① 《谢本》，《奸盗抢窃》，第67页。
② 《附本》，《奸盗抢窃门》。
③ 《沈本》卷三《奸盗抢窃》，第60页。

发冢旧例唯开棺见尸为首并为从三次以外者，始问拟绞候，其为从不及三次者，罪止拟军。至锯缝凿孔抽取衣饰较之开棺见尸情节为轻，首从各犯均系分别次数拟以军徒，并无死罪。[①]

"凿棺抽窃"规定之由来：

凿棺抽窃系嘉庆四年直隶崔名瑞一案，因未显露尸身，故照见棺椁为首拟军，六年纂入例册，同治年间改定死罪，是此例即从开棺见尸之律分出。[②]

对发冢实缓之变迁，沈家本说：

发冢罪名从前本不计次数，自雍正十三年将为从之犯开棺三次及三次以外者，照窃盗三犯律拟绞，纂为定例，始以次数分别罪名轻重，其文曰开棺而不曰发冢，此以棺计数之明文也。乾隆十六年又将盗未殡尸柩及发年久穿陷之冢，开棺见尸三次以上者拟绞。嘉庆十九年修律按语云：查向来办理发冢开棺分别次数之案，无论同时异时，同地异地，但以见一尸为一次。唯例内统言开棺见尸为从一次、二次、三次，及三次以外，并未指明见一尸为一次。上年江苏省吴毛七等同时连开三棺，将为从之犯以一次定拟，经臣部驳令更正，并通行各省嗣后凡发冢开棺见尸为从之犯，以所见之尸为次数，不得以同时同地连发多冢者作一次论，遂于例内添

---

① 《沈本》卷三《奸盗抢窃》，第57页。
② 《沈本》卷三《奸盗抢窃》，第59页。

入，均以见一尸为一次，不得以同时同地连发多冢者作一次论。小注迨同治九年修改新例，将此注删去，而按语并未声明，恐系疏漏。①

光绪十二年之改变：

光绪十二年，由于近畿一带发冢之风炽，御史良弼奏请严定章程，经刑部议定：臣等查，发掘坟冢案件，从前旧例唯开棺见尸为首，并为从三次以外者，始问拟绞候。其为从不及三次者罪止拟军。至锯缝凿孔抽取衣饰，较之开棺见尸情节为轻，首从各犯均系分别次数拟以军徒，并无死罪。至同治年间因盗风日炽，据升任大理寺少卿于凌辰等并御史林式恭先后条奏，臣部会同都察院、大理寺议将发掘常人坟冢开棺见尸，及锯缝凿孔抽取尸衣，首犯不论次数，分别拟以斩绞立决，为从俱拟绞候，并酌议开棺见尸帮同下手者不论次数，秋审俱入情实，在外瞭望一二次者入缓，三次以上者入实，锯缝凿孔为从帮同凿锯三次以上者入实，一二次者缓，在外瞭望六次者入实，五次者入缓，等因，奏准通行，于九年纂入例册，钦遵在案。兹据该御史奏称，近年发冢案件仍复层见叠出，奏请严定章程，自系为因时制宜、绥靖地方起见。伏查近畿一带时有匪徒结党成群发人坟冢，殃及枯骨，肆行无忌，情节本属可恨，即使尽法惩治，原不足惜。《律例辑注》云：在野之坟虽发冢开棺，不得同于强盗，已死之人虽残毁弃置，不得同于谋杀，前人立论自为允当……

---

① 《沈本》卷三《奸盗抢窃》，第58页。

未便将潜行发冢窃取赃物之案竟与倚强肆掠凶暴众著者一体同科，以漫无区别，特是立法无妨变通，而治盗尤宜扼要。此等发冢之犯，类皆积匪猾贼，到案狡供避就，是其惯技。其开棺见尸与锯缝凿孔情形显不相同，尚可就事主报案、地方官勘验形迹讯办理，罪名无所推诿。即犯未全获，诿诸在逃为首，其事亦在所不免，而罪已至死，据供定拟，亦不致失于轻纵。独为从各犯本系帮同下手，每称仅止在外瞭望；下手及瞭望三次应实者乃供认仅止一二次，在外瞭望至六次应实者又供认仅止四五次，定案时既不能监候待质，即不能不照例入缓，一经查办减发充军，势必故智复萌，潜逃来京，仍行刨挖。是死罪转成虚设，而宵小反持为得计，盗风迄难止息，未始非由于此。既据该御史奏请酌定章程，自应于发冢次数上再行加严，以期辟以止辟。臣等公同商酌，议请嗣后发掘坟冢，除为首罪名均至斩绞立决无可再加，仍照例遵行外，其开棺见尸为从拟绞之犯，无论是否帮同下手、在外瞭望，均入于秋审情实；锯缝凿孔为从，但经帮同凿锯，不论次数并在外瞭望已至三次以上者，俱入情实，其瞭望仅止一二次者入于缓决……再，臣部核办秋朝审发冢为从之犯，向以次数多寡分别实缓……光绪十二年七月十四日奉旨：依议。钦此。①

光绪本人曾认为此规定过于严厉，要求刑部议宽，却遭到其反对：

① 《通行章程》卷四《严定发冢章程》，第6页。

光绪十五年三月十六日钦奉恩诏……盗案及盗墓各犯新章从严者，有可改归旧例之处，着刑部核议具奏。钦此。遵查……光绪十二年间，御史良弼奏请严定章程……新章均较旧例加严。原其立法之初，固以各省盗风日炽，不能不从重惩办，洵因时制宜之义也。计自定章以后，此风迄未少息，若遽概弛其禁，诚恐水懦民玩，犯法者益见其多，转失辟以止辟之意。①

道光初增入下段，《黄本》所载已同本条，此后历代因之未改。

唯《京都》本于末尾辑入同治四、五年刑部之议复，作为"小注"，文如下：

同治四年本部议复大理寺少卿任凌辰、御史张观钧、佛尔国春条奏：

发掘常人坟冢开棺见尸为首斩决，为从绞候。发冢见棺，锯缝凿孔，抽取尸衣，为首绞决，为从绞候。嗣五年议复御史林式恭条成：发冢开棺见尸为从帮同下手者，不论次数俱入情实，在外瞭望一二次者入于缓决，三次及三次以上者入于情实。其发冢见棺，锯缝凿孔为从帮同下手三次及三次以上者入实。一二次者缓决，在外瞭望六次者情实，一二次至五次者缓决。②

其下段即"发冢……缓决"又见于《书斋》本，然其另列

① 《通行章程》卷四《严定发冢章程》，第6页。
② 《京都本》，《奸盗抢窃门》，第41页。

一条于"发冢三次为从"条之后。而其"瞭望一二次"则为"瞭望三次"，后加"小注"为"同治五年五月刑部奏准通行"。①

《书斋》本误，《沈本》之《按语》中亦作"一二次"。②

《辑要》本则以"同治五年新章"之名附于末尾为"小注"。③

（六四）贪图吉壤发冢致坏人尸棺骸罐者，亦以见尸科罪，应入情实。如系山地被人盗埋盗葬，及心疑盗葬出于有因而发冢，坏人尸棺骸罐者，亦可酌入缓决。

本条纂定于嘉庆年间。

《附本》所载几同于本条，唯"应入"上有"俱"字，"亦可酌入缓决"无"亦可"二字，道光初《黄》本因之，删去"俱"字，增入"酌入"二字，一同于本条，此后各本因之未改。

非因贪图吉壤亦有实案：

> 二十五年安徽汤嫩子因伊伯将坟前余地契卖杨姓安葬两棺，该犯小女病故，卜系祖坟塞向，令杨姓迁坟被斥，其意将其坟刨开，撬开棺盖，将两棺骨殖移埋他所，虽因惑于风水，掘后又为掩埋，与行窃剥衣抛弃骨殖者有间，究系例实，均照实。④

① 《沈本》首卷《奸抢窃》，第37、38页。
② 《沈本》卷三《奸盗抢窃》，第57页。
③ 《秋谳辑要》卷一《奸盗抢窃》，第30页。
④ 《沈本》卷三《奸盗抢窃》，第62页。

发掘贝勒、贝子、先贤名臣等坟亦实：

> 例内发冢贝勒、贝子、公夫人等坟冢见棺为后【从】，
> 均应绞监候。如有发冢历代帝王陵寝及《会典》内有从祀
> 名位之先贤名臣并前代分藩亲王，或迭相袭分藩亲王坟墓，
> 亦照此例治罪。是此等发冢见棺为从拟绞之犯，秋审应实与
> 否，例未载明，但历来成案均系入实。道光四年刑部朝审庞
> 二发掘公夫人坟冢见棺为从拟实。[①]

**（六五）指称旱魃刨坟毁尸为首，如有挟仇泄忿情事，例应入
实，讯无嫌隙者缓决。**

本条纂定于嘉庆年间。

> 嘉庆九年八月初五日报到奉上谕：昨据铁保奏，审拟高
> 密县民李诏迁具控仲二等捏称伊父尸棺系旱魃，纠众刨坟，
> 将尸烧毁一案，已批交该部核拟具奏矣。旱魃之名见于大
> 雅，后世稗乘相传，遂以为僵尸岁久即成旱魃。其说本属不
> 经，乡曲小民惑于传播之言，每有刨坟毁尸之事。即如此案
> 仲二等与李诏迁并无仇隙，只因时值亢旱，见伊父李见德坟
> 土潮润，疑为尸成旱魃，迨至纠众刨坟，钩出尸身，以其皮
> 肉未腐，辄称实系旱魃，相率击打烧毁，情节殊为惨
> 酷。……若不严设禁例，任听乡愚刨坟击打，甚至不孝匪徒

---

① 《谢本》，《奸抢窃门》，第68页。

挟仇残忍，于风俗大有关系，著该部悉心酌核，纂辑条例。嗣后遇有此等指称旱魃刨坟毁尸之案，即应拟绞，首犯尚可予以缓决。若讯有挟仇泄忿情事，即应入于情实办理。①

沈家本说，"此条系嘉庆九年恭奉谕旨，纂入例册"。②

《附本》所载几同于本条，"情事"以下是"者，亦入情实。如讯明实无嫌隙者应入缓决"。

道光初《黄本》承《附本》做些文字修改，除"为首"下增入"拟绞"外，余改同本条。后为《蜀本》所据，误。

道光后期《谢本》因《黄本》删其"拟绞"二字，一同于本条，此后各本因之未改。《谢本》即无成案，因为几无案，所以不需修改。

唯《沈本》辑有三例：

> 【嘉庆】十四年山东老吴四，道光四年河南谭定基，二十年山东姜二花兰，均系起意邀打旱魃，刨毁尸棺，均讯无挟嫌情事，照缓。③

（六六）杀死抢窃族人，例不照擅杀科断，仍依谋故斗杀定拟之案，道光七年本部题复福建马幅周案内声明，若拘于谋故杀人向系入实之例，概拟情实，未免向隅，请酌入缓决，通行在案。嗣后如犯系雇工人及兄弟妻之类，定案因系亲属相盗，不照擅杀科断者，虽案系谋杀，亦俱遵

---

① 《乾嘉历年有关秋审》之嘉庆九年。
② 《沈本》卷三《奸盗抢窃》，第61页。
③ 《沈本》卷三《奸盗抢窃》，第61页。

照入缓。

本条应纂于道光后期。

《附本》、《黄本》、《蜀本》均无，始见于《谢本》，但无《按》无例，或许纂成条款时尚无成案。

《谢本》所载即同于本款，唯"定案"下有一"时"字，为《书斋》所遵。《辑要》、《沈本》删去"时"字，均同本条。

此条的依据是：

> 道光七年福巡奏马源开因无服族弟马幅周行窃伊家衣物，事后查知，马幅周情愿认赔窃赃，嗣该犯向索赃钱，被其用拳相殴，该犯顺取竹铳吓放，致伤马幅周身死。查马幅周虽系行窃罪人，唯例不得照凡人擅杀科断，仍照同姓服尽亲属相殴至死凡论。竹铳施放杀人以故杀论，例拟斩监候。查火器杀人之案，秋审时例应入实，而同姓亲属相盗例虽不以擅杀科断，究与因事争斗者有间，定案时既拟以斩候，秋审时若概入情实，未免向隔，自应衡情，酌入缓决办理，恐各省拘于谋故杀人向系入实之例，以至概拟情实，不足以昭平允，应通行各省，如有似此之案酌入缓决办理。嗣后凡杀死抢窃族人之案，均照此核办。[①]

（六七）行窃遗落火煤，不期将事主烧毙，照因盗威逼人致死问拟斩候之例，系道光三年纂定，原奏声明，遗火烧毙一命及二命而非一家者酌入缓决，烧毙一家二命及三命非

---

① 《沈本》卷三《奸盗抢窃》，第61页。

一家者入于情实。迨道光四年纂修条例时，复声明秋审案件应候临时酌核办理，毋庸将入于情实、缓决之处纂入例内。查此项窃贼遗火事出无心，遇有烧毙一命者自可酌入缓决。若至二命以上，则死者之情较惨，似不应率行入缓。窃剥事主衣服致令冻毙，本犯投首免因，照屏去人衣服致死拟绞者，亦间有酌缓成案。

本条始纂于道光初。《附本》无，《黄本》所载如下：

行窃遗失火煤以致延烧，不期将事主烧毙，照因盗威逼人致死问拟斩候，秋审时稍为轻宥。嗣后将遗火烧毙一、二命而非一家者酌入缓决。道光四年奏准新例，广西司李亚乔入五年秋审例缓。①

其依据是：

道光三年刑部酌定条例并声明，窃贼遗火事出无心其烧毙人命并非意料所及，与实系因盗威逼致死者究属有间，若将行窃遗火烧毙事主一命之犯秋审时概拟情实，似觉漫无区别，请将遗火烧毙事主一命及二命而非一家者酌入缓决，遇查办缓决减等时将烧死二命而非一家之犯不准减等。至烧毙事主一家二命及三命而非一家者，入于情实，奏准通行。②

道光中，本条已改定，《谢本》所载几同于本条。唯"应

① 《黄本》卷三《奸盗抢窃》。
② 《沈本》卷三《奸盗抢窃》，第62页。

候"为"应俟"。末段"窃剥……成案"在《谢本》中是正文，唯"屏去人衣服"为"屏去人食服"，但《谢本》无《按》无例。

道光末《蜀本》一秉《谢本》，唯将"小注"中之"食服"改为"服食"。

《辑要》同《蜀本》，唯将"应俟"改为"应候"，《沈本》因之。沈家本说：

> 道光末年本、《蜀本》小注尚有"查道光二十二年，山东省陈昂一起，照缓，系第二册"十九字。①

但笔者查阅各本均无，未知何故。

（六八）犯罪事发，官司差人拘捕，拒捕殴差成废之案，当酌量有无凶横情节，分别实缓。道光二十年山东孟传宗实，奉天聂成沉缓，二十二年直隶申三老虎实，湖广张老么缓。若殴所捕人至笃疾者，应入情实。

本条应纂于道光后期。

《附本》、《黄本》均无，始见于《谢本》，几同于本条。

"道光……张老么缓"则非正文，而是"小注"。

《谢本》为《蜀本》、《京都》、《沈本》所遵，未改，但《书斋》、《辑要》、《秋谳志》则未载此条。

沈家本说：

---

① 《沈本》卷三《奸盗抢窃》，第63页。

　　谢氏无注语，恐系后来羼入，注中所引四案，皆别项罪人。孟傅忠刺匪拟军减徒，复犯奸拐事发，后因差役奉票拘拿，起意纠伙拒捕，摔跌后刀械交加，致令骨折成废，改实。聂成沅拐匪被拿，止图纠人吓散，乘空逃逸，与蓄意逞凶拒捕者有间，成废伤系他物，照缓。申三老虎窃盗伤非事主，即照别项罪人拒捕定拟，此起窃匪图脱拒伤捕役尚未成笃，另伤一人系轻罪，外实照缓。（此起如非外实，可入缓决。）即张老么窃匪拒伤差役成废，例以别项罪人论，且拒由图脱，尚无凶暴重情，照缓。四案唯孟傅忠情节为重，申三老虎亦可缓也。[①]

两处有疑：
其一，沈氏为何说《谢本》无注；
其二，《谢本》成书本在道光末，有此注亦属正常。

---

① 《沈本》卷三《奸盗抢窃》，第63页。

七 杂项门条款考

（一）伪造印信，如冒支钱粮及诓骗得财，俱应入实。其余诓骗未成者，尚可入缓。

本条应源于乾隆十八年陕西省王正举一案。

据《秋审档案》二载："王正举系学正私雕假印之犯，奉旨赶入本年秋审。"① 此处虽未说明入实，但按惯例，"赶入"必情罪重大方可，情罪重大则入实无疑。值得注意的是并非因"王正举系学正"这一官犯身份入实，因当时官犯尚非一概入实，说见"职官"条。

同年秋审庄铨一案，督抚拟入缓决，虽然九卿因前案之例改入情实，仍受到乾隆训斥：

【乾隆十八年十月十四日内阁奉上谕：】今年秋审招册内……庄铨一案，雕刻假印，诓收钱粮，其情罪均属重大，何得仅拟缓决？②

---

① 《秋审档案》二之乾隆十八年。
② 《秋审档案》二之乾隆十八年上谕。

自此以后，此类案件应入实无疑了。三十一年有"福建胡勋伪造印信，诓骗财物，赶入情实"。因而在三十二年的《比对条款》中就归入"例应情实"一类了。

十九年，两广总督班第审拟私雕假印之犯照光棍为首例斩决，奉上谕：

> 私雕假印固属藐法，但所犯止于撞骗财物，按律斩候已足蔽辜，乃照光棍为首例拟斩立决，存心观望，大失轻重之宜，著严行申饬。①

此条始纂于乾隆三十二年其"除笔"中规定：

> ……伪造印信……应拟为情实。②

又一条：

> 私雕印信之案，如有冒支钱粮及伪造凭照诓骗多赃者，应入情实。其余诓骗未成，及赃数无多者，可以缓决。③

阮葵生认为：

> 诓骗未成赃数无多，及仅止一案未及多次者，皆可入缓。若系官员世职、大臣子弟为匪诓骗多金，及有关军机钱粮假

---

① 《清朝通典》卷八三《刑四》。
② 《秋谳志略》，《比对情实缓决各款》。
③ 《秋谳志略》，《比对情实缓决各款》。

官者，则宜从重。描画与雕刻，其心亦相同，而罪悬殊者，盖描画止于一张，雕刻易于多用，故必以案数多寡为衡。①

四十九年条款中《定例拟入情实各条》之一：

伪造印信，诓骗多赃。②

本条嘉庆年间已基本纂定，《附本》所载几同于本条。唯"得财"为"多赃"，下有"者"字，"实"上有"情"字。③

道光初《黄本》作文字修改，几同本条，唯"得财"为"得赃"。④

道光中《谢本》一秉《黄本》，辑有嘉庆十四年成案。⑤

《蜀本》遵《黄本》，唯"得赃俱应入实"为"得赃俱应入情实"，"入缓"为"酌入缓决"。

《辑要》、《沈本》均同本条。

（二）买受伪札诈假官者，应入情实。如假官并未造有凭札，罪系计赃从重加入绞候，可以缓决。

此条分两段，第一段即"买受……情实"。

在乾隆前期，买受伪札之案，首犯入实，从犯入缓。乾隆二十七年奉旨记名情实内附有："一、原题声明情实之案内有应拟

---

①　《秋谳志略》，《比对情实缓决各款》。

②　《秋审指掌》，第24页。

③　《附本》，《杂项》。

④　《黄本》卷四《杂项》。

⑤　《谢本》，《杂项门》，第70页。

缓决之从犯，因首犯业经审拟，亦应另订招册分送会审一起：
（福建）杨泗山（买受伪札林瑞侯案内）。"①

此条始纂于乾隆三十二年，其条款"除笔"中规定：

> ……买受伪札，诈假官……应拟为情实。②

四十九年条款亦同样将其例为《定例拟入情实各条》
之一。③

嘉庆年间，将三十二年之规定作为上段"入实"，增入下段
"假官未有凭札"一层，纂定本条。《附本》所载几同于本条，
唯"应入"为"俱入"，"如假官"之"如"下有"诈"字。

《谢本》承《黄本》，稍改文字后，一同于本条，此后历代
各本因之未改。

沈家本说：

> 乾隆三十二年条款诈假官在应拟情实二十八款之内。四
> 十九年增"买受伪札"四字。④

其实，《志略》所载条款中已有"买受伪札"四字。

（三）私铸钱十千以上，及为从工匠人等应拟死罪者，俱应情实。

本条产生于乾隆前期：

---

① 《秋审档案》二之乾隆二十七年。
② 《秋谳志略》，《比对情实缓决各款》。
③ 《秋审指掌》，第24页。
④ 《沈本》卷四《杂项》，第2页。

　　本部条陈私铸案犯钱数至十千以上者问拟情实，钱数不及十千者列入缓决，改发巴里坤种地等因。……私铸一项，为钱法之蠹，定例不论砂壳、古钱，已成、未成，俱拟斩候，正以儆奸匪，彰国法也。第其中罪虽一律，而情各不同。诚如刑部所奏，有潜匿深山密箐之中，伙党鸠工铸钱至数十千及百千不等者，亦有私自在家偷铸旋即畏罪停工，钱数仅止数百文及数十文不等者，并有造作古样钱文，砂壳小钱，不能通行运卖，及甫经开炉，即被访获，未及造成者，自来外省审案具题率皆有此数等，而督抚于秋审时或入情实，或入缓决，并有钱少而入情实钱多而入缓决，办理参差，未足以照示平允。臣等伏思刑章不厌其详，奸恶必惩其钜。今据刑部奏称，私铸铜钱案犯计钱数在十千以上者定拟情实，正与名例计赃入罪数满乃坐之例相符，应如所奏。嗣后外省私铸案犯校其数至十千以上，并虽不及十千而私铸不止一次，后经发觉者，秋审时一并列旨勾决。再，刑部奏称，偶然偷铸钱数不及十千，并铸造未成旋即畏罪中止者，此等情节督抚列入缓决，情似可原。但将伊等照常监禁，徒然安坐囹圄，转无以昭炯戒，请将私铸案内情轻缓决之犯发往巴里坤等处种地效力等语。查律载，私铸铅钱数在十千以下者，为首及匠人俱照私铸铜钱情有可原例发遣。……至从前秋审案内已经缓决之私铸人犯，系在未经定例以前，请仍照旧办理。倘蒙俞允，刑部行文各省督抚一体遵照，为此谨奏请旨。乾隆二十三年三月十二日奏，本日奉旨：依议。钦此。[①]

_____

① 《秋审档案》二之乾隆二十三年。

据沈家本说：

> 乾隆三十二年定例：私铸铜钱案犯，核其钱数至十千以上，或虽不及十千而私铸不止一次者，秋审时俱入情实。三十一年将"案犯"二字改为"首犯、匠人"，是年条款在应拟情实二十八款之内。[①]

乾隆中期，"私剪钱边"也是入实的。《秋审档案》二载有"私剪钱边"要"赶入"情实。[②]

嘉庆年间本条已纂定，将乾隆条款规定为上段，再增入"为从工匠"作为下段。《附本》所载如下：

> 私铸钱十千以上，及为从工匠人等应拟死罪者，俱应情实。[③]

道光初，本条已全文改定，《黄本》所载已几同于本条，唯"铸"下有一"铅"字。

四十九年条款之《定例拟入情实各条》中，其一是"私铸铜钱十千以上"。

私铸条款之因革，沈家本考证如下：

> 私铸之犯，康熙年间现行例为首及匠人斩决，为从绞决。雍正十一年因此例太重，改照强盗例将法所难宥者立

---

① 《沈本》卷四《杂项》，第3页。
② 《秋审档案》二之乾隆三十三年。
③ 《附本》，《杂项》。

决，有可原者发遣。乾隆十四年又将为首及匠人改为斩候，为从发遣，至今遵用。是私铸案内为从之犯并无应问死罪入于秋审者，此条有"为从"字样，未详其何故。查嘉庆二十一年奉天安晟全案内王添晟伙同私铸十千以上改实，是当日伙同私铸之犯有问死罪者，此条"为从"字样或即指此，然究与例文不符。①

咸丰四年，刑部议奏，秋审时将私铸问拟斩绞各犯分别情实、缓决具奏，咸丰不同意，他下谕旨说：

> 现在大钱雍滞，皆由私铸日多。若如该部所议，仅止一次，为数不及十千者酌入缓决，奸民势必避重就轻，私铸仍难禁绝。嗣后私铸大钱案内，为首及匠人问斩候之犯，无论钱数、次数，均著入于秋审情实。
>
> 又谕：刑部奏严定私铸大钱罪名……著照所请，嗣后私铸当百以下大钱人犯，如系为首及匠人，数至十千以上，或未及十千而私铸不止一次者，即于斩候罪上从重请旨，即行正法。其私铸仅止一次，为数又在十千以下者，仍照前拟定为斩监候，入于秋审情实。②

沈家本解释说：

> 咸丰四年上谕系指当百等项钱文而言。同治九年纂例，因当百等项钱文业经停使，故另纂当十大钱照私铸铜钱例分

---

① 《沈本》卷四《杂项》，第3、4页。
② 《会典事例》卷八五〇《有司决囚等第七》。

别拟罪一条，此条上谕并未纂入。①

（四）左道惑众及邪教为从者，俱应情实。

本条最迟产生于乾隆初期。

乾隆十八年，地方督抚将一些已过热审之期者，提入本年秋审情实勾决，其中"妖言惑众"一项得到乾隆的肯定。②

"妖言"及"传习符咒"属于左道的范围，可见此时此类案件入实，在朝廷内外是一致的。

乾隆三十年赶入情实中有"贵州文韬妖言惑众"。③

三十一年有"贵州董正源等十名妖言惑众……湖广罗士英左道惑众"，赶入情实。④

文津分馆之《叙雪堂集》认为此条源于乾隆二十五年上谕：⑤

　　乾隆二十五年十月初四日内阁奉上谕：刑部秋审情实招册内，有案犯定谳时已逾该省热审之期而九卿即提入本年册内请勾者……妖言惑众、传习符咒……非残忍已极即有关于民俗官方，自不得不早正典刑，以昭炯戒。⑥

《指掌》有载：

① 《沈本》卷四《杂项》，第3页。
② 《秋审档案》二之乾隆十八年。
③ 《秋审档案》二之乾隆三十年。
④ 《秋审档案》二之乾隆三十一年。
⑤ 《叙雪堂集》，《情重条款》。
⑥ 《秋审档案》二之乾隆二十五年。

……左道惑众……应拟入情实。①

四十九年条款中《定例拟入情实各条》亦规定之。

嘉庆年间本条已纂定，《附本》所载已几同于本条，唯“应”下有“入”字。

此时不得财亦入实：

> 此条系属例实，可以遵办。嘉庆十五年贵州省顾占鳌匪徒传习邪教，煽惑及众，法无可宽，未便以并无敛钱不法别情为解，外缓改实。②

《谢本》、《沈本》均同本条，《蜀本》、《辑要》本则为“俱入”。

（五）邪术医病致毙人命者，应入情实。

本条纂于嘉庆年间。《附本》所载几同于本条，唯“应入”上有“俱”字。

道光初《黄本》已删去“俱”字，以后历代各本因之未改。

（六）光棍为从者，应入情实。

本条源于乾隆九年上谕：

---

① 《秋审指掌》，第2页。
② 《谢本》，《杂项门》，第70页。

十月二十九日内阁抄出奉上谕……或以毁堤殴官之罪而宽其情实。①

乾隆认为"毁堤殴官"应入情实，不应缓决，而督抚们竟缓之，所以就"传谕申饬"。虽然今天对"毁堤"为何事已难详考，但"殴官"则属"光棍为从"是无疑的。乾隆就一案而发，此后则应依样画葫芦了。

本条始纂于乾隆三十二年。其"除笔"中规定：

……光棍为从（有分别）……应拟入情实。②

又一条：

光棍为从之案，如系随从聚众罢市辱官，毒害无辜，及强奸已成等项，种种凶恶不法者，应入情实。其余如系听从随行，并无前项情节者，可入缓决。③

阮葵生认为：

光棍为首者已经立决，其余为从原属稍轻之犯，除本条所开各款必入情实外，其余可入缓决。盖此等为从往往多人，不过随行，定案时不能一一区分，一入秋审，实则皆

---

① 《秋审档案》二之乾隆九年。
② 《秋谳志略》，《比对情实缓决条款》。
③ 《秋谳志略》，《比对情实缓决条款》。

实，缓则皆缓，此中不容错误。①

四十九年条款中《定例拟入情实各条》则是：

　　光棍为从情重者。②

嘉庆年间本条已纂定，《附本》所载已几同于本条，唯"应入"前有"俱"字。

道光初《黄本》因之，删"俱"字，以后历代承《黄本》，一同于本条。

由于嘉庆时已删去"有分别"成为"例实"，所以轻案可入缓，也不得不入实了。

　　光绪十三年湖广萧克修，听从聚众罢考，逞凶殴官，情殊藐法，是以改实。唯该犯仅至大堂，未敢前进，尚知畏惧，且首犯已正法已足示儆，声叙免勾。十七年浙江彭阿培，听从聚众赴县求兑钱漕，闹堂塞署，并将告示扯毁，情殊藐法。唯当奇灾猝遘，农民惶急，报灾求兑钱漕与无故约会抗粮者终属有间，该犯讯无转相纠约情事，其将县官推挞倒地，亦因人多拥挤，并无动手殴官之人，且首犯业经正法，改实声叙。此二案均因条款将"分别"之语删去，不得不为此酌量办理也。（同治元年直隶张万金因案情可疑照缓。）③

────────────

① 《秋谳志略》，《比对情实缓决条款》。
② 《秋审指掌》，第23页。
③ 《沈本》卷四《杂项》，第5页。

（七）投递匿名揭帖者，应入情实。

本条应源于乾隆十八年福建王栋一案，《秋审档案》二载"王栋系匿名揭帖之犯，奉旨秋审著入情实"，同年同样因匿名揭帖"著入情实"的还有江西省的范加循。①

文津分馆藏之《叙雪堂集》载，此条是乾隆二十六年刑部奏定的。②

此条始纂于乾隆三十二年。其《比对条款》中规定：

……匿名揭帖……应为情实。③

四十九年条款中《定例拟入情实各条》亦有：

匿名揭帖，告言人罪。

嘉庆年间将该条从乾隆条款"除笔"部分分离出来，独立成条，《附本》所载已同于本款。④

以后历代各本因之未改。

其实匿名揭帖情形不同，一概入实，已经较重。

（八）诬告叛逆，被诬之人未决者，应钦遵嘉庆二十一年蒋伯能

① 《秋审档案》二之乾隆十八年。
② 《叙雪堂集》，《情重条款》。
③ 《秋审指掌》，第2页。
④ 《附本》，《杂项》。

　　案内谕旨入实。

　　本条应源于乾隆十八年山东省舒有奇一案,《秋审档案》二载"舒有奇、龙光灿系诬告叛逆案内之犯,奉旨秋审著入情实"。①

　　此条始纂于道光年间。《黄本》所载为"诬告叛逆,被诬之人未决,应入情实",尚无"蒋伯能"一层。

　　道光末《谢本》仍依《黄本》未改,其《按语》说:

　　　　此条系属例实,可以遵办。唯拖毙人命者,入实予勾,并未拖毙人命者,入实免勾。②

　　嘉庆谕旨原文,《秋审章程》载之较详:

　　　　嘉庆二十一年六月十日奉旨:蒋伯能依议斩监候,著入于本年秋审情实。嗣后遇有诬告叛逆人犯原罪拟监候者,俱照此例办理。③

　　《蜀本》始增入"应遵嘉庆一层",几同本条,唯"入实"为"入于情实"。

　　《辑要》、《沈本》则均为"入实"。

　　此种案在乾隆年间多实有缓:

―――――――――

① 《秋审档案》二之乾隆十八年。
② 《谢本》,《杂项门》,第70页。
③ 《秋审章程》,《总办秋审处》。

乾隆成案亦多入实，唯四十七年福建周铿声……依诬告叛逆未决例斩实，三次未勾，年逾七十，逢恩减军收赎。[①]

即无人命，道光后亦入实勾决，不同于谢氏之前：

近年有同治三年陕西帕尔吐，咸丰三年朝审吉年，均入实勾决。并无人命，谢说姑存参。[②]

（九）诬告人致死，并致死其有服亲属之案，如有挟嫌图诈，或假捏奸赃，或事犯到官诬扳平人，或唆贼硬证，或贿差妄拿图泄私忿累毙无辜，及拖毙案外一二命者，俱应入情实。其余若因事本可疑，一时误认，死由追拿跌溺，并非被逼自尽，及死者本非善类，无前项刁恶惨毒情形者，尚可酌入缓决。

诬告人致死，在乾隆前期已入情实。乾隆三十一年"赶入情实"中有"贵州马天民诬告人致死"。[③]

此条始纂于乾隆三十二年，其条款：

诬告人致死之案，如挟有嫌隙，或假捏奸赃污人名节，或事犯到官诬扳平民，或唆贼硬证，或贿差妄拿等情，图泄私忿以至累毙数命者，并革役冒差讹诈，危言恐吓致毙数命者，俱应入情实。其余如因事本可疑，一时误认，死由追拿

---

① 《沈本》卷四《杂项》，第6页。
② 《沈本》卷四《杂项》，第6页。
③ 《秋审档案》二之乾隆三十一年。

跌溺，并非被逼自戕，并死者本非善类，亦无前项凶恶惨毒情形者，可入缓决。①

"累毙数命者"，《辑要》本同，《指掌》为"累毙无辜"；"数命者"，《辑要》本在其下有"应入情实"，《指掌》无。"凶恶"，《指掌》为"刁恶"，《辑要》为"凶暴"。

阮葵生认为：

> 诬告致死，本例重在拖累无辜，而秋审拟实又重在致毙数命。若拖累由于官吏，则本犯之情可原。数命各有因由，则不能全罪本犯。随案定拟，难拘一格，此与上条情事相仿。唯差役讹诈拷打制缚者，止论毙命，不论数命，概入情实。②

若诬告本管官，也不应立决，而入情实，乾隆三十五年上谕：

> 据德福奏，审拟安仁县仓书刘本忠等盗用空白印文捏款诬揭一案，将该犯刘本忠拟绞，请旨即行正法，所拟未免过当。刘本忠因与同房书役俱被该县长随斥辱，素有嫌隙，辄用印纸捏款造详，诬陷本官，情节原属可恶。但此等胥吏作奸，自当依律科断，初非身犯逆恶及强盗光棍等案犯不容少稽显戮者可比。即隐匿文书告言人罪者定拟绞候，以事理较重列入本年秋审情实已足以示惩儆。若亦予以立决，于情法

---

① 《秋谳志略》，《比对情实缓决条款》。
② 《秋谳志略》，《比对情实缓决条款》。

既未得其平，且恐内外问刑衙门因此妄生揣摩，转相比附，甚非弼教协中之义………将此通谕中外知之。①

四十九年条款中《酌量拟入情实各条》亦规定：

> 诬告人致死之案，或挟有嫌隙，假捏奸赃污人名节，或事犯到官，诬扳平民，或唆贼硬证，或贿差妄拿等情，图泄私忿以致累毙无辜及致毙数命者。②

其实基本上是三十二年条款的翻版。

嘉庆承乾隆条款，唯增入"致死其有服亲属"一层，全文增定。《附本》所载几同于本条，唯"拖毙"为"拖累"，"若因"为"如因"，"自尽"为"自戕"，"可酌入缓决"为"可以缓决"。含义上则无差别。

《附本》在此条下另有一条：

> 比照诬告人致死之案，如疑窃有因，并误告有因者，俱入缓决。③

道光初《黄本》已将文字改定，一同于本条，为《辑要》、《沈本》所遵。

道光中《谢本》承《黄本》，唯在末尾增入"小注"。④

---

① 《清朝通典》卷八三《刑四》。
② 《秋审指掌》，第27页。
③ 《附本》，《杂项》。
④ 《谢本》，《杂项门》，第72页。

《蜀本》承《谢本》，增入"小注"，却将条文"硬证"改为"作证"，"贿嘱"为"贿差"。

（一〇）差役酿命，比照诬告致死及一切比照定拟之案，如挟嫌图赖及威逼诈财致毙无辜者，俱应情实。其余妄疑误听，事出有因，并死本旧匪者，亦可缓决。

本条始纂于嘉庆，尚仅指"差役"，《附本》所载已同于本条，唯无"及一切比照定拟"，"图赖"为"图累"，"诈财"下无"致毙"，"俱应"下有"人"。

道光初《黄本》承《附本》，唯于"酿"下增"成人"，"致死"下增"及一切比照定拟"，"诈财"下增"致毙"，"俱应"下删去"人"字，余同。

《谢本》一秉《黄本》未改，其《按》曰：

> 此条实缓分晰甚明，可以遵办。嘉庆十八年直隶省胡二长随平空吓诈，致无辜被逼自尽，法无可宽，未便以从犯监毙已有抵命为解，外缓改实。[①]

此后各本承《谢本》，个别文字略有出入，《蜀本》将"比照"作"比例"。《沈本》始同于本条。

沈家本认为：

> 前有捕役私拷、蠹役诈赃二条，则差役酿命之案已包举

在内，此条系指一切比照诬告致死之案，本不专指差役而言。①

其实定例时原即专指"差役"，后及其他。

（一）童稚无知，诬告人因而致死之案，嘉庆十五年奉有谕旨，入于缓决。设有案犯相同者，均照此办理。

此条《附本》、《黄本》、《谢本》、《蜀本》、《书斋》等本均无，始见于《辑要》本，应纂于同治年间。

《辑要》同于本条。

此条其实就是前条"小注"的内容。

本条的依据是：

> 嘉庆十五年八月初十日奉旨：刑部奏改拟幼童周陇徕仔罪名一折，此案周陇徕仔年甫九岁，即知挟嫌诬指，狡供捏证，以致拖毙无辜，殊为狡黠，自应量加惩创。但向来十岁以下犯死罪者，定例尚准收赎。今刑部照诬告致死平人之例问拟绞候，竟请永远监禁，则未免过重。该犯究系童稚，且当差役查拿失鞘之案，向伊讯问之时，伊因被刘玉光殴詈，兼贪图差役给钱买糖，即信口诬指。彼亦不知偷窃饷鞘是何罪名，不过籍以泄忿，是该犯本无致死其人之心。此时加等问拟，只应照原议绞罪不准收赎，入于秋审缓决已足蔽辜……周陇徕仔一犯应即问以绞候，交刑部归入缓决。嗣后

---

① 《沈本》卷四《杂项》，第15页。

没有案情相同者，著照此办理。钦此。[①]

应该认为，嘉庆所说是合情合理的。

（一二） 挟仇诬告谋命致尸遭蒸检之案，无论系平人、尊长之尸，俱应入实。如起衅本因妄疑，并未固执求检，或原验伤痕本有遗漏错误，及蒸检卑幼之尸无实在狡诈可恶情节，尚可酌入缓决。

本条始纂于道光年间。

《附本》无，《黄本》所载全同于本条，以后历代各本因之未改。唯《蜀本》将"情节"改为"情形者"，

沈家本说：

> 此条未详定于何年，乃专指诬告致尸遭蒸检者言。其毙命后致尸遭蒸检者，见前《人命门》一条之内，与此不同也。[②]

其实，沈氏尚未说清楚，此条实指诬告他人谋第三人之命，在第三人死后再予蒸检，有《谢本》之《按》可证：

> 十二年直隶省曹坤革役挟嫌诬告本官谋命，本属意图倾陷，及至提集会讯，又复坚请开检，以致尸身惨遭蒸刷，种种狡诈，似难不实，外实照缓。又，七年贵州省王椿因与王

---

① 《秋审章程》，《总办秋审处》。
② 《沈本》卷四《杂项》，第9页。

君弼赌博挟嫌，辄以李贵系属殴毙，借词牵控，结求检验，以致尸遭蒸检。[①]

（一三）刁徒平空讹诈酿命之案，系嘉庆九年本部条奏新例，以其究与在官人役不同，有拷打者斩候入实，无拷打者绞候入缓。嗣本部十年纂例时又奏明，无拷打者仍分情节轻重，以定实缓，历年秋审如酿至二命，及串差倚势，并假捏奸赃一切刁恶凶横者情实。其余情有可原，俱入缓决。

本条在嘉庆九年之后纂定。

《附本》所载几同于本条。唯"本部"为"刑部"，"本部十年"上无"嗣"，"历年"为"近年"，"酿至"无"至"字，"及串差"为"至串差"，"奸赃"为"奸作"，"情实"上有"入于"。

此条的依据是：

> 嘉庆九年刑部奏明：刁恶之徒无端肇衅，捏事生风，动辄勒索逞凶，肆意讹诈，以致被诈之人逼迫难堪，因而自尽，其凶恶情状，欺压乡愚，实与蠹役诈赃毙命无异，若不拟以绞抵，既不足以重人命，亦无以示做戒。议请嗣后凡刁徒无端肇衅，平空讹诈，欺压乡愚，致被诈之人因而自尽者，即比照蠹役吓诈致毙人命例拟绞监候，拷打致死者拟斩监候，为从各减一等。再，蠹役诈赃毙命，究系在官人役倚

势作威，知法犯法，秋审例入情实。其刁徒讹诈酿命，系比例拟绞，秋审时拟入缓决。若拷打致死者，仍入情实。十年纂例时，以刁徒酿命情节固有可原者，亦有较蠹役为凶恶者，若一概入于缓决，似觉无所区别，自应分别情节轻重，入于情实缓决，以昭平允，于例内添纂明晰。①

道光初，《黄本》将以上文字全行改定，即同于本条，以后历代各本因之不改。

（一四）诬良为窃，逼毙人命者，应入情实。其事出有心【因】，并非有心诬捏，及死本旧匪者，可以缓决。

本条应产生于乾隆初：

乾隆十四年十月十九日内阁奉上谕……或诬良致死……此等凶徒断不应拟以缓决。②

此条始纂于乾隆三十二年。
其三十二年条款之《比对情实缓决各款》有：

……诬良为盗致逼死人命……应拟入情实。③

---

① 《沈本》卷四《杂项》，第10、11页。
② 《秋审档案》二之乾隆十四年上谕。
③ 《秋谳志略》，《比对情实缓决条款》。

"诬良为盗逼毙人命"（有分别），① 《指掌》本为"诬良为盗"。②

又一条指捕役：

> 捕役诬良案件，如系挟嫌图累及吓逼诈财毙无辜者，应入情实。其余如系妄听误认，事出有因，并致死本系犯案旧匪，并无前项诈逼情事者，可以缓决。③

此条各本文字微有出入，"诬良"下，唯《指掌》有"致死"二字；"图累"《指掌》本同，《辑要》、《沈本》则为"图赖"；"妄听误认"，《指掌》本同，《辑要》本为"妄听误听"，《沈本》为"妄听"；"并致死者"，《指掌》本同，④《辑要》本为"及死者"；⑤"情事"，《指掌》本为"情节"，《辑要》本、《沈本》同。

阮葵生说：

> 捕役诬良定罪，近年有部驳安徽闵抚军条陈部议酌定章程，具有条理，临时宜细阅酌拟。⑥

《指掌》有载：

> 诬告良人为盗，逼毙人命。⑦

---

① 《秋谳辑要》卷一《比对条款》，第9页。

② 《秋审指掌》，第2页。

③ 《秋谳志略》，《比对情实缓决条款》。

④ 《秋审指掌》，第6页。

⑤ 《秋谳辑要》卷一《比对条款》，第16页。

⑥ 《秋谳志略》，《比对情实缓决条款》。

⑦ 《秋审指掌》，第23页。

嘉庆年间纂定本条上段，《附本》载：

> 诬指为窃，逼毙人命者，应入情实。①

《蜀本》承《黄本》，并在其《成案续编》本条下增入一段，文如下：

> 道光二年奏准，拷打伤重致死者拟以斩候，秋审入实。诬告到官及捆缚吓诈逼认致令自尽者，仅止空言查问，尚无捆缚拷打吓逼别情，死者抱忿短见轻生者，拟以绞候，秋审入缓。诬窃出于有心，死者系属旧匪及虽系良民而诬窃出于无心之案，拷打伤重致死者拟以斩候，秋审时核其情节，较轻者酌入缓决。诬告到官及捆缚吓诈逼认致令自尽者，秋审入缓。②

道光初，增入下段，《黄本》所载已同本条。以后历代各本因之未改。

《黄本》的依据是：

> 道光二年刑部奏准：嗣后诬窃出于有心，死者系属良民之案，拷打伤重致死者，拟以斩候。诬告到官及捆缚吓诈逼认致令自尽者，拟以斩候，秋审俱入情实。仅止空言查问，尚无捆缚拷打吓逼别情，死者抱忿短见轻生者，拟以绞候，秋审入缓。诬窃出于有心，而死系旧匪，及死虽良民，而诬

---

① 《附本》，《杂项》。
② 《蜀本》卷一《杂项》。

窃出于无心之案，拷打伤重致死者拟以斩候，秋审时情伤较轻者酌核入缓。诬告到官及捆缚吓诈逼认致令自尽者，拟以绞候，秋审入缓。诬窃出于无心，死者又系旧匪之案，拷打致死者拟以绞候，秋审时情伤较轻者酌核入缓。[①]

唯《谢本》承《附本》，仅有前段，其《按》曰：

> 诬窃逼毙人命捆缚吓诈逼认情事，自应入实。倘事由怀疑，情非吓逼，亦无捆缚凶恶重情，尚可入缓。[②]

沈家本说：

> 乾隆条款专指捕役，此将捕役删去，凡系诬良为窃之案均照此核拟，历年成案入实者多。[③]

此说未必有据。

（一五）捕役私拷吓诈致毙人命者，应入情实。

捕役私拷吓诈，妄刑致毙人命，在乾隆前期应已拟入情实。如果题结在秋审之后，尚须赶入秋审。刑部在二十九年办理赶入案件时称，各省督抚未及具题而本部赶入会审者十一起，湖广

---

① 《沈本》卷四《杂项》，第12、13页。
② 《谢本》，《杂项门》，第73页。
③ 《沈本》卷四《杂项》，第13页。

"魏启华，番役诬陷无辜，妄刑致命"。①

本条始纂于乾隆三十二年条款。其《比对情实缓决各款》规定：

> ……捕役私拷吓诈，妄刑致毙人命……应拟入情实。②

《指掌》亦作"妄刑"，③ 《辑要》、④ 《沈本》本作"非刑"。⑤

乾隆三十四年赶入情实之一有"浙江斩犯陈岳，番役妄刑致死"。⑥

四十九年条款中《定例拟入情实各条》亦规定：

> 捕役私拷吓诈，非刑毙命。⑦

嘉庆承乾隆条款，独立纂成本条。《附本》所载几同于本条，唯"吓诈"为"吓毙"。

道光初，《黄本》则为"吓诈致毙"，以后历代各本因之未改，一同本条。

《谢本》同《黄本》，唯于其段末增入"小注"：

> 如事系因公，无图诈邀功情事，又无死非无辜者，虽拟

---

① 《秋审档案》二之乾隆二十九年。
② 《秋谳志略》，《比对情实缓决条款》。
③ 《秋审指掌》，第2页。
④ 《秋谳辑要》卷一《比对条款》，第9页。
⑤ 《沈本》卷四《杂项》，第13页。
⑥ 《秋审档案》二之乾隆三十四年。
⑦ 《秋审指掌》，第23页。

斩亦有缓案。①

又《按》曰:

此条系属例实,然其间情节较轻,亦有缓案。……五年
直隶省张二被殴,索钱养伤,为数亦属无几,与逞凶吓诈者
不同。唯蠹役诈赃致毙被人诬陷之良民,究虽曲为原解,持
械纠殴,死先理曲,该犯身先受多伤,并未回殴,照缓。②

对"小注"的理解,沈家本举例说:

道光七年陕西张欣得,巡役逞凶吊拷喝殴,皮鞭十三
伤,四致、六重迭,死十五幼孩。唯死本旧匪,且屡认屡
翻,情本可疑,与诬窃诈赃邀功者不同。十五年热河姚玉
文,捕役私拷毙命,死者究系旧匪,捆缚拷打心图追问另
案,尚无挟嫌诈赃情事,均照缓。此即小注所云缓案也。③

(一六) **蠹役诈赃致毙人命,不论赃数多寡,已未入手,俱入
情实。**

文津分馆藏之《叙雪堂集》载,此条源于乾隆五十七年
上谕。④

---

① 《谢本》,《杂项门》,第73页。
② 《谢本》,《杂项门》,第73、74页。
③ 《沈本》卷四《杂项》,第13页。
④ 《叙雪堂集》,《情重条款》。

乾隆五十九年十月初五日内阁奉上谕：

> 本日刑部进呈赶入贵州省秋审情实之狡犯王顺一起，该犯充当厅役，辄敢藉差需索，逞凶毙命，自当入于本年秋审情实。①

本条始纂于道光初年。

《附本》无。《黄本》所载几同于本条，唯"俱入"为"俱拟"。②

《谢本》一秉《黄本》，但无《按》无例。

《蜀本》遵《黄本》，《辑要》、《沈本》始同本条，为"俱入"，对本条因革，沈家本论述较清楚：

> 蠹役吓诈逼死人命之案，乾隆二十四年刑部奏明照捕役吓诈逼认致死例拟绞监候，三十二年于例内添纂"如有吓诈致毙死人命，不论赃数多寡，拟绞监候"二句。嘉庆五年云南巡抚初彭龄条奏，衙役索诈不遂，捆缚吊拷因伤身死，请照故杀律拟斩，经刑部议称：衙役吓诈被逼自尽之案，俱拟绞罪，其因殴打致死者，如情节不甚凶恶，亦照例拟绞。若捆缚吊拷有心致死者，随案改拟斩候，秋审时均入情实。查衙役因诈赃致毙人命，其藐法逞凶与诬窃拷打毙命情节正自相等，例内既无明文，应如该抚所奏添纂。若系拷打因伤身死即照故杀律拟斩监候。咸丰五年工部右侍郎宗室戴龄条陈：书差诈赃害民，罪名经刑部议复，嗣后书差索诈

---

① 《秋审档案》一之乾隆五十九年上谕。
② 《附本》，《杂项》。

得赃之案，但经致毙人命，不论赃数多寡，于绞候例上从重加拟绞决。若拷打致死，于斩候例上从重加拟斩决。同治九年纂修例文时又改为：吓诈致毙人命，不论赃数多寡、已未入手，拟绞立决，拷打致死拟斩立决。若死系作奸犯科、有干例议之人，系吓逼致自尽者拟绞监候，拷打致死者拟斩监候。①

（一七）假差吓诈，致被诈之人自尽，或拷打致死，或忿争殴杀者，应入情实。

本条始纂于嘉庆年间，尚只有"致自尽"。《附本》所载如下：

　　假差吓诈致被诈之人自尽者，应入情实。②

道光初已全文增定。《黄本》已几同于本条，唯"殴杀"下有"仍按斗杀拟绞"一语。

《谢本》秉《黄本》，唯在其末尾再增入一段：

　　其本系旧匪，或并非无辜，死由自尽者，可以缓决。③

据谢氏之《按》，可知其增入的理由：

① 《沈本》卷四《杂项》，第13、14页。
② 《附本》，《杂项》。
③ 《谢本》，《杂项门》，第74页。

此条亦属例实，其间或死系旧匪，或空言吓诈，尚无拷打凌虐情事，亦可酌缓。①

《蜀本》遵《谢本》，唯将其所增末段改为"小注"，②此后为《辑要》、《沈本》等所遵。

(一八) **强盗免死发遣，在配犯该徒罪以上者，应入情实。如非怙恶逞凶，若后犯系擅杀罪人之类，及寻常遣犯在配犯该军流以上拟绞之罪，果无不法别项情事者，可以酌入缓决。**

本条始纂于乾隆三十二年。

三十二年条款之《比对情实缓决各款》之"免死盗犯"条：

免死盗犯在配犯该徒罪以上案件，如系在配逞凶，怙恶藐法者，应入情实。其余无心犯罪者，可以缓决。③

阮葵生认为：

无心犯罪自不从重，但本系盗犯又免死罪复犯军流，情皆不轻，徒罪以下可无深论耳。④

---

① 《谢本》，《杂项门》，第74页。
② 《蜀本》卷一《杂项》，第47页。
③ 《秋谳志略》，《比对情实缓决各款》。
④ 《秋谳志略》，《比对情实缓决各款》。

　　此条嘉庆年间应仍依乾隆旧款，并未另立新章，可能是因为此条系属例实的原因，① 因而《附本》无载。道光初承乾隆三十二年之条，纂定本条上段，并"小注"之下段。《黄本》所载如下：

　　　　强盗免死发遣，在配犯该徒罪以上者，应入情实。其寻常遣犯在配犯该军流以上拟绞之犯，如无不法别项情事者，则可缓决。②

　　道光后期，《谢本》一秉《黄本》正文，并增定"小注"如下：

　　　　如非怙恶逞凶，若后犯系擅杀罪人之类，及寻常遣犯在配犯该军流以上拟绞者，果无不法别项情事，亦可酌入缓决。③

　　可见该"小注"几同本条下段。为《蜀本》、《京都》本所遵。唯《京都》本于"徒罪以上"之下增入"拟绞"二字，他本皆无。

　　《辑要》、《沈本》、将《谢本》之"小注"改为正文大字，改"拟绞者"为"拟绞之犯"，在"情事"下又增入"者"字，一同于本款。

　　沈家本研究后说：

---

① 《谢本》，《杂项门》第 74 页。
② 《黄本》卷四《杂项》。
③ 《谢本》，《杂项门》，第 74 页。

免死盗犯从前最多成案，有因遇赦以平常遣犯论者，有先犯行劫应行拟遣、事在赦前另犯人命，俱核其斗杀情伤分别实缓者，有因业已当差期满为民与为奴遣犯不同，俱核其情伤分别实缓者，有因派充遣勇防堵出力，凯旋例得奏请释回，因犯事在未经奏释之先仍照本例问拟，俟秋审时酌核办理者。近年则此项人犯甚少。①

（一九）贿买案外之人顶凶已成者，应入情实。如系案内余人代认重罪，顶凶之犯应照正凶减一等治罪者，本犯仅止避重就轻，尚非脱然事外，可以缓决。

在乾隆前期，顶凶之案分别首从，贿买者为首，买受者为从；首犯入实，从犯入缓。

乾隆二十七年奉旨记名情实内附有：

一、原题声明情实之案内有应拟缓决之从犯，因首犯业经审拟，亦应另订招册分送会审一起：（广东）姚乃作（买受顶凶姚嗣胜案内）。②

显然，此案主犯是姚嗣胜，已经审拟情实，从犯姚乃作尚未拟断，所以才另订招册分送会审。

本条始纂于乾隆二十七年，不过当时还是为附律之"例"：

顶凶之例定于乾隆二十七年，载在称与同罪门内。顶凶

---

① 《沈本》卷四《杂项》，第16页。
② 《秋审档案》二之乾隆二十七年。

之犯照本犯一例全科，行贿之犯立决者，毋庸另议。原犯应入情实者，拟为立决；应入缓决者，秋审时拟入情实。[①]

比例议定的原因是：

乾隆二十七年臣部议复前任福建按察使曹绳桂条奏：凡得受贿赂顶认正凶，无论成招与否，均不计赃数多寡，即照禁卒解役贿纵罪囚例，按本犯斩绞之罪一律全科，等因，历经臣部于秋审遇有此等案件即拟入情实。[②]

所以三十二年颁行秋审条款时规定：

……贿买顶凶……应拟入情实。[③]

当时指"被顶凶者"入实，"顶凶者"仍入缓：

三十一年云南黄得贵，共殴行贿顶凶，赶入情实，受贿顶凶之黄起缓决。三十六年广东谢有道贿嘱顶凶，照实，钟斗生受贿顶凶，照缓。[④]

四十九年条款中《定例拟入情实各条》之一：

① 《沈本》卷四《杂项》，第17页。
② 《沈本》卷四《杂项》，第18页。
③ 《秋谳志略》，《比对情实缓决条款》。
④ 《沈本》卷四《杂项》，第18页。

贿买顶凶，希图脱罪。

显然，入实指"被顶凶者"。

《辑要》中另载有一条，则专指"顶凶者"了：

> 受贿顶凶之案，如斗殴等项顶凶之人在场帮殴，或已刃伤人，助殴伤多伤重，并受贿赃至逾贯，以及顶认谋故者，应拟情实。其余仅止事后贪贿顶认，并无别项情事，赃数亦属无多，正凶又未漏网者，可以缓决。①

这是四十八年刑部奉旨议奏的：

> 【四十八年三月奉旨：】刑部核拟徐刚殴死张文耀身死一案，率照云南巡抚刘秉恬定拟，将顶凶之唐二照本犯绞罪全科，其正凶之弟徐三系踏伤田内豆禾起衅之犯，恐到官连累，许给银两央求唐二顶凶，该部亦照依说合减等拟以杖流，所办殊欠平允……徐三一犯本系正凶胞弟，且事因伊起，又系伊觌面贿嘱舞弊，其中并无另有辗转为之说合之人，何得比照说合人减等之例仅拟杖流？刑部率行照复，误矣。著将徐三一犯暂行拟绞监候，俟拿获徐刚到案审明正凶及起意央求顶凶情节，另行定拟具奏。至唐二贪贿顶凶，罪由自取，刑部于顶凶之犯向皆入情实，漫无分别，亦属疏漏。因思顶凶者，其本案亦自有轻重，如谋逆、强盗、谋故、斗殴，本属不同，其应如何分别条款，著另行详议。寻

---

① 《秋谳辑要》卷一《续增条款》，第39页。

议：凡谋逆、强盗，罪干凌迟斩枭，决不待时者，顶凶之犯应照本犯一律全科。即谋故等案应拟监候者，本犯复行贿顶，改为立决，顶凶之犯仍照旧例入于情实。至斗殴等项案内，如正犯应入情实者，改为立决，受贿顶凶之人，或本系在场帮殴，以刃伤人，并助殴伤多、伤重，又或受贿赃至满贯，仍列入情实。若正犯由缓决改为情实者，顶凶之犯或仅以事后贪贿顶认，并无别项情事，赃数亦属无多，正凶又未漏网，俱拟缓决。奉旨：依议。①

沈家本说："四十九年条款即据此续增也。"②

此条应纂在乾、嘉之交，因嘉庆五年就开始分别案内案外之人：

嘉庆五年始分别案外之人、同案之犯，及已未成招，六年续纂一条入于受赃律、有事以财行求门内。十九年又将前后两条修并为一，列于受赃律内，凡行贿之犯系案外之人，顶凶已成招者，仍照原例，未成招及同案之犯代认重伤者，照原犯罪名定拟，受贿顶凶之犯已成招者，一例全科。若正犯放而还获，或逃囚自死，及未成招者，减正犯一等，同案之犯代认重伤已招解者，减一等，未招解者，照本罪科断，计赃重者以枉法从重论。是行贿之犯重者立决，轻者情实，即非不论原犯轻重，俱入情实；受贿之犯，如本犯未获，固一例全科。若正犯还获，或自死及未成招者，已得减等，不

---

① 《清朝通典》卷八四《刑五》。
② 《沈本》卷四《杂项》，第18、19页。

入秋审矣。小注所言似系错误，应即删去。①

道光初，《黄本》秉《附本》，指明案外人，改定前段，将"如……缓决"置于"情实"下，作为"小注"。②

道光初有了变化：

> 道光以后成案，凡未成招者，正凶皆入缓决。四年江西王次求案内余人顶凶，亦照缓。③

道光末《谢本》一遵《黄本》未改，并《按》曰："此条系属例实，可以遵办。"④

"小注"已注明有缓，何以例实？

《蜀本》遵《黄本》，唯"重罪"为"重伤"。《京都》本同。

《辑要》、《沈本》将《黄本》之《按》改从正文。却另增"小注"于段末，文如下：

> 按：顶凶之案，行贿者不论原犯轻重，俱入情实。受贿者不论赃数多寡，如致本犯远扬无获者，自应入实。如本犯已获拟以实抵者，顶凶之犯可以缓决。⑤

（二〇）监犯越狱，如纠伙三人以上，原犯斩绞监候，俱改立

---

① 《沈本》卷四《杂项》，第19页。
② 《黄本》卷四《杂项》。
③ 《沈本》卷四《杂项》，第19页。
④ 《谢本》，《杂项门》，第25页。
⑤ 《秋谳辑要》卷一《杂项》，第35页。

决，原犯军流俱改绞监候，为首人实，为从入缓。原犯徒罪，为首改绞候入缓。若仅止一二人乘间脱逃，原犯斩绞监候应情实者，即行立决，应缓决者，即入情实。原犯军流为首改绞候入缓，例内已有明文，应查例照办。遣犯越狱照军流办理。

本条源于乾隆二十一年上谕：

　　十月初七日奉上谕……申玢贿卒越狱，巡抚图尔炳阿皆议入缓决，经九卿改拟情实。国家明罚敕法，贵得情理之中。若意存姑息，殊非辟以止辟之义。图尔炳阿著传旨申饬。①

本条始纂于乾隆三十二年，其三十二年条款之《比对情实缓决各条》规定：

　　……监候不应矜减之犯越狱……应拟入情实。②

四十九年条款中仍规定为“例实”。③

嘉庆年初，对乾隆条款加以修改，《附本》所载如下：

　　监犯越狱，本罪应情实者即行立决，应缓决者即入情实，例内已有明文。其寻常军流人犯狱越例系加重加入绞

---

① 《秋审档案》二之乾隆二十一年上谕。
② 《秋谳志略》，《比对情实缓决条款》。
③ 《秋审指掌》，第24页。

候，应入缓决。①

该"例"即指"乾隆五十三年之例"：

此条乃乾隆五十三年所定之例，应遵照办理。②

《酌拟反狱及劫狱条例》：

纠众行劫在狱罪囚，及罪囚由狱内结伙反狱等案……其随同助势，虽未伤人亦拟斩候，秋审时入于情实。若并未伤人，将起意劫狱、反狱之犯拟斩立决，为从俱拟斩监候，秋审时入于情实。③

道光初，本条再一次增定，《黄本》所载已几同于本款，唯"三人"为"二人"，无"遣犯越狱照军流办理"一层。

道光后，《谢本》已改"二"为"三"，且增入小注"遣犯越狱照军流办理"于段末，有《按》无例。

《蜀本》、《辑要》、《沈本》均同《谢本》。

沈家本认为：

乾隆三十二年条款应拟入情实二十八款内有监候不应矜减人犯越狱一条，可见从前缓决人犯越狱被获，实缓大有区别。自改定此例之后，即戏误、擅杀及秋审可矜人犯，例得

① 《附本》，《杂项》。
② 《沈本》卷四《杂项》，第20页。
③ 文津分馆藏《秋审档案》之乾隆五十三年。

一次减等，一经越狱，慨拟情实，并无差等，似觉过重，此例应修改。①

（二一）斩绞等犯因变逸出被获，并非起意越狱，仍照原拟者，仍核其本案情节分别实缓。

本条纂定于嘉庆年间。

《附本》所载即同本条，此后历代因之不改，唯《蜀本》改"并非"为"并未"。

道光前"因变逸出"指：

监犯因变逸出，究与越狱不同，故仍照原犯罪名定拟，然所谓因变逸出者，系专指兵变而言。如贼匪滋扰州县，将监犯逼胁裹逃者是也。倘因水火等因变逸出，即不能仿照办理。②

道光后则有所不同：

现在办法，水火等变，俱照此办理。道光二十五年浙江赵根本等八人系反狱案内乘机脱逃之犯，仍依常律定罪，俱照缓。③

（二二）杀人在逃年久始行就获之案，即非例内所指应行正法条款，仍依本例监候，只照寻常斗杀分别实缓，不必因此加重。

---

① 《沈本》卷四《杂项》，第20页。
② 《谢本》，《杂项门》，第78页。
③ 《沈本》，《杂项》，第21页。

本条纂定于嘉庆年间。

《附本》所载已几同本条，唯"即"为"如"，"仍依本例监候"为"其余"，"加重"后有"入实"。[①]

道光初，《黄本》改"如"为"既"，增"仍依本例监后【候】只"，删去"其余"，"应"、"入实"五字，一同本条，[②]此后历代因之。

《谢本》依《黄本》，唯仍《附本》之"如非"，而不是"既非"，无例。其《按》曰：

  杀人在逃系属畏罪常情，历年秋审向不以之加重，仍应按其当时斗情，分别办理。[③]

（二三）犯一应死罪事发在逃，复犯死罪者，应入情实。若逃后犯军流等罪或先犯军流后犯死罪，本案及另案俱情轻者，可入缓决。

本条纂定于道光初。

此条《附本》无，《黄本》同本条，唯"另案"为"另犯"，[④]《谢本》、《蜀本》、《辑要》本一同《黄本》，《沈本》一同本条。

（二四）盐枭拒捕伤人案内首从各犯罪应斩绞者，俱应入实。

---

① 《附本》，《杂项》。
② 《附本》卷四《杂项》。
③ 《谢本》，《杂项门》，第75页。
④ 《黄本》卷四《杂项》。

本条始纂于嘉庆年间,《附本》所载如下:

> 盐贩拒捕杀人为从帮殴有伤者,案均伤至二人以上,俱应入情实。[1]

道光初已改定《附本》之文,《黄本》所载已几同本条。唯"盐枭"为"盐贩"。

《谢本》遵《黄本》,唯改"盐贩"为"盐犯"。其《按》曰:

> 此条不论伤之多寡轻重,均应入实,可以遵办。[2]

《辑要》、《沈本》始改"盐贩"为"盐枭",一同于本条。

(二五) **聚众夺犯伤差者,应入情实,未伤差者例系由流加入绞候,可以缓决。如另有不法重情及数至十人以上,虽未伤差,亦入情实。**

本条产生于乾隆初:

> 乾隆十八年五月二十四日内阁奉上谕:闽粤等省民俗习悍,官司差捕,罪人动辄聚众殴夺,而定例止坐首犯,其未经伤人者即首犯亦罪不至死,附和之徒俱得递从末减。故愚民无所惕畏惧法者众,而各省近来效尤者亦多,从前康熙年

---

① 《附本》,《杂项》。
② 《谢本》,《杂项门》,第76页。

间因直省盗案甚多，特严不分首从之例，而盗风遂辑。嗣后各省有殴差夺犯致毙人命者，俱著不分首从，即行正法。其但经聚众夺犯，无论曾否殴伤差役，即照因而伤人律从重拟绞。[①]

十八年福建省"刘是系抢犯殴差之犯，奉旨秋审著入情实"。[②]

另有一证：

乾隆十九年闰四月二十一日内阁奉上谕：福建巡抚陈宏谋奏称，诸罗县奸民吴典等纠众夺犯，及同安县贼犯林对等纠众拒捕二案内为从各犯，俱已拟绞候具题，尚未准部复，例应入于次年秋审，但此二案情罪重大，已令臬司归入秋审会勘等语。凶顽之徒纠党抗官，肆行不法，自应明正典刑，以示惩创。著照该抚所请，入于本年秋审情实具题，并传谕各该督抚，凡遇此等案件，俱照此办理。[③]

本条始纂于乾隆三十二年，其《比对情实缓决各款》规定：

……夺犯伤差（有分别）……应拟入情实。[④]

嘉庆年间，本条从乾隆条款中分出，另为一条。《附本》所

---

① 《秋审档案》二之乾隆十八年上谕。
② 《秋审档案》二之乾隆十八年。
③ 《秋审档案》二之乾隆十九年上谕。
④ 《秋谳志略》，《比对情实缓决各款》。

载，已几同于本条，唯"夺犯"上无"聚众"，"重情"下无
"及数至十人以上"两层。①

道光初《黄本》因之未改。②

道光后期《谢本》始增入"及数至十人以上"一层。③

其虽未增入"聚众"，其意已有：

> 纠众夺犯伤差者，向不问首犯之有无下手，及差役受伤
> 之多寡轻重，秋审概入情实。④

《辑要》、《沈本》始增入"聚众"二字

道光以后，实缓有所变化：

> 道光四年江苏李丙纠伙五人打夺已经定罪起解之犯……
> 仍应照向例入缓，照缓。此未伤人案内之情重者，尚可入
> 缓，其情轻者自无不缓决矣。⑤

（二六）犯罪事发，官司差人拘捕，因而逞凶杀死捕役，为首者
　　　　斩决，为从者原例止于发遣。嘉庆十一年本部条奏，为
　　　　从者不论手足、他物、金刃俱拟绞候，例系由轻加重，
　　　　历年秋审从犯帮殴，刃伤折伤者俱入情实，他物伤者亦
　　　　可缓决。

---

① 《附本》，《杂项》。
② 《黄本》卷四《杂项》。
③ 《谢本》，《杂项门》，第76页。
④ 《谢本》，《杂项门》，第76页。
⑤ 《沈本》卷四《杂项》，第23、24页。

　　本条嘉庆年间已纂定，《附本》所载几同于本条，唯"犯罪"为"贼犯"，"官司"为"经官"，"拘捕"为"提捕"，"本部"上有"经"，"为从"下无"者"，"历年"为"近年"，"亦可"为"亦人"。[1]

　　这一条的因革是：

　　　　拒捕杀人，本律为首斩候，为从满流。乾隆五十一年于湖北贼匪陈其方等案内将从犯改发伊犁。五十三年续纂一条，例首曰：贼犯犯罪是专指贼犯言也。五十五年将首犯改为斩决。五十七年又续纂犯罪事发拒杀差役一条。嘉庆十一年于四川贼犯龙四猴子案内将贼犯拒捕为从帮殴有伤之犯，改为不论手足他物金刃，俱拟绞候。二十四年将两条修并为一。[2]

　　《黄本》承《附本》，改"经官"为"官司"，改"提捕"为"拘捕"等，改定同本条，唯"贼犯"仍之未改。[3]

　　《谢本》一仍《附本》，唯将"经本部"改为"经部"，"近年"改为"历年"。其《按》曰：

　　　　再查现奉新例，窃盗拒捕杀人案内为从帮殴刃伤者，如实系被应捕之人扭获情急图脱，用刀自割发辫，误伤捕人，例由绞罪减军。此等拒杀官差刃伤为从之犯，如仅止刃划一

────────

① 《附本》，《杂项》。
② 《沈本》卷四《杂项》，第24页。
③ 《黄本》卷四《杂项》。

伤，虽非因割辫带划，究与逞凶拒捕者有间，亦可酌入缓决。①

《蜀本》已将"贼犯"改为"犯罪"，唯"官司"上仍留"经"字，余同本条，②《辑要》、③《沈本》则均同本条。

（二七）挟嫌放火之案，俱入情实。如误烧他人者，亦可酌拟缓决。

本条纂定于嘉庆年间。

《附本》所载已几同本条，唯"俱入"为"俱拟"。④《黄本》已改"俱拟"为"俱入"，但删去"亦"下之"可"字。⑤

《谢本》文字已全部改定，同于本条，⑥《辑要》、⑦《沈本》⑧均同。

（二八）图财放火未延烧之案，俱入情实。

本条纂定于嘉庆年间。

《附本》所载已几同本条，唯"俱入"为"俱拟"。⑨

道光初，《黄本》改"俱拟"为"俱入"，一同于本条，此

①　《谢本》，《杂项门》，第76页。
②　《蜀本》卷一《杂项》，第43页。
③　《秋谳辑要》卷一《杂项》，第35页。
④　《附本》，《杂项》。
⑤　《黄本》卷四《杂项》。
⑥　《谢本》，《杂项门》，第77页。
⑦　《秋谳辑要》卷一《杂项》，第36页。
⑧　《沈本》卷四《杂项》，第25页。
⑨　《附本》，《杂项》。

后历代各本因之未改。①

《谢本》之《按》仅说"属例实"，未列成案。②

《沈本》亦仅列两案。③ 或是因案件很少，无需改动。

（二九）伏草捉人勒赎者，俱入情实。

本条纂定于嘉庆年间。

《附本》所载已几同本条，唯"俱入"为"俱拟"。④

道光初，《黄本》因之，改"俱拟"为"俱入"，一同于本条，此后历代各本因之未改。⑤

此条之因革，沈家本说得较清楚：

> 捉人勒赎之风从前闽粤为甚，嘉庆二十五年始纂定广东、福建两省专条，系照苗人伏草捉人之例问拟。近年则直隶、奉天两省此风尤炽，叠经奏定条例，从严惩办。然其入于秋审之犯，并非一概入实。应查近年成案，于此条内声叙明晰，以免办理歧异。……近年入室掳捉形同强盗者，已照强盗办理，间有拨门入室乘人睡熟掳捉出门者，情节与强盗稍殊，此等案内或在外等候，或在船看守等项情轻之犯，可以酌缓，至在途掳捉，较之入室者为轻，如无凶暴重情，亦可酌入缓决。⑥

---

① 《黄本》卷四《杂项》。
② 《谢本》，《杂项门》，第77页。
③ 《沈本》卷四《杂项》，第25页。
④ 《附本》，《杂项》。
⑤ 《黄本》卷四《杂项》。
⑥ 《沈本》卷四《杂项》，第26页。

**（三〇）疏纵罪囚，如系得赃卖放无获者，应入情实。其余一时
疏忽，并无受贿及逃犯已经拿获者，可以缓决。**

本条始纂于乾隆三十二年。

三十二年条款之《比对情实缓决各款》之"疏纵罪囚"条：

> 疏纵罪囚等案，或禁卒在监，或解役在途，得受银钱，
> 私开镣锁，致囚远扬无获，及疏脱情实人犯者，应入情实。
> 其余如系一时疏忽，并无受贿私开刑具，及囚犯已就获者，
> 可以缓决。①

"如系"，《指掌》同，②《辑要》作"因其"。③

阮葵生认为：

> 疏脱死罪情实重犯无问贿纵不贿纵，俱入情实。案身内
> 宜点明实无贿纵，看语内宜点明疏脱。若定罪之时犯尚在
> 逃，而秋审之期犯已就获，则贿纵者入实，疏脱者入缓，俱
> 于看语内宜点明。④

此条的依据是：

---

① 《秋谳志略》，《比对情实缓决各款》。
② 《秋审指掌》，第5页。
③ 《秋谳辑要》卷一《比对条款》，第15页。
④ 《秋谳志略》，《比对情实缓决各款》。

乾隆十八年十月河抚蒋题，禁卒陈得魁贿纵申玢等脱逃越狱一案，十一月初四日奉旨……嗣后监犯脱逃，该督抚审出禁卒得贿情节，即视其囚犯之罪全律科断。如本犯应入秋审情实者亦入情实，应缓决者亦拟缓决，应斩决以上者亦拟以斩决，著为例。①

若事犯在未奉旨以前，则仍入缓决：

乾隆十八年十二月十八日，本部题复广东饶平县差役陈瑞押解秋审人犯蔡王兴中途受贿脱逃一案，二十一日奉旨：但朕详阅原案该犯得贿故纵事在未奉谕旨之前，定例通行向未知悉，其情节似稍有可悯，陈瑞一犯依拟应绞仍著监候，秋后处决。②

乾隆二十八年十一月初五日内阁奉上谕：昨东省具题斩犯国子能越狱之案，均以情实重犯冀逭显戮而抗王章……其在监在途该管官员等职司监押，自应悉心防范，以绝疏虞，此而不予严惩，谁复知有三尺者！东省越狱一事已降旨将禁卒从重拟抵。③

沈家本说：

---

① 《秋审档案》二之乾隆十八年。
② 《秋审档案》一之乾隆十八年。
③ 《秋审档案》二之乾隆二十八年上谕。

　　此条就乾隆条款删定。查乾隆十八年定例：斩绞重犯在监脱逃，审系禁卒贿纵者，即视其所纵囚犯之罪全律科断。如本犯应入秋审情实者，亦入情实。其非得贿故纵者，仍照本律科断。二十五年定例：解审斩绞重犯在途开放锁镣，以致脱逃，本犯未获者，将解役监禁，候拿获正犯之日，究明贿纵属实，将该役照所纵囚罪全科。如无贿纵情弊，审系违例雇替，托故潜回，止任一人押解，以致脱逃者，亦照故纵律与囚同罪，不准照旧例减囚罪二等。果系依法管解，偶致疏脱者，除依律治罪外，仍勒限缉拿，他人捕得，亦不准依律宽免。二十九年续纂：禁卒将监犯松放狱具以致脱逃，分贿纵、徇情之例。又续纂：解役偶致疏脱，限内无获，减一等之例。①

　　嘉庆年间，将乾隆三十二年条款稍为删改，纂成本条。《附本》所载，几同于本条，唯"如"字下无"系"字。

　　道光初，《黄本》在"如"下增入"系"字，改"并无"为"并非"。至《谢本》，均已改成"如系"、"并无"，一同于本条，此后历代因之不改。其《按》曰：

　　　　贿纵罪囚，按例与囚同罪，至死拟绞，应视罪囚情节，分别实缓。②

　　沈家本认为，乾、嘉年间似无解役等入秋审之案：

---

① 《沈本》卷四《杂项》，第26页。
② 《谢本》，《杂项门》，第77页。

乾隆三十五年又定：狱卒一时疏忽，偶致脱逃，限内能自捕，得依律免罪之例。是尔时一时疏忽偶致脱逃之狱卒，解役亦系依律治罪，何以有拟绞入秋审之犯，未详其故。嘉庆六年、十四年两次将例文修并：凡狱卒、解役偶致疏脱者，即逃犯无获，亦得减一等发落，并无应拟死罪入于秋审之犯。其禁卒在监松放狱具，解役在途开放锁镣，以致脱逃，严行监禁，候拿获正犯，究明贿纵，则照囚罪全科，无贿纵则照故纵律与囚同罪。至死减一等解役例内并云：监禁十年，正犯未获，将解役照流犯待质限满之例先行发配。是正犯无获，亦无应入秋审之犯。①

（三一）枉法赃实犯死罪者，应入情实，须执法之人方是。或系在官人役，亦不可轻议缓决。

本条始纂于乾隆三十二年，《比对情实缓决各款》规定：

……枉法赃……应拟入情实。②

四十九年条款中《定例拟入情实各条》之一：

枉法赃实犯死罪。

嘉庆年间实际上是将四十九年条款中这一款移出，另为一条。《附本》所载是：

---

① 《沈本》卷四《杂项》，第27、28 页。
② 《秋谳志略》，《比对情实缓决各款》。

枉法赃，实犯死罪者应入情实。①

是上条的翻版，由此纂定本条上段。

道光初一秉《附本》、《黄本》，唯将"应入"改为"俱入"。②

道光后期《谢本》承《黄本》，又在末尾增入"小注"："须执法之人方是。或系在官人役，亦不可轻议缓决"。并《按》曰："此条系属例实，可以遵办"，却无例。③ 其为历代各本所遵。《辑要》、《沈本》则将"如系"改为"或系"。将此"小注"改入正文，唯见本款。

（三二）结拜弟兄未至四十人年少居首，并无歃血焚表等情，罪应绞候者，俱入情实。

此条为何以四十人为断，应与乾隆三十九年陈阿高案有关，刑部因此案议准：

> 嗣后凡有异姓人……其无歃血盟誓、焚表事情，止序齿结拜兄弟聚众至四十人以上为首者拟绞监候，为从减一等。若年少居首，并非依齿序列，即属匪党渠魁，拟绞立决；为从发云贵、两广极边烟瘴充军。如序齿结拜数在四十人以下、二十人以上，为首者杖一百流三千里……④

---

① 《附本》，《杂项》。
② 《黄本》卷四《杂项》。
③ 《谢本》，《杂项门》，第77页。
④ 《清朝通典》卷八三《刑四》。

本条纂于嘉庆年间，《附本》所载几同之。唯"结拜"下无"兄弟"，"绞候"上无"罪应"，"俱入"为"俱拟"。

道光初，《黄本》承《附本》，增入"兄弟"、"罪应"两词，改"俱拟"为"俱入"，此后历代各本因之，一同于本条。

沈家本认为：

> 未至四十人，则三十余人至数人皆在其内，若止数人结拜而亦拟绞入实，殊觉过重……乾隆四十三年朝审罗聚宝因贫无聊，纠党结盟多人，照谋叛未行律拟绞，缓决逾十次，五十年逾七十，逢恩减流收赎。[①]

（三三）雇工刃伤家长及家长期亲，总以名分为重，多人情实。如实在被殴被揪、理直情急图脱，伤由失误者可以缓决。

本条应纂于道光初年，《附本》无。《黄本》已几同本条，唯"雇工"下有"人"。[②]

《谢本》无此条，《蜀本》有，"如实在"为"如系"。

《辑要》、《沈本》均同本条，但末尾均有"小注"，文如下：

> 按：奴仆殴伤家长期亲问拟斩候之案，起衅非有可原，不得议缓。至雇工人殴家长至折伤问拟绞候之案，究与奴仆有间，仍可酌量入缓。[③]

---

① 《沈本》卷四《杂项》，第28、29页。
② 《黄本》卷四《杂项》。
③ 《秋谳辑要》卷一《杂项》，第37页。

八　矜缓比较门条款考

（一）殴故杀詈骂及顶撞翁姑不孝有据之妻，以尸翁姑及尸亲人
　　等到案有供为据，向俱问拟可矜，减二等发落。嘉庆四年
　　奉谕旨，故杀妻可矜之案毋庸再减一等，历年钦遵办理。
　　如系殴死，仍再减一等。至妻犯奸并未纵容，及殴夫成伤
　　者，如无谋故惨杀重情，亦可入矜，但不得与殴死不孝之
　　妻减二等办理。

　　本条始纂于乾隆三十二年。
　　三十二年条款之《比对情实缓决各款》规定：

　　　　……殴死詈殴翁姑之案……应拟入可矜，再减拟徒。①

　　此条《辑要》本无；"之案"，《指掌》本作"之妻"。②
　　其《比较缓决可矜条款》之"殴妻致死"条：

————————

① 《秋谳志略》，《比对情实缓决各款》。
② 《秋审指掌》，第12页。

殴妻致死案件，除殴詈翁姑有据之案，例应于可矜案内减等办理外，其余如夫本理直，伤出不意，及先被殴骂气忿回殴，适伤致毙者，应入可矜。其有逞忿毒殴，伤多情重者，应入缓决。①

"殴骂"，《指掌》、《辑要》均作"殴詈"；"致毙者"，《指掌》本同，②《辑要》本无"者"字。③

阮葵生说：

殴妻之案说已见前实缓相比条内。此指干名犯义不孝之妇及悍恶异常淫凶败家之妻方可入矜。其男子逞凶伤重者，仍入缓决。④

嘉庆四年奉旨后，本条已基本改定。《黄本》所载如下：

殴故杀詈骂翁姑不孝有据之妻，向俱入于可矜，减二等发落。嘉庆四年奉谕旨：故杀妻可矜之案，毋庸再减一等，历年钦遵办理。如系殴死仍再减一等。其仅止空言顶撞，无不孝实据者，俱入缓决。至妻犯奸并未纵容，及殴夫成伤者，无谋故惨杀重情，亦可入矜，但不得与殴死不孝之妻减二等办理。⑤

---

① 《秋谳志略》，《比较缓决可矜条款》。
② 《秋审指掌》，第11页。
③ 《秋谳辑要》卷一《比对条款》，第28页。
④ 《秋谳志略》，《比较缓决可矜条款》。
⑤ 《黄本》卷五《矜缓》。

本条至迟产生于乾隆二十七年：

　　乾隆二十七年八月二十七日内阁奉上谕：本年秋审届期，九卿等将秋审各案核议分别具题，所有可矜各犯例应减等杖流，但其中同在可矜之例而情节各殊者，如子媳不孝，詈殴翁姑，而其夫忿激致毙；或系该犯之【母】素有奸夫，已经拒绝，复登门寻衅，以致拒殴致毙者，此等尚因情切天伦，一时义忿所致，与寻常斗狠者原属不同，然仅一例减流而终身远徒，不得完聚，其情亦堪悯恻。着该部会同九卿嗣后遇有似此罪犯，案情既确，俱量为区别，照免死减等再例再减一等发落，仍逐案随本声明请旨，副朕矜恤庶狱至意。钦此。①

　　应遵旨查办者四起。此四起中，李冠、陈宜鲁、俞满郎三起为殴死不孝之妻；周应容一起为殴死母已拒绝之奸夫。②
　　具体区别是否犯奸并不容易，第二年秋审，刑部即为此与通政使志信发生了一场争议：

　　乾隆二十八年陕西省任子玉殴死宋国选一案，九卿审拟缓决，通政使志独拟可矜，遂两议进呈。……奉上谕：通政使志信以陕西缓决绞犯任子玉因宋国选图奸伊母，愤殴致死，情属可悯，与九卿等两议，请改入可矜，区别减等发落，殊属非是。此案任子玉之叔任全欠有宋国选布帐，宋国选酒后扣门，任全虑其索欠不纳，旋复潜开庄门，唤伊堂兄

① 《秋审档案》一之乾隆二十七年。
② 《秋审档案》一之乾隆二十七年。

任策劝解。维时任子玉现在炕上烤火，宋国选进屋后，即欲起意图奸，亦岂有当伊子在前面逞强暴之理？……前刑部以谦案不甚明晰，曾经驳结。假使究有谋杀确情，尚应以情实问拟。今九卿以原案有拒奸情词，拟入缓决，已属平允。①

然乾隆二十七年定减二等之例，其后如二十八年朝审常明戳毙酒醉詈姑之妻，奉旨不准再减一等。三十四年湖广傅廷朝套拉勒毙秽言詈姑之妻，照常明案不复再减一等。三十七年福建郑恒蔚掐毙骂姑之妻，安徽李三才殴毙骂姑之妻，皆奉旨不准再减一等。是当时虽已定有此例，仍随案酌核，即殴杀亦非一例减二等也。嘉庆四年奉旨：故杀妻可矜之案，毋庸再减一等。②

《谢本》秉《黄本》，唯于"奉"下增"有"字，"无谋故"上增"如"字，"不得与"为"不得于"，疑误。重要的区别是在"不孝有据之妻"下增入小注"以翁姑或尸亲人等到案有供为据"。

谢氏认为：

殴故杀不孝之妻，秋审入矜，必须事由确据，或取有死者生供，或尸亲到案供明，或邻证听闻可凭，方可拟矜。若因他事夫妻口角起衅，迨受伤后，死者牵及翁姑詈骂，复被殴死，仍应拟缓，历有改缓成案。③

---

① 《秋审档案》一之乾隆二十八年。
② 《沈本》卷五《矜缓比较》，第2页。
③ 《谢本》，《秋审矜缓比较条款门》（以下简称《矜缓比较门》），第79页。

《蜀本》承《谢本》，删去"其……俱入缓决"一层，改"不得与"为"不能同"。①

《辑要》、《沈本》均同本条，唯本款将"小注"改入于正文。

何谓不孝？黄奭认为，"向翁姑詈骂、顶撞、吵闹，均属不孝。"②

沈家本认为：

家庭之间事多琐细，难得凭证，故必取有尸翁姑人等供词，方为不孝有据，即律文亲告乃坐之意也。然父母袒庇伊子，扶同妄供。翁姑憎嫌伊媳，妆点情节，亦事所难免。不逆不亿，先觉为难，立法只能如是。又，不为翁姑做饭、煎药等项，皆以不孝论。然其中岂无偶尔迟误，或别有他故者，悉心比核，庶得其平。③

（二）被拉并未还手，同跌落水、落崖，凶犯幸而得生之案，应入可矜。如互拉致跌已有斗情，并理曲肇衅者，俱仍缓决。

此条应纂于嘉庆年间。

此条专指同跌幸而得生者，乾隆条款未曾议及，似系定于嘉庆年间。嘉庆以后之案，均照此办理。④

---

① 《蜀本》卷一《矜缓比较》，第45页。
② 《秋审章程》，《总办秋审处》。
③ 《沈本》卷五《矜缓比较》，第3页。
④ 《沈本》卷五《矜缓比较》，第8页。

《谢本》载有嘉庆之案：

> 嘉庆十八年陕西省苏正良互揪，已有斗情，虽同跌落河，向不议矜。①

《黄本》所载已同于本条，此后历代各本因之未改。

（三）斗杀之案，如被揪被推并未还手，死由自行栽跌，或痰壅致毙，及因恐其栽跌向拉致令碰磕，实无斗殴情形者，俱应酌入可矜。

本条始纂于乾隆三十二年。

三十二年条款之《比较缓决可矜条款》之"斗杀情轻"条：

> 斗杀情轻之案，如因被殴推拒失跌致毙，并无回殴情形，亦未推殴成伤者，应入可矜。其余如系两人争斗互扭致跌，或推已成伤，或首先动手，或背后力推，或邻近河岸、坡坎危险处所推跌致死者，虽情亦较轻，不便矜减。
>
> 谨按：凡斗之案，唯推跌之情最轻，本部向皆拟矜。然亦宜酌其向推有无争斗之心，并视被推之人年老年幼，与被跌之地如系山崖、河岸危险必死之区，则亦无可矜。此等案件外省所拟每不画一，实缓矜三者皆有，应该者即行改之。
>
> 窃查跌死之案，死于失跌，本不定拟死罪。因其推而跌

---

① 《谢本》，《矜缓比较门》，第80页。

以致死者，定案时则云死由跌伤，究因手推所致，仍照斗杀拟绞。至秋审时则云用手向推，死因失跌，或缓或矜各有成案。乾隆四十四年滇省刘文珑一案，该抚以在高山险地尸身跌烂，且系推跌残疾之人，列入情实，经本部改为缓决，并声明向例在案，盖不拟流而拟绞者，即是治其手推之罪。虽拟绞而仍入缓者，所以原其因跌之情，是以办理历年险地推跌之案，概不准其可矜，亦不列入情实，斯为得中，似宜永遵。①

"斗杀"，《辑要》同，《指掌》作"斗殴"；"力推"《辑要》同，《指掌》作"狠推"；"虽情较轻"，《辑要》作"虽情节较轻"，②《指掌》作"情虽较轻"。③

此条应改定于嘉庆年间：

至推跌毙命之案，如止被殴推拒，乃斗情之最轻者，即无回殴情形，亦未推殴成伤者，乾隆年间本皆拟矜，乃嘉庆以后成案以用手向推已有争斗情形不得入矜，未详始于何年。④

《黄本》所载，一同本条，此后历代各本因之未改。唯《蜀本》改"被揪"为"被拉"。谢信斋认为：

---

① 《秋谳志略》，《比较缓决可矜条款》。
② 《秋谳辑要》卷一《比对条款》，第29页。
③ 《秋审指掌》，第12页。
④ 《沈本》卷五《矜缓比较》，第9页。

此条定罪虽拟斗杀，秋审则必须实无斗殴情形者，方可入矜，否则仍应绞缓。[①]

沈家本认为：

> 被揪、被推并未还手，死由自行栽跌向拉、痰壅致毙，及因恐其栽跌致令碰磕等项，较之因被揪扭挣脱致令跌毙者情节固轻，即较之彼此揪扭松放之后复自行向人扑殴，因凶犯闪避失跌身死者尤可矜悯。盖彼此揪扭一层，其先尚有斗情，此则始终无斗情也。彼此揪扭一层，今例已得减等，而此仍拟斗杀，似未允协。[②]

沈家本看到了"仍拟斗杀，似未允协"，其实在三十二年条款中，《指掌》本所载本来就不是"斗杀"，而是"斗殴"，或许是"刊误"就导致"条款"之误了吧。

（四）十五岁以下幼孩杀人之案，如死者年长四岁以上，恃长欺凌，理曲逞凶，力不能敌，回抵适伤者，酌拟可矜。倘死亦幼孩，应遵乾隆四十四年贵州刘糜子殴死李子相案内所奉谕旨，监禁数年，以消其桀骜之气。

本条始纂于乾隆三十二年。

三十二年条款及阮《按》见《人命》第四九条。

乾隆四十四以后，应在乾、嘉之际重新纂定。

---

① 《谢本》，《矜缓比较门》，第80页。
② 《沈本》卷五《矜缓比较》，第9页。

《黄本》所载几同于本条，唯无"死者年长四岁以上"，"死亦"下有"同岁"，无"刘縻子殴死"。①

《谢本》因之，在"死者"下增入"年长四岁以上而又"。其《按》曰：

> 此条总以死者是否恃长欺凌、该犯果否回抵适伤，分别矜缓。②

沈家本考证说：

> 十五岁以下杀人之犯，自雍正十年江西丁乞三仔之案奉旨减等，此后凡与丁乞三仔情罪相等者，皆得随本减流。若情节稍有未符，则仍拟绞候，秋审时酌入可矜。乾隆四十四年刘縻子一案奉旨纂定条例，遂分别年岁，增入"年长四岁"之文，此条盖后来所改定者。③

（五）母犯奸拒绝奸夫复登门寻衅，其子一时气忿，拒殴致毙者，应入可矜，照免死减等例再减一等发落，例有明文，应遵照办理。虽系谋故，亦与谋故杀别项奸匪不同，不在奏明三次减流之限，当仍酌入可矜。

本条始纂于乾隆三十二年。

三十二年条款之《比对情实缓决各款》规定：

---

① 《黄本》卷五《矜缓》。
② 《谢本》，《矜缓比较门》，第80页。
③ 《沈本》卷五《矜缓比较》，第10页。

殴死伊母已经拒绝、仍复寻衅之奸夫，实系情堪悯者，应拟入可矜，再减拟徒。[1]

本规定的依据是：

乾隆二十七年与殴故杀不孝之妻同时奉旨所定。[2]

嘉庆年间，据乾隆条款改定本条上段，[3]《黄本》所载几同于本条，唯"气忿"为"忿激"，"遵照"为"遵例"。

《刑案汇览》所载本条亦无下段。该书所载止于道光十三年。

《谢本》承《黄本》，改"忿激"为"义忿"，并于段末增入"小注""虽系……可矜"【文同本款下段】。

以后历代各本因《谢本》不改，唯本款将"小注"改为正文。

（六）笃疾杀人之案，如衅起理直，回殴适毙者，应入可矜。

此条始纂于乾隆三十二年。

三十二年条款之《比较缓决可矜条款》的"残废笃疾"条见《人命》第五三条。

据乾隆条款，老人毙命亦可入矜。乾隆五十八年山东孙曰

---

① 《秋谳辑要》卷一《比对情实缓决条款》。
② 《沈本》卷五《矜缓比较》，第12页。
③ 《刑案汇览》卷二《名例》，第11页。

周，死由痰壅，该犯年逾七十，外缓改矜，是其证也。①

《黄本》无此条，《谢本》有，一同本款，却无《按》，亦无例。②

历代遵《谢本》未改，或许几无案件的原故。

（七）救亲殴死有服卑幼之案，无论是否互斗，概入可矜。

本条纂于道光末年

《黄本》、《谢本》均无，始见于《蜀本》，以后历代各本因之未改，一同于本条。

（八）戏杀并误杀旁人及误杀其人功缌以下亲属，例得一次减流，不必入矜。如擅杀而误杀，因死系其人之祖父等项亲属，不得一次减流者，仍酌入可矜。

本条始纂于乾隆三十二年。

三十二年条款之《比较缓决可矜条款》规定：

戏杀、误杀案件，如系一时入手，死由跌碰，无争殴情形者，俱应例入可矜。其余事虽戏误，而伤重立毙，及误杀妇女、幼孩者，俱应缓决。③

"入手"《指掌》、《辑要》均作"失手"，"争殴"，《指

---

① 《沈本》卷五《矜缓比较》，第 14 页。

② 《谢本》，《矜缓比较门》，第 81 页。

③ 《秋谳志略》，《比较缓决可矜条款》。

掌》、①《辑要》② 均作"争斗"。

阮葵生认为：

> 误杀旁人可以入矜，但旁人亦自有别。若赵甲与钱乙相
> 争而误杀过路之孙丙，是为真正旁人，定案之时宜以误杀
> 论。若赵甲与钱乙相争而误杀钱乙之族众伙伴，则死者虽非
> 真意所欲殴而究系雠家之人，则仍以斗杀论，此二项皆应于
> 审明定罪时分别律牌。至入秋审，则前项酌矜，后项拟缓。
> 若前项不矜，恐开后项入实之渐，不可不立一界。③

《谢本》承《黄本》，于段末增入"小注""如擅杀……可
矜"【文同本条下段】。其《按》曰：

> 此条系属例缓，向不入矜，可以遵办。唯擅杀罪人而误
> 杀旁人，仍照擅杀定拟者，秋审可以入矜。道光七年安徽省
> 袁洛，该犯并非例许捉奸之人，本无义忿之可言，唯案系擅
> 杀中之误杀，原题照擅杀定拟，转不得与寻常误杀之案同予
> 一次减流，未免向隅，自应衡情入矜，外缓改矜。④

《谢本》所增"小注"应该是依据：

> 嘉庆四年刑部奏请定例：误杀案内所杀系其人之祖父

---

① 《秋审指掌》，第12页。
② 《秋谳辑要》卷一《比对情实缓决条款》。
③ 《秋谳辑要》卷一《比对情实缓决条款》。
④ 《谢本》，《矜缓比较门》，第81页。

母、父母、伯叔、父母兄弟及妻，并在室女系期服以上亲属者，原奏声明俟缓决三次再行查办，六年纂入例册，增"子孙"二字，删"系期服以上亲属"七字，盖以子孙最亲，即不在期服以上，亦应一例同科，其于亲属自不在内，原奏声明其误杀人功缌以下亲属均得一次减流等。[1]

《谢本》为以后历代各本所遵，唯本款将其"小注"改为正文。

(九) 擅杀奸夫、奸妇及图奸罪人之案，本部于八年奏明，捉奸实由义忿，审无谋故重情，拟入可矜。历年来如本夫、本妇、父母与有服亲属例得捉奸者，无论登时、事后，伤之多寡轻重，均以义忿入矜。若谋故杀并杀死二命内有一命不应抵者，仍入可矜。及非应捉奸之外人听从本夫亲属纠往，无义忿可言，俱应缓决。至死系强嫁抢卖诱拐罪人，亦一体分别办理。

本条始纂于乾隆三十二年。

三十二年条款之《比较缓决可矜条款》的"擅杀奸盗罪人"条：

擅杀罪人之案，如死者本无大罪，又未拒捕，起意活烧活埋，非刑致毙二命，或因幼孩拾取细物肆行惨杀，以及误犯期功尊长有关服制者，应拟情实，其余大概或缓或矜，分别办理。①

阮葵生认为:

> 罪人之名不等,有罪重而可容,罪轻而难忍,总宜核其杀情之强弱为断。【擅杀】奸盗自属可原,然杀未成之奸,与无赃之盗,而金刃惨恶异常者,亦难入矜。②

四十六年上谕进一步明确:

> 乾隆四十六年二月初三日奉旨:刑部因经朕看出核复山西省梁崇禄图奸窦生宜之妻,被窦生宜殴伤身死,将窦生宜漫照罪人不拒捕而擅杀律拟绞监候一本,请另立罪人虽拒捕而并未伤人之例。此案梁崇禄实亦拒捕,但未伤事主,向来办理此等案件俱有成例可援。如罪人不拒捕而擅杀者,自应照例缓决,数年后遇赦再行减等。若罪人既有拒捕确实证据,致被捕者杀死,则捕者无论已未受伤,均当于本年列入可矜,刑部只须于秋审时就案核办,不必另立科条,窦生宜一案即照此办理。钦此。③

奸所杀奸:

> 嘉庆五年四月初三日奉上谕:刑部核拟河南省封邱县民

---

① 《秋谳志略》,《续增条款》。
② 《秋谳志略》,《比较缓决可矜条款》。
③ 《乾嘉历年有关秋审》之乾隆四十六年。

人樊克敬，砍死奸夫郭信、郭行，请改依本夫奸所获奸非登时而杀例拟以满徒，并酌改条例一折，殊欠斟酌。……且此等人犯虽经定拟绞候，将来办理秋审时亦系列入缓决，即情实亦不予勾。若竟将该犯末减，则与奸所目观行奸非登时杀死者无所区别，樊克敬著仍照原拟办理。其并非奸所获奸登时追捕杀死奸夫之案，亦仍照定例办理。①

本条在嘉庆八年后重新纂定：

擅杀之案与戏杀、误杀均于缓决一次后核办减等。八年又以擅杀案件较多，情节轻重各异，缓决一次即行减等，恐易启残杀之端，仍俟缓决三次后奉有恩旨，与寻常斗杀等案一体查办。②

擅杀之案，本部于嘉庆八年奏明，殴死拒捕成伤窃贼，并捉奸实由义忿，审无谋故重情者，拟入可矜，以例减流外，其余均俟缓决三次奉有恩旨与寻常斗杀等案一体查办。③

《黄本》所载几同于本条，唯"八年"上有"嘉庆"，"本夫、本妇"为双行小字，"捉奸"下无"者"字，无"内有一命不应抵者，仍入可矜"，"本夫亲属"为双行小字，末尾尚有小注。④

---

① 《乾嘉历年有关秋审》之嘉庆五年。
② 《沈本》卷五《矜缓比较》，第 13 页。
③ 《秋审章程》，《总办秋审处》。
④ 《黄本》卷五《矜缓》。

《谢本》承《黄》本，将其双行小字均改为大字，增入小注"内有一命不应抵者，仍入可矜"，删去末尾"小注"，另增"小注"如下：

　　　　自此以下擅杀矜缓比较共七条，续经本部于道光二十二年十二月内奏明，擅杀罪人案件，除谋故并火器杀人连毙二命均应绞抵，及各毙各命、致毙彼造四命以上者，俱俟缓决三次后再行查办减流，余俱缓决一次后即行减等，毋庸拟入可矜，特附存以备查考。①

《谢本》为以后历代各本所遵，唯《沈本》删去尾注，本款既删其尾注，又将其文中"小注"改同正文。

本条是否入矜，关键是捉奸之人是否有义忿可言，这又决定于捉奸之人是否为奸夫、奸妇之亲属。对此，中国国家图书馆文津分馆藏《叙雪堂集》解释得很清楚：

　　　　擅杀奸淫之案，总以激于义忿者入矜。盖义忿原于服制，其无关服制之人自无义忿可言。查擅杀罪人律在捕亡门内，嗣后推广律意，凡本夫、本妇之有服亲属，皆得科以擅杀。其本夫邀往捉奸之人，亦得科以擅杀者，又属愈推愈广之意（嘉庆八年本部议复云南普其兴一案通行，纂于入例册）。但以无干之人入人闺阃，恐事多暗昧不明，不可不防微杜渐。故有关服制之案，得以义忿入矜者，所以维纲常；其无关服制之人不得滥入可矜者，所以杜残杀。谨记各案

---

① 《谢本》，《矜缓比较门》，第81页。

于后。

邀往捉奸：

十二年陕西省张庭魁：本夫邀往之人殴死拒伤同捕有据之奸夫，改缓。【以下还有十三、九、十七年四案】。①

（一〇）擅杀抢窃罪人之案，嘉庆四年奉有谕旨，死者虽拔刀拒捕，并谓【未】受伤，不得谓之拒捕有据。迨本部于八年奏明，殴死拒捕成伤贼匪者，应入可矜。历年无论凶犯及同捕之人被拒有伤，均以拒捕有据入矜。若谋故杀及拒捕无据，并所杀非下手拒捕之人，或杀死二命，俱仍缓决。至差役擅杀亦循照分别办理。

本条应在嘉庆四年后纂定：

四川可矜人犯殴死窃贼王文魁，死者并未护赃格拒情事，改入可矜。

秋审处呈为慎刑等事。本年八月内钦奉谕旨：四川省秋审可矜人犯黄奇，因王文魁等偷窃伊家猪只，喊拿追赶。如果王文魁拔取佩刀，转身向戳有伤，则实有拒捕情事，自应【入】于可矜，免死发落。今阅其情节，黄奇因王文魁拔取尖刀，恐其转身格拒，即拾石殴伤。是王文魁并未转身，无获【护】赃格拒情事，未便遽入可矜。黄奇著入缓决，等

———————————
① 《叙雪堂集》，《因奸门》。

因。钦此。①

《黄本》所载已几同本条，唯"奉"下无"有"字，"八年"上有"嘉庆"，"有伤"为"受伤"，"均以"为"均已"，"故杀"下无"及"。②

《谢本》依《黄本》，唯"嘉庆四年"为"先曾"，改"均已"为"均以"，"故杀"下增"及"字。③

《蜀本》依《黄本》改定，并于"二命"下增小注"俱系应抵"，"俱仍缓决"下增小注"亲属相盗杀死拒捕成伤之卑幼及无服族人亦概不议矜"。④

《辑要》本则于"二命"上增"应抵"二字。⑤

（一）除奸盗罪人外，其余各项擅杀，如死者拒捕成伤有据，亦可仿照杀人之案酌拟可矜。

此条应是道光年间根据成案纂定。

《黄本》已有此款，几同本条，唯"死者"下有"强横"二字，"之案"为"之例"。⑥

《谢本》遵《黄本》，改"之案"为"之例"。⑦ 其《按》曰：

---

① 《秋审档案》一之嘉庆四年。
② 《黄本》卷五《矜缓》。
③ 《谢本》，《矜缓比较门》，第82页。
④ 《蜀本》卷一《矜缓比较》，第48页。
⑤ 《秋谳辑要》卷一《矜缓比较》，第40页。
⑥ 《黄本》卷五《矜缓》。
⑦ 《谢本》，《矜缓比较门》，第83页。

唯鸟枪铁铳放伤罪人毙命，例不入矜。道光七年陕西省李彪，死系拒捕成伤罪人，唯铳毙人命，例以故杀论，向不拟矜，外矜改缓。[①]

《蜀本》承《谢本》，删除"强横"，一同于本条，以后历代各本因之未改。

道光二十二年奏准：

> 嗣后秋朝审内擅杀案件，如查系谋故并火器杀人、连毙二命，均应绞抵，及各毙各命、致死彼造四命以上者，均俟缓决三次后奉有恩旨再行查办减流。[②]

（一二）老人、幼孩擅杀窃贼，虽未拒捕成伤，亦应酌入可矜。

本条应纂定于道光后期。

因《黄本》无，《谢本》虽有此条，却无《按》无例。

《谢本》已同于本条，以后历代各本因之不改。

（一三）擅杀威逼及共殴致死本犯父母案内国法未伸之余人，此等情切天伦，较之别项擅杀更可矜原，如无谋故重情，应入可矜。

本条应纂定于道光后期。

因《黄本》无，《谢本》虽有此条，却无《按》无例。《谢

---

① 《谢本》，《矜缓比较门》，第83页。
② 《大清会典事例》卷八五〇《有司决囚等第七》。

本》已同于本款，以后历代各本因之不改。

（一四）例载救亲情切止伤一二处，秋审应入可矜等语，向来救
　　　亲之案，如父母已受伤跌地，复被骑压按殴，实系事在
　　　危急，例得随本减流。其情切救护，势非危急，仍照本
　　　律拟绞者，应入可矜。倘所殴已至三伤拟绞者，仅被拉
　　　抱，并未被殴，或衅虽救护，死者业已歇手向凶犯殴
　　　打，即属互斗，或本系凶手理曲肇衅，累父母被殴，已
　　　复逞凶毙命，或父子共殴，或各毙一命，此等情节俱无
　　　可矜，只应缓决。按咸丰十一年新章，救亲毙命之案，
　　　除父母主令子孙将人殴死，或先与人寻衅其子踵至助势
　　　共殴毙命，或凶犯理曲肇衅，累父母被殴，已复逞凶毙
　　　命各项，虽死系犯亲卑幼，父母业经受伤，应仍将凶犯
　　　各照本律定拟，不准申请减等外，若并无前项情节，确
　　　因救亲起衅各案，如死者系犯亲本宗外姻有服卑幼，先
　　　将尊长殴伤，其子目击父母受伤，情切救护，将其致
　　　死，不论是否实系事在危急，及有无互斗情形，定案时
　　　仍照本律定拟，援引孟傅冉案内钦奉谕旨，申明照例两
　　　请，候旨定夺。其非犯亲卑幼，凶犯因见父母受伤救护
　　　起衅者，不论伤痕多寡，是否互斗，俱照本例拟绞监
　　　候，秋审时酌入可矜。至父母并未受伤之案，应仍分别
　　　是否事在危急、伤痕多寡，及是否互斗，悉照定例及向
　　　办章程定拟。如案系火器及谋故杀者，虽衅起救亲，均
　　　仍照本律，不得援以为例。

在乾隆前期，救亲案件无论是否“实系危急”，既不入缓，

更不议矜，概入情实。

如果势非危急，情实两次未勾之后仍入情实，不可改为缓
决；如果势在危急，则两次未勾后可以改为缓决。对此，乾隆十
八年奉旨查办情实未勾人犯减等的上奏说得非常清楚：

> 滕昌荣等八名……或虽因救护，并非危急……虽经两次
> 未勾，仍应入于下年情实。其侯正兴等十三名……或父母被
> 殴实系危急……以上十三名俱经两次未勾，臣等核其情节稍
> 有可原，相应请旨入于缓决。[①]

此条始纂于乾隆三十二年。三十二年条款的《比较缓决可
矜条款》之"救亲案件"条：

> 救亲案件，如系父已年老，不能拒敌，或被殴伤重，势
> 在危急，或母被欺辱，女流力弱不能脱身，负伤喊救，其子
> 情急救护殴伤者，应入可矜。至于事非危急，或死者已被
> （其）父殴伤，情似共殴者，不得概从矜减。[②]

"被父"，《指掌》、[③]《辑要》[④] 两本，其间均有"其"字。

何谓"救亲情切"，乾隆皇帝曾有多次阐释。十七年二月，
对广东曲江县陈茂昌一案，他下旨说：

① 《秋审档案》二之乾隆十八年。
② 《秋谳志略》，《比较缓决可矜条款》。
③ 《秋审指掌》，第 10 页。
④ 《秋谳辑要》卷一《比对条款》，第 27 页。

此案陈丙林与陈氏互殴已受多伤，该犯势非危急，托言救护，辄将服叔戳毙。前经降旨，以父殴叔而子助父以毙叔，不得谓救父。此正母殴叔而子助母以毙叔，不得谓之救母也……①

三十八年进一步说：

乾隆三十八年十二月初十日奉上谕……例载救亲情切一条，原因父母被人殴打，势在危急，伊子闻声救护，实有迫不得已情状，因致伤人，其情实有可原……若其父母与人寻衅斗殴，其子踵至从而加功，致毙人命，是父子逞凶共殴，并非情殷救护……②

阮葵生认为：

共殴之案往往援【掺】入救亲拟矜，此中界限最宜分明。若其子理曲肇衅累父被殴，子复逞凶毙命；或父先殴人成伤，子复助恶毙命者，皆宜入于情实，其余概入缓决。唯死者理曲情凶而父母被殴，并未还手，喊救情急，一伤致毙者，方可酌入可矜。③

沈家本的评价是：

---

① 《清朝通典》卷八三《刑四》。
② 《乾嘉历年有关秋审》之乾隆三十八年。
③ 《秋谳志略》，《比较缓决可矜条款》。

救亲毙命之案，如势在危急，按乾隆五年改定之例，得两请减流。旧条款语意尚不分明，《志稿》所言较为切当，后来条款多承用之。①

"例载……等语"源于嘉庆六年：

至伤止一二处入矜，乃嘉庆六年修改条例之文，亦系向来办法。故殴至三伤者，不得入矜。②

嘉庆以案例对"情切救护"解释得更为清楚：

嘉庆八年三月十五日奉旨：此案穆日英将大功服兄穆日发砍伤身死，刑部将穆日英问拟斩决题复，固属按律办理。但核其情节，穆日英先因瞥见伊父穆光绪被穆日发扭跌倒地，用手撤按，即将伊父拉起。该犯本意原在救护伊父，设其时穆日发因此而止，并不复向伊父争殴，而该犯竟敢逞忿向砍，即属该犯有心干犯。乃穆日发又将伊父揪辫欲殴，该犯拉劝不开，情急用刀砍伤穆日发腋肢，自系欲其即行放手。而穆日发仍不松放，该犯复砍伤其左膝脚腕倒地，越日殒命。是该犯实系救父情切，与无故干犯者有间。穆日英著从宽改为应斩监候，秋后处决，仍入本年秋审情实，余依议。钦此。③

---

① 《沈本》卷五《矜缓比较》，第5页。
② 《沈本》卷五《矜缓比较》，第5页。
③ 《乾嘉历年有关秋审》之嘉庆八年。

道光初，已改定上段，《黄本》所载几同于本条上段"例载……缓决"。唯"应可入矜"为"俱可入缓"，"三伤"下无"拟绞者"，"仅被拉"上有"或父母"，"歇手"为"收手"，"凶手"为"凶犯"。

《谢本》时已改"俱可入矜"为"应入可矜"，"势非"上增"而"字，"拟缓"为"拟绞"应系刊误，已几同于本条上段。①

唯《蜀本》"按殴"作"被殴"，"可矜"为"可原"，② 其《按》曰：

> 唯情切救亲而势非危急，仍拟绞候之案，虽所殴已至三伤，案非互斗，近年曾有入矜成案，即父母仅被拉抱，势在欲殴，尚未受伤，凶犯见而护亲，一伤适毙，亦可入矜。③

唯《辑要》本正文同本条上段，而在其末尾另增入《按》语，文同本条下段，唯"十一年"作"九年"，"本律"为"本例"，"援以"为"援引"。④

新章应定在咸丰十一年，案件则发生在九年：

> 咸丰九年山东孟傅冉致毙姐夫，刃十四二致命，一透膜肠出，一透过一骨微损，系由该犯先将死者拳殴肇衅，先扎

---

① 《谢本》，《矜缓比较门》，第79页。
② 《蜀本》卷一《矜缓比较》，第45页。
③ 《谢本》，《矜缓比较门》，第79页。
④ 《秋谳辑要》卷一《矜缓比较》，第37、38页。

五伤护父，余互斗，外实照实。奉上谕：孟傅冉因朱胜淀乘醉寻衅，将其妻父即该犯之父孟毓峰扎伤，是死者已犯有服尊长，该犯回归救护，将朱胜淀用枪扎伤致伤，是其救父情切，事在危急，不得以伤多且重入于情实，孟傅冉著即照例减等。嗣于十一年山东巡抚查有蔡大彬、陈先法二案，衅起救父，无危急可言，陈先法系互斗，若不援例两请，与孟傅冉之案两歧，声请减等究与定例不符，咨部核示。经部以死者以卑犯尊，犯亲业已受，与孟傅冉之案相符者，自应准其声请。至死非卑幼及犯亲并未受伤，倘或概予声请，诚恐各凶犯事后捏饰，皆得籍救护父母，空言巧为避就，承审官纷纷开脱，亦不可不防其渐，议请嗣后云云，奏准纂为定例。此后殴至三伤以上而犯亲受伤者，不矜之案遂少。①

沈家本认为：

夫曰"欲殴"是尚未殴也。……夫曰"追赶"较之拉抱情尤轻也，且拉与抱亦稍不同。拉住，或但向理论，抱则必有摔跌之意矣。查向来办法但分互斗，非互斗不论已殴或未殴，如系互斗，虽犯亲受伤亦不入矜。今犯亲受伤者，既已从宽，则此项亦不必过严。"拉抱被殴"字样似应酌改。②

此乃巨匠细酌之言。

① 《沈本》卷五《矜缓比较》，第5、6页。
② 《沈本》卷五《矜缓比较》，第6、7页。

（一五）男子拒奸杀人之案，照擅杀例绞者，如无谋故别情，应
　　　　可入矜。其先被鸡奸悔过拒绝，复因逼奸而杀者，因和
　　　　奸在先，止入缓决。

本条应产生在乾隆年间：

　　乾隆四十八年秋审内有奉天省张成功、姜连二犯，系拒
奸无据故杀，入于情实。钦奉上谕：此种案情尚须论其年
岁，如死者长于凶犯，则拒奸起衅尚属可信。至死者反小于
凶犯，安知非凶犯欲图奸死者不遂而籍言拒奸，希图卸罪等
因。应传知各司司员，遇有此等案件，于清册内将凶手与死
者年若干，于案身起首处叙明，后尾内亦须点出。（死者年
长凶犯十岁以上，照擅杀定拟已有专条，秋审应入矜。凡拒
奸致毙人命之案，非谋故杀者俱入矜。）①

　　本条应始纂于嘉庆：本条前段"男子……可入矜"道光三
年奉旨纂定，《黄本》已载前段，几同本条，"擅杀例"为"擅
杀律"，"绞者"为"绞候之案"。②
　　《谢本》起首则是"道光三年三月经部条奏"，无"如无谋
故别情"一层，余则同本款前段，其《按》曰：

　　此条系属例矜，可以遵办。唯男子先被鸡奸，后经悔过
拒绝，确有证据，复被逼奸，将奸匪杀死者，无论谋故斗

———
① 《秋审章程》，《总办秋审处》。
② 《黄本》卷五《矜缓》。

杀，不问凶犯与死者年岁若干，悉照擅杀罪人律拟绞监候一
项，秋审则谋故杀死者俱拟缓决，即杀非有心者，亦不
入矜。①

《蜀本》亦仅上段，唯"擅杀例绞者"为"擅杀缓候之
例"。

《刑案汇览》所载本条亦无下段。②

《辑要》正文遵《黄本》，于段末增入本款下段文字为"小
注"，唯"复因"为"复被"，"止入缓决"为"止可入缓"。③

《沈本》则无此条。

（一六）殴致毙命，非重伤越八、九日因风身死者，概入可矜。
越七日者，亦有矜案。其非致命，又非重伤，越四日因
风身死者亦同。

本条应纂定于道光后期。

《黄本》无，始见《谢本》，文如下：

致命伤轻，甫届八九日因风身死，因在十日以内，不得
随案减流，秋审时可以入矜。④

谢信斋说：

---

① 《谢本》，《矜缓比较门》，第82页。
② 《刑案汇览》卷二《名例》，第12页。
③ 《秋谳辑要》卷一《矜缓比较》，第39页。
④ 《谢本》，《矜缓比较门》，第83页。

此条系属例矜，历有入矜成案。然必死届七八九日，方可拟矜。若越五六日身死，则情无可矜矣，拟缓为允。再，查殴非致命又非重伤，若死在五日以内，仍以本律拟绞监候一项，此等人犯如越五日身死，例得随案减流，倘甫越四日，亦有入矜成案。①

《蜀本》依《谢本》修改，已同于本条，唯"越七日亦有矜案"则依旧未改，②为《辑要》本所遵。《沈本》同《蜀本》。③
沈家本考证说：

道光初年本无"非致命又非重伤"一节，末年本有，盖尔时增入。查：原殴伤轻，越数日因风身死减为杖流，系康熙五十七年恩诏条款，乾隆五年纂定为例，四十七年复纂致命伤轻、伤重非致命必十日外方准改流之例，嘉庆十四年以例内越数日，应越几日并无一限期，酌定以五日为限，将两例修并为一。其时例文初定，秋审尚无不及五日十日酌矜之案。检查入矜成案，多在道光初年，且系由缓改矜，盖外省其时尚未得见有此等矜案也。则此条当为道光初年所定，末年复补入后一节耳。④

---

① 《谢本》之《矜缓比较门》，第83页。
② 《蜀本》卷一《矜缓比较》，第46页。
③ 《沈本》卷五《矜缓比较》，第14页。
④ 《沈本》卷五《矜缓比较》第14、15页。

主要参考文献

1. 《秋槽杂记》，（清）翁同和撰，稿本，收入《瓶庐丛稿》第4册，藏中国国家图书馆（以下简称国家图书馆）。

2. 《秋审直省附录》，（清）黄奭辑，收入《知足斋丛书》第7册，清道光刊本，藏国家图书馆。

3. 《秋审章程》，（清）黄奭辑，收入《知足斋丛书》第6册，清道光刊本，藏国家图书馆。

4. 《秋审实缓》，5卷，（清）黄奭辑，收入《知足斋丛书》第6册，清道光刊本，藏国家图书馆。

5. 《秋审实缓比较条款》，抄本，7册，藏国家图书馆文津分馆（以下简称文津分馆）。

6. 《秋审钩法》，抄本，4册，藏文津分馆。

7. 《秋审档案》，抄本，7册，藏文津分馆。

8. 《秋谳必览》，抄本，16卷，16册，藏文津分馆。

9. 《秋审实缓比较汇案》，抄本，16卷，16册，藏南京大学图书馆。

10. 《乾隆朝刑部重囚招册》，藏韩国奎章阁。

11. 《西槽秋审汇案》，抄本，8卷，8册，藏中国社会科学院法学研究所图书馆（以下简称法学所）。

12. 《秋审旧式》，（清）沈炳莹辑，抄本，1卷，1册，藏中国社会科学院历史研究所（以下简称历史所）。

13. 《秋审条款按语》，（清）法部撰，清宣统二年铅印本，1册，藏（北京）国子监。

14. 《秋审实缓比较汇案》，抄本，50卷，50册，藏历史所。

15. 《律例汇考》，（清）徐毅撰，抄本，10册，藏历史所。

16. 《秋谳比》，抄本，23卷，24册，藏历史所。

17. 《大清律辑注》，（清）沈之奇撰，31卷，10册，清康熙五十四年刊本，藏历史所。

18. 《大清律辑注续编》，（清）万枫江、胡莲塘撰，30卷，16册，清乾隆五十一年刊本，藏历史所。

19. 《大清律集解附例》，10册，清康熙九年刊本，藏历史所。

20. 《康熙会典》，藏文津分馆。

21. 《雍正会典》，藏历史所。

22. 《乾隆会典》，藏文津分馆。

23. 《嘉庆会典》，藏历史所。

24. 《光绪会典》，藏文津分馆。

25. 《秋审比较》，抄本，7卷，7册，藏中国人民大学图书馆。

26. 《秋审实缓比较汇案》，18册，清光绪三十三年荣录堂排印本，藏中国人民大学图书馆。

27. 《大清律续纂条例》，2册，清乾隆武英殿刊本，藏国家图书馆。

29. 《大清诏令》，抄本，8卷，8册，藏国家图书馆。

30. 《刑部咨案》，抄本，1册，藏文津分馆。

31. 《刑部说帖揭要》，（清）胡调元辑，28卷，16册，清道光十三年刊本，藏文津分馆。

32. 《大清律例汇纂大成》，24册，清光绪二十九年刊本，藏文津分馆。

33. 《大清律纂修条例》，清嘉庆十九年纂修本，藏文津分馆。

34. 《大清律纂修条例》，清乾隆刊本，藏文津分馆。

35. 《秋审分类批辞》，抄本，1册，藏北京大学图书馆。

36. 《秋谳比》（即《嘉道间刑部档案》），抄本，8册，藏北京大学图书馆。

37. 《秋审档案》，清乾隆抄本，16 册，藏北京大学图书馆。

38. 《秋审款式》，抄本，1 册，藏北京大学图书馆。

39. 《秋审实缓比较》，抄本，4 卷，4 册，藏中国政法大学图书馆。

40. 《秋审》，抄本，10 册，藏法学所。

41. 《秋审类辑》，抄本，12 卷，12 册，藏法学所。

42. 《秋审略节》，抄本，1 册，藏法学所。

43. 《叙雪堂集》（清）沈衣德撰，抄本，藏法学所。

44. 《秋审汇奏》，抄本，藏北京大学图书馆。

45. 《秋审比较条款》，清光绪六年悔不读书斋刊本，1 册，藏法学所。

46. 《秋审则例》，清乾隆刊本，1 册，藏法学所。

47. 《变通秋审复核旧制例册》，（清）奕匡辑，清宣统二年刊本，1 册，
    藏法学所。

48. 《秋审实缓比较条款》，清道光二十六年抄本，1 册，藏法学所。

49. 《秋审实缓比较成案》，抄本，16 卷，16 册，藏法学所。

50. 《秋审查笔摘录》，抄本，5 册，藏法学所。

51. 《秋槽稿式》，抄本，4 册，藏法学所。

52. 《西槽秋审汇案》，抄本，8 册，藏法学所。

53. 《驳案汇编》，清乾隆四十六年刊本，藏法学所。

54. 《定例汇编》，清乾隆十年刊本，藏法学所。

55. 《叙雪堂故事》，（清）沈家本撰，收入刘海年、杨一凡主编《中国珍
    稀法律典籍集成》丙编第 3 册，科学出版社，1994。

56. 《秋审制度第二编》，（清）董康撰，1941 年印本，藏历史所。

57. 《读例存疑》，（清）薛允升撰，清光绪三十二年刊本，藏法学所。

58. 《秋审制度第一编》，（清）董康撰，1941 年刊本，藏中国社会科学院
    近代史研究所图书馆。

59. 明万历《大明会典》，影印本，中华书局，1989。

60. 《大清律例总类》，清光绪十五年江苏书局刊本。

61.《盛京刑部原档》，群众出版社，1985。

62.《秋审略例》，抄本，藏法学所。

63.《秋审查笔》，抄本，藏法学所。

64.《大清圣祖仁皇帝实录》，故宫博物院图书馆藏清乾隆内府抄本。

65.《秋审条款讲义》，（清）吉同钧撰，清宣统三年刊本，1册，藏历史所。

66.《清史稿》，点校本，中华书局，1977。

67.《清朝文献通考》，影印本，浙江古籍出版社，2000。

68.《秋谳志略》，（清）阮葵生辑，抄本，收入《刑部案牍汇录》，藏文津分馆。

69.《大清律讲义》，（清）吉同钧撰，清宣统二年石印本，藏法学所。

70.《大清律例通考》，（清）吴坛撰，清乾隆四十三年刊本，藏法学所。

71.《大清律集解附例》，清康熙刊本，藏国家图书馆。

72.《大清律例根源》，（清）吴坤撰，清同治十年安徽敷文书局活字刊本，藏中国政法大学图书馆。

73.《秋审档案》一，抄本，14册，藏法学所。该所有两种《秋审档案》，其内容有所差别，文献名后一、二为著者所增。

74.《秋审档案》二，抄本，22册（清乾隆十二册，清嘉庆10册），藏法学所。

75.《清代理藩院资料辑录》，全国图书文献缩微复制中心出版。

76.《皇朝政典类纂》，台湾成文出版社影印本。

77.《秋审实缓比较条款》，（清）谢信斋撰，清光绪十三年京都撷华书局刊本，藏中国人民大学图书馆。

78.《大清律辑注》，（清）沈之奇撰，清康熙五十四年刊本，藏法学所。

79.《大清律例通考校注》，马建石、杨育裳点校，中国政法大学出版社，1992。

80.《秋谳辑要》，（清）刚毅辑，清光绪十五年江苏书局刊本，藏法学所。

81.《大清法规大全》，清宣统二年仿聚珍版本，藏中国政法大学图书馆。

82.《清朝通志》，影印本，浙江古籍出版社，2000。

83.《秋审指掌》，（清）王有孚辑，收入《不碍轩读律六种》，清嘉庆十二年刊本，藏中山大学图书馆。

84.《秋审便记》，抄本，1册，藏法学所。

85.《秋审比较汇案续编》，清光绪十年坊刊本，藏法学所。

86.《秋审琐言》，（清）来乐三撰，抄本，收入《秋审所见集》，藏法学所。

87.《叙雪堂故事删剩》，（清）沈家本撰，收入《中国珍稀法律典籍集成》丙编第3册。

88.《刑部直隶各省重囚招册》，刑部编，35册，清光绪刊本，藏文津分馆。

89. 光绪《钦定台规》，清光绪十八年刊本，藏中国政法大学图书馆。

90.《成案续编》，清光绪七年四川臬署刊本，藏法学所。

91.《刑部直隶及各省重囚招册》，57册，清光绪刊本，藏法学所。

92.《部拟秋审实缓》，抄本，16卷，16册，藏学所。

93.《秋审实缓比较成案》，（清）林恩绶辑，清同治十二年刊本，藏中国政法大学图书馆。

94.《大清律续纂条例》，清道光刊本，藏西南政法大学图书馆。

95.《历年有关秋审》，清嘉庆刊本，1册，藏法学所。

96.《秋谳须知》，收入《中国珍稀法律典籍集成》丙编第3册，科学出版社，1994。

97.《通行章程》，清光绪刊本，藏中国政法大学图书馆。

98.《秋审比较条款》，清光绪六年悔不读书斋校刊本，藏法学所。

99.《刑案汇览》（四编），（清）祝庆祺、鲍书芸、潘文舫等编，杨一凡、尤韶华等点校，法律出版社，2007。

100.《清朝通典》，影印本，浙江古籍出版社，2000。

101.《大清律例增修统纂集成》，清道光二十七年刊本，藏中国政法大学
　　　图书馆。
102.《秋谳志》，（清）许仲望重订，清光绪六年刊本，藏法学所。

作 者 简 介

宋北平 男，汉族，1963 年 3 月 10 日生，湖南邵阳人。1982 年起，在湖南邵东县城中学执教语文课程多年。1988 ～ 1991 年，在中国政法大学研究生院攻读法律文献整理与研究专业，获法学硕士学位。2002 ～ 2005 年在中国政法大学攻读培训史专业，获法学博士学位。现为北京政法职业学院法律语言应用研究所所长、副教授，中国行为法学会法律语言规范化研究会常务副会长，天津市人大常委立法咨询专家委员会委员。

长期从事法律文献和法律语言研究，已发表的成果有：《中国法律语言规范化研究》（《北京政法职业学院学报》2006 年第 3 期）、《我国"法律语言"概念的反思》（《北京政法职业学院学报》2007 年第 2 期）、《论中国的法律语言研究》（《当代中国思想宝库》，中国文联出版社，2007）等。其主持研制的《法律语言语料库》是中国第一个专门的法律语言语料库。2006 年被北京市政法委评选为"北京政法系统十百千人才"。

中国法制史考证续编·第十一册（全十三册）

秋审条款源流考

主　　编／杨一凡
著　　者／宋北平

出 版 人／谢寿光
总 编 辑／邹东涛
出 版 者／社会科学文献出版社
地　　址／北京市西城区北三环中路甲 29 号院 3 号楼华龙大厦
邮政编码／100029
网　　址／http：//www. ssap. com. cn
网站支持／（010）59367077
责任部门／人文科学图书事业部（010）59367215
电子信箱／bianjibu@ ssap. cn
项目经理／宋月华
责任编辑／魏小薇
责任校对／吴小云

总 经 销／社会科学文献出版社发行部
　　　　　（010）59367080　59367097
经　　销／各地书店
读者服务／市场部（010）59367028
印　　刷／三河市文通印刷包装有限公司

开　　本／787mm×1092mm　1/16
印　　张／35.25（全十三册共 365 印张）
字　　数／424 千字（全十三册共 4351 千字）
版　　次／2009 年 8 月第 1 版
印　　次／2009 年 8 月第 1 次印刷

书　　号／ISBN 978-7-5097-0821-7
定　　价／4600.00 元（全十三册）

本书如有破损、缺页、装订错误，
请与本社市场部联系更换

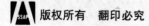 版权所有　翻印必究